国家林业和草原局普通高等教育"十三五"规划教材

ERGONOMICS
IN FURNITURE AND INTERIOR DESIGN

人体工程学
人·家具·室内

申黎明　于娜　等／编著

第2版

· 数字资源

中国林业出版社

图书在版编目（CIP）数据

人体工程学：人·家具·室内/申黎明等编著．—2版．—北京：中国林业出版社，2021.5（2024.12重印）

国家林业和草原局普通高等教育"十三五"规划教材

ISBN 978-7-5219-1012-4

Ⅰ.①人… Ⅱ.①申… Ⅲ.①工效学-高等学校-教材 Ⅳ.①TB18

中国版本图书馆 CIP 数据核字（2021）第 028936 号

策划编辑　杜　娟
责任编辑　杜　娟　赵㺭旎
电话：83143529　　　　　　　　　传真：83143516

出版发行	中国林业出版社（100009　北京市西城区德内大街刘海胡同7号） E-mail: jiaocaipublic@163.com　电话：（010）83143500
经　　销	新华书店
印　　刷	北京中科印刷有限公司
版　　次	2021年5月第2版 2010年8月第1版（第1版共印6次）
印　　次	2024年12月第5次印刷
开　　本	889mm×1194mm　1/16
印　　张	18.75
字　　数	596千字
定　　价	56.00元

未经许可，不得以任何方式复制或抄袭本书之部分或全部内容。

版权所有　　侵权必究

第 2 版前言

家具和室内空间与人的关系极为密切，人体工程学作为专门研究人的因素的科学理论，对家具与室内设计具有重要指导作用。本书自 2010 年 8 月出版以来，作为高等教育设计类专业规划教材已被许多高校所采用，对学习和普及家具与室内设计中的人体工程学理论起到了较好作用，曾被评为江苏省高等学校精品教材。人体工程学在家具与室内设计领域的发展和应用十分迅速，10 年来已有很多新的研究和理论成果，为了更好地满足广大读者对人体工程学新知识、新理论的学习需求，有必要对原书相关内容进行更新和增补。

修订情况具体如下：

本书第 2 部分"人体工程学与家具设计"新增了较多内容：在第 5 章"椅类家具设计"部分，新增了"椅类家具设计与人体疲劳"和"椅类家具设计案例"两节内容。此外，在"椅类家具的品种和功能"章节，新增了"餐椅"小节；在"椅类家具造型形态与色彩"章节，新增了"椅子色彩"小节。在"椅类家具的材料与结构"章节，新增了"结构与便利"小节等内容。在第 6 章"床具设计"部分，新增了"睡眠与卧姿"和"床垫设计"两节内容。此外，在"床具与人的关系"章节，新增了"人—床界面及其影响因素"和"界面温湿度与卧感"等内容。在"床具的类型和功能"章节，新增了"智能床具"小节。在第 7 章"桌台类家具设计"部分，新增了一节"几类家具设计要素"。在第 8 章"柜类家具设计"部分，新增了"柜类家具的类型和功能""使用环境对柜类家具的要求""柜类家具设计案例"三节内容。此外，在"柜类家具与储物特性"章节新增了"储物案例：橱柜储藏物品的种类和收纳方式"。

在本书的第 1 部分"人体工程学基础理论"和第 3 部分"人体工程学与室内设计"作了部分修订。在第 4 章"人体尺度与人体测量"部分，新增了我国未成年人的人体结构尺寸，列出了 5 个年龄段未成年人的 52 项人体尺寸。此外，对人体尺寸数据的选用原则等内容进行了修改与补充。在第 9 章"室内环境与人的特性"部分，新增一节"色彩环境"；在"光环境"章节新增了小节"照明标准"。对第 13 章"室内无障碍设计"作了全面修改。此外，本书对原书中的一些图表、各章的概述、思考题等内容也进行了修改和补充，涉及有关国家标准的一些家具设计数据图表均采用了最新发布的标准内容。

本书修订工作得到了南京林业大学于娜和北京林业大学朱婕两位老师的大力协助。同时，南京林业大学的李霞霞、房娇娇和姜李羚、金倩加、杨丽帆、魏萌萌等人在资料收集和整理方面，王军、欧阳子薇、吕玥、刘小荣、蒋帅等人在书稿核对等方面给予了很多支持和帮助，在此表示衷心感谢！

申黎明
2020 年 10 月

第1版前言

人体工程学是研究人与某一系统中各要素之间相互作用及其规律的一门学科。该学科自1950年正式创立以来，发展极为迅速，其研究内容和应用领域在不断扩大，从家庭生活到工业生产，从日常用品到高科技产品，从制造业到建筑业。总之，对于人类一切生产和生活所创造的各种"物"，在设计与制造时，都有必要运用人体工程学的原理和方法，以恰当处理人与"物"之间的关系，使其更好地符合人的需要。

人体工程学现已成为家具设计专业和室内设计专业的一门必修课程。家具和室内环境与人的关系非常密切，将人体工程学应用于家具和室内设计尤为必要。在日常生活和工作中我们都离不开家具和室内环境，为使家具和室内环境能更好地满足人们的工作和生活需要，在进行家具和室内设计时，需要坚持以人为本的设计理念，必须运用人体工程学的原理和方法，在设计中充分考虑人的特性，考虑人与家具、人与室内以及人、家具、室内三者之间的相互关系和相互作用，使家具和室内设计符合人的生理、心理及行为特性等需要。

编写本书的目的是为家具设计专业、室内设计专业、家具与室内装饰设计专业的学生以及从事家具和室内设计的专业人员，提供一本比较适宜的人体工程学教材和参考书。有利于读者在学习了解人体工程学基础理论的同时，能系统学习和掌握家具和室内设计中的人体工程学知识，也有利于读者进行相关的人体工程学设计练习，提高人体工程学知识在家具和室内设计中的实际应用能力。

本书在编写过程中将人体工程学与家具和室内设计紧密结合，系统介绍家具设计和室内设计中的人体工程学理论和相关知识，并将国内外有关的最新理论成果编入该书，主要内容有：家具设计中人的因素、家具材料和结构对人体舒适性的影响、家具形态与人的视觉感受性、人体姿势与疲劳、室内空气质量和室内声环境对人的影响，老年人和残疾人的行为特征以及他们对家具和室内空间的特殊需求。

本书共分为"人体工程学基础理论""人体工程学与家具设计""人体工程学与室内设计"三大部分，共13章。组成了一个比较系统完整的家具与室内设计人体工程学理论体系。三部分内容既相互联系，又有一定独立性，便于家具和室内设计不同专业的人员根据其专业特点有重点地选用相关内容。本书在每章开头都附有本章提要，便于读者了解本章的主要内容。每章结尾都列出思考题，便于读者复习思考和掌握各章重点内容。各章多有大量图表，使本书内容更为丰富、直观、易读、易懂。在设计部分还加入一些设计案例和分析。

本书有多位人员参加编写，第 5 章"椅类家具设计"由南京林业大学于娜编写；第 7 章"桌台类家具设计"由安徽农业大学陈玉霞编写；第 10 章"居住空间设计"由南京林业大学梅剑平编写；第 12 章"公共空间设计"由北京林业大学朱婕编写；第 13 章"室内无障碍设计"由南京林业大学张乘风编写；南京林业大学钟世禄和浙江科技学院杨勇参加了本书第 8 章"柜类家具设计"和第 11 章"办公空间设计"的编写；其他各章由南京林业大学申黎明编写。全书由申黎明负责统稿。

在本书编写过程中，南京林业大学的贾祝军、随金庆、陈艳云、杨静、顾丽秋、朱芋锭、朱云、侯建军、马平、杜文娟、熊炜炜等人在资料收集和整理方面给予了很多支持和帮助，在此表示衷心感谢！本书编写过程中，参考了许多相关书籍和文献资料，吸收、借鉴了不少前人研究成果，在此对本书中被引用的参考书和参考文献的作者表示衷心感谢！

鉴于作者水平有限，书中难免存在不足，欢迎读者提出批评和建议。

申黎明
2010 年 3 月

目 录

第 2 版前言
第 1 版前言

第 1 部分 人体工程学基础理论

第 1 章 概论 3
1.1 人体工程学的概念 4
1.2 人体工程学的起源和发展 5
1.3 人体工程学的研究内容与方法 8
1.4 人体工程学理论体系及其应用领域 10
1.5 人体工程学与家具和室内设计 11

第 2 章 人体感知特性 14
2.1 感觉和知觉的概念 15
2.2 感觉和知觉的生理机制 17
2.3 人体知觉特性 19
2.4 视觉 23
2.5 听觉 27
2.6 肤觉 29
2.7 嗅觉 29
2.8 本体觉 30

第 3 章 人体运动系统及其特性 32
3.1 人体运动系统 33
3.2 肌肉与肌力 35
3.3 人体出力范围 37
3.4 人体动作的灵活性与准确性 39
3.5 人体疲劳 40
3.6 人的反应特性 43

第 4 章 人体尺度与人体测量 45
4.1 人体测量概述 46
4.2 影响人体测量数据的因素 49
4.3 人体测量数据的统计处理 50

4.4 人体尺寸数据及应用 …………………………………………………… 52
4.5 设计用人体模板和模型 …………………………………………………… 62

第 2 部分 人体工程学与家具设计

第 5 章 椅类家具设计 …………………………………………………… 67
5.1 椅类家具概述 …………………………………………………… 68
5.2 椅类家具设计与人的关系 …………………………………………………… 72
5.3 椅类家具设计与人体疲劳 …………………………………………………… 76
5.4 使用环境对椅类家具的要求 …………………………………………………… 81
5.5 椅类家具设计要素 …………………………………………………… 82
5.6 椅类家具设计案例 …………………………………………………… 92

第 6 章 床具设计 …………………………………………………… 95
6.1 床具的类型和功能 …………………………………………………… 96
6.2 使用环境对床具的要求 …………………………………………………… 98
6.3 床具与人的关系 …………………………………………………… 100
6.4 睡眠与卧姿 …………………………………………………… 101
6.5 床垫设计 …………………………………………………… 103
6.6 床具其他设计要素 …………………………………………………… 108
6.7 设计案例 …………………………………………………… 112

第 7 章 桌台类家具设计 …………………………………………………… 116
7.1 桌台类家具的分类 …………………………………………………… 117
7.2 桌类家具设计与人体工程学 …………………………………………………… 117
7.3 VDT 办公桌设计 …………………………………………………… 125
7.4 台类家具设计要素 …………………………………………………… 129
7.5 几类家具设计要素 …………………………………………………… 131

第 8 章 柜类家具设计 …………………………………………………… 134
8.1 柜类家具的类型和功能 …………………………………………………… 135
8.2 柜类家具设计中人的因素 …………………………………………………… 136
8.3 使用环境对柜类家具的要求 …………………………………………………… 139
8.4 柜类家具与储物特性 …………………………………………………… 139
8.5 柜类家具设计要素 …………………………………………………… 143
8.6 柜类家具设计案例 …………………………………………………… 147

第 3 部分 人体工程学与室内设计

第 9 章 室内环境与人的特性 …………………………………………………… 155
9.1 空气环境 …………………………………………………… 156
9.2 光环境 …………………………………………………… 158

9.3 声环境 ·· 166
9.4 色彩环境 ·· 172
9.5 人的心理空间 ··· 177
9.6 人的行为特征 ··· 179

第10章 居住空间设计 ··· 183

10.1 概述 ·· 184
10.2 公共空间 ·· 185
10.3 私密空间 ·· 194
10.4 操作空间 ·· 205

第11章 办公空间设计 ··· 215

11.1 概述 ·· 216
11.2 普通办公空间 ·· 217
11.3 个人办公室 ··· 222
11.4 会议室 ·· 226

第12章 公共空间设计 ··· 230

12.1 概述 ·· 231
12.2 商业空间 ·· 231
12.3 餐饮空间 ·· 249
12.4 展示空间 ·· 257
12.5 休闲健身空间 ·· 261

第13章 室内无障碍设计 ·· 264

13.1 概述 ·· 265
13.2 出口及入口大厅 ·· 268
13.3 坡道、休息平台、门厅和走道 ·· 273
13.4 楼梯、扶手 ··· 278
13.5 卫生间 ·· 280
13.6 浴室 ·· 284
13.7 厨房 ·· 286

参考文献 ·· 290

第1部分

人体工程学基础理论

- 第1章 概论
- 第2章 人体感知特性
- 第3章 人体运动系统及其特性
- 第4章 人体尺度与人体测量

第 1 章

概 论

>> **本章提要**

本章是对人体工程学及其应用于家具和室内设计的一个概述,分别从人体工程学的概念、人体工程学的起源和发展、人体工程学的研究内容与方法、人体工程学理论体系及其应用领域、人体工程学与家具和室内设计五个方面论述了人体工程学学科及其与家具和室内设计之间的关系。特别介绍了国际人类工效学学会给本学科所下的定义以及国际人体工程学组织。重点分析了家具和室内设计中人的因素,阐述了家具和室内设计中的人体工程学问题,说明了人体工程学对家具和室内设计的作用。

1.1　人体工程学的概念
1.2　人体工程学的起源和发展
1.3　人体工程学的研究内容与方法
1.4　人体工程学理论体系及其应用领域
1.5　人体工程学与家具和室内设计

故事+概念

人体工程学概述

人体工程学是研究人、物及环境之间相互作用的一门学科。该学科在其自身的发展过程中，逐步打破各学科之间的界限，并有机地融合各相关学科理论，不断地完善自身的基本概念、理论体系、研究方法以及技术标准和规范，从而形成一门研究和应用都极为广泛的边缘性综合学科。

1.1 人体工程学的概念

1.1.1 学科命名

由于人体工程学研究和应用的范围极其广泛，它所涉及的各学科领域专家、学者都试图从自身的角度给这一学科命名、下定义。因而世界各国对本学科的命名不尽相同，即使同一个国家，对名称的提法也很不统一，甚至有很大差别。例如，在美国称为 Human Engineering（人类工程学）、Human Factors（人因学）或 Human Factors Engineering（人因工程学），而在西欧国家多称为 Ergonomics（人类工效学），其他国家大多引用西欧的名称，日本直接采用这个词的直译，称为"人间工学"。

人类工效学这个概念最早被提出是在 1857 年波兰学者 Jastrazebowski 发表的关于《人类劳动的学说》一文中。在该文中，人类工效学意思是指一种学说或者称为科学劳动。目的是要用少量的力气获得丰硕的果实，但他的这一学说没有被人所跟随，很快就被人忘却。直到 1949 年，人类工效学一词第二次被英国心理学家莫瑞尔（K. F. H. Murrell）提出，在某种意义上也可以说是他的再创造。莫瑞尔与其他几位科学工作者一起建立了一个专门研究人类劳动问题的学会，起名"人类工效学研究学会"。通过该学会的工作，在以后几年中，人类工效学这一新学科迅速发展起来。

Ergonomics 这个词，是由两个希腊词根 ergon 和 nomos 组成，ergon 的意思是"劳动、工作"，nomos 的意思是"规则、规律"。因此，Ergonomics 的本义也就是"劳动规则"或"工作规律"。由于该词能够较全面地反映本学科的本质，又源自希腊文，便于各国语言翻译上的统一，而且词义保持中立性，没有对各组成学科的亲密和间疏，因此目前较多国家采用 Ergonomics 一词作为该学科的名称。

人体工程学在我国起步较晚，目前该学科在国内的名称尚未统一，除普遍采用工效学、人体工程学外，常见的名称还有：人机工程学、人因工程学、人类工程学、工程心理学、宜人学、人—机器—环境系统工程学等。为了同国际接轨，我国一般采用人类工效学这一名称进行对外交流。但是不同的名称，其研究重点略有差异。人体工程学这个命名更多的是从人体自身的生理和心理特点出发，在家具和室内环境研究中其学科特色更明显。家具产品本身是给人使用的，是服务于人的，所以，家具设计中的尺寸、造型、色彩及其布置，都必须符合人体生理、心理尺度及人体各部分的活动规律，以便达到安全、实用、方便、舒适、美观的目的。人体工程学在家具设计中的应用，就特别强调家具在使用过程中人体产生的生理及心理反应，并对此进行科学的实验和计测，在进行大量分析的基础上为家具设计提供科学的依据。同时，把人的工作、学习、休息等行为分解成各种姿势模型，以此来研究家具设计，并根据人的立位、座位和卧位的基准点，规范家具尺寸及家具间的相互关系以及室内的空间设计。

1.1.2 学科定义

与学科的命名一样，对其所下的定义也很不统一，而且随着学科的发展，其定义也在不断发生变化。

美国人体工程学家伍德（Charles C. Wood）对人体工程学所下的定义为：设备设计必须适合人的各方面因素，以便在操作上付出最小的代价而求得最高效率。伍德森（W. B. Woodson）给出的定义为：人体工程学研究的是人与机器相互关系的合理方案，即对人的知觉显示、操作控制、人机系统的设计及其布置和作业系统的组合等进行有效地研究，其目的在于获得最高的效率及作业时感到安全和舒适。著名的美国人体工程学及应用心理学家查帕尼斯（Alphonse Chapanis）说："人体工程学是在机械设计中，考虑如何使人获得简便而又准确

查帕尼斯

的操作的一门科学。" E. J. Mc Cormick 和 M. S. Sanders 给出人体工程学的简要定义为"为人的使用而设计"和"工作和生活条件的最优化"。K. H. E. Kroemer 和 K. E. Kroemer 等人给出人体工程学的简要定义为"为适当地设计人的生活和工作环境而研究人的特性"和"工作的宜人化"。而国际

人类工效学学会（International Ergonomics Association，简称IEA）最初为本学科所下的定义为：人体工程学是阐述现有情况下人类的解剖学、生理学和心理学等方面的各种特点、功能，以进行最适合人类的机械装置的设计制造，工作场所布置的合理化，工作条件最佳化的实践科学。后又修改为：研究各种工作环境中人的因素，研究人和机器及环境的相互作用，研究在工作中、生活中和度假时怎样统一考虑工作效率、人的健康、安全和舒适等问题的科学。2000年8月IEA再次对该定义作了修订：

人体工程学是关于探索人与某一系统中各要素之间相互作用，应用专业理论、原理、数据及各种方法，优化人和整个系统效能的学科。人体工程学家致力于设计和评价人的需要、人的能力、人的极限如何与各项任务、工作、产品、环境和系统的协调。

中国人类工效学学会给出的定义为：人类工效学以人—机—环所构成的系统作为研究对象，把系统中的人作为着眼点，通过对人的生理、心理、感知、认知、组织等方面的特性研究，提出产品、设施、人机界面、工作场所、微气候、人员工作组织等内容的设计与优化的理论、方法、原则、步骤等，最终实现人—机—环的最佳匹配，使人高效、安全、健康、舒适地工作与生活。

从上述命名和定义来看，尽管学科名称多样，定义存在不同程度的差异，但在研究对象、研究方法、理论体系等方面并不存在本质上的区别，其研究对象是人与物（产品）及其环境的相互关系，其研究目的是如何使人达到安全、健康、舒适和提高工作效率。这正是人体工程学作为一门独立学科存在的理由，同时也充分体现了学科边界模糊、内容综合性强、涉及面广等特点。

1.2 人体工程学的起源和发展

从广义上说，人类自产生以来，就一直在不断改进自己的生活质量和生产效能。通过制作、使用简单的工具，也就形成了原始的人机关系——人与工具和用具之间的关系，这是一种相互依存和制约的关系。"工欲善其事，必先利其器"，此道理早就被我们的祖先所认知。

工业革命以后，科学技术日新月异，工具改良的要求日益迫切。一方面是新机器的不断涌现；另一方面则开始研究人如何适应机器的要求，创造出更高的劳动生产效率。为此，有些学者开始了相关研究，他们的研究方法和成果为后来的人体工程学的发展奠定了基础。

英国是世界上开展人体工程学研究最早的国家，但是学科的奠基性工作实际上是在美国完成的。所以，人体工程学有"起源于欧洲，形成于美国"之说。虽然本学科的起源可以追溯到20世纪初，但是作为一门独立的学科还只有70多年的历史。在人体工程学形成与发展的过程中，大致经历了经验人体工程学、科学人体工程学、现代人体工程学三个形成与发展阶段。

1.2.1 经验人体工程学

在古代虽然没有系统的人体工程学研究方法，但人类所创造的各种器具，从形状的发展变化来看，是符合人体工程学原理的：旧石器时代所创造的石刀、石斧等狩猎工具，大部分是直线形状；到了新石器时代，人类所创造的锄头、铲刀以及石磨等工具的形状，就逐步变得更适合人类使用了；青铜器时代以后，人类新创造的工具更是大大向前发展了。这些工具由于人的使用和改进，由简单到复杂逐步科学化。

经验人体工程学

在我国的古典家具中，如太师椅、茶几等可以很明显地看到人机理念的影子。这种实际存在的人机关系及其发展，我们把它称为经验人体工程学。

工业革命之后，人们所从事的劳动在复杂程度和负荷量上都有了很大变化。改革工具以改善劳动条件和提高劳动效率已经成为一个迫切问题。这个阶段的主要研究内容是：研究每一职业的要求；利用测试选择工人和安排工作；设计利用人力的最好方法；制定培训方案，使人力得到最有效的发挥；研究最优良的工作条件；研究最好的管理组织形式；研究工作动机，促进工人和管理者之间的通力合作。著名的研究工作有：肌肉疲劳试验、铁锹作业试验、砌砖作业试验。

（1）肌肉疲劳试验

1884年，德国学者莫索（A. Mosso）对人体劳动疲劳进行了试验研究。对作业的人体通以微电流，随着人体疲劳程度的变化，电流也随之变化，这样用不同的电信号来反映人的疲劳程度。这一试验研究为以后的"劳动科学"打下了基础。

(2) 铁锹作业试验

1898年，美国学者泰勒(F. W. Taylor)从人机学角度出发，对铁锹的使用效率进行了研究。他用形状相同而铲量分别为5kg、10kg、17kg和20kg四种铁锹去铲同一堆煤，虽然17kg和20kg的铁锹每次铲量大，但试验结果表明，铲煤量为10kg的铁锹作业效率最高。他做了许多试验，终于找出了铁锹的最佳设计和搬运煤屑、铁屑、沙子和铁矿石等松散粒状材料时每一铲的最适当的质量。这就是人体工程学研究过程中著名的"铁锹作业试验"。

泰勒制

(3) 砌砖作业试验

1911年，吉尔布雷斯(F. B. Gilbreth)对美国建筑工人砌砖作业进行了试验研究。他用快速摄影机把工人的砌砖动作拍摄下来，然后对动作进行分析，去掉多余无效动作，最终提高了工作效率，使工人砌砖速度由当时的每小时120块砖提高到每小时350块砖。

泰勒和吉尔布雷斯的这些重要试验影响很大，后来成为人体工程学的重要分支，即所谓"时间与动作研究"(Time and Motion Study)理论。特别是泰勒的研究成果，在20世纪初成为美国和欧洲一些国家为提高劳动生产率而推行的"泰勒制"。

这一时期一直持续到第二次世界大战之前。因参加研究的人员大多是心理学家，研究偏向心理学方向，因而许多人把这一阶段的本学科称为"应用实验心理学"。学科发展的主要特点是：机械设计的主要着眼点在力学、电学、热力学等工程技术方面的优选上，在人机关系上是以选择和培训操作工人为主，使人适应于机器。

1.2.2 科学人体工程学

第二次世界大战期间(1939—1945年)是本学科发展的第二阶段。在这个阶段中，由于战争需要，许多国家大力发展效能高、威力大的新式武器和装备。由于片面注重新式武器和装备的功能研究，忽视了其中"人的因素"，因而由于操作失误而导致失败的教训屡见不鲜。例如，由于战斗机中座舱及仪表位置设计不当，造成飞行员误读仪表和误操作而导致意外事故，或由于操作复杂、不灵活和不符合人的生理尺寸而造成战斗命中率低等现象经常发生。失败的教训引起了决策者和设计者的高度重视。通过分析研究，人们逐步认识到，在人和武器的关系中，主要的限制因素不是武器而是人，并深深感到"人的因素"在设计中是不能忽视的一个重要条件，要设计出一个高效能的武器装备，只有工程技术知识是不够的，还必须有生理学、心理学、人体测量学、生物力学等学科方面的知识。因此，在第二次世界大战期间，首先在军事领域中开展了与设计内容相关的综合研究与应用。例如，为了使设计的武器能够符合战士的生理特点，武器设计工程师不得不把解剖学家、生理学家和心理学家请来，为设计出能够合理操纵的武器出谋划策，结果收到了良好的效果。军事领域中对"人的因素"的研究和应用，使科学人体工程学应运而生。

这一时期一直延续到20世纪50年代末，在其发展的后一阶段，由于战争结束，本学科的综合研究与应用逐渐从军事领域转向非军事领域发展，并逐步应用军事领域中的研究成果解决工业与工程设计中的问题，如飞机、汽车、机械设备、建筑设施以及生活用品等。人们还提出，在设计工业机械设备时也应运用工程技术人员、医学家、心理学家等相关学科专家的共同智慧。因此，在这一发展阶段中，本学科的研究课题已经超出了心理学的研究范畴，许多生理学家、工程技术专家跻身到本学科中共同研究，从而使本学科的名称也有所变化，大多将人体工程学称为"工程心理学"。本学科在这一阶段的发展特点是：重视工业与工程设计中"人的因素"，力求使机器适应于人。

1.2.3 现代人体工程学

到了20世纪60年代，欧美各国进入了大规模的经济发展时期，在这一时期，由于科学技术的进步，使人体工程学获得了更多的发展机会，并且在高科技领域中得到了应用。例如，在宇航技术的研究中，提出了人在失重情况下如何操作，在超重情况下人的感觉如何等新课题。又如原子能的利用、计算机的应用以及各种自动装置的广泛使用，使人、机(产品)关系更趋复杂。同时，在科学领域中，由于控制论、信息论、系统论等新理论的建立，在学科中应用"新三论"进行人机系统的研究应运而生。所有这一切，不仅给人体工程学提供了新的理论和新的试验内容,同时也给学科的研究提出了新的要求和新的课题,从而促使人体工程学进入了系统的研究阶段,使学科走向成熟。

随着人体工程学逐渐渗透到人们工作和生活的各个领域,有越来越多的各领域专家从事本学科的研究,主要有解剖学、生理学、心理学、工业卫生学、工业与工程设计、产品设计、工作研究、建筑与照明工程、管理工程等专业领域的专家。IEA 在其会刊中指出,现代人体工程学发展有三个特点:

- 不同于传统人体工程学研究中着眼于选择和训练特定的人,使之适应工作要求,现代人体工程学着眼于工业产品和环境的设计。
- 理论与实际应用相结合,通过严密计划规定的广泛的试验性研究,尽可能利用所掌握的基本原理,进行具体的工业产品和环境的设计。
- 力求使实验心理学、生理学、解剖学等学科的专家与物理学、数学、工程学方面的研究人员共同努力、密切合作。

现代人体工程学研究的方向是:把人—物—环境系统作为一个统一的整体进行研究,以创造最适合于人工作的各种产品和作业环境,使人—物—环境系统相协调,从而获得系统的最高综合效能——高效、安全、经济。

1.2.4 国际人体工程学组织及各国人体工程学发展

1949 年 9 月 27 日,在莫瑞尔(Murrell)的倡导下,英国成立了第一个人体工程学研究小组,翌年成立了人体工程学协会(Ergonomics Society),并举行了第一次年会。1950 年 2 月 16 日,英国海军部召开的会议上通过了人体工程学(Ergonomics)这一名称,正式宣告人体工程学作为一门独立学科的诞生。1957 年发行会刊 Ergonomics,现已成为国际性刊物。

国际组织

美国是现代人体工程学最发达的国家。美国于 1957 年成立人体工程学协会,之后人体工程学得到了迅速发展。其研究机构大部分在海军、陆军、空军系统和各大学,主要进行人体工程学以及有关宇航、军事工业、大型计算机体系、自动化系统等研究。

德国对人体工程学的研究始于 20 世纪 40 年代,对人机关系、工作环境、选拔训练以及管理方面的问题进行了广泛深入的研究。

苏联于 1962 年成立全苏联技术美学研究所,并建立了人体工程学学部,其研究偏重于工程心理学方面,并且大力开展人体工程学的标准化工作,先后有 20 多项标准列入国际标准。

日本的人体工程学起步于 20 世纪 60 年代,着力引进各国的理论和实践经验,逐步形成和发展了自己的人间工学体系,并于 1963 年建立了人间工学学会,人间工学把人看作系统的一部分进行研究,目前被广泛应用于工业、交通运输、国防和服装行业。

IEA 的前身是欧洲生产力协会(European Productivity Agency,简称 EPA),该协会是欧洲经济合作组织(European Economic Cooperation)的一个分支。1955 年 EPA 成立了人类因素小组(Human Factors Section),并于 1961 年在 EPA 的基础上成立了 IEA(International Ergonomics Association)。同年,IEA 在瑞典首都斯德哥尔摩正式举行了第一次年会。IEA 作为人体工程学的权威组织,截至 2020 年 5 月,已拥有 51 个联合学会,2 个附属学会。在 IEA 的研究领域和研究内容上,它包含 3 个专门学科——生理性人体工程学(Physical Ergonomics)、认知性人体工程学(Cognitive Ergonomics)、组织性人体工程学(Organizational Ergonomics)和 28 个技术委员会。这 28 个技术委员会的研究领域是:

- 作业分析与设计活动理论(Activity Theories for Work Analysis and Design)
- 航空航天人因工程(Aerospace HFE)
- 情感性产品设计(Affective Product Design)
- 老龄化(Aging)
- 农业(Agriculture)
- 人体测量学(Anthropometry)
- 听觉人体工程学(Auditory Ergonomics)
- 建筑及其结构(Building and Construction)
- 数字人体建模与仿真(Digital Human Modeling and Simulation)
- 儿童与教育环境的人体工程学(Ergonomics for Children and Educational Environments)
- 高级成像中的人体工程学(Ergonomics in Advanced Imaging)
- 设计中的人体工程学(Ergonomics in Design)
- 人性化设计中的人体工程学(Ergonomics in Design

for All)
- 制造中的人体工程学(Ergonomics in Manufacturing)
- 性别与作业(Gender and Work)
- 卫生保健人体工程学(Healthcare Ergonomics)
- 人因与可持续发展(Human Factors and Sustainable Development)
- 机器人科学中的人因(Human Factors in Robotics)
- 采矿业(Mining)
- 肌肉骨骼损伤(Musculoskeletal Disorders)
- 组织设计与管理(Organizational Design and Management)
- 过程控制(Process Control)
- 人体工程学中的心理生理学(Psychophysiology in Ergonomics)
- 安全与健康(Safety & Health)
- 滑跤、绊倒和跌倒(Slips, Trips and Falls)
- 交通运输人体工程学(Transport Ergonomics and Human Factors)
- 视觉人体工程学(Visual Ergonomics)
- 人机交互系统(Work With Computing Systems)

IEA成立至今，已分别在瑞典、德国、英国、法国、荷兰、美国、波兰、日本、韩国、中国、巴西、澳大利亚、意大利等国家召开了20次国际性学术会议，交流和探讨不同时期该学科的研究动向和发展趋势，有力地推动该学科的纵深发展和世界各国的人体工程学发展。2009年8月，IEA在北京召开第17届大会，这是IEA大会首次在中国举行。

我国的人体工程学研究起步较晚，建国前仅有少数人从事工程心理学的研究。1935年，中国心理学家陈立出版了《工业心理学概观》，是我国最早介绍工业心理学的专著。到20世纪60年代初，也只有中国科学院、中国军事科学院等少数单位从事本学科中个别问题的研究，而且研究仅局限于国防和军事领域。"文化大革命"期间，学科研究一度停滞。直到70年代末，研究才进入较快的发展时期。1989年，我国正式成立了与IEA相应的国家一级学术组织——中国人类工效学学会(China Ergonomics Society，简称CES)。1990年6月，成立了中国机械工程学会工业工程分会(Industrial Engineering Institute of CMES)。1993年，中国系统工程学会人—机—环境系统工程专业委员会成立。1995年9月中国人类工效学学会创办了会刊《人类工效学》。20世纪90年代后，中国科学院心理所及一些高校分别建立了人体工程学研究机构。同时，一些大学相继开设了工业工程专业，到目前为止已经有200多所。2009年，由国际人类工效学学会主办，中国人类工效学学会承办了第17届国际人类工效学大会。自2016—2019年，由中国航天员科研训练中心人因工程国家级重点实验室倡议发起的中国人因工程高峰论坛(China Summit Forum on Human Factors Engineering)，已经分别在深圳、杭州、长沙和广州成功举办了4届，为政府、学界和企业提供了一个共商人因工程技术研究、科研成果转化与产业化等问题的高层次对话平台。2020年10月17~18日，中国人类工效学学会协同教育部、科技部等单位联合主办的第5届中国(重庆)人因工程高峰论坛，邀请了两院院士、人因工程领域专家学者、设计创新领域专家、相关科研院所及企事业单位代表约300余人参加论坛，在线直播观看人数30多万。这标志着我国人体工程学研究进入到一个新的发展阶段。目前，人体工程学的研究和应用已经涉及农业、航空、医疗、交通、建筑以及教育等众多领域，这将有利于改善各领域中人机系统的效能，并达到人们在工作和生活中的安全、健康和舒适目的。

1.3 人体工程学的研究内容与方法

1.3.1 人体工程学的研究内容

人体工程学是一门新兴学科，它与许多其他新学科一样，在学科内容上，具有交叉性、边缘性和综合性的特点。它的研究内容相当广泛，不同的系统和部门所研究的重点也不尽相同，但它始终是以人—物—环境这个系统作为研究的基本对象，通过揭示人、物、环境之间的相互关系的规律，以确保人—物—环境系统总体性能最优化。"人""物""环境"是人—物—环境系统的三大要素。通过这三大要素之间的物质、能量和信息传递、加工与控制等作用，组成一个复杂的系统。很显然，对于任何一个系统来讲，系统的总体性能不仅取决于各组成要素的单独性能，更重要的是取决于系统中各要素的关联形式，即物质、能量、信息的传递、加工和控制的方式。人体工程学的任务就是从"系统"的总体出发，一方面要研究人、物、环境各要素本身的性能；另一方面又要研究这三大要素之间的相互关系、相互作用、相互影响以及它们之间的协调方式，运用系统工程的方法找出最优组合方案，使人—物—环境系统的总体性能达到最佳状态，即满足舒适、宜人、安全、高效、经济等要求。

根据人体工程学的任务，人体工程学的研究内容可以概括为以下几个方面：

(1) 人的特性研究

人的特性包括人的生理特性、心理特性和行为特性等，研究人的特性是研究人—物—环境系统的基础。人体工程学的研究目标是统一考虑工作效率，人的健康、安全、舒适等问题。因此必须了解人的感知能力、认知规律、反应特性、施力特性、人的可靠性、人的控制模型和决策模型、人体动静态尺寸，以及各种条件下的感知极限和生理极限。不仅要研究人的自然属性，还要研究人的社会属性，包括宗教信仰和民族习惯以及人际关系、团体行为、组织行为、心理状态等方面。此外，还包括残障者的生理和心理特性的研究。

(2) 物的特性研究

人体工程学中"物"的含义广泛，它既包括加工设备如机床、电动和手动工具，也包括交通工具和各种工业产品，如飞机、汽车、家具、家用电器、服装等。了解物的特性对研究人—物—环境系统中各要素之间的相互关系，以及研究系统总体特性都具有重要作用。物的特性包括物的功能、外观、形态、尺寸、结构、力学特性和物的环境特性等。

(3) 环境特性的研究

人体工程学中的"环境"一词同样含义广泛，既指室外环境，也指室内环境；既指物理环境，也指化学环境；既指物质环境，也指社会环境。因此，对环境特性的研究内容同样广泛，就室内环境而言，其研究就包括室内空气质量、室内光照、温湿度、噪声、电磁辐射等内容。环境特性的研究和把握同样是进行人—物—环境系统研究的重要基础。

(4) 人、物、环境之间的关系研究

人、物、环境之间的关系包括人与物的关系、人与环境的关系、物与环境的关系，以及人、物、环境三者之间的关系。人与物关系的研究内容包括两个方面，即人对物的影响和物对人的作用。人与环境关系的研究内容同样包括环境对人的作用，以及人对环境的影响。对人、物、环境三者之间的关系研究就是对系统总体的研究，要求这种研究不能忽略系统的任何一个方面，充分考虑系统各构成要素之间的相互关系和相互作用，研究系统各要素之间的最佳组合，寻求达到系统总体特性最佳的途径。

1.3.2 人体工程学的研究方法

人体工程学涉及许多学科领域，相关学科的研究方法都可以应用于人体工程学的研究，这里介绍一般常用的研究方法。

研究方法

(1) 自然观察法

自然观察法是研究者通过观察和记录自然情景下发生的行为来认识研究对象的一种方法。观察法是有目的、有计划的科学观察，是在不影响事件的情况下进行的。观察者不参与研究对象的活动，这样可以避免对研究对象的影响，可以保证研究的自然性与真实性。自然观察法也可以借助特殊的仪器进行观察和记录。如要获取人在睡眠时的行为，可以用摄像机把睡眠活动记录下来，然后，逐步对其进行分析和整理。

(2) 实测法

这是一种借助实验仪器进行实际测量的方法，也是一种比较普遍实用的方法。如为了获得座椅设计所需要的人体尺度，可以对使用者群体进行实际测量，将所测量数据进行统计处理，为座椅的设计提供人体尺度依据。

(3) 调查研究法

调查研究法是人体工程学研究中常用的方法之一，应用非常广泛，既可用于带有经验性问题的调查，也可用于各种心理量的统计。这种方法包括简单的口头访问、问卷调查，直至精细评分以及心理和生理学分析判断与间接意见、档案和建议分析等。

(4) 计算机仿真法

随着计算机技术和数字技术的发展，在数字环境中建立人体模型成为可能，可利用人体模型模仿人的特征和行为，描述人体尺度、形状和人的心理。数字人体模型可以使家具产品设计与家具产品的人、物分析过程可视化，对于家具设计师和人体工程学专家来说，数字人体模型具有以下优点：一是它能使家具产品变数在设计早期得到了解，并且容易获得这些变化的发展趋势；二是它可以控制家具产品的特性，即依靠人的特性决定家具产品的功能参数；三是可以用人体的数字模型进行家具产品的安全测试。

(5) 系统分析评价法

这种方法是将人—物—环境系统作为一个整体，对系统进行分析、评价。分析主要是指环境分析、空间分析、方法分析、组织分析、负荷分析等；评价是指以人的主观感受对人—物—环境系统进行综合评价。它所体现的是，人是整个系统的中心、是最终使用者，因而系统分析评价法具有全局性。

1.4 人体工程学理论体系及其应用领域

1.4.1 人体工程学理论体系

人体工程学是在科学技术发展过程中，由多门科学相互交叉、综合、渗透、重构而形成的，是交叉科学领域的一门重要学科。其根本目的是通过揭示人、物、环境三大要素之间相互关系的规律，从而确保人—物—环境系统总体性能最优化。与人体工程学相关的学科主要有：

- 人体科学方面的生理学、心理学、人体解剖学、人体测量学、运动生物力学；
- 安全科学方面的劳动卫生学、劳动保护学、安全心理学等；
- 环境科学方面的环境保护学、环境监测学、环境卫生学、环境医学、环境心理学等；
- 技术科学方面的工业设计、安全工程、系统工程、管理工程、信息论、控制论、计算机等；
- 其他还有社会科学和美学等。

这些学科都是人体工程学的基础，为人体工程学研究提供了先进的研究理论、方法和手段。如今，人体工程学已成为一门具有自己的理论体系和研究方法的独立学科。

1.4.2 人体工程学应用领域

人体工程学是一门综合性学科，在许多领域具有广泛的应用。从工业系统(如航空航天系统、核电站、自动化工厂、联合生产装置等)到家庭活动(如居室布置、家具、卫生设备等)；从一般机具(如金属切削机床、汽车、拖拉机、起重设备以及手动工具等)到高科技产品(如电子计算机、机器人、传真机等)；从日常用品(如自行车、摩托车、照相机、电视机、服装、文具等)到工程建筑(如城市规划、建筑设施、道路、桥梁、工业与民用建筑等)。总之，一切人类各种生产和生活所创造的"物"，在设计与制造时，都必须运用人体工程设计的原理和方法，以解决人、物之间的关系，使其更好地适应人类的要求。

表1-1列出了在家具产品设计的各个阶段所涉及的人体工程学内容。从"以人为本"的设计理念来看，人体工程学是指导产品从设计概念的建立到生产、销售产品全过程的理论基础和主导思想，尤其是产品设计与生产朝着个性化、小批量、网络化方向发展时，这种以人为本的理念更为突出。人的因素已成为产品设计尤其是家具设计的主要因素甚至决定因素。

表1-1 家具产品设计五个阶段涉及的人体工程学内容

设计阶段	人体工程学相关内容
概念设计	1. 考虑家具产品与人及环境的全部关系，全面分析人在系统中的具体作用 2. 明确人与家具产品的关系，确定人与产品关系中各部分的特性及人体工程设计的内容 3. 根据人与产品的功能特性，完善产品概念
初步设计	1. 从人与家具、人与环境方面进行分析，在提出的众多方案中按人体工程学原理进行分析比较 2. 比较人与家具产品的功能特性、设计限度、人的能力限度、使用的可靠性以及效率预测，选出最佳方案 3. 按最佳方案制作简易模型，进行模拟试验，将试验结果与人体工程学要求进行比较，并提出改进意见 4. 对最佳方案写出详细说明：方案获得的结果、使用条件、功能效果、使用难易、经济效益
详细设计	1. 从人的生理、心理特性考虑家具产品的构成 2. 从人体尺寸、人体的能力限度考虑，确定家具产品的零部件尺寸 3. 从人的信息传递能力考虑信息现实与信息处理 4. 根据技术设计确定构成的零部件尺寸，选定最佳方案，再次制作模型，进行试验 5. 从使用者的身高、人体活动范围、使用方便限度等方面进行评分，并预测还可能出现的问题，进一步确定人与物关系的可行限度，提出改进意见

(续)

设计阶段	人体工程学相关内容
总体设计	用人体工程学原理进行全面分析，反复论证，确保产品使用方便、安全与舒适、有利于创造良好的使用环境，满足人的心理生理需要，以达到最佳经济效益
生产设计	1. 研究制订安全、高效的家具生产工艺方案，合理设计零部件的加工制作方法 2. 对试制出的家具样品进行全面人体工程学评价、提出修改意见，最后完善设计

1.5 人体工程学与家具和室内设计

家具设计和室内设计的基本点都是要环绕"以人为本"的设计理念，其根本目的是要满足人们的使用功能和精神需求，这就要求家具和室内设计必须考虑人体工程学各因素。

将人体工程学应用于家具和室内设计，就是要在设计中充分考虑人的特性。考虑人与家具、人与室内以及人、家具、室内三者之间的相互关系和相互作用。使家具和室内设计符合人的生理和心理需要。如果进行家具设计时忽视了对使用者因素的考虑，就不可能让使用者感到舒适和方便；同样，如果室内设计忽视了人的因素，其功能就不可能得到很好的发挥，给人们的生活和工作带来不便。因此，将人体工程学与家具和室内设计相结合就显得尤为必要。

1.5.1 人、家具、室内三者的关系

人、家具、室内三者之间的关系非常密切。如果说室内空间是建筑的延伸，是人们生活、工作和学习的场所，那么，家具是联系室内空间和人的纽带。据有关资料统计，人们每天在家具上消磨的时间约占全天的2/3以上。据调查，家具在一般起居室、办公室等场所占地面积约为室内面积的35%～40%，而在各种餐厅、影院等公共场所，家具的占地面积更大。在某种程度上讲，室内面貌取决于家具的风格、色彩和质地。另外，为了创造出一个使用功能合理、环境氛围适宜的室内活动场所，必须考虑如何进行家具布置。可以说家具是室内环境中极其重要的组成部分，家具具有组织空间、分隔空间、填补空间和间接扩大空间的作用，与室内环境设计有着密不可分的关系。

1.5.2 家具和室内设计中人的因素

人的因素包含心理学、生理学、生物力学和人类学等要素。在家具与室内设计中，应着重考虑人的因素，主要有以下5个方面：

(1) 人体感知响应特性

人体感知响应过程实质上就是信息向人体输入、传递和人体对信息进行分析、处理并做出响应的过程，就是人—家具—环境系统的中心环节。它关系到人和家具、用品的安全，关系到人的健康和舒适、操作质量及作业效率等一系列问题，是家具、室内设计者所必须考虑的重要因素。

(2) 人体的生物力学特性

以人体的生物力学特性为依据的设计，才能实现人与家具关系的优化匹配。人体的生物力学特性包括人体姿势、肌肉与肌力、疲劳与恢复、动作速度、动作力量和动作准确性等。不同的人体姿势，人体所受的负荷与疲劳也不同。坐具和卧具等家具产品的设计，直接影响人的坐姿和卧姿，影响人体各部位的负荷与疲劳。优良的产品设计，可以让使用者获得舒适健康的人体姿势。因此，为减少人体疲劳，增强使用舒适性，在家具与室内设计中必须考虑人体的生物力学特性。

(3) 人体对环境负荷的反应

在某一环境中，环境条件(热、光、声、空间、色彩等)对人体(环境使用者)造成生理上和心理上的负担，称为环境对人体的负荷。人体对环境负荷的耐受性是室内设计中必须考虑的基本因素。室内环境必须科学合理地进行设计，从而使环境适应人的生理和心理特性，至少要为人体所能忍受，力争处于人体舒适界限以内。

(4) 人体尺寸

人体尺寸的静态和动态测量数据，是合理设计室内空间、家具组织形式、家具功能尺寸的基础。只有充分考虑了人体尺寸的精心设计，才能使用户的使用处

人体尺寸

于舒适的状态和适宜的环境之中，达到能量消耗最少、疲劳程度最低和休息、工作效率最高的目标。

(5) 人的行为习性

人的行为习性是人类在长期的生活和社会发展中逐渐形成的，如捷径反应、从众习性、优势半球和习惯用手等。在日常工作和生活中，人们的行为方式和行为习惯总是受到这些行为习性的影响和制约。良好的设计需要符合人的行为习性，以便让使用者感到方便和舒适。这就要求设计者在进行家具产品和室内环境设计时，需要充分了解和考虑人的行为习性。

1.5.3 家具和室内设计中的人体工程学问题

家具和室内设计中的人体工程学问题主要体现在以下5个方面：家具和室内环境对人的影响，家具和室内环境的安全性，家具和室内环境的舒适性，人与家具作用界面(人—机界面)的优化设计，家具的功能设计对人的作业活动和工作效率的影响。

(1) 家具和室内环境对人的影响

在人—物—环境这一人体工程学系统中，人是系统的核心，在进行家具和室内设计时，为使设计的家具产品和室内空间环境符合人体的需要，必须充分考虑其对人的影响。如设计椅类家具时，需要考虑椅子的尺寸、形态、材料和结构对人体坐姿、坐姿稳定性和舒适性的影响。在设计厨房空间时，需要考虑厨房空间功能分区、橱柜形态、橱柜尺寸对厨房作业者行为方式、作业姿势、作业疲劳和作业效率的影响。在室内环境设计时，需要考虑室内空间布置、光照、环境噪声、温湿度和空气质量等各种因素对人的感受性及舒适性的影响。

(2) 家具和室内环境的安全性

家具和室内环境的安全性是设计的基本要求。家具和室内环境的安全设计不但需要考虑它们的使用环境和使用条件，而且还要考虑使用者的安全意识、安全行为和安全能力。家具和室内装饰材料、室内环境设施、家具结构、家具功能件的尺寸和形态对家具安全性均可产生影响。家具和室内设计中的安全性问题主要有：儿童家具的安全性，家具和装饰材料中的有害挥发物，室内空气质量，室内安全设施。为保证家具的安全性，家具设计中，必须充分考虑影响家具安全性的各种因素，明确家具的安全要求，确保家具的安全质量。

(3) 家具与室内环境的舒适性

舒适性是人的主观感受，它受生理和心理两个方面的因素影响，家具和室内环境的舒适性是人通过感觉器官的感知作用和心理作用对家具和室内环境所作出的综合性评价。随着人们生活水平的提高和个性化需求的发展，人们对家具和室内设计提出了更高的要求，家具和室内环境的舒适性已成为设计评价的一项重要内容。舒适合理的设计不仅能减少使用者的疲劳，给人们的生理和心理带来愉悦，而且能够有效地提高人们工作、休息的效率。因此，舒适性强的家具正日益受到广大消费者的青睐。

在家具和室内设计中需要关注的舒适性问题主要有：家具的触觉舒适性，如椅子座面的体压分布，床垫的弹性和透气性；家具和室内环境的视觉舒适性，如家具色彩，家具形态，家具的表面装饰，家具与室内环境的协调，室内灯光配置，室内空气调节，功能空间的装饰布置等。对舒适性问题的研究是实现舒适性设计的基础，近些年来，在家具和室内设计领域，有关家具舒适性的研究越来越多，有力地促进了家具设计水平的提升。

(4) 人与家具作用界面(人—机界面)的优化设计

在使用家具的过程中，人的知觉、思维、动作和情绪等都会在与家具相互"接触"的过程中而产生各种关系，我们将这种关系称为界面关系，而把与人的知觉、思维、动作、情绪等相"接触"的部分称为界面。界面包括信息性界面、工具性界面和环境性界面等。人—家具系统一旦建立，人—家具界面便随之形成。如利用书桌学习时，人的眼睛、书本和桌面形成一个可视化的信息性界面，而同时桌面与人的上肢相互接触，使人体产生各种冷、暖、平滑与粗糙等感觉，形成一个触觉显示界面。人与家具之间的信息交换都是通过界面实现的。由于家具具有行为意义上的物理刺激性，因此，必然存在最有利于人的反应的刺激形式。家具设计必须始终以系统中的人为设计依据，对人与家具作用界面进行优化设计，从而获得最佳的匹配效果。

(5) 家具的功能设计对人的作业活动和工作效率的影响

家具的功能性设计包括功能尺寸设计、触觉(温湿感、冷暖感、粗滑感、触压感等)界面设计、视觉(形态、色彩、光泽等)界面设计等。功能尺寸体现了人与家具的匹配关系，匹配合理的家具尺寸有利于人体的作业活动，同时可以降低人体疲劳，从而提高工作效率，如桌面高度直接影响人体作业精度，橱柜内部空间的分隔直接影响人体取放物品的方便性。触觉和视觉与人体舒适感有着密切的关系，它们从生理和心理两个方面影响人体作业效率。如桌面较强的光泽可能会产生眩光，从而引起视觉疲劳，影响工作效率。

1.5.4 人体工程学对家具和室内设计的作用

人体工程学与家具、室内设计有着密切关系，其研究的内容和对家具与室内设计的作用可概括为以下4个方面。

(1) 为家具和室内设计中考虑"人的因素"提供人体特征与机能参数

家具和室内环境是为人使用和控制的，人是主体。在人—家具—环境系统中如何充分发挥其能力，保护其功能，并进一步发挥其潜在的功能，是人—家具—环境系统研究中的重要课题之一。为此，必须应用人体科学的研究方法，对人体结构特征和机能特征进行研究，提供人体的结构特征参数，如各部分的尺寸、质量、人体各部分在活动时的相互关系及应用范围等；提供人的感知能力、运动能力和人脑功能的机能特性；分析人在使用家具和室内环境时的生理变化、能量机理、疲劳机理以及对环境负荷的适应能力；探讨人在使用家具和室内环境中心理因素对工作效率的影响。

(2) 为家具和室内环境设计的功能合理性提供科学依据

功能设计的合理与否影响到人们使用的安全性、舒适性和工作效率。家具和室内环境的功能特点是通过其材料、结构、尺寸、形态、色彩和装饰等设计要素体现出来的，要实现家具和室内环境功能的最优化，创造出与人的生理和心理机能相协调的家具和室内环境，就必须深入研究人与家具和室内环境之间的关系，并在实际设计中以人体工程学理论为依据合理确定家具和室内环境设计中的尺寸、形态、结构和材料等设计内容。

(3) 为家具和室内环境设计中考虑"环境因素"提供设计准则

室内环境影响人的生活、健康，特别是影响工作能力和休息效率，而家具则是室内环境的重要组成部分。环境因素可分为物理因素(如声、光、热等)、化学因素(如有害有毒物质等)、生物因素(如病毒和其他微生物等)、心理因素(人体对环境的负荷等)。环境可分为直观环境和一般环境。直观环境包括家具的空间组织形式、人体姿势和照明等，主要指人—家具界面上的一些情况；一般环境则主要指物理因素和化学因素。从保证人体的健康、安全、舒适和高效出发，必须研究和确定人在生活和工作中所处的各种环境舒适范围和安全限度，为家具设计和室内环境设计中考虑"环境因素"提供分析评价方法和设计准则。

(4) 为进行人—家具—室内系统设计提供理论依据

人体工程学设计是将人、家具、室内环境看成是系统的三大要素，通过它们之间的信息传递、加工和控制，组成一个复杂的系统。人体工程学设计的显著特点，不是孤立地研究人、家具、室内环境三大要素本身特性，而是在明确系统总体要求的前提下，从系统的高度，将人和家具的关系、人和室内环境的关系、家具和室内环境的关系看成是相互作用、相互依存并决定系统的总体性能，运用系统工程的方法，利用三大要素之间的相互关联寻求系统的最佳设计参数。

人体工程学为家具和室内环境设计开拓了全新的设计思想，并提供了有关理论依据。

● **复习思考题**

1. 简述人体工程学的定义。
2. 人体工程学的发展主要经历了哪几个阶段？
3. 人体工程学的研究内容是什么？
4. 人体工程学的研究方法主要有哪些？
5. 试述人体工程学在家具与室内环境设计中的作用与意义。
6. 为什么现代设计要考虑人、物、环境三者之间的关系？

第 2 章

人体感知特性

> **本章提要**
>
> 本章系统介绍了人体的感觉和知觉特性,分别从感觉和知觉的概念、感觉和知觉的生理机制、人体知觉特性以及视觉、听觉、肤觉、嗅觉和本体觉8个方面作了具体阐述。围绕感觉及其特性重点介绍了视觉和听觉,并说明了适宜刺激和感觉阈限等基本感觉特性,围绕感觉和知觉的生理机制介绍了中枢神经系统和周围神经系统。围绕知觉特性介绍了知觉的选择性、整体性、理解性、恒常性、错觉。

2.1 感觉和知觉的概念
2.2 感觉和知觉的生理机制
2.3 人体知觉特性
2.4 视觉
2.5 听觉
2.6 肤觉
2.7 嗅觉
2.8 本体觉

人体工程学研究的中心是人，因此在研究人体工程学时，必须先了解人体自身的感觉系统和感知特性。人的感觉系统由神经系统和感觉器官组成。了解神经系统，才能知道心理活动发生的过程；了解感觉器官，才能懂得刺激与效应发生的生理基础。感知包括感觉和知觉，感觉是对直接作用于人体感觉器官的一种直接反应，知觉是在感觉的基础上产生的，是对感觉信息整合后的反应。两者既相互联系，却又是不同的心理过程。人的感知系统是人—物—环境系统信息传递的重要环节，因此，本章将从人体工程学的角度来讨论人体这些系统的功能特点，为家具设计和室内设计提供生理学和心理学基础。

2.1 感觉和知觉的概念

2.1.1 感觉

感觉是人脑对直接作用于感觉器官的客观事物个别属性的反应。人的感觉器官，即眼、耳、鼻、口、皮肤，接受内、外环境的刺激，并将其转化为神经冲动，通过传入神经，将其传至大脑皮质感觉中枢，于是产生了感觉。

首先，感觉是一种直接反应，它要求客观事物直接作用于人的感官。从空间上看，感觉所反映的事物，是人的感官能直接触及的范围。从时间上看，感觉所反映的对象是此时此刻正作用于感官的事物，而不是过去或将来的事物。其次，感觉所反映的是客观事物的个别属性。事物的属性包括其物理属性（如颜色、形状、软硬等）、化学属性（如气味、味道）以及有机体的某些生理变化（如疼痛、饥渴等）。人的感觉包括视觉、听觉、味觉、嗅觉、肤觉和本体觉等。

人们对任何事物的认识都是从感觉开始的。感觉是人们了解外部世界的主要渠道，也是一切复杂心理活动的基础和前提。

人借助于感觉，感知事物的各种不同属性，且只是事物的个别属性。例如，一个苹果放在人的面前，通过眼睛看，便产生了苹果绿色的视觉；若摸一下，便产生光滑感的触觉；若闻一下，便产生芳香的嗅觉；若吃一下，便产生甜滋滋的味觉。由此产生的视觉、触觉、嗅觉、味觉等都属于感觉。另外，感觉还反映人自身的活动状况，如躯体的运动和位置、内部器官的工作状况，舒适、疼痛、饥饿等。

感觉是一种最简单而又最基本的心理过程，在人的各种活动过程中起着极其重要的作用。一切较高级、复杂的心理现象，如思维、情绪、意志等都是在感觉的基础上产生的。

感觉可分为外部感觉和本体感觉两种类型。反映外界各种事物个别特性的感觉，称为外部感觉。如视觉、听觉、化学感觉（嗅觉、味觉）、皮肤觉。它们的感觉器官称为外在分析器，如眼、耳、鼻、口、皮肤。而反映我们自身各个部分内在体验的感觉，称为本体感觉，如运动觉、平衡觉、内脏觉。

本体感觉能告知人们躯体正在进行的动作及其相对于环境和物体的位置；而外部感觉能将外部环境的信息传递给人们。

此外，还有一些感觉是几种感觉的结合，比如触摸觉就是皮肤感觉和运动感觉的结合。还有的感觉既可能是外部感觉，又可能是内部感觉，比如痛觉既可能是皮肤受到有害刺激，也可能是内脏器官的病变。

感觉的基本特性为：

（1）适宜刺激

外部环境中有许多种能量形式，人体的各种感觉器官都能对某一种特定的能量形式做出最敏感的反应。这种能够引起感觉器官有效反应的刺激，称为该感觉器官的适宜刺激。例如，眼的适宜刺激是可见光，而耳的适宜刺激则为一定频率范围的声波。人体各主要感觉器官的适宜刺激及其识别特征见表2-1。

（2）感觉阈限

人通过感觉器官接受外界的信号刺激，当这个刺激的强度较小时，尽管在物理上可以测到感觉器官对刺激的某种反应，但人却没有感觉到，只有刺激强度逐渐增加到某一界限值时，人才通过感觉器官获得了感觉。这种使人从没有到获得感觉的刺激强度的界限值，称为"刺激阈"。刺激阈是产生感觉的刺激下限。但是，当刺激强度达到人不能承受时，刺激不但无效，而且还会引起相应感觉器官的损伤。这种刺激强度的上限成为刺激极限，也称"痛阈"。能被感觉器官所感受的刺激强度范围，称为绝对感觉阈值。人体主要感觉的绝对感觉阈值见表2-2。

表 2-1 适宜刺激和识别特征

感觉类型	感觉器官	适宜刺激	刺激起源	识别外界的特征	作用
视觉	眼	可见光	外部	色彩、明暗、形状、大小、位置、远近、运动方向等	鉴别
听觉	耳	一定频率范围的声波	外部	声音的强弱和高低,声源的方向和位置等	报警,联络
嗅觉	鼻腔顶部的嗅细胞	挥发的和飞散的物质	外部	香气、臭气、辣气等挥发物的性质	报警,鉴别
味觉	舌面上的味蕾	被唾液溶解的物质	接触表面	甜、酸、苦、咸、辣等	鉴别
皮肤感觉	皮肤及皮下组织	物理和化学物质对皮肤的刺激	直接和间接接触	触觉、痛觉、温度觉和压力等	报警
深部感觉	机体神经和关节	物质对机体的作用	外部和内部	撞击、重力和姿势等	调整
平衡感觉	半规管	运动刺激和位置变化	内部和外部	旋转运动、直线运动和摆动等	调整

表 2-2 各种感觉的绝对感觉阈值

感觉	最低限	最高限
视觉	能[量]$(2.2\sim5.7)\times10^{-17}$J	能[量]$(2.2\sim5.7)\times10^{-8}$J
听觉	声强 1×10^{-12} W/m^2 ($f=1000$Hz)	声强 1×10^{-2} W/m^2
触压觉	能[量]2.6×10^{-9}J	
振动觉	振幅 2.5×10^{-4}mm	
嗅觉	相对密度 2×10^{-7}kg/m^3	
温度觉	热辐射强度 6.28×10^{-9} kg·J/(m^2·s)	热辐射强度 9.13×10^{-6} kg·J/(m^2·s)
味觉	硫酸试剂浓度 4×10^{-7} mol/L	
角加速度	2.1×10^{-3} rad/s^2	
直线加速度	减速时加速度 0.784m/s^2	加速时加速度 $49\sim78$m/s^2 减速时加速度 $29\sim44$m/s^2

（3）适应

感觉器官接受刺激后,如果刺激强度不变,则经过一段时间后,感觉会逐渐减小直至消失,这种现象称为"适应"。通常所说的"久而不闻其臭"就是嗅觉器官产生适应的典型例子。除痛觉外,适应现象几乎在所有感觉中都存在,但适应的表征和持续时间是不同的。除视觉暗适应外,各种感觉适应大都表现为感受性逐渐下降乃至消失。触觉和压觉适应最快。对光的适应分为明适应和暗适应,明适应是指从暗处进入明处的适应

视觉适应特性相关研究

过程,暗适应则相反,明适应要快于暗适应。

（4）相互作用

在一定条件下,各种感觉器官对其适宜刺激的感受能力都将因受到其他刺激的干扰影响而降低,这种使感受性发生变化的现象称为感觉的相互作用。例如,人在同时输入视觉信息时,往往只倾向于注意其中一个而忽略另一个；如果同时输入两个相等强度的听觉信息,对其中一个信息的辨别能力将降低50%,当视觉信息与听觉信息同时输入时,听觉信息对视觉信息的干扰较大,视觉信息对听觉信息的干扰较小。此外,味觉、嗅觉、平衡觉等都会受其他感觉刺激的影响而发生不同程度的变化。

（5）对比

同一感受器官接受不同刺激时使感受性发生变化的现象称为对比。感觉的对比分为同时对比和继时对比两种。

同时对比是指几种刺激物同时作用于同一感受器官时所产生的对比。例如,同样一个灰色的图形,在白色的背景上看起来显得颜色深一些,在黑色背景上则显得颜色浅一些；而灰色图形放在红色背景上呈绿色,放在绿色背景上则呈红色。再如,同一件家具,放在室内净空较低的房间显得大,放在室内净空较高的房间里显得小。

几个刺激物先后作用于同一感受器官时,将产生继时对比现象。例如,吃了糖以后接着吃带有酸味的食物,会觉得更酸。又如,从电影院走

出后到阳光下，会感觉阳光比平时更加刺眼。

(6) 余觉

余觉是指当刺激取消以后，感觉还继续存在一段极短时间的现象。例如，在暗室里急速转动一根燃烧的火柴，可以看到一圈火花，这就是由许多火点留下的余觉组成的。又如，每秒 100 次闪烁的荧光灯给人的感觉是连续的光源。另外电影演出等都是利用余觉这一生理现象实现的。

2.1.2 知觉

知觉是人脑对直接作用于感觉器官的客观事物和主观状况整体的反映。客观事物的各种属性分别作用于人的不同感觉器官，引起人的各种不同感觉，经大脑皮质联合区对来自不同感官的各种信息进行综合加工，人的大脑中就产生了对客观事物的各种属性、各个部分及其相互关系的综合整体的印象，这便是知觉。如家具的尺寸、材质、色彩的统一性，苹果的形、色、质、味的统一性。

知觉是比感觉复杂的心理过程，知觉的产生以头脑中各种感觉信息的存在为前提，并且与感觉同时进行，感觉的性质较多地取决于刺激物的性质，而知觉在很大程度上却受到人的知识、经验、情绪、态度等因素的制约和影响。因此，知觉不是对当前客观事物的各种感觉的堆积，而是人们借助于已有的知识经验对当前事物所提供的信息进行选取、理解和解释的过程。感觉到的事物个别属性越丰富、越精确，对事物的知觉也就越完整、越正确。知觉是客观现实在人脑中的主观印象，它受到个体不同特点的制约，不同的人，甚至同一个人在不同的时间对于同样对象的知觉也可能是有差异的。

2.1.3 感觉与知觉的关系

人的感觉和知觉的关系十分密切，客观事物是首先被感觉，然后才能进一步被知觉，即感觉是知觉的前提、基础和有机组成部分。知觉的产生以头脑中各种感觉信息的存在为前提，并与感觉同时进行，两者皆属于认识的初级阶段，都是大脑产生的对直接作用于感觉器官的客观事物的反映。

而知觉又不同于感觉。知觉是在感觉的基础上对客观事物所产生的高一级的认识。感觉是对客观事物个别属性的反映，知觉是对客观事物整体形象的反映。知觉的反映要借助于过去经验，以及记忆和思维的参与。以人的听觉为例，作为听觉反映的只是一个高高低低的声音，而作为听知觉反映的是一段曲子、一首歌或一种语言。因此感觉和知觉是人对客观事物的两种不同水平的反映，知觉要比感觉更深入、完整。

2.2 感觉和知觉的生理机制

产生感觉的生理结构和机能就是感觉的生理机制。接受内外环境刺激产生感觉的全部神经系统称为分析器。感觉的产生主要是靠分析器的活动来完成的。

神经系统是机体的主导系统，全身各器官、系统均在神经系统的统一控制和调节下相互影响、相互协调，保证机体的整体统一及其与外界环境的相对平衡。各种感觉的产生也是在神经系统的支配下完成的，这一过程包括 3 个环节：

① 借助于感受器接受体内外环境的各种信息。当适宜刺激作用于感受器时，感受器将刺激的能量转化为神经冲动，环境中的各种刺激只有经过感受器的功能作用，才能把信息传向中枢神经。

② 来自各种感受器的神经冲动，分别经各自的感觉传导通路传向各级中枢神经，也就是神经冲动沿传入神经向大脑中枢神经传递的过程。

③ 各种传入大脑中枢神经的神经冲动在大脑皮层相应的感觉代表区转化为感觉的过程，因此大脑皮层相应感觉代表区的活动是产生各种感觉的主要生理基础。

神经系统可以分为中枢神经系统和周围神经系统两部分。

2.2.1 中枢神经系统

中枢神经系统由大脑和脊髓组成。脑位于颅腔内，脊髓在椎管内，两者在枕骨大孔处相连。

中枢神经系统相关图片

2.2.1.1 脑

在形态上，人脑主要由大脑半球、间脑、延髓、中脑、脑桥和小脑组成。

(1) 大脑半球

大脑半球位于中枢神经系统的最高部位，分为左、右两个半球，人脑的左半球具有优秀的分析思维能力，而右半球对视觉、听觉等类型的刺激有更强的识别能力。大脑表面有许多深浅不一的皱褶，皱褶凹陷部位称为沟和裂，隆起部位称为回。半球表面被覆盖的 2~5mm 厚的灰质细胞层，称为大脑皮层。大脑皮层是统一机体的最高神经中枢。人的大脑皮层大约含有 140 亿个神经细胞。

大脑半球的表面，中央沟和外侧裂的前方部分是思维、判断和决策区，是信息输出部分；后方部分是信息输入部分。中央沟和外侧裂又将大脑分为额叶、顶叶、颞叶、枕叶 4 叶。一般感觉区位于中央沟后方的顶叶；听觉区和记忆区位于颞叶；视觉区位于枕叶；额叶是高度思维和判断机能的联合区。人体各种神经中枢对应于大脑皮层的位置如图 2-1 所示。

大脑皮层的各个不同区域在功能上具有不同的分工，但皮层各区域在功能上的分工又不是绝对的，一个区域只是执行某一种功能的核心部位，皮层的其他区域也分散有类似的功能，如皮层的中央前回，主管全身骨骼肌的运动，称运动中枢，但该区域也接受部分的感觉冲动，而中央后回则主管全身的感觉，称感觉中枢，但刺激该区域也可产生少量的运动。

（2）间脑

间脑位于脑干上方，两大脑半球之间，由丘脑和小丘脑组成。丘脑是大脑皮层下的低级感觉中枢，它是各种感觉的中继站，除嗅觉外的身体各部分感觉冲动均传至丘脑，再传向大脑各级感觉中枢，引起特定的感觉。下丘脑是较高级的中枢，其作用是调节内脏活动和内分泌活动，同时也参与某些情绪反应活动及昼夜周期性变化活动等。

（3）延髓

延髓是脊髓的延续，它不仅是食物反射的中枢（如唾液分泌、咀嚼、吞咽等）和某些防御反射（如喷嚏、咳嗽、呕吐等）的中枢，还是呼吸和循环系统的反射性自动调节中枢，因此具有"生命中枢"之称。大部分由脊髓上行的和脑下行的神经纤维在延髓交叉，以致形成左、右大脑半球分别控制对侧躯体的状况。

（4）中脑

中脑位于脑桥上方，是视、听运动的反射中枢。位于延髓、脑桥和中脑中央部位的一个广泛区域称为脑干网状结构，该结构存在两个相互对立的调节系统：激活系统和抑制系统。激活系统不断接受来自体内外的各种刺激并传至大脑皮层，引起大脑皮层处于醒觉状态，而抑制系统则引起大脑皮层活动水平的降低。大脑皮层就是在这两个系统的协调活动下维持正常功能的。中脑的反射机能对于机体的定向反射具有重要意义。

（5）脑桥

脑桥位于延髓上方、小脑腹侧，是联系小脑两半球上、下行神经纤维的桥梁。脑桥参与面部肤觉、味觉、平衡觉和听觉的形成，并参与完成面部肌肉的运动。

（6）小脑

小脑位于颅后窝内，在延髓和脑桥的背侧，大脑的后下方。小脑的主要机能是维持身体平衡，调节与校正肌肉的紧张度和协调肌肉的运动。

2.2.1.2 脊髓

脊髓位于脊柱管内，是中枢神经系统的最低

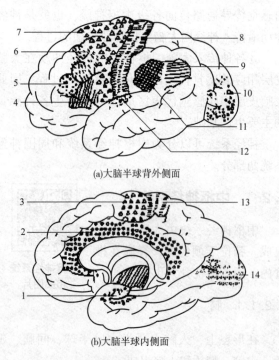

1. 嗅觉中枢　2. 内脏调节中枢　3、7. 运动中枢　4. 运动性语言中枢　5. 眼睛协调运动中枢　6. 书写中枢　8、13. 感觉中枢　9. 视性语言中枢　10、14. 视觉中枢　11. 听性语言中枢　12. 听觉中枢

图 2-1　大脑皮层中枢

级部位。脊髓有两个功能：第一，传导功能。脊髓一方面将来自躯干、四肢和大部分内脏的各种刺激传至大脑，另一方面又将大脑的活动传至躯体和内脏，可以说脊髓是脊神经与大脑间的神经传导通路。第二，反射功能。脊髓可以完成一些简单的身体反射和内脏反射，如腱反射、屈肌反射和行走反射等。

2.2.2 周围神经系统

周围神经系统是相对于中枢神经系统而命名的，是除了中枢神经以外全部神经的总称，它起始于中枢神经，分布于周围器官，包括躯体神经系统和自主神经系统两大部分。周围神经系统的基本功能是在感受器与中枢神经之间以及中枢神经与效应器之间传导神经冲动。

躯体神经系统遍布于头、躯干和四肢的骨骼肌内。由于躯体神经系统的作用，这些肌肉可随个体抑制支配。躯体神经系统中的神经元有两种：一种是感觉神经元，它与感觉器相连，将外界刺激引起的神经冲动传递到神经中枢；另一种是运动神经元，它与反应器相连，将中枢神经向外传导的神经冲动传递到肌肉，从而表现出行动。

自主神经系统由分布于心肌、平滑肌和腺体等内脏器官的运动神经构成，它的运作不受个体意志支配。自主神经系统主要控制心跳、呼吸，管理所有平滑肌的扩张与收缩，以及调节腺体分泌，从而维持身体内一切生理变化的均衡。自主神经系统又分为交感神经系统和副交感神经系统，交感神经系统通常在个体紧张而警觉时发生作用，副交感神经系统则常在个体松弛状态时发生作用。

2.3 人体知觉特性

知觉是在感觉的基础上对客观事物所产生的高一级认识。感觉的性质较多地取决于刺激物的性质，而知觉在很大程度上却受到人的知识、经验、情绪、态度等因素的制约和影响，因此知觉不是对当前客观事物的各种感觉的堆积，而是人们借助于已有的知识经验对当前事物所提供的信息进行选取、理解和解释的过程。人的知觉过程是一个有组织、有规律的心理活动过程。这些规律主要表现为知觉的选择性、知觉的整体性、知觉的理解性和知觉的恒常性。

2.3.1 知觉的选择性

人在感知时，同时作用于感觉器官的事物很多，而人不可能同时感知这些事物或清楚地感知每一事物。人们总是按各自的需要或目的主动有意识地选择其中的少数事物作为知觉对象，对其

知觉的选择性相关图片

产生突出清晰的知觉映像，而对同时作用于感官的其他事物则呈现模糊的知觉映像，从而作为衬托对象的背景。这种把某些知觉对象从背景中优先区分出来，并予以清晰反映的特性，叫知觉选择性。知觉选择特性使人能够把注意力集中到某些重要的刺激或刺激的重要方面，排除次要刺激的干扰，从而有效地感知外界事物，适应外界环境。

凡是在一瞬间被我们清晰知觉的事物就是知觉的对象；同一瞬间仅被比较模糊地感知着的事物就成为衬托这种对象的背景。例如，上课时学生把教师讲课的声音作为听知觉的对象，而把教室外的声音作为听知觉的背景。知觉对象和背景的区别在于：知觉对象有鲜明的、完整的形象，突出于背景之前；知觉对象是有意义的、容易被记忆的。对象和背景的这种结构成分，是知觉选择性中的最基本的特点。

然而在知觉过程中，哪些刺激物成为知觉对象，哪些刺激物成为知觉背景，并不是固定不变的。鲁宾（Rubin）的双关图形是知觉对象和知觉背景相互转化最显著的例子，如图 2-2 所示。当以黑色为背景时，便看到一个白色的花瓶；当以白色为背景时，便会看到两个侧面人头像。我们可以将双关图形一会儿看成花瓶，一会儿看成面孔，花瓶和面孔可以经常交替出现，但却不能既看到花瓶又看见面孔，两者不可能同时出现。

图 2-2 知觉对象和知觉背景转换双关图

从知觉背景中区分出知觉对象，一般取决于下列条件：

(1) 对象和背景的差别

知觉对象和知觉背景的差别越大(包括颜色、形态、刺激强度等方面)，知觉对象越容易从背景中区分出来，并优先突出，给予清晰的反映；反之，就难以区分。例如，重要新闻用红色或用特别的字体标注就非常醒目，且特别容易区分。然而，当人们处在丰富多彩的信息环境中，众多事物都在向我们涌来，我们仍能从多种刺激中去知觉已经熟悉的或有意义的事物，使其成为知觉的主要对象，而使同时作用于我们感官的其他事物，退居到背景地位。

(2) 对象的运动

在固定不变的背景上，活动的刺激物容易成为知觉对象。例如，交通道口上变换的红绿灯；月夜中的流星；夜空中的飞机灯光；航道的航标用闪光作信号。这些都是运动着的物体，更能引人注意，提高知觉效率。

(3) 主观因素

人的主观因素对于选择知觉对象相当重要，当任务、目的、知识、经验、兴趣、情绪等因素不同时，选择的知觉对象便不同。例如，情绪良好，兴致高涨时，知觉的选择面就广泛；而在抑郁的心境状态下，知觉的选择面就狭窄，会出现视而不见，听而不闻的现象。

2.3.2 知觉的整体性

知觉整体性是指人根据自己的知识经验把直接作用于感官的客观事物的多种属性整合为统一整体的组织加工的过程。例如，观察图2-3时，不是把它感知为四段直线、几个圆或虚线，而是一开始就把它看成正方形、三角形和圆形。

知觉的整体性相关图片

由于知觉具有整体性的特点，人在知觉事物时，并不需要细致地观察它的各个部分和属性，只要抓住它的主要特征，就可以根据已有知识经验对它进行识别。知觉整体性是知觉的积极性和主动性的一个重要方面。它不仅依赖于刺激物的结构，即刺激物的空间分布和时间分布，而且依赖于个体的知识经验，一个不熟悉外文单词的人，他对单词的知觉只能是一个字母、一个字母地进行。相反，一个熟悉外文单词的人，他就会把每个单词甚至句子感知为一个整体。

知觉之所以具有整体性，是因为事物各个部分或属性是作为一个整体对人发生作用的。当客观事物作用于人的感官时，大脑会对来自感官的信息进行加工处理，发现其属性及其相互联系，从而把事物知觉为一个整体。当其某一种属性单独作用于人的感官时，人也会根据头脑中的有关图形，补充其他属性，从而进行整体性知觉。

事物的不同部分或属性，在整体中所处地位是不相同的。它们对整体性知觉的影响也就不同。强的、关键性的部分对知觉的整体性起决定作用。整体知觉依赖于对事物的组成部分的感知。人在知觉过程中对事物感知的部分与整体是相互联系、相互制约的。

在感知不熟悉的对象时，则倾向于把它感知为具有一定结构的有意义的整体。在这种情况下，影响知觉整体性的因素有以下几个方面：

(1) 接近

在图2-4(a)中，圆点被看成四个纵行，因为圆点的排列在垂直方向上比水平方向上明显接近。

(2) 相似

在图2-4(b)中，点之间的距离是相等的，但同一横行各点颜色相同，由于相似组合作用，这些点就被看成为五个水平横行。设计中就经常利用这一特性进行图形设计。

(3) 封闭

如图2-4(c)所示，由于封闭因素的作用，把两个距离较远的纵行组合在一起，被知觉为两个长方形。

(4) 连续

如图2-4(d)所示，由于受连续因素的影响，被知觉为一条直线和一个圆弧。

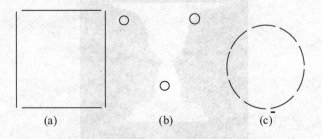

图2-3 知觉的整体性

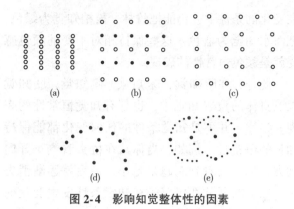

图 2-4 影响知觉整体性的因素

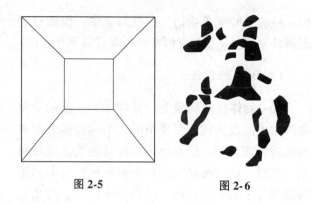

图 2-5   图 2-6

(5) 美的形态

在图 2-4(e) 中,由于点的形态因素的影响,被知觉为两圆相套。

2.3.3 知觉的理解性

知觉的理解性相关图片

知觉的理解性是指人以知识经验为基础对感知的事物进行加工处理,来理解当前知觉对象特征的过程。知觉理解性主要受个人的知识经验、言语指导、实践活动以及个人兴趣爱好等多种因素的影响。

由于知觉具有理解性,人们在知觉某一事物时,就会把它们与事物相关的知识经验带入知觉过程中,以便取得对事物的深刻认识。例如,一幅戏剧海报,对于戏剧知识比较丰富,并且对平面设计有一定知识的人,可以从海报中了解到其丰富的内涵,而在这两方面知识都不是很丰富的人,却只能知觉到表面的东西。一位有经验的医生,在 X 光片上能够看到并不为一般人所察觉的病灶。

在环境比较复杂、知觉对象的外部标志不很明显的情况下,语言的指导能唤起人们已有的知识和过去的经验,使人对知觉对象的理解更迅速、完整。例如,图 2-5 也是一张双关图形,提示者可以把它提示为立体的东西,而这个立体随着提示者的语言可以形成向内凹或向外凸的立体。如图 2-6 所示,初看时只觉得是一些黑色的斑点,很难知觉出它是什么东西,但是只要说明,这是"人骑马",由于此命名唤起了我们的过去经验,从而补充了知觉的内容,使我们看出了这个图形。可见,语言的指导作用,在于明确观察的方向,提示知觉的内容,唤起对客观事物的回忆等,它对知觉的理解性起着重大的作用。语言越是准确、具体、生动、形象,它所唤起的知觉形象就会越深刻、越广泛。

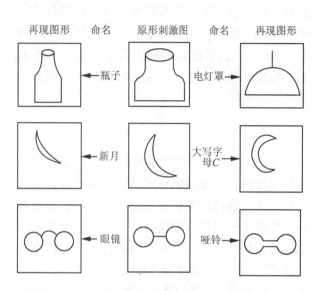

图 2-7 语言对知觉理解性的影响

但是,不确切的语言指导,会导致歪曲的知觉。例如,当受试者观看图 2-7 正中间的一排图形时,第一组受试者听到图 2-7 左边一排的名称,第二组听到图 2-7 右边的一排名称,然后拿走图形,让两组受试者画出它所知觉的图形。结果表明,画得最不像的图形中,约有 3/4 的歪曲图形类同于语言指导的名称。所以,在知觉外界事物时,语言的参与对知觉理解性具有重要的意义。

2.3.4 知觉的恒常性

知觉的恒常性相关图片

当知觉的条件在一定范围内发生了变化时,知觉映象仍能保持相对不变的特性,称为知觉的恒常性。人们对客观事物的知觉总是在不同的条件下进行的。当知觉某一熟悉物体时,虽然角度、距离、照明等物理条件不同,但由于对该物体知觉经验的参加,人的主观感受不随着物理条件的变化而变化,仍然保持相对稳定和不变。知觉恒常性是经验在知觉中起作用的结果,也就是说,人总是根据记忆中的印象、知识、经验去知觉事物的。在视知觉中，恒常性表现得特别明显。视知觉恒常性主要有以下几方面：

(1) 大小恒常性

同一物体在视网膜上成像的大小，是随着视角的大小而改变的，而视角的大小则是随着距离的远近而变化的。距离越近，视角越大，成像越大。然而，这一视觉规律并不影响我们对不同距离物体大小知觉的判断。这种对物体大小的知觉映像，并不因距离远近不同而改变的特性称为大小恒常性。例如，在5m远和10m远处看一位身高1.8m的人，虽然视网膜上的成像大小是不同的，距离远的视像小，距离近的视像大，但人们感知到的高度是一样的。

(2) 形状恒常性

形状恒常性是指看物体的角度有很大改变时，知觉的物体仍然保持同样形状。形状恒常性和大小恒常性可能都依靠相似的感知过程。保持形状恒常性最起作用的线索是带来有关深度知觉信息的线索，如倾斜、结构等。例如，当一扇门在人的面前打开时，视网膜上门的映像经历一系列的改变，但人总是知觉门是长方形的。

(3) 明度恒常性

一件物体，不管照射它的光线强度怎么变化，而它的明度是不变的。决定明度恒常性的重要因素是，从物体反射出来的光的强度和从背景反射出来光的强度的比例，只要这一比例保持恒定不变，明度也就保持恒定不变。因此，邻近区域的相对照明，是决定明度保持恒定不变的关键因素。例如，无论在白天还是在夜空下，白衬衣总是被知觉为白的，煤块总是被知觉为黑的，那是因为它反射出来的光的强度和从背景反射出来的光的强度比例相同。

(4) 颜色恒常性

颜色恒常性是与明度恒常性完全类似的现象。绝大多数物体之所以可见，是由于它们对光的反射，反射光这一特征赋予物体各种颜色。一般说来，即使光源的波长变动幅度相当宽，只要照明的光线既照在物体上也照在背景上，任何物体的颜色都将保持相对的恒常性。例如，在月夜下，虽然红的花和绿的叶在色彩上变化很大，但我们感受到的花依然是红色，叶子依然是绿色。同样，

在变化的条件下，仍能把竹林、松柏知觉为绿色，把海水知觉为蓝色，这些保持相对不变的颜色感受就是颜色恒常性的表现。

此外，在听知觉、味知觉、嗅知觉、肤知觉以及身体的位置知觉中，也都有知觉恒常性的表现。当然，并不是知觉条件的任何变化都能保持知觉的恒常性。例如，当你站在桥头看汽车开向远方，你就会看到它越来越小，最后就逐渐消失了。知觉的恒常性仅仅是在知觉条件发生变化的一定范围内才起作用。

知觉的恒常性在我们的生活实践中具有重要意义。它能保证人们在瞬息万变的环境中具有高度的适应性，使人们摆脱单纯物理刺激中的局部信息的制约，从而能真实、全面、稳定地反映客观世界。

2.3.5 错觉

与客观事物不相符的知觉称为错觉。人的外感官一般都会出现错觉现象，如错视觉、错听觉、错嗅觉等。在人的错觉现象中，错视觉最为明显，错视觉中又分为长度错觉、方位错觉、透视错觉、对比错觉等。

长度错觉：当判断物体长度时，物体两端的附加物通常可以导致我们产生视错觉。如图2-8所示，本来$AO=OB$，但看起来AO短于OB。又如图2-9所示，横竖两段线段本来相等，但看起来竖线长于横线。

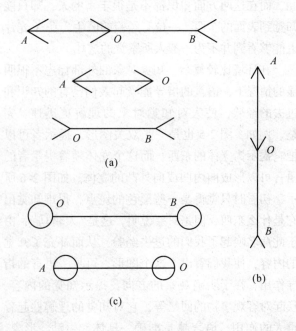

图2-8 长度错觉

图 2-9　长度错觉

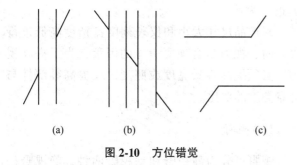

图 2-10　方位错觉

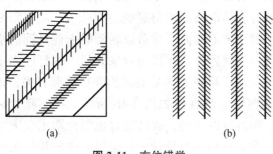

图 2-11　方位错觉

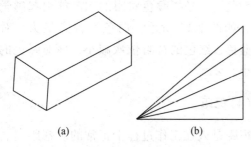

图 2-12　透视错觉

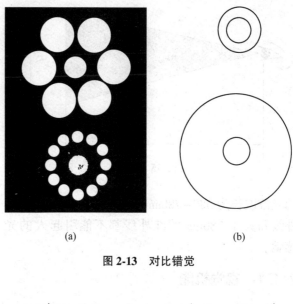

图 2-13　对比错觉

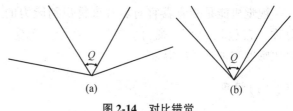

图 2-14　对比错觉

分成四等分，但看起来越是上面的线段越短。

对比错觉：图 2-13 所示的两组圆中，各组的中央圆本是大小相等的，但看起来用小圆包围的中央圆显得大些。图 2-14 中(a)图与(b)图的中间角度 Q 本来相等，但看起来的(a)图的 Q 角比(b)图的 Q 角要小。

错觉现象已被人们大量地利用来为工业设计服务。例如，表面颜色不同而造成同一物品轻重有别的错觉。小巧轻便的产品涂着浅色，使产品显得更加轻便灵巧；机器设备的基础部分采用深色，可以使人产生稳固之感。从远处看，圆形比同等面积的三角形或正方形要大出约 1/10，交通信号标志上利用这种错觉规定圆形为表示"禁止"或"强制"的标志等。

知觉特性与错觉的应用

2.4　视觉

在人的整个认知世界中，大约有 80% 的信息是通过视觉系统来获得的。光照射于物体，再反射入人的眼睛，在视网膜上成像，形成人对物体的视觉。视觉的适宜刺激是光，人眼可以感觉到

方位错觉：如图 2-10(a)(b)(c)所示的三段斜线本是在一条直线上的，但由于受到垂直线或水平线的干扰，看起来已经错位，不在一条直线上。图 2-11 所示的若干条相互平行直线，由于在它们上面加了许多短直线而产生了歪曲知觉。

透视错觉：图 2-12 中，(a)图是长方形正六面体，三条长棱是互相平行的，但看起来远端线间距比近端线间距宽些。(b)图是一条竖线被斜线

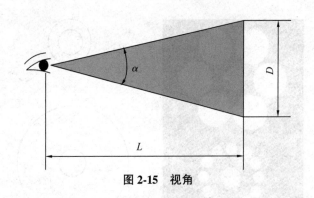

图 2-15 视角

的光波波长为 380~780nm，波长小于 380nm 的紫外线和大于 780nm 的红外线都不能引起人的光感觉。

2.4.1 视觉机能

视觉机能是视觉器官对客观事物识别能力的总称，它包括视角、视力、视野、视距、色觉、对比感度和视觉适应等。

(1) 视角

视角是确定被观察物体尺寸范围的两端点光线射入眼球的相交角度，如图 2-15 所示。视角的大小与观察距离及被观察物体上两端点的直线距离有关，可用下式表示：

$$\alpha = 2\arctan\frac{D}{2L}$$

式中：α 为视角(°)；D 为被观察物体两端点的直线距离；L 为眼睛到被观察物体的距离。

眼睛能分辨被观察目标物最近两点的视角，称为临界视角。按标准规定，人站在离视力检查表 5m 远处观看表中第十行"E"字，若能分辨清楚，视力为 1.0 即视力正常，此时的临界视角为 1°。若视力下降，则临界视角值增大。

除了物体大小和视距以外，视角还与物体本身的亮度、物体与背景的亮度对比以及物体所处环境的亮度有关。

在家具和室内设计中，一是在细部处理时，应考虑视角的因素，通过科学计算确定部件大小；二是展示设计时，充分考虑视角因素，确定展品的位置和相互关系，以及光环境的设计。

(2) 视力

视力是眼睛分辨物体细节能力的一个生理尺度，用临界视角的倒数来表示，即：

视力 = 1/临界视角

视力的大小随着年龄、观察对象的亮度、背景的亮度以及两者之间亮度对比度等条件的变化而变化。用双眼观察物体时，物体在两视网膜上所形成的像并不完全相同；右眼看到物体的右侧面较多，左眼看到物体的左侧面较多，物体的位置略有不同，最后，经过中枢神经系统的综合从而得到一个完整的立体视觉。依据立体视觉，人们可以辨别物体的高低、深浅、远近、大小。

对产品尺寸大小和仪表刻度盘精度高低进行设计时，视力是必须要考虑的因素，为了提高视力，必须提高背景亮度或照度，或提高零部件与背景亮度的对比。

(3) 视野

视野可分为静视野和动视野两种，静视野是指人的头部和眼球固定不动的情况下，眼睛观看正前方物体时所能看得见的空间范围；动视野则指头部固定不同而眼球可以转动时所能见到的空间范围。视野大小常以角度来表示。视野的大小和形状与视网膜上感觉细胞的分布状况有关，正常人两眼的静视野如图 2-16 所示。在实际生活中，眼睛可以转动，故动视野范围比图示要大很多。在家具和室内设计中，运用人体的最佳视线或自然视线确定物体的摆设，可以使人在使用时更加舒适。

颜色视野是指颜色对眼的刺激能引起感觉的范围，如图 2-17 所示。白色的视野最大，对黄色、蓝色、红色的视野依次减小，而对绿色的视野最小。

(4) 视距

视距是人在工作过程中正常的观察距离。观察各种显示装置时，视距过远或过近都会影响认读速度和准确性。而且观察距离与工作的精确程度密切相关，因而应根据具体任务要求选择最佳视距。一般操作的视距范围在 380~760mm 之间，在 560mm 处最为适宜，小于 380mm 时会引起目眩，超过 760mm 时细节看不清。观察时头部转动角度，左右均不宜超过 45°，上下均不宜超过 30°，当视线移动时，在移动过程中 97% 时间的视觉是不真实的。因此，应避免在移动视线过程中进行观察，表 2-3 为几种工作任务视距的推荐值。

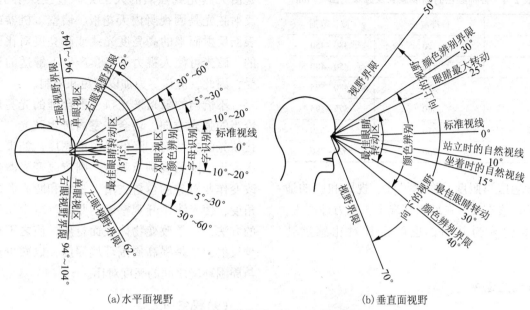

(a) 水平面视野　　　　　　　　(b) 垂直面视野

图 2-16　人的水平视野和垂直视野

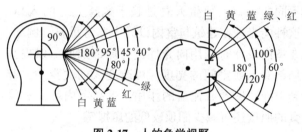

图 2-17　人的色觉视野

(5) 色觉

视网膜除能辨别光的明暗外,还有很强的辨色能力,可以分辨出 180 多种颜色。人眼的视网膜可以辨别波长不同的光波,在波长为 380～780nm 的可见光谱中,光波波长只要相差 3nm,人眼即可分辨,但主要是红、橙、黄、绿、青、蓝、紫等七色,各种颜色的波长及波长范围见表 2-4。人眼对各种光谱成分有不同的感受性,在明视条件下,人眼最敏感的波长是 555nm,在暗视条件下,人眼最敏感的波长是 507nm。

缺乏辨别某种颜色的能力,称为色盲;若辨别某种颜色的能力较弱,则称色弱。有色盲或色弱的人,不能正确地辨别各种颜色的信号,不宜从事飞行员、车辆驾驶员以及各种对辨色能力要求高的工作。

(6) 对比感度

物体与背景有一定的对比度时,人眼才能看清其形状。这种对比可以用颜色对比(背景与物体有不同的颜色),也可以用亮度对比(背景与物体在亮度上有一定的差别)。人眼刚刚能辨别到物体时,背景与物体之间的最小亮度差称为临界亮度差,临界亮度差与背景亮度之比称为临界对比。临界对比的倒数称为对比感度。其关系式如下:

$$C_b = \frac{\Delta L_b}{L_b} = \frac{L_b - L_o}{L_b} \qquad S_c = \frac{1}{C_b}$$

式中: C_b 为临界对比; ΔL_b 为临界亮度差; L_b 为背景亮度; L_o 为物体的亮度; S_c 为对比感度。

表 2-3　几种工作任务视距的推荐值

任务要求	举　例	视距离(眼至视觉对象)(cm)	固定视野直径(cm)	备　注
最精细的工作	安装最小部件(表、电子元件)	12～25	20～40	完全坐着,部分地依靠视觉辅助手段(小型放大镜、显微镜)
精细工作	安装收音机、电视机	25～35(多为 30～32)	40～60	坐着或站着
中等粗活	在印刷机、钻井机、机床旁工作	<50	<80	坐或站
粗活	包装、粗磨	50～150	30～250	多为站着
远看	黑板、开汽车	>150	>250	坐或站

表 2-4 各种颜色的标准波长及波长范围 nm

颜色	标准波长	波长范围
紫	420	380~450
蓝	470	450~480
绿	510	480~575
黄	580	575~595
橙	610	595~620
红	700	620~780

对比感度与照度、物体尺寸、视距和眼的适应情况等因素有关，在理想情况下，视力好的人，其临界对比约为 0.01，也就是其对比感度达到 100。

(7) 视觉适应

当光的亮度不同时，视觉器官的感受性也不同，亮度有较大变化时，感受性也随之变化。视觉器官的感受性对光刺激变化的顺应性称为适应。人眼的适应性分为暗适应和明适应两种。眼睛向暗处的适应叫暗适应，向亮处的适应叫明适应。

暗适应最初为 5min，适应的速度很快，之后逐渐减慢，整个暗适应过程大约要 30min 才能完成。暗适应过程受照明光颜色、强度和作用时间等因素影响。明适应过程一开始，人眼感受性迅速降低，30s 后变化很缓慢，大约 1min 后明适应过程才趋于完成。

根据视觉的明暗适应特征，要求在设计工作面照明时，亮度需均匀而且不产生阴影，否则，眼睛的频繁调节，不仅会增加眼睛的疲劳，而且会引起错误操作。

视觉明适应、暗适应特性对光环境设计影响较大。如地道的出入口，尽量在入口处设置日光灯照明系统，在地道暗处则采用白炽灯照明，使人能够适应环境的变化。在大型商场、电影院和大展厅的入口处，也同样采用混合照明系统，以满足白天和夜晚人对照明系统的适应要求，提高视觉环境的质量。

(8) 眩光

会产生刺眼和耀眼的强烈光线叫眩光。眩光多来源于外界物体表面过于光亮(如电镀抛光、有光漆表面)、亮度对比过大或直接强光照射。

眩光有直接眩光和反射眩光两种。直接眩光是由天然光或强烈的人工光源直接照射引起的。反射眩光是因视野内天花板、墙壁、机器或其他表面反射而来的高亮度光线或高亮度对比而产生的。眩光可使人视力下降，产生不舒适的视觉感受，因此，应该尽力加以避免和限制。

不恰当的阳光采光口、不合理的光亮度、不恰当的强光方向，均会在室内产生眩光。减少直接眩光的方法有：降低光源的亮度，如果光源的亮度无法降低到满意程度，则应改变光源位置或改变作业对象的位置，增大视线和眩光源之间的角度，使光线避开观察者的眼睛。减少反射眩光的方法，一是改变物体表面材质，使之不反射或少反射；二是提高周围环境照度，以减少反射物与周围环境之间的亮度对比。

(9) 视觉向光性

向光性也是人类视觉的一种特性。对于光亮不同的入口，陌生人总是趋于选择光亮的入口。这种向光性在建筑与室内设计中非常重要。例如，在室内设计时利用向光性进行局部照明，以提高局部商品或空间的亮度，可改变人的注意力，起到引导、展示或掩盖的作用；提高室内墙面和家具的照度还可减少棚顶较低的压抑感。

2.4.2 视觉规律

(1) 视线运动习惯

人的眼睛沿水平方向运动比沿垂直方向运动快，而且不易疲劳，因此，人眼一般先看到水平方向的物体，后看到垂直方向的物体。视线的运动也是习惯从左到右、从上到下和顺时针方向地运动。

由于重力的影响，在垂直方向上人们习惯从上向下观看，水平面上人们习惯从左向右观看，这与文字从左向右的排列方式是一致的。相应的，在有限的平面里，当眼睛偏离视中心，在偏离距离相等的情况下，人眼对左上限的观察最优，依次为右上限、左下限、右下限。因此，左上部和上中部就可以被称为"最佳视域"。"最佳视域"在版面设计、广告设计、招贴设计、包装设计中都相当有应用价值，一般都是将最重要的信息，如报头、商品名、展览名称等，放在左上角，以此来吸引人们的视线。

(2) 双眼运动

两眼的运动总是协调的、同步的，在正常情

况不可能一只眼睛转动而另一只眼睛不动;在一般操作中,不可能一只眼睛视物,而另一只眼睛不视物。因此我们通常都以双眼视野为设计依据。

(3)人眼的辨色能力

当人从远处辨认前方的多种不同颜色时,其容易辨认的顺序是红、绿、黄、白,所以,停车、危险等信号标志都采用红色。当两种颜色搭配在一起时,容易辨认的顺序是:黄底黑字、黑底白字、蓝底白字、白底黑字等。

(4)运动中的视觉

除了相对静止地观看对象外,人们更多的是运动着观察对象,从多视角、多方位感知对象,就如同中国园林中的"移步换景"。

这在设计中起着很重要的作用:观众在展示空间中行走的轨迹被称为"动线","动线"不仅仅指空间位置的变化,也是时间顺序的体现。动线设计在展示设计、室内设计、建筑设计中都是一个不可忽略的重要因素。空间设计应该考虑观众的视知心理,通过空间分割、景点分配、标志导语等手段来安排观众的动线。

(5)人眼的其他运动规律

眼睛也有惰性和疲劳,人眼对直线轮廓比对曲线轮廓更易接受,简单图形比复杂图形更易接受。因此,在报纸的版面设计中多以直线分割的块面为主,而容易造成视线混乱的曲线分割块面则较少出现。此外,人眼对水平方向尺寸和比例的估计比对垂直方向尺寸和比例的估计要准确得多,在设计中也应予以注意。

2.5 听觉

听觉是仅次于视觉的重要感觉,其适宜的刺激是声音。振动的物体是声音的声源,振动在弹性介质(气体、液体、固体)中以波的方式进行传播,所产生的弹性波称为声波,一定频率范围的声波作用于人耳就产生了声音的感觉。对于人来说,只有频率为 20~20 000Hz 的振动,才能产生声音的感觉,低于 20Hz 的声波称为次声,高于 20 000Hz的声波称为超声,次声和超声人耳都听不见。

2.5.1 听觉适应

人耳的听觉范围很广,为 20~20 000Hz。人从 25 岁开始,对 15 000Hz 以上频率的灵敏度显著降低,随着年龄的增长,频率感受的上限逐年连续下降,这叫老年性听力衰退。

听力的衰减,除了年龄的变化之外,个人的生活习惯、营养及生活紧张程度,尤其是环境噪声等积累的影响也很大。人对环境噪声的适应能力很强,对健康人来说,在安静环境中住惯了,搬到喧闹环境中居住,开始会不适应,但住久了就会逐渐习惯,如果再搬回原处,开始也会不习惯,感到静寂。但人对噪声积累的适应,对健康是不利的,尤其是噪声很大的适应,严重时会造成职业性耳聋。

2.5.2 听觉方向

物体的振动产生了声音,声音的传播具有一定的方向性,这是声源的重要特性。当辐射声音的波长比声源大得多时,辐射的声能是从各个方向均匀辐射的。当辐射声音的波长小于声源很多时,辐射的声能大部分被限制在一相当狭窄的射束中,频率越高则声音越尖锐。

声源的方向性使得听觉空间设计受到一定的限制。如果观众厅的座席过宽,则靠边坐的听众将得不到足够的声级,至少对高频率情况是这样。尤其如果对前面几排声源所张的角度大,对边座的影响更大。正是由于这个原因,一般大的观众厅都不采用正方形排座。

2.5.3 听觉与时差

人耳感觉到声音的强度,除了与声压、频率有关外,还与声音的延续时间有关。假如有两个性质一样的声音,它们的声压一样,但一个是短促的重复的 10ms 宽的窄脉冲声,间隔时间为 100ms;另一个是 200ms 的宽脉冲声,间隔时间为 20ms,这两个声音对于人耳的听觉来说响度是不一样的。前一种声音听起来是间断的一个一个的脉冲声,而后一种听起来几乎是连续的。这就是耳朵对声音的暂留作用,即声音暂留。

从听觉试验得出,如果两个声音的间隔时间(即时差)小于 50ms,人们就无法区别它们。

2.5.4 掩蔽效应

在生活中经常会有这样的体验,强的声音会

掩盖弱的声音，尽管弱的声音声强远远超过了听阈，但还可能听不见。另外，当听两个音调很接近的声音时，所听到的不再是两种频率的声音，而是被低频调制了的单频声音。调制频率等于原来两种频率之差，这说明人耳里一定有非线性反应。

一个声音被另一个声音所掩盖的现象，称为掩蔽。一个声音的听阈因另一个声音的掩蔽作用而提高的效应，称为掩蔽效应。在设计听觉传递装置时，应当根据实际需要，有时要对掩蔽效应的影响加以利用，有时则要加以避免或克服。

应当注意到，由于人的听阈的复原需要经历一段时间，掩蔽声去掉以后，掩蔽效应并不立即消除，这个现象称为残余掩蔽或听觉残留，其量值可表示听觉疲劳。掩蔽声对人耳刺激的时间和强度直接影响人耳的疲劳持续时间和疲劳程度，刺激越长、越强，则疲劳越严重。

人耳的掩蔽效应说明了控制噪声的重要性。例如在室内设计时，就要尽可能地降低环境的本底噪声。另外，则要避免有用信号声音之间相互的掩蔽，如背景音乐的音响系统设置，大型乐队的演出等。人们也可以利用掩蔽效应，在有噪声的商场里，用音响系统的声音来掩蔽顾客的喧闹嘈杂声。

2.5.5 双耳效应

人耳之所以能够辨别不同地点的声音和每一个声源的位置，关键在于"双耳效应"或称立体声效应，这是由于声源发出的声音到达两耳的距离不同，传播途中屏障条件不同。因此，传入两耳的声波强度和时间先后也不同。当通常的听闻声压级为 50~70dB 时，这种效应就基本上取决于下列条件：

（1）时差

$$\Delta t = t_2 - t_1$$

式中：Δt 为时差；t_1 为声音从声源到达其距离较近的那个耳朵所需要的时间；t_2 为同一声音到达距离较远的那只耳朵所需的时间。实验结果表明，从听觉上刚刚可觉察到的声信号入射的最小偏角为 3°，在此情况下的时差 Δt 约为 30μs。

（2）声音频谱

头部的掩蔽效应会造成声音频谱的改变。

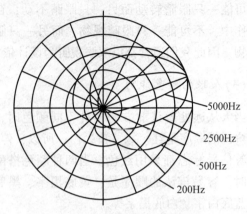

图 2-18 听觉的方向敏感度

接近声源的那只耳朵几乎收到形成完整声音的频率成分；而到达较远那只耳朵的是被"畸变"了的声音，尤其是中频与高频部分多少受到衰减。

图 2-18 是 4 种频率纯音右耳的方向敏感度。当频率是 200Hz 时为圆形曲线，频率越高，响应对于方向的依赖程度就越大，在 5000Hz 时达到最大值。该图曲线可以说明人耳对不同频率与来自不同方向的声音的感受能力。人的听觉系统这一特性对室内声学设计是极其重要的。

2.5.6 声音的记忆和联想

当人们听到过警车或救护车驶过发出的警笛声，船舶发出的汽笛声，雷雨交加的雷声与雨声后，如果再从电声系统中听到这些声音，就会使人记忆起实际的情景而产生震惊或干扰。这种干扰并不取决于电声系统的声强，而是声音的记忆在产生作用。如果受影响的人是从睡眠中被这些声音惊醒，其干扰程度会急剧增加。

能引起刺激和厌烦的，不只是各种噪声。如果某些"声记忆"可以使人联想到一些可怕的事件，那么美妙的音乐也会引起人们强烈的反应。与此同时，那些为人们所不熟悉的声音，或者是人们不习惯的声音，所产生的刺激性就往往与声级相同。

人对声音的记忆和联想的特征，对设计有着实际意义。例如在室内某处设计一个山水的灯光景点，配上潺潺流水的背景声，则景点会更加动人。如果将室内背景音乐设计成树叶飒飒、虫叫鸟鸣的声音，则会使人仿佛置身于大自然的环境中。利用声音来治病，用熟悉的声音唤醒沉睡的病人，这也是声音记忆作用的利用。

2.6 肤觉

从人的感觉对人—物—环境系统的重要性来看，肤觉是仅次于听觉的一种感觉。皮肤是人体上很重要的感觉器官，感受着外界环境中与它接触物体的刺激。人体有触觉、温度觉和痛觉3种肤觉。

2.6.1 触觉

触觉也称压觉或触压觉，是皮肤表面承受物体压力或触及物体时所产生的一种感觉。触觉的产生，因情况不同又分为两种：一种为被动触觉，由外界物体置于皮肤上所产生的压力引起的感觉；另一种为主动触觉，它是人以肢体主动接触物体时产生的感受，如使用椅子时，人体背部与椅子靠背之间、手与扶手之间的接触所产生的感觉。以同一物体对人的接触对象来看，主动触觉比被动触觉更为灵敏。

皮肤上产生触觉的感受器，并非均匀分布于皮肤的表面上，而是呈很多小点的方式分布，只有在这些点上才会产生触觉。对皮肤施加适当的机械刺激，在皮肤表面下的组织将引起位移，在理想的情况下，小到0.001mm的位移，就足够引起触的感觉。研究表明，女性的阈限分布与男性相似，但比男性略为敏感。还发现面部、口唇、指尖等处的触点分布密度较高，而手背、背部等处的密度较低。

2.6.2 温度觉

温度觉分为冷觉和热觉两种，这两种温度觉是由两种不同范围的温度感受器引起的。冷感受器在皮肤温度低于30℃时开始发放冲动；热感受器在皮肤温度高于30℃时开始发放冲动，到47℃时为最高。

若外界温度高于皮肤温度0.4℃时，即产生温觉，外界温度低于皮肤温度0.15℃时，即产生冷觉。因此，皮肤对冷的刺激比较敏感。既不感觉冷，也不感觉热的温度，称为生理零度。生理零度即相当于皮肤表面温度，一般在32℃左右。人体的温度觉对保持机体内部温度的稳定与维持正常的生理过程是非常重要的。

温度感受器分布在皮肤的不同部位，形成所谓冷点和热点。冷点多于热点，每1cm²皮肤内，冷点有6~23个，热点有3个。温度觉的强度，取决于温度刺激强度和被刺激部位的大小。在冷刺激或热刺激的不断作用下，温度觉就会产生适应。

在选择设计与人体接触的家具和室内装饰材料时，要考虑到人体温度觉生理现象，选择导热系数小的材料，如木材，这样能提高接触时的舒适感。

2.6.3 痛觉

刺激强度达到对皮肤组织有破坏作用时，即会引起痛觉。痛觉的感受器为自由神经末梢。组织学的解剖检查证明，各个组织的器官内，都有一些特殊的游离神经末梢，在一定刺激强度下，就会产生兴奋而出现痛觉。这种神经末梢在皮肤中分布的部位，就是所谓痛点。在每1cm²的皮肤表面，约有100个痛点。

痛觉的中枢部分，位于大脑皮层。肌体不同部位的痛觉敏感度不同；皮肤和外黏膜有高度痛觉敏感性；角膜中央具有人体最痛的痛觉敏感性。痛觉经验虽然令人不快，但它在生活适应上却具有正面的效用。因为痛觉的产生，将导致肌体产生一系列保护性反应来回避刺激物，动员人的肌体进行防卫或改变本身的活动来适应新的情况。

2.7 嗅觉

2.7.1 嗅觉系统

人的嗅觉器官是鼻。鼻子是由外鼻、鼻腔与副鼻窦三部分组成。鼻子由骨和软骨作支架。外鼻的上端为鼻根，中部为鼻背，下端为鼻尖，两侧扩大为鼻翼。鼻腔被鼻中隔分成左右两半，内衬黏膜。由鼻翼围成的鼻腔部分为鼻前庭，生有鼻毛，有阻挡灰尘、过滤空气的作用。在鼻腔的外侧壁上有上、中、下3个鼻甲，鼻甲使鼻腔黏膜与气体接触面增加。在上鼻甲以上和鼻中隔上部的嗅黏膜内有嗅细胞。嗅细胞的一端有一条纤毛状的突起，另一端则是一条神经纤维。嗅神经细胞发出的神经纤维逐渐聚集，变成嗅神经，通过鼻腔顶部的筛骨后，组成嗅球与大脑的嗅觉中枢直接联系。当有气味的化学微粒从吸入的空气中到达嗅黏膜，嗅神经纤维受刺激后即传入大脑嗅觉中枢，从而辨别出物体的气味。

能引起嗅觉的物质是千差万别的，但它们作为嗅觉刺激也具有共同的特点：

(1) 物质的挥发性

嗅觉刺激物必须是某物质存在于空气中的微小微粒，如麝香、花粉等。

(2) 物质的可溶性

有气味的物质在刺激嗅觉感受器之前，它必须是可溶的，才能被鼻腔甲的黏膜所捕捉，依靠嗅觉纤毛和黏液的作用而产生嗅觉。

此外，某物质受到光的照射（紫外线），可使有气味的溶液转化为悬胶体，而被嗅觉感知。

2.7.2　嗅觉特性

影响嗅觉的因素很多，但主要因素还是引起嗅觉的刺激物，不是所有有气味的物质都能引起嗅觉，这要看它的浓度如何，在给定的浓度下，有气味的气体的体积流速对嗅觉阈限也有影响。此外，人的嗅觉器官状态、激素的变化，各种气味的相互作用，均对嗅觉产生不同程度的影响。嗅觉的主要特性如下：

(1) 嗅觉阈限

嗅觉感受性的阈限同其他感觉阈限一样，也是以对外界刺激的度量为依据的。但嗅觉的差别阈限比其他感觉相对要高一些，这就是嗅觉系统的最基本特征，即对刺激强度的信息加工的能力较差，如见到鲜花，但不能立即闻到其香味。

(2) 体积流速

通过实验证明，嗅觉同刺激物的刺激浓度和体积流速都有一定关系，并且随着刺激浓度的增加，嗅觉强度随之增加，而刺激阈限随刺激物的体积流速增加而降低。即嗅觉速度加快了，相对地说，嗅觉能力提高了。但刺激物的体积对觉察气味的能力没有影响。

(3) 嗅觉适应

嗅觉适应是指有气味的物质作用于嗅觉器官一定时间以后，嗅觉感受性就会降低。俗话说，"入芝兰之室，久而不闻其香"，就是一个典型的嗅觉适应的例子。许多实验表明，当嗅觉的刺激浓度增加时，气味消失所需要的时间也要增加，刺激浓度等量增加，气味消失所需要的时间也会等量增加。

(4) 嗅觉的相互作用

当两个或几个不同的气味呈现时，可能引起以下几种类型的嗅知觉：这个混合物所包含的成分可以清楚地被确认出来；可以产生一个完全新的气味；和原来的成分有相似的地方，但嗅起来不像其中任何一个；其中一个气味可能占优势，使混合物中的其他气味闻不出来，这种效应称为掩蔽现象；可以彼此抵消而闻不到气味，这种现象称为中和作用。

(5) 失嗅和错嗅

失嗅就是嗅觉的缺损，它可以是部分的，也可以是全部；可以是先天的，也可以是后天的；可以是暂时的，也可以是永久的。部分失嗅是常见的，如感冒后嗅觉失灵。先天的失嗅是永久的，后天永久失嗅多数是头部受伤引起的。

错嗅是一种错误的知觉，如将咖啡闻成鱼酱味，将杉木气味闻成油漆味。错嗅往往是向难闻的方面想，如恶臭、烧焦味等。

嗅觉的这些特征对医疗保健和环境设计均有一定的指导意义。

在室内环境设计中，利用嗅觉阈限的特点，可增加对身体有益物质的挥发性或体积流速，唤醒人们的嗅觉；知道嗅觉适应的特点，就要适当变换房间的气味以引起人们新的感觉；懂得嗅觉的掩蔽效应，人们就可以用新的舒适气味去改变环境的不愉快气味，如在卫生间里搁置樟脑球等。

2.8　本体觉

人在进行各种操作活动的同时能给出身体及四肢所在位置的信息，这种感觉称为本体感觉。本体感觉系统主要包括两个方面：一个是耳前庭系统，其作用主要是保持身体的姿势及平衡；另一个是运动觉系统，通过该系统感受并指出四肢和身体不同部分的相对位置。

2.8.1　平衡觉

平衡觉是人对自己的头部位置的各种变化及身体平衡状态的感觉。平衡觉感受器位于内耳的前庭器官——半规管和耳石器中。

许多事实说明，影响平衡觉并导致失去平衡的因素有以下几种：酒（当喝多了的时候可引起头晕或失去平衡）、年龄（老年人常有一些内耳神经类型的损伤，因而造成眩晕、迷失方向）、恐惧（例如由于害怕高空，因而在高处时就眩晕）、突然运动（如在床上躺几小时后突然跳起来）、热紧迫（在夏天的太阳光下工作时间太长可引起头晕）、不常有的姿势等。

2.8.2 运动觉

运动觉又称为深部感觉，是人对自己身体各部位的位置及其运动状态的一种内部感觉。运动觉的感受器有3种：一是广泛分布于全身肌肉中的纺锤体，它接受肌肉收缩长短的刺激；二是位于肌腱内的腱纺锤体，接受肌肉张力变化的刺激；三是对压力很敏感的关节层半小体，接受关节运动（屈，伸）的刺激。当人体动作时，上述感受器分别感受肌肉、肌腱的伸张程度和关节的伸屈程度，综合起来就可以使人感觉到身体各部分所处的位置和运动，而无需用眼睛去观察。

在训练技巧性的工作中，本体觉有着非常重要的作用。许多复杂技巧动作的熟练程度，都依赖于有效的反馈作用。例如在打字中，因为有来自手指、臂、肩等部位肌肉及关节中的运动觉感受器的反馈，操作者的手指能自然动作，而不需操作者本身有意识地指令手指往哪里去按。已经完全熟练的操作者，能使其发现他的一个手指放错了位置，而且能够迅速纠正。又如，汽车驾驶员在进行换挡操作、脚在制动踏板与节气门踏板之间的切换操作时，不是依靠视觉，而是通过人体的本体感觉实现的。

● **复习思考题**

1. 什么是感觉？它有哪些基本特性？
2. 什么是知觉？它有哪些基本特性？
3. 比较感觉、知觉和错觉的区别与联系。
4. 列举错觉现象在设计中的应用。
5. 简述神经系统的功能，以及在人体工程学中研究神经系统的意义。
6. 试述视觉的机能与特性。
7. 什么叫视野？试述人在垂直面、水平面的视野及其色觉视野。
8. 试述听觉的机能与特性。
9. 什么是听觉适应和掩蔽现象（效应）？
10. 人的肤觉包括哪几种？试述它们的机能与特性。
11. 在家具与室内设计中应如何考虑肤觉的舒适性？
12. 本体觉对人体行为活动有何作用？

第 3 章

人体运动系统及其特性

❖ 本章提要

本章系统介绍了人体运动系统及其相关特性。分别从人体运动系统、肌肉与肌力、人体出力范围、动作的灵活性和准确性、人体疲劳和人的反应特性6个方面作了具体阐述。围绕人体运动系统介绍了人体骨骼与关节。针对肌肉与肌力介绍了肌肉组织和肌肉运动,分析了肌肉的施力方式和影响肌肉力量大小的因素。围绕人体出力范围介绍了坐姿和站姿的手臂出力、坐姿足蹬力和手的握力。围绕人体疲劳介绍了疲劳的种类和疲劳的测试方法,并重点介绍了生理参数测试法和主观评价法。

3.1 人体运动系统
3.2 肌肉与肌力
3.3 人体出力范围
3.4 人体动作的灵活性与准确性
3.5 人体疲劳
3.6 人的反应特性

3.1 人体运动系统

运动系统是人体完成各种动作和从事生产劳动的器官系统,由骨、关节和肌肉三部分组成。骨通过关节连接构成骨骼。肌肉附着于骨,且跨过关节。肌肉的收缩与舒张牵动骨,通过关节的活动产生各种运动,所以,在运动过程中,骨是运动的杠杆,关节是运动的枢纽,肌肉是运动的动力。骨、关节、肌肉三者在神经系统的支配和调节下协调一致,随着人的意志共同准确地完成各种动作。

3.1.1 人体骨骼

骨是体内坚硬而有生命的器官,主要由骨组织构成。骨与骨之间的连接方式有直接连接与间接连接两大类,直接连接的骨相对骨面间无间隙,不活动或仅有少许活动;间接连接的骨称为关节,以相对骨面间具有间隙为特征,人体运动主要是骨绕关节的运动而形成的。每块骨都有一定的形态、结构、功能、位置及其本身的神经和血管。

人体骨骼的总数约 206 块,其中 177 块直接参与人体运动。

人体骨骼分为两大部分:中轴骨和四肢骨。中轴骨包括颅骨 29 块(其中包括 6 块听小骨和 1 块舌骨)、椎骨 26 块(颈椎 7 块、胸椎 12 块、腰椎 5 块、骶骨 1 块和尾骨 1 块)、肋骨 12 对和胸骨 1 块。四肢骨分上肢骨和下肢骨:上肢骨 64 块,下肢骨 62 块,如图 3-1 所示。

人体骨骼

人的脊椎形态
与工作姿势

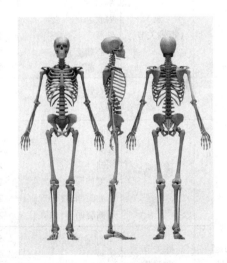

图 3-1 人体骨骼

肌肉的收缩是运动的基础,但是,单有肌肉收缩并不能产生运动,必须借助于骨杠杆的作用,才能产生运动。人体骨杠杆的原理和参数与机械杠杆完全一样。在骨杠杆中,关节是支点,肌肉是动力源,肌肉与骨的附着点称为力点,而作用于骨上的阻力(如自重、操纵力等)的作用点称为重点(阻力点)。

人体的活动,主要有下述 3 种骨杠杆形式:

平衡杠杆:支点位于重点与力点之间,类似天平秤的原理。如图 3-2(a)所示。

省力杠杆:重点位于力点与支点之间,类似撬棒重物的原理,例如抬足跟时踝关节的运动,如图 3-2(b)所示。

速度杠杆:力点在重点和支点之间,阻力臂大于力臂,例如手执重物时肘部的运动,如图 3-2(c)所示。此类杠杆的运动在人体中较为普遍,虽用力较大,但其运动速度较快。

由机械学中的等功原理可知,利用杠杆省力不省功,得之于力则失之于速度(或幅度),即产生的运动力量大而范围就小;反之,得之于速度(或幅度)则失之于力,即产生的运动力量小,但运动的范围大。因此,最大的力量和最大的运动范围两者是相矛盾的,在设计操纵动作时,必须考虑这一原理。

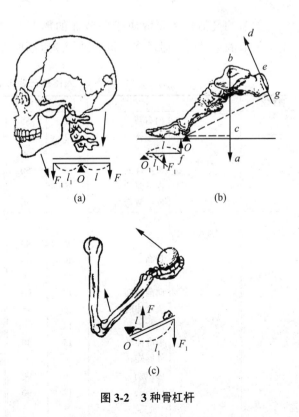

图 3-2 3 种骨杠杆

3.1.2 关节

全身的骨与骨之间借一定的结构相连接，称为骨连接。骨连接分为直接连接和间接连接两类。直接连接为骨与骨之间借结缔组织、软组织或骨互相连接，其间不具腔隙，活动范围很小或完全不能活动，故又称不动关节。间接连接的特点是两骨之间借膜性囊互相连接，其间具有腔隙，有较大的活动性。这种骨连接称为关节，多见于四肢。

人体的脊椎关节

（1）关节的分类

按其关节面的形态和运动形式，关节可分为3大类：

单轴关节：只有一个运动轴，骨仅能沿该轴做一组运动，如手指关节。通常是绕冠状轴做屈、伸运动。

双轴关节：有两个互为垂直的运动轴，可绕此二轴进行两组运动，也可作环转运动，如手腕关节。可绕冠状轴做屈、伸运动，并绕矢状轴做收、展运动。

多轴关节：有3个互为垂直的运动轴，能做屈、伸、收、展及旋转等各种运动，如肩关节和髋关节。

关节的灵活性主要取决于关节面的形态：首先是关节的运动轴，轴越多，可能进行的运动形式越多；其次是关节面的面差，面差越大，活动范围越大，如肩关节和髋关节同样是三轴关节，肩关节的头大、窝小，所以面差大，而髋关节的髋臼大而深，面差小，故肩关节比髋关节更灵活。

（2）关节的运动形式

角度运动：邻近两骨间产生角度改变的相对转动，称为角度运动。通常有屈、伸和收、展两种运动形态。关节绕额状轴转动时，同一关节的两骨互相接近，角度减小时谓之屈，反之谓之伸。关节绕矢状轴转动时，骨的末端向正中面靠近的谓之内收，远离正中面的谓之外展。

旋转运动：骨绕垂直轴的运动称为旋转运动，由前向内的旋转称为旋内，由前向外的旋转称之旋外。

环转运动：整根骨头绕通过上端点并与骨成一角度的轴线的旋转运动，称为环转运动，运动的结果如同画一个圆锥体的图形。

（3）关节的活动范围

骨与骨之间除了通过关节相连外，还由肌肉和韧带连接在一起。韧带除了有连接两骨，增加关节稳固性的作用以外，还有限制关节运动的作用。因此，人体各关节的活动有一定的限度，超过限度，将会造成损伤。人体各主要关节的动作方向及最大活动范围见表3-1，人体各部位关节活动范围如图3-3所示。

表3-1 人体各主要关节的活动方向及最大活动范围

身体部位	移动关节	动作方向	代号	角度(°)	身体部位	移动关节	动作方向	代号	角度(°)
头	脊柱	向右转	1	55	手	腕（枢轴关节）	背屈曲	18	65
		向左转	2	55			掌屈曲	19	75
		屈曲	3	40			内收	20	30
		极度伸展	4	50			外展	21	15
		向一侧弯曲	5	40			掌心朝上	22	90
		向一侧弯曲	6	40			掌心朝下	23	80
臂	肩关节	外展	9	90	肩胛骨	脊柱	向右转	7	40
		抬高	10	40			向左转	8	40
		屈曲	11	90	腿	髋关节	内收	24	40
		向前抬高	12	90			外展	25	45
		极度伸展	13	45			屈曲	26	120
		内收	14	140			极度伸展	27	45
		极度伸展	15	40			屈曲时回转（外观）	28	30
		外展旋转（外观）	16	90			屈曲时回转（内观）	29	35
		（内观）	17	90	小腿足	膝关节踝关节	屈曲	30	135
							内收	31	45
							外展	32	50

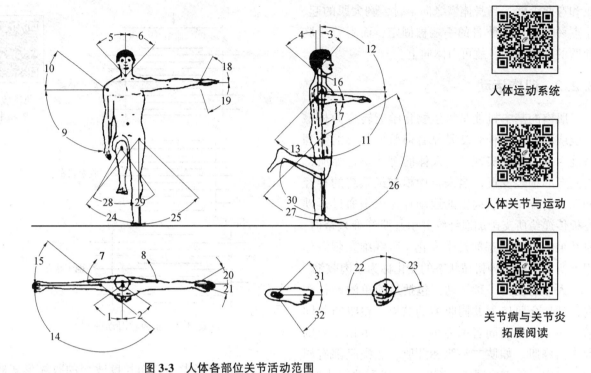

图 3-3 人体各部位关节活动范围

3.2 肌肉与肌力

人体内有 3 种类型的肌肉：第一类为骨骼肌，通过腱与骨骼相连。骨骼肌的收缩能力强，但不能持久，其活动能随人的意志运动，也称随意肌；第二类为平滑肌，构成人体某些脏器的管壁，其活动不受意志支配，故称不随意肌；第三类为心肌，分布在心脏的房、室壁上，组成心肌层，也属不随意肌。人体工程学所讨论的仅限于骨骼肌，以下简称肌肉。

肌肉与肌力
拓展阅读

3.2.1 肌肉组织

人体骨骼肌是人体内数量最多、分布最广的一种肌肉组织，共 400 多块，成年男性约占体重的 40%，女性约占 35%。每块横纹肌均由数量很多的肌纤维构成，具有一定的形态，占有一定的位置，并有一定的辅助装置及其自身的神经和血管，故每块肌肉都是一个器官。

骨骼肌的形状一般可分为长肌、短肌、阔肌、轮匝肌 4 种。长肌呈梭形（纺锤状），中间肥大，两端渐细，长肌的运动幅度较大，多分布于四肢。短肌形状短小，收缩时产生的运动幅度较小，多分布于躯干的深层。阔肌扁薄宽大，多分布于胸、腹壁和背部浅层，除完成躯干的运动外，对内脏还有保护和支持的作用。轮匝肌呈环状，位于孔、裂（如口、眼）的周围，收缩时可关闭孔、裂。

骨骼肌的中间部位称为肌腹，主要由骨骼肌纤维构成，有收缩性。骨骼肌的两端称为肌腱，由致密结缔组织构成，无收缩性。

骨骼肌纤维是长圆柱状细胞，表面由肌膜包围，其长度一般为 3~40mm，直径为 10~100μm。许多肌纤维排列成束，构成肌束。肌肉则由许多聚集在一起的肌束构成。

骨骼肌纤维中最主要的组成部分是肌原纤维，而每条肌原纤维中又有许多呈平行穿插排列的极细的蛋白质微丝。肌微丝分粗细两种，粗的直径为 10 nm，称肌球蛋白微丝，其上与微丝长轴垂直伸出一些等间距的横突；细的直径为 5nm，称肌动蛋白微丝。肌球蛋白微丝借助于横突与相邻的肌动蛋白微丝相连。

通常骨骼肌借助肌腱附着于邻近的两块或两块以上的骨面上，跨过一个或多个关节。肌肉收缩时可引起关节运动。在运动中比较固定的一端称为起点，活动较大的一端称为止点。随着运动情况的变化，起、止点往往是可以相互转换的。

例如胸大肌起自胸前壁，止于肱骨，其作用为内收和弯曲上臂。当身体攀缘向上时，胸大肌的起、止点易位，止于肱骨的一端被固定，而附着于胸前壁的一端活动，故可引体向上。

3.2.2 肌肉运动

肌肉的基本机能是将生物化学能转变为机械位能或动能。这种转变是靠骨骼肌所具有的生理特性——收缩性实现的。人体的每一块骨骼肌都受一定的神经支配。当来自中枢神经系统的神经冲动，由分布于肌肉中的运动神经末梢通过运动终板传递给所支配的肌纤维并引起肌纤维兴奋时，肌纤维的机械状态即发生变化。肌纤维在刺激作用下所发生的这种机械状态的变化称为肌肉收缩。

人体的任何一种运动，包括最简单的动作在内，都是众肌肉群共同收缩的结果。在肌肉共同活动中，作用相同者称为协同肌，作用相反者则称为拮抗肌。如肱二头肌和肱肌、肱桡肌都有屈肘的作用，属于协同肌；而肱二头肌和肱三头肌，对肘关节是一屈一伸，故二者属于拮抗肌。屈肘时，既要有屈肌组的协同收缩，又要有伸肌组的舒张相配合，才能完成屈肘动作。协同肌与拮抗肌的收缩，都是在神经系统的调节下进行的，是高度协调的。

当兴奋冲动传至肌纤维的肌膜时，肌肉中的三磷酸腺苷分解所释放的能量通过横突使肌原纤维中呈平行穿插排列的肌球蛋白微丝与肌动蛋白微丝彼此之间滑行，即肌动蛋白微丝的两端向肌球蛋白微丝之间滑入，从而使整个肌纤维的长度缩短，如图3-4所示。这就是目前具有权威意义的肌肉收缩机理理论——肌微丝滑动学说。

3.2.3 肌力及其影响因素

（1）肌肉收缩的形式和施力方式

肌纤维长度不变而张力改变的收缩形式叫等长收缩。等长收缩所产生的力主要用以维持身体一定的姿势。如人体直立不动时，许多组肌肉都处于一种特定的收缩状态，由于物体未产生位移，从外表上看不出在做什么有用的功，但正是由于肌肉收缩所产生的静态性力量，才维持了正常的直立姿势。这种肌肉施力的方式称为静态肌肉施力，这种作用好似电磁的作用，支持一个重量，不移动而稳定地消耗能量。

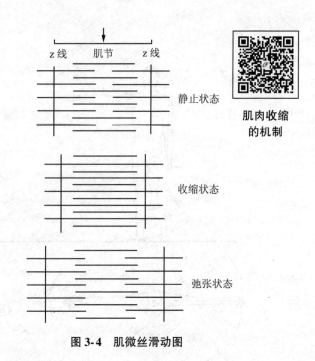

图3-4 肌微丝滑动图

肌纤维张力不变而长度改变的收缩形式叫等张收缩。等张收缩所产生的动态性力量是人体实现各种运动的基础。它包括两种形式：当肌肉拉力大于外界阻力时，肌肉长度收缩，称为向心收缩（肌肉的克制性工作），如伸手取物、举起重物等，此时，肌肉收缩所产生的动态性力量使物体发生了位移，因而肌肉做了外功；当肌肉拉力小于外界阻力时，肌肉虽然积极收缩，但还是被拉长了，这种收缩形式称为离心收缩（肌肉的退拉性工作），此时，肌肉收缩所产生的能量转化为热能，这种收缩形式下的施力方式称为动态肌肉施力。

动态施力和静态施力的基本区别，在于它们对血液流动的影响。静态施力时收缩的肌肉组织压迫血管，阻止血液进入肌肉，肌肉无法从血液获得糖和氧的补充，不得不依赖于本身的能量储备。对肌肉影响更大的是代谢废物不能迅速排除，积累的废物造成肌肉酸痛，引起肌肉疲劳。而动态施力时，则肌肉有节奏地收缩和舒张，此时血液输送量比平时提高几倍。血液大量流动不但使肌肉获得足够的糖和氧，而且迅速排除了代谢废物，人体不易产生疲劳。因此，我们在设计工作方式、工作场所和工作设备时，必须尽量消除静态肌肉施力，或至少将它减少到最大用力的20%，这是减轻人们工作负担的最实际的办法。

（2）影响肌力大小的因素

肌肉收缩所产生的力通常以肌肉收缩时对外用力所测定的数值表示。人的一条肌纤维所发挥的力量为0.01~0.02N，肌力为许多肌纤维的收缩力之和。肌肉的最大肌力为每 $1cm^2$ 横截面上30~40N。可见一个人能产生多大的肌力取决于其肌肉横截面面积的大小。肌力还与收缩肌肉的长度有关，当肌肉长度为静息状态长度时，肌肉产生的力量最大，随着肌肉长度的缩短，肌肉产生力量的能力也逐渐下降。

影响肌肉力量的因素很多，如遗传、营养、体重、年龄、性别、训练状况等。年龄对肌力的影响是十分明显的，一般10岁以内，肌肉力量迅速增长；20~30岁时达到峰值，这一水平可保持5~10年；40~50岁时肌力则下降到峰值的75%~85%。肌力与性别的关系，一般是在年龄与训练状况基本相同的情况下，女性比男性的肌力约小30%。训练可使肌纤维增粗，从而增大了肌肉的横截面面积，肌力也随之增大。通常通过训练可提高原肌力的30%~50%。

3.2.4 肌电图

肌肉收缩是由肌肉的动作电位引起的，记录肌肉动作电位变化的曲线称为肌电图（electromyograms，简称EMG）。肌电图的形状可反映肌肉本身机能的变化。

肌电信号是从人体骨骼肌表面通过电极记录下来的神经肌肉活动时发生的生物电信号，是一种复杂的表皮下肌肉活动在时间和空间上综合的特征图。

肌电信号与肌肉收缩的关系可以概述如下：由中枢神经系统发出传向运动神经末梢分支的运动电位，传递着驱使肌肉收缩的信息。由于神经末梢分支的电流太小，常不足以直接兴奋大得多的肌纤维，但是通过神经肌肉接头处的特殊终板的类似放大作用（当神经冲动传到终板时，释放一些乙酰胆碱，增加膜对各种离子的通透性而有效地使细胞膜去极化），这样就爆发一个动作电位沿着肌纤维而传播，在动作电位的激发下随之产生一次肌肉收缩。这种兴奋和收缩之间的连接是通过肌纤维内部几种特殊的传导系统实现的。因此，可以明确以下概念：

①动作电位不是肌肉收缩的表现，而是发动肌肉收缩机制的重要部分。

②由于肌肉信号只与给予肌肉的指令成比例，因此肌肉实际上不需要产生力，但工作了的肌肉仍是发放肌电的适当源泉。

3.3 人体出力范围

人体出力来源于肌肉的收缩，肌肉收缩时所产生的力，称为肌力。肌力的大小取决于单个肌纤维的收缩力、肌肉中肌纤维的数量与体积、肌肉收缩前的初长度、中枢神经系统的机能状态以及性别、年龄、健康状况等生理因素。研究表明，一条肌纤维能产生 $0.98~1.96N \cdot m$ 的力矩，因而有些肌肉群产生的肌力可达上千牛[顿]。表3-2所列为我国中等体力的20~30岁的青年男、女工作时，身体主要部位的肌肉所产生的力。

一般，右手的肌力比左手约强10%；而习惯使用左手的人，其左手肌力比右手强6%~7%。

在人体操作运动中，为了达到操作效果，操作者身体有关部位（手、脚及躯干等）所施出一定量的力，称为操纵力。人体所能发挥的操纵力大小，除了取决于上述人体肌肉的生理特性外，还取决于人的操作姿势、施力部位、施力方向、施力方式以及施力的持续时间等因素。只有在一定的综合条件下的肌肉出力能力和限度，才是操纵力设计的依据。

表3-2 身体主要部位的肌肉所产生的力

肌肉的部位		力（N）	
		男	女
手臂肌肉	左	370	200
	右	390	220
肱二头肌	左	280	130
	右	290	130
手臂弯曲时的肌肉	左	280	200
	右	290	210
手臂伸直时的肌肉	左	210	170
	右	230	180
拇指肌肉	左	100	80
	右	120	90
背部肌肉躯干屈伸的肌肉		1220	710

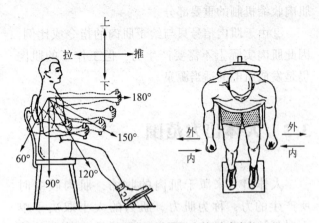

图 3-5 坐姿时手臂操纵力的测试方位

表 3-3 坐姿时手臂在各种不同角度上的操纵力

手臂的角度(°)	拉力(N)		推力(N)	
	左手	右手	左手	右手
	向后		向前	
180	225	235	186	225
150	186	245	137	186
120	157	186	118	157
90	147	167	98	157
60	108	118	98	157
	向上		向下	
180	39	59	59	78
150	69	78	78	88
120	78	108	98	118
90	78	88	98	118
60	69	88	78	88
	向内侧		向外侧	
180	59	88	39	59
150	69	88	39	69
120	88	98	49	69
90	69	78	59	69
60	78	88	59	78

3.3.1 坐姿手臂出力

对图 3-5 所示的坐姿时手臂的操纵力进行测试，得出手臂在各种不同角度上的操纵力，其数值列于表 3-3 中。由表 3-3 中的数据可知，坐姿时手臂的操纵力，右手大于左手，向上用力大于向下用力，向内侧用力大于向外侧用力。

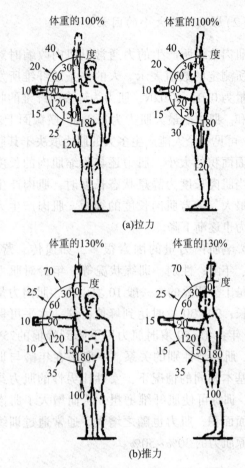

(a) 拉力

(b) 推力

图 3-6 立姿直臂时手臂操纵力的分布情况

3.3.2 立姿手臂出力

直立姿势手臂伸直操作时，在不同方向、角度位置上拉力和推力的分布情况如图 3-6 所示。

由图可知，手臂在肩下方 180°位置上产生最大拉力，在肩上方 0°位置产生最大推力。因此，推拉形式的操纵装置应尽量安装在上述能产生最大推、拉力的位置上。

直立姿势手臂弯曲操作时，在不同方向、角度位置上的力量分布情况如图 3-7 所示。由图可知，前臂在自竖直朝上位置绕肘关节向下方转动大约 70°位置上产生最大操纵力，这正是许多操纵装置(如车辆的方向盘)安装在人体正前上方的根据所在。

3.3.3 坐姿足蹬力

坐姿时的足蹬力大小在各个不同位置上的分布情况如图 3-8 所示，图中的外围曲线表示足蹬力的界限，箭头表示施力方向。可见最大足蹬力通常在膝部弯曲 160°位置上产生。

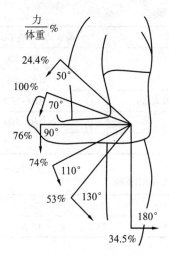

图 3-7 立姿弯臂时手臂操纵力分布情况

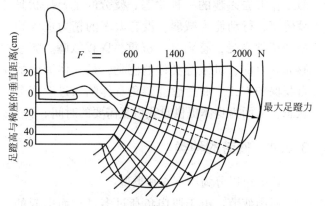

图 3-8 坐姿不同体位下的足蹬力分布情况

3.3.4 手的握力

一般青年人右手平均瞬时最大握力为 556N（330~755N），左手平均瞬时最大握力为 421N；右手保持 1min 的握力平均为 275N，左手为 244N。握力大小还与手的姿势有关，手掌向上时的握力最大，手掌朝向侧面时次之，手掌向下时的握力最小。

应当注意到，人体的所有出力大小，都与持续时间有关。随着施力持续时间的延长，人的力量将很快减小。例如，拉力由最大值衰减到 1/4 数值，只需要 4min。此外，任何人的出力衰减到最大值的 1/2 时的持续时间，大体相同。

3.4 人体动作的灵活性与准确性

3.4.1 动作的灵活性

人体动作的灵活性是指操作时动作速度和频率，由人体的生物力学特性所决定。人体质量轻的部位比质量重的部位、短的部位比长的部位、肢体末端比主干部位的动作更灵活。因此，在设计产品的操纵机构时，应当充分考虑人体动作灵活性的特点。

（1）动作速度

动作速度是指肢体在单位时间内移动的距离。肢体动作速度大小，在很大程度上取决于肢体肌肉收缩的速度。不同的肌肉，收缩速度不同，慢肌纤维的收缩速度慢，快肌纤维的收缩速度快。通常一块肌肉中既有慢肌纤维，也有快肌纤维，中枢神经系统可能时而使慢肌纤维收缩，时而使快肌纤维收缩，从而改变肌肉的收缩速度。肌肉收缩速度还取决于肌肉收缩时所发挥的力量与阻力的大小，发挥的力量越大，外部的阻力越小，则收缩速度越快。

操纵动作的速度还取决于动作的方向和动作的轨迹。人的肢体运动速度，可以从每秒几毫米到每秒 800mm。在一般情况下，手臂的动作速度平均为 50~500mm/s，手的动作速度以 350mm/s 为上限，控制操纵杆位移的动作速度以 90~170mm/s 为宜。

人体的动作速度有以下规律：

① 人体躯干和肢体在水平面的运动比在垂直面的运动速度快。

② 垂直方向的操纵动作，从上往下的运动速度比从下往上的运动速度快。

③ 水平方向的操纵动作，前后运动速度比左右运动速度快，旋转运动比直线运动更灵活。

④ 顺时针方向的操作动作比逆时针方向的操作动作速度更快，更加习惯。

⑤ 一般人的手操纵动作，右手比左手快，而右手的动作，向右运动比向左运动快。

⑥ 向身体方向的运动比离开身体方向的运动速度更快，但后者的准确性高。

（2）动作频率

动作频率是指单位时间内动作重复的次数。操纵动作的频率与操作方式、动作部位、受控机构的形状和种类、受控部件的尺寸和质量等因素有关。人体各部位的最大动作频率见表 3-4。

转动手柄的最大动作频率与手柄长度有关。手柄长度为 30~580mm 的最大转动频率见表 3-5。

表 3-4 人体各部位的最大动作频率

动作部位	最大动作频率(次/min)	动作部位	最大动作频率(次/min)
手指敲击	180~300	前臂屈伸	180~300
手抓取	360~420	大臂前后摆动	180~300
手打击	右300~840,左510	足蹬踩(以足跟为支点)	180~300
手推压	右390,左300	腿抬放	180~300
手旋转	右300,左360		

表 3-5 手柄长度为 30~580mm 时手的最大转动频率

手柄长度(mm)	30	40	60	100	140	240	580
最大动作频率(次/min)	26	27	27.5	25.5	23.5	18.5	14

3.4.2 动作的准确性

人体动作的准确性可根据动作方向、动作量、动作速度和动作力量四个要素的量值及其相互之间的配合是否恰当来评价。

首先,动作的方向必须正确,动作量必须适当,才能产生准确的操纵动作。

动作的速度平稳柔和,容易产生准确的操纵动作;急剧粗猛的动作,往往速度发生突变,结果导致操纵动作不准确。

动作力量指的是肢体运动遇到阻力时所能提供出来的力量。按照动作力量的大小,可分为有力动作和无力动作两种情况。有力动作是指有足够的均匀增长的力量和速度的动作,能克服强大的阻力,操纵动作容易准确控制;而无力动作则是指没有足够的力量和速度的动作,这种动作常常是不准确的。

手臂伸出和收回动作的准确性与动作量有关,动作量小(100mm 以内)时,容易有运动过大的倾向,动作误差较大;动作量较大(100~400mm)时,则容易有运动过小的倾向,动作误差显著减小。另外,向外伸出要比向内收回更准确。

动作的方向定位,最准确的方位是正前方手臂部水平的下侧,最不准确的方位是侧面;一般,右侧比左侧准确,下部比中部准确,中部比上部准确。

用双手同时均匀地操作时,双手直接在身前活动的定位准确性最高。

3.5 人体疲劳

"疲劳"是日常生活中常见的一种状态。这个词通常表示人已经感到疲惫致使工作效率下降或对工作失去兴趣的一种状态。疲劳的主要症状是疲倦感,行动能力减弱,没有太多的精力追求物质和精神享受,感到身体沉重、昏昏欲睡。疲惫感如同口渴、饥饿等类似的感觉,是人体天生的自我保护方式。疲惫感能避免身体陷入过度疲劳状态,从而为身体提供自我恢复需要的时间。

3.5.1 疲劳的种类

疲劳可以分为以下6种类型:

肌肉疲劳:由于肌肉负荷过多过重而引起的疲劳。

慢性疲劳:由于长期疲惫累积而导致的疲劳。

局部疲劳:由于有机体某一部位的超负荷劳动导致的疲劳。

全身疲劳:由于整个有机体的超负荷劳动导致的疲劳。

精神疲劳:从事脑力劳动,导致精神系统的某一部分过度紧张而引起的疲劳。

生理节奏疲劳(昼夜疲劳):生理节奏疲劳是昼夜节奏的一部分,并促使睡眠产生。

3.5.2 肌肉疲劳

肌肉受力后行动能力降低的现象被称为"肌肉疲劳",它不仅仅是力量的减弱,而且速度上也会变慢。

在神经或肌肉受到刺激后,都会自动并有节奏的收缩。在肌肉收缩的过程中,其他物质会产生化学反应,为力量的产生提供必需的能量。当肌肉在收缩放松时,可以补充能量进行储存;而工作中肌肉的能量释放和储存则一直在不断进行。如果能量储存超过释放,新陈代谢的平衡就会被打破,这样就会导致肌肉失去一些性能。当一块肌肉受到严重的压力后,它的能量储存(糖和磷化合物)被耗尽,同时代谢废物(主要是乳酸和二氧化碳)增加,肌肉组织由此变"酸"。

在一些资料上有这样的说法,即使肌肉经过反复自动收缩,能量已经被耗尽,仍能够对施加在皮肤上的刺激产生反应,这就表明肌肉疲劳是一种由中枢神经系统控制的现象。

可是,这种解释并不适合于全部情况,很多生理学家又做出了相反的论断:从肌动电流图上可以看到,当肌肉本身处在一种能量耗尽的状态时,即使大脑发送信息,它也不再对刺激做出反应。似乎疲劳此时变成了一种不重要的只是影响肌纤维的现象。

我们可以这样设想,中枢神经系统只是作为疲劳早期阶段的补充机构,这样就能解释肌动电流扫描仪测出的结果。当肌肉被反复刺激后,肌肉收缩能力仍然处在同等水平,即使收缩能力下降,它的导电能力也将增强。这就意味着越来越多的肌肉纤维正在受到刺激而产生反应。图 3-9 中的肌动电流图表示电活动随着疲劳的增加而增加的情况。这些肌动电流现象在实际作业中已经被观察到,有学者进行试验:在给穿孔卡片穿孔 60~80min 后,前臂和肩部的电运动会增加。可以得出结论,在肌肉疲劳阶段,仍能通过肌肉控制中心增加电运动补充能量。

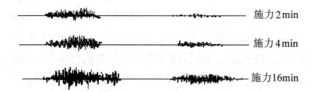

图 3-9 上肢施力不同时间后的伸肌肌电图

另一个肌肉疲劳阶段显示肌肉控制中心放电频率的下降。事实上,令人疲惫的静态收缩过程中,肌肉电信号活动的大幅增加和频繁下降都能被观察到。但静息肌肉电信号的平均频率可能是疲劳肌肉电信号平均频率的 2 倍。

有研究表明,如果肌肉进入筋疲力尽的状态,伴随肌肉力量的减弱,可以通过释放运动神经元来补偿能量。

3.5.3 慢性疲劳

工作中的疲劳有些是长期的,不是单一过度紧张引起,而是几天甚至更长时间的压力积累造成的,这些疲劳通常会伴随身体欠佳等迹象,这种状态被称为慢性疲劳。

慢性疲劳症状不仅会在压力存在期间发生,而且具有潜伏性,在以后所有的时间内都会发生。人们在疲劳时常常表现出精神不稳定、忧郁、头痛、眼花、失眠、心律不齐、出虚汗、没食欲、消化系统紊乱、工作动力减弱等症状。

家具和室内空间的不合理设计都会导致人体疲劳。例如人的不正确坐姿和睡姿会导致疲劳;家具不合理的尺寸、不适宜的材料也会让人体感到疲劳;不合理的光照、湿度、温度和风感同样会让人体感到疲劳。在家具和室内设计中,应运用人体工程学知识降低或改善疲劳感。

3.5.4 疲劳的测定方法

人体疲劳测定是人体工程学的重要研究内容,其目的是研究疲劳与劳动产出值、与舒适感的关系,测定人体对不同紧张水平的反应,以满足改善劳动条件、提高工作效率、促进人体健康发展的需求。迄今为止,尚无法对疲劳进行直接测量,所有实验工作都是测定某些与疲劳有关的指标,如测量劳动者工作前、工作中、工作后身体状态的变化等。间接地对疲劳进行定量测量与评价的方法基本可分为 4 类,即生化法、生理参数测试法、主观评价法(或心理参数测试法)和动作行为观察法。

3.5.4.1 生化法

生化法是通过检查受试者的血、尿、汗及唾液等液体成分判断疲劳,这种方法的不足之处是测定时需要中止受试者的作业活动,并容易给受试者带来不适和反感。

3.5.4.2 生理参数测试法

生理参数测试法是通过测试人体生理指标、机能变化来评定人体疲劳及疲劳程度。

(1)心率及心率变化

心率即心脏跳动的速率,一般用分钟的跳动次数表示,心率简写为 HR。HR 受自律神经的支配,其动力是心肌收缩。

有实验证明,随着工作时间与疲劳程度的增加,心率呈下降趋势,但心率易受其他因素(如工作时间、休息时间、外部环境等)的影响。心率变化率对大脑负荷及疲劳状态较为敏感。

(2) 肌电及其测试

采用肌电图测量肌肉内部活动时微弱电流变化的方法称为肌电测试。对于局部肌肉疲劳，采用肌电测试，可判断肌肉疲劳程度。

(3) 脑电及其测试

脑电与肌电一样都是生物体的电现象。一般用脑波的频率和幅值来评价大脑的觉醒状态。1994年Okogbba等人通过实验证明大脑的疲劳状态与脑电的α、θ波密切相关。另有研究表明随着工作时间的增加、疲劳状态的加重，脑电的相关能量参数呈上升趋势。

(4) 肌腱反射机能检查

肌腱反射机能检查法是用医用小硬橡胶锤，按照规定的冲击力敲击受试者的膝部，根据小腿弹起角度的大小评价疲劳。受试者的疲劳程度不同，引起的反射运动迟钝程度也不相同。一般认为，作业前后反射角变化5°~10°时为轻度疲劳；反射角变化10°~15°时为中度疲劳；反射角变化15°~30°时为重度疲劳，此值也称为膝腱反射阈值。

(5) 频闪融合阈限检查法

频闪融合阈限检查法是利用视觉对光源闪变频率的辨别程度判断机体疲劳的方法。受试者观看一个频率可调的闪烁光源，记录工作前、工作后受试者可分辨出闪烁的频率数。具体做法是先从低频闪烁做起，这时视觉可见仪器内光点不断闪烁。当增大频率，视觉刚刚出现闪烁消失时的频率值叫闪光融合阈；光点从融合阈值以上降低闪光频率，当视觉刚刚开始感觉到光点闪烁时的频率值叫闪光阈。它和融合阈的平均值叫临界闪光融合值。人体疲劳后闪光融合值降低，说明视觉神经出现钝化。这一方法对视觉疲劳测定最为适用。

3.5.4.3 主观评价法

主观评价法是通过各种量表和调查表记录受试者的主观感受，即对心理现象进行赋值，并通过统计分析对心理现象进行评估的方法。主观评价疲劳的方法主要有皮尔逊疲劳量表法、身体疲劳部位调查法、疲劳自觉症状调查法等。

(1) 皮尔逊疲劳量表法

皮尔逊疲劳量表法是将疲劳分为13个等级，分别为精力极度充沛、精力特别充沛、精力非常充沛、精力很充沛、精力比较充沛、精力有点充沛、有点疲劳、相当疲劳、很疲劳、非常疲劳、特别疲劳、极度疲劳、快要倒下，并对人体疲劳进行评定，确定疲劳程度的方法。皮尔逊疲劳量表法是比较有代表性的主观评价疲劳的方法。

(2) 身体疲劳部位调查法

身体疲劳部位调查法是将身体分成许多小区域，在作业前后针对这些小区域进行问卷调查，并将感觉不舒适或疼痛的部分记入问卷，然后进行分析、评价的方法。该方法主要用于局部疲劳评定。

(3) 疲劳自觉症状调查法

疲劳自觉症状调查法是通过对受试者本人主观感受（自觉症状）进行调查统计，来判断受试者疲劳程度的一种方法。日本产业卫生学会疲劳研究会提供了下列自觉症状调查表，见表3-6所列。内容包括身体、精神、感觉3个部分。调查应在作业前、中、后至少进行2次。

3.5.4.4 动作行为观察法

利用立体扫描、录像等行为记录设备，在不被观察对象发觉的条件下，连续记录观察对象的动作，通过动作分析评定疲劳程度的方法称为动作行为观察法。随着疲劳程度的加重，人体动作速度减慢、动作幅度增大、动作准确程度降低，多余动作增多。

表3-6 疲劳自觉症状调查表

姓名：　　　　　年龄：　　　　　记录：　　年　月　日

身体症状	精神症状	感觉症状
1. 头重感	1. 思维难集中	1. 头痛
2. 全身无力	2. 变得沉默	2. 肩酸痛
3. 脚无力	3. 忐忑不安，心神不定	3. 腰痛
4. 打呵欠	4. 低沉	4. 呼吸困难
5. 头发呆	5. 对事物不热心	5. 口干
6. 困倦	6. 回忆不起来事情	6. 声音发哑
7. 眼疲劳	7. 出错变多	7. 目眩
8. 动作失调	8. 爱动气	8. 眼皮跳动
9. 脚跟不稳	9. 忐忑不安	9. 手足发抖
10. 想躺下休息	10. 变得无耐心	10. 呕心感

3.6 人的反应特性

人在接收到人—物—系统的刺激时,刺激引起了一种过程,这种过程即刺激使感觉器官产生活动,经传入神经传至大脑神经中枢,经过综合加工,再由传出神经从大脑神经中枢传给肌肉,肌肉收缩,做出操作活动。

3.6.1 反应时间

从感觉器官接受外界刺激到运动器官开始执行操作动作所经历的时间,称为人的反应时间。产生一定的只对一种刺激做出一种反应的时间,称为简单反应时间(表3-7);有两种以上的刺激同时输入,需要对不同的刺激做出不同的反应,或者只对其中某些刺激做出反应的情况,称为选择反应,相应的反应时间,称为选择反应时间。通常,选择反应时间比简单反应时间要长。

反应时间可以作为效能指标及内部过程复杂程度指标。对某项工作越熟悉,反应时间就越快;内部过程越复杂,反应时间就越长。反应时间分为两部分:一是反应知觉时间,即自刺激出现到运动开始的反应时间;二是运动时间,即运动过程时间。

人的反应时间长短对于人—物系统的工作效能有重要影响。反应时间越短,则响应速度越快,人—物系统的调节质量就越高。

表 3-7 各种感觉器官的简单反应时间

感觉器官	反应时间(ms)
触觉	110~160
听觉	120~160
视觉	150~200
冷觉	150~230
温觉	180~240
嗅觉	210~390
痛觉	400~1000
味觉	330~1100

3.6.2 影响反应时间的因素

(1) 刺激的性质

根据实验,人对光、声和皮肤刺激的简单反应时间较短,而对气体、温度等刺激的简单反应时间较长。

(2) 刺激的强度

同一性质的刺激,刺激强度越大,刺激给予神经系统的能量就越大,反应的时间就越短。例如,以光为刺激,应有足够亮度;以声为刺激,应有足够响度。

(3) 刺激的多少

同时输入的刺激越多,人需做出选择反应的时间越长。因此,应当尽可能去除无用的刺激。

(4) 刺激与背景对比的强弱

刺激与背景的对比强,则反应时间短;对比弱,则反应时间长。当然,对比过强也无必要。因此,刺激信号的强弱,应根据背景情况合理设计和调整。

(5) 执行动作的运动器官

对于同样的刺激,手与脚的反应时间不同,通常手比脚反应快;一般右手比左手反应快、右脚比左脚反应快。

(6) 人的年龄和性别

一般成年人,反应时间随着年龄的增长而延长。例如,以红色信号刺激人,不同年龄段的人反应时间为:18~21岁,0.48~0.56s;22~45岁,0.58~0.75s;46~60岁,0.78~0.80s。同年龄的成年男子的反应时间一般比女子短。

(7) 人的心理准备情况

人对刺激有心理准备时,反应时间较短。对突然出现的刺激,因无心理准备,故反应时间较长。

(8) 人的疲劳程度

人在疲劳状态下,感觉机能变差,反应变得迟钝,因而反应时间变长。

● **复习思考题**

1. 试述人的反应特性和影响反应时间的因素。
2. 人体运动系统由哪几部分组成？各组成部分的作用是什么？
3. 骨杠杆的基本形式主要有哪几种？
4. 肌肉施力的方式有哪些？影响肌力的因素主要包括哪些方面？
5. 试分析人体力量大小与方向的关系。
6. 试述人体出力的最佳范围。
7. 试述人体动作的灵活性与准确性的关系。
8. 什么是人体疲劳？其影响因素主要有哪些？
9. 人体疲劳的一般规律是什么？简述降低人体疲劳的措施。
10. 人体疲劳的种类主要有哪些？测定人体疲劳的常用方法有哪些？

第 4 章

人体尺度与人体测量

> **本章提要**
>
> 人体尺度是家具与室内设计的重要依据。本章主要从人体测量的分类、基本术语、测量方法等方面介绍了人体测量的基本知识。从地区与种族、年代、年龄、性别、职业等方面分析了影响人体测量数据的因素；介绍了常用的数据统计处理方法，重点介绍了百分位的概念及其选用原则；给出了我国常用的人体尺寸数据，并且列举了常用人体尺寸数据的应用条件。本章最后还介绍了人体模板的设计与使用。

4.1 人体测量概述
4.2 影响人体测量数据的因素
4.3 人体测量数据的统计处理
4.4 人体尺寸数据及应用
4.5 设计用人体模板和模型

在家具与室内设计中,为了使各种与人体尺度有关的设计对象符合于目标使用人群,让使用者获得舒适的使用状态和适宜的环境,就必须充分考虑人体尺度因素。在家具与室内空间的设计中,人体尺度是设计的重要依据。了解人体测量学方面的基本知识,掌握人体测量的基本方法,理解有关设计中所必需的人体尺寸数据的意义,并明确这些数据的选用原则和使用条件,是设计者应当具备的一项基本素质。

4.1 人体测量概述

人体尺寸测量是一项古老的技术,我国早在两千多年前就已经开始了,现存最早的医学经典著作《内经·灵枢》中的《骨度篇》,对人体测量有详细而科学的阐述。系统的人体测量方法则是18世纪末由一些西欧国家的科学家创立的,最早从事人体测量的有法国的道尔顿(L. J. Daubenton)和荷兰的凯伯(P. Camper)。传统测量方法是依靠各类仪器直接在人体上进行测量,拥有一套完整的人体测量标准项目。

人体测量学是人体工程学的一门重要基础学科,它是通过测量人体各部位尺寸,来确定个体和群体在人体尺寸上的共性与特性,以及个体之间和群体之间在人体尺寸上的差异,用以研究人的形态特征,从而为各种工业设计和工程设计提供人体尺寸数据。

4.1.1 人体测量的分类

根据测量方式可以将人体测量分为静态人体测量和动态人体测量两类。前者通常是用来获取人体在立姿和坐姿时的尺寸,而后者则是用来获取人在工作姿势下或在某种操作活动状态下的尺寸范围。

女性静态人体测量

(1) 静态人体测量

静态人体测量是指被测者静止地站着或坐着进行的一种测量方式。静态测量的人体尺寸作为设计工作空间大小、家具和产品界面以及一些工作设施等的依据。

男性静态人体测量

目前我国成年人静态测量项目国家标准GB/T 5703—2010《用于技术设计的人体测量基础项目》中规定的立姿有12项,坐姿有17项,特定部位测量项目14项。

GB/T 5703—2010

(2) 动态人体测量

动态人体测量是指被测者处于动作状态下进行的人体尺寸测量,有时也包含一些静止的动作。其测量的重点是人在做出某种动作时的身体特征,通常是对头、手、足、四肢所能及的范围以及各关节所能达到的距离和能转动的角度进行测量。图4-1所示为书写姿势的示意图,图4-1(a)强调书写者与书写台、椅面、椅背等位置角度关系,图4-1(b)则显示出书写者改变书写姿势后与原先姿势的位置关系。

动态人体测量

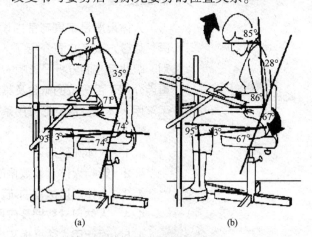

图4-1 书写姿势的示意图

动态人体测量的特点是,当人进行任何一项身体活动时,并不是某个身体部位独立完成的,而是身体各部位协调完成,具有一定的连贯性和活动性。例如,单个手臂可及的范围是在手臂长度的基础上,与肩部运动、躯干的扭转、背部的屈曲以及操作本身特性有关。因此,动态人体测量要根据实际情况加以判断,不能仅仅依靠静态人体测量的尺寸来解决实际问题。

4.1.2 人体测量的基本术语

在国家标准GB/T 5703—2010《用于技术设计的人体测量基础项目》中定义了人体测量使用的成年人和青少年的人体测量术语,只有在被测者姿势、测量基准面、测量方向、测点等符合要求的情况下,测量结果才是有效的。

(1) 被测者姿势

①立姿。指被测者挺胸直立，头部以眼耳平面定位，眼睛平视前方，肩部放松，上肢自然下垂，手伸直，手掌朝向体侧，手指轻贴大腿侧面，自然伸直膝部，左右足后跟并拢，前端分开，使两足大致呈45°夹角，体重均匀分布于两足。

②坐姿。指被测者挺胸坐在被调节到腓骨高度的平面上，头部以眼耳平面定位，眼睛平视前方，左、右大腿大致平行，膝弯曲大致成直角，足平放在地面上，手轻放在大腿上。

(2) 测量基准面和基准轴

如图4-2所示，测量基准面即人体的平面定位是根据3个互相垂直的轴来决定的，包括1个铅垂轴和2个水平轴。

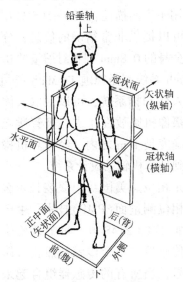

图4-2 测量标准面

①铅垂轴。通过各关节中心并垂直于水平面的一切轴线。

②矢状轴。通过各关节中心并垂直于冠状面的一切轴线。

③冠状轴。通过各关节中心并垂直于矢状面的一切轴线。

④矢状面。通过铅垂轴和纵轴的平面及与其平行的所有平面都称为矢状面。

⑤正中矢状面。将人体分成左右对称的两部分的矢状面。

⑥冠状面。通过铅垂轴和横轴的平面及与其平行的所有平面都称为冠状面。冠状面将人体分成前、后两部分。

⑦水平面。与矢状面和冠状面同时垂直的所有平面都称为水平面。水平面将人体分成上、下两部分。

⑧眼耳平面。通过左、右耳屏点和右眼眶下点的水平面，称为法兰克福平面。

(3) 测量方向

在人体上、下方向上，将上方称为头侧端，将下方称为足侧端。

在人体左、右方向上，将靠近正中矢状面的方向称为内侧，将远离正中矢状面的方向称为外侧。

在四肢上，将靠近四肢附着部位的称为近位，将远离四肢附着部位的称为远位。

对于上肢，将桡骨侧称为桡侧，将尺骨侧称为尺侧。

对于下肢，将胫骨侧称为胫侧，将腓骨侧称为腓侧。

(4) 支撑面和衣着

立姿时站立的地面或平台以及坐姿时的椅平面应是水平的、稳固的、不可压缩的。要求被测量者裸体或穿着尽量少的内衣（如只穿内裤和背心，除测量胸围外）。

(5) 基本测点和测量项目

传统的人体测点是以骨骼测量为基准的，大多数是依据骨的突起等标志来确定的，在测量项目中常有某个骨点到另一个骨点的距离。然而，仅仅依靠这样的测点是不能够满足测量需要的，还要引用人体表面的测点。为了避免因测量者不同而导致测定部位不同，必须明确定义这类测点。

通常测量的姿势分为立姿和坐姿两种，具体包括立姿体部高度的测量、坐姿体部高度的测量、体部宽度与深度的测量、体部围度与弧长的测量、上下肢的测量、指距及两臂功能展开宽测量等。

4.1.3 人体测量的方法

测量人体尺寸的方法通常分为接触性测量和非接触性测量两种。国家标准GB/T 5703—2010《用于技术设计的人体测量基础项目》中所规定的测量方法是采用传统的丈量法，即使用标准的测量仪器对人体进行测量，属于接触性测量方法。这种方法优点在于简单易行、容易让人接受，但是由于人为因素影响，误差较大，且测量速度缓慢。针对接触性测量的不利因素，非接触性测量方法应运而生，在保证测量精度的同时，大大加快了测量的速度。

（1）接触性测量方法

采用接触性测量方法进行测量时，常用的人体测量仪器有：直脚规、弯脚规、三角平行规、人体测高仪、软尺、活动直脚规、附着式量角器、关节活动度测规、水平定位针、平行定点仪等。

在家具与室内设计中，常用丈量法测量人体尺寸，根据设计需要，有选择地选用合适的测量项目进行测量，在精度要求不是很高的情况下，可以使用普通的测量用具，如卷尺。传统的丈量式人体测量，更适用于个体或小范围群体，具有一定灵活性。

（2）非接触性测量方法

非接触性测量就是以非接触的光学测量为基础，使用视觉设备来捕获人体外形，然后通过系统软件来提取扫描数据，原理如图4-3所示。非接触性测量的优点在于精度高、速度快，但是测量仪器造价高、操作复杂，有的占地面积较大。目前常见的方法主要有：

Body ScanFIT
3D 扫描系统

Cartesia 3D
扫描系统

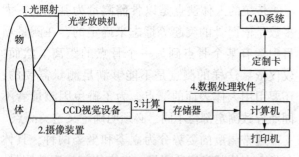

图4-3 非接触性测量方法原理示意图

①立体摄影。英国拉夫堡（Loughborough）大学的人体测量阴影扫描仪LASS，是以三角测量学为基础的三维测量系统。被测者站在一个可旋转360°的平台上，背景光源穿过轴心的垂直面射到人体上，用一行相机获取投射光的图像，从而计算出人体的高度和水平半径，测量结果为三维柱状坐标形式的数据。与此类似的还有法国的SYM-CAD、Turbo Flash/3D，是Telmat的三维人体扫描系统。该扫描系统需要暗房操作，被测者进入房间后脱去外衣，只穿内衣站立在唯一被照亮的墙壁前。摄像机拍摄下实验对象侧面、正面和背面3种不同规定姿势，在对形成的图像进行扫描计算后，系统能产生70个精确的人体尺寸，该系统测量数据可以和CAD系统结合使用。

②激光扫描。美国Cyberware公司的人体三维扫描系统（WBX）采用激光扫描。这种方法将一束光从激光二极管投射到被扫描体表面，然后使用一个镜面组合从两个位置同时取景。从一个角度取景时，激光条纹因物体的形状而产生形变，图像传感器记录这些形变，产生人体的数字图像。当扫描器沿着扫描高度空间上下移动时，定位在四个扫描器内的照相机会记录人体表面信息。将每个扫描器得到的分离数据文件在软件中合并，产生一个全方位的彩色人体图像，之后可用三角测量法得到相关人体尺寸。

VOXELAN系统是日本Hamano公司的一种用安全激光扫描人体的非接触式光学三维扫描系统。其HEV-1800HSV型用于全身人体测量；HEC-30ODS型用于表面描述；HEV-50S型用于测量缩量；它们可以提供非常精确的信息，分辨率范围从相对于全身的0.8mm到相对缩量的0.02mm。

TecMath系统则是德国TecMath公司研制的便携式三维人体扫描系统，可以摄取人体的不同姿势，特制摄像机则放在4支二极管激光绕射光源前面，准确度是1cm之内。经计算机检测的数据也可输送到计算机辅助设计系统。

③白光相位。美国纺织服装技术公司（TC2）使用一个相位测量面（PMP）技术，生产了一系列扫描仪，如2T4，2T4S等。每个系统使用6个静止的表面传感器，单个传感器捕获人体表面片段范围的信号，当所有的传感器组合起来，形成一个用于服装生产的身体关键性区域的混合表面，每个传感器和每个光栅获得4幅图像。PMP方法的过渡产物是所有6个视图的数据云，这种信息可用于计算3D身体尺寸，最后可获得带有身体图像和测量结果的打印报表。

④莫尔条纹。Triform系统是英国Wicks和Wilson公司的非接触三维图像捕捉系统，它是利用卤素灯泡作为光源的扫描系统，该系统使用以白光为基础的莫尔条纹技术，物体的三维形状在显示器上是有色的点云，看起来像物体的照片。

⑤远红外射线。美国的Hamamatsu人体线性扫描系统使用红外发射二极管得到扫描数据。这一系统利用较少的标记便可以抽取三维人体数据，而且错漏的数据较少。光源从发射镜头以脉冲形式产生，由物体反射后，最后由探测器镜头收集。

探测器镜头是圆柱形镜头和球形透镜的组合，能在位敏探测器（PSD）上产生一片光柱，用于确定大量像素的中心位置，人体尺寸由一个特殊的尺寸装置从三维点云中析取。

以光学为基础的非接触式测量方法凭借快速、准确的特性在世界范围内得以发展运用，随着成本与便携性的问题进一步解决，这种方法的使用将更为广泛。

4.2 影响人体测量数据的因素

在获取人体尺寸数据之后，还要进行大量细致的分析工作。由于很多复杂因素都在影响着人体尺寸，所以个人与个人之间、群体与群体之间在人体尺寸上存在很多差异。只有了解这些差异，才能合理使用人体尺寸数据，将其正确地运用于设计中。影响因素主要在以下几方面。

4.2.1 地区与种族

不同的国家、不同的种族因地理环境、生活习惯、遗传特质的不同，人体尺寸差异十分明显。从越南人的平均身高 160.5cm 到比利时人的 179.9cm，高差幅竟达 19.4cm。即使是在同一个国家，不同区域也有差异，通常寒冷地区人的平均身高大于热带地区，平原地区人的平均身高大于山区。从表 4-1 列出的我国不同地区的人体身高、体重的平均值和标准差中即可明显看出这一差异。

在设计时，必须考虑不同国家、不同区域人体尺寸的差异。另外，随着全球贸易活动的不断增大，不同民族、不同地区的人使用同一产品、同一设施的情况将越来越多，因此在设计中也应关注通用性的问题。

4.2.2 年代

在过去 100 年中，人类生长加快在很大程度上得益于社会的不断发展，包括卫生、医疗、生活水平的提高以及体育运动的大力开展。子女们一般比父母长得高，这个问题在总人口的身高平均值上也可以得到证实。据调查，欧洲的居民每 10 年身高增加 10~14mm，美国城市男性青年 1973—1986 年的 13 年间身高增长了 23mm。我国的人体尺寸也体现了由于年代差异而引起的显著变化。据 2000 年 7 月 18 日《北京青年报》报道：1997 年测定的我国男性平均身高为 1692mm。该数据与 GB/T 10000—1988 中的数据相比，增加了 14mm。故在使用人体尺寸数据时，要考虑其测量年代，然后加以适当修正，同时认识到这种缓慢变化与各种产品的设计、生产和发展周期之间的关系也是极为重要的。

4.2.3 年龄

年龄造成的差异也应注意，体形随着年龄变化最为明显的时期是青少年期。人体身高尺寸的增长过程，一般女性在 18 岁结束，男性在 20 岁结束。此后，人体身高尺寸随年龄的增加而缩减一些，而体重、宽度及围长的尺寸却随年龄的增长而增加。在设计时，必须经常判断人体尺寸与年龄的关系，考虑工作和生活的环境适合哪些年龄组的人。在使用人体尺寸数据时，要注意不同年龄组尺寸数据的差别。

关于儿童的人体尺寸数据历来是缺乏的，而这些尺寸数据对于设计儿童用具、设计幼儿园和学校空间是非常重要的，若将安全和舒适等因素考虑在内则更加重要。儿童意外伤亡与设计不当有很大关系。例如，栏杆的间距应能有效阻止儿童头部的通过。随着社会对儿童的逐渐重视以及先进测量设备的迅速发展，我国已于 2006 年展开第一次全国未成年人（4~17 岁）人体尺寸测量工作，于 2010 年正式颁布了 GB/T 26158—2010《中国未成年人人体尺寸》，为我国今后的设计提供了非常重要的儿童人体尺寸参考数据。

表 4-1 我国 6 个区域的人体身高、体重的平均值和标准差

项目		东北、华北区		西北区		东南区		华中区		华南区		西南区	
		均值	标准差	均值	标准差	均值	标准差	均值	标准差	均值	标准差	均值	标准差
身高 (mm)	男	1693	56.6	1684	53.7	1686	55.2	1669	56.3	1650	57.1	1647	56.7
	女	1586	51.8	1575	51.9	1575	50.8	1560	50.7	1549	49.7	1546	53.9
体重 (kg)	男	64	8.2	60	7.6	59	7.7	57	6.9	56	6.9	55	6.8
	女	55	7.7	52	7.1	51	7.2	50	6.8	49	6.5	50	6.9

另外，老年人的尺寸数据资料也相对较少，由于生活条件的改善，人的寿命延长，现在世界上进入人口老龄化的国家越来越多，如美国65岁以上老人就有4000万，占总人口的14%，而且每年都在增加。所以设计中涉及老年人的各种问题也应当引起重视，今后老年人的人体尺寸数据也将逐步完善起来。

4.2.4 性别

3~10岁这一年龄阶段男女人体尺寸的差别极小，同一数值对于两性均适用。从10岁开始，在男性与女性之间，人体尺寸、重量和比例关系都有明显差异。男女即使在身高相同的情况下，身体各部分的比例也是不同的。同整个身体相比，女性的手臂和腿较短，躯干和头占的比例较大，肩较窄，骨盆较宽。皮下脂肪厚度及脂肪层在身体上的分布，男女也有明显差别。因此，以矮小男性的人体尺寸代替女性人体尺寸使用是错误的，特别是在腿部的长度尺寸起重要作用的工作场所，如坐姿操作的工作，考虑女性的人体尺寸至关重要。

4.2.5 职业

不同职业的人，在身体大小及比例上也存在着差异，例如，一般体力劳动者平均身体尺寸都比脑力劳动者稍大些。在美国，工业部门的工作人员要比军队人员矮小；在我国，一般部门的工作人员要比体育系统的人矮小。也有一些人由于长期的职业活动改变了形体，使其某些身体部位尺寸与平均值有较大差异。对于不同职业所造成的人体尺寸差异在产品设计中必须予以注意。另外，数据来源不同、测量方法不同、被测者具有代表性特征等因素，也常常造成测量数据的差异。

了解了这些差异，在设计中就应充分注意它们对设计中的各种问题的影响及影响的程度，并且要注意数据的特点，在设计中加以修正，不可盲目采用未经细致分析的数据。

4.3 人体测量数据的统计处理

在进行人体测量的过程中，被测者通常只是一个特定群体中较少量的个体，其测量数值为离散的随机变量，还不能作为设计的依据。为了获得设计所需要的群体尺寸，必须对通过测量个体所得到的测量值进行统计处理，使得测量数据能反映该群体的形体特征及差异程度。在人体测量数据的统计中，一般认为人体尺寸的统计值基本符合正态分布规律，因此，可以用平均值、方差、标准差、抽样误差、百分位等统计值来表述群体尺寸特征。

4.3.1 平均值

表示样本的测量数据集中地趋向某一个值，该值称为平均值，也叫子样均值。它是数理统计中最常用的指标之一。用统计学方法计算的平均值，能说明事物的本质和特征，可用来衡量一定条件下的测量水平和概括地表现测量数据的集中情况。对于有 n 个样本的测量值：$x_1, x_2, \cdots, x_n$，其均值为：

$$\bar{x} = \frac{x_1 + x_2 + \cdots + x_n}{n} = \frac{1}{n}\sum_{i=1}^{n} x_i$$

4.3.2 方差

描述测量数据在中心位置(均值)上下波动程度差异的值称为均方差，通常简称为方差，即表明一系列变量距平均值的分布情形。方差变化大表示各变量分布广大，远离平均值；方差小，表示各变量接近平均值。对于均值为$\bar{x}$的n个样本测量值：$x_1, x_2, \cdots, x_n$，其方差S^2的计算公式为：

$$S^2 = \frac{1}{n-1}[(x_1-\bar{x})^2 + (x_2-\bar{x})^2 + \cdots + (x_n-\bar{x})^2]$$

$$= \frac{1}{n-1}\sum_{i=1}^{n}(x_i - \bar{x})^2$$

用上式计算方差时，由于要用数据做两次计算，即首先用数据计算出$\bar{x}$，再用数据计算出S^2，效率不高。故可以采用另一个与上式等价，且可以有效计算的公式，即：

$$S^2 = \frac{1}{n-1}(x_1^2 + x_2^2 + \cdots + x_n^2 - n\bar{x}^2)$$

$$= \frac{1}{n-1}(\sum_{i=1}^{n} x_i^2 - n\bar{x}^2)$$

如果测量值x_i全部靠近均值$\bar{x}$，则优先选用这个等价的计算式来计算方差。

4.3.3 标准差

方差的平方根即为标准差，量纲与均值相一致，用来描述测量值对均值的波动情况。对于均值为$\bar{x}$的n个样本测量值：$x_1, x_2, \cdots, x_n$，其标准差S_D的计算公式为：

$$S_D = \left[\frac{1}{n-1}\left(\sum_{i=1}^{n} x_i^2 - n\bar{x}^2\right)\right]^{\frac{1}{2}}$$

4.3.4 抽样误差

抽样误差，又称标准误差，即全部样本均值的标准差。在实际测量和统计分析中，总是以样本推测总体，而在一般情况下，样本与总体不可能完全相同，其差别就是由抽样引起的。抽样误差数值大，表明样本均值与总体均值的差别大；反之，说明其差别小，即均值的可靠性高。在可能的范围内增加样本容量，可以提高测量结果的精度。

当样本数据列的标准差为 S_D，样本容量为 n 时，则抽样误差 $S_{\bar{x}}$ 的计算公式为：

$$S_{\bar{x}} = \frac{S_D}{\sqrt{n}}$$

4.3.5 百分位

百分位表示具有某一人体尺寸的人和小于该尺寸的人占统计对象总人数的百分比。

人体测量数据常以百分位 P_k 作为一种位置指标、一个界值。一个百分位数将群体或样本的全部测量值分为两部分，有 $K\%$ 的测量值等于和小于它，有 $(100-K)\%$ 的测量值大于它。在设计中最常用的是 P_5、P_{50}、P_{95} 3 种百分位数。其中第 5 百分位数代表"小"身材，是指有 5% 的人群身材尺寸小于此值，而有 95% 的人群身材尺寸大于此值；第 50 百分位数代表"适中"身材，是指大于和小于此人群身材尺寸的各为 50%；同样地，第 95 百分位数代表"大"身材，是指有 5% 的人群身材尺寸大于此值，而有 95% 的人群身材尺寸小于此值。

在一般的统计方法中，虽然人体尺寸并不完全呈正态分布，但是仍可使用正态分布曲线来计算某百分位数人体尺寸或某一人体尺寸所属的百分位数。可以根据均值 $\bar{x}$ 和标准差 S_D 来计算百分位数人体尺寸，或计算某一人体尺寸所属的百分位数。

（1）求某百分位数人体尺寸

当已知某项人体测量尺寸的均值为 $\bar{x}$，标准差为 S_D，需要求出任意百分位的人体测量尺寸 x 时，计算方法如下：

$$x = \bar{x} \pm (S_D \times K)$$

当求 1%~50% 之间的数据时，算式中取"–"号；当求 50%~99% 之间的数据时，算式中取"+"号。式中 K 为变换系数，设计中常用的百分比值与变换系数 K 的关系见表 4-2。

（2）求数据所属百分位数

当已知某项人体测量尺寸为 x_i，其均值为 $\bar{x}$，标准差为 S_D 时，需要求出该尺寸 x_i 所处百分位数时，计算方法如下：

① 由公式 $z = (x_i - \bar{x})/S_D$ 计算出 z 值，在表 4-3 中根据 z 值的绝对值查出对应的概率数值 p，当 z 值为正值时，p 取正值，当 z 值为负值时，p 取负值。

② 百分位数 P 可由 $P = 0.5 + p$ 求出。

表 4-2 百分比与变换系数 K

百分比(%)	K	百分比(%)	K
0.5	2.576	70	0.524
1.0	2.326	75	0.674
2.5	1.960	80	0.842
5	1.645	85	1.036
10	1.282	90	1.282
15	1.036	95	1.645
20	0.842	97.5	1.960
25	0.674	99.0	2.326
30	0.524	99.5	2.576
50	0.000		

表 4-3 正态分布表

z	0.00	0.01	0.02	0.03	0.04	0.05	0.06	0.07	0.08	0.09
0.0	0.0000	0.0040	0.0080	0.0120	0.0130	0.0199	0.0239	0.0279	0.0319	0.0359
0.1	0.0398	0.0438	0.0478	0.0517	0.0557	0.0596	0.0636	0.0675	0.0714	0.0754
0.2	0.0793	0.0832	0.0871	0.0910	0.0948	0.0987	0.1026	0.1064	0.1103	0.1141
0.3	0.1179	0.1217	0.1255	0.1293	0.1331	0.1368	0.1406	0.1443	0.1480	0.1517
0.4	0.1551	0.1591	0.1628	0.1664	0.1700	0.1736	0.1772	0.1808	0.1844	0.1879
0.5	0.1915	0.1950	0.1985	0.2019	0.2054	0.2088	0.2123	0.2157	0.2190	0.2224
0.6	0.2258	0.2291	0.2324	0.2357	0.2389	0.2422	0.2454	0.2486	0.2518	0.2549
0.7	0.2580	0.2612	0.2642	0.2673	0.2704	0.2734	0.2764	0.2794	0.2823	0.2852

(续)

z	0.00	0.01	0.02	0.03	0.04	0.05	0.06	0.07	0.08	0.09
0.8	0.2881	0.2910	0.2939	0.2967	0.2996	0.3023	0.3051	0.3078	0.3106	0.3133
0.9	0.3159	0.3186	0.3212	0.3238	0.3264	0.3289	0.3315	0.3340	0.3365	0.3389
1.0	0.3413	0.3438	0.3461	0.3485	0.3508	0.3531	0.3554	0.3577	0.3599	0.3621
1.1	0.3643	0.3665	0.3686	0.3708	0.3729	0.3749	0.3770	0.3790	0.3810	0.3830
1.2	0.3849	0.3869	0.3888	0.3907	0.3925	0.3944	0.3962	0.3980	0.3997	0.4015
1.3	0.4032	0.4049	0.4066	0.4082	0.4099	0.4115	0.4131	0.4147	0.4162	0.4177
1.4	0.4192	0.4207	0.4222	0.4236	0.4251	0.4265	0.4279	0.4292	0.4306	0.4319
1.5	0.4332	0.4345	0.4357	0.4370	0.4382	0.4394	0.4406	0.4418	0.4429	0.4441
1.6	0.4452	0.4463	0.4474	0.4484	0.4495	0.4505	0.4515	0.4525	0.4535	0.4545
1.7	0.4554	0.4564	0.4573	0.4582	0.4591	0.4599	0.4608	0.4616	0.4625	0.4633
1.8	0.4641	0.4649	0.4656	0.4664	0.4671	0.4678	0.4686	0.4693	0.4699	0.4706
1.9	0.4713	0.4719	0.4726	0.4732	0.4738	0.4744	0.4750	0.4756	0.4761	0.4767
2.0	0.4772	0.4778	0.4783	0.4788	0.4793	0.4798	0.4803	0.4808	0.4812	0.4817
2.1	0.4821	0.4826	0.4830	0.4834	0.4838	0.4842	0.4846	0.4850	0.4854	0.4857
2.2	0.4861	0.4864	0.4868	0.4871	0.4875	0.4878	0.4881	0.4884	0.4887	0.4890
2.3	0.4893	0.4896	0.4898	0.4901	0.4904	0.4906	0.4909	0.4911	0.4913	0.4916
2.4	0.4918	0.4920	0.4922	0.4925	0.4927	0.4929	0.4931	0.4932	0.4934	0.4936
2.5	0.4938	0.4940	0.4941	0.4943	0.4945	0.4946	0.4948	0.4919	0.4951	0.4952
2.6	0.4953	0.4955	0.4956	0.4957	0.4959	0.4960	0.4961	0.4962	0.4963	0.4964
2.7	0.4965	0.4966	0.4967	0.4968	0.4969	0.4970	0.4971	0.4972	0.4973	0.4974
2.8	0.4974	0.4975	0.4976	0.4977	0.4977	0.4978	0.4979	0.4979	0.4980	0.4981
2.9	0.4981	0.4982	0.4982	0.4983	0.4984	0.4984	0.4985	0.4985	0.4986	0.4986
3.0	0.4987	0.4987	0.4987	0.4988	0.4988	0.4989	0.4989	0.4989	0.4990	0.4990
3.1	0.4990	0.4991	0.4991	0.4991	0.4992	0.4992	0.4992	0.4992	0.4993	0.4993
3.2	0.4993	0.4993	0.4994	0.4994	0.4994	0.4994	0.4994	0.4995	0.4995	0.4995
3.3	0.4995	0.4995	0.4995	0.4996	0.4996	0.4996	0.4996	0.4996	0.4996	0.4997
3.4	0.4997	0.4997	0.4997	0.4997	0.4997	0.4997	0.4997	0.4997	0.4997	0.4998
3.5	0.4998	0.4998	0.4998	0.4998	0.4998	0.4998	0.4998	0.4998	0.4998	0.4998
3.6	0.4998	0.4998	0.4999	0.4999	0.4999	0.4999	0.4999	0.4999	0.4999	0.4999
3.7	0.4999	0.4999	0.4999	0.4999	0.4999	0.4999	0.4999	0.4999	0.4999	0.4999
3.8	0.4999	0.4999	0.4999	0.4999	0.4999	0.4999	0.4999	0.4999	0.4999	0.4999
3.9	0.5000	0.5000	0.5000	0.5000	0.5000	0.5000	0.5000	0.5000	0.5000	0.5000

4.4 人体尺寸数据及应用

4.4.1 人体尺寸数据的选用原则

设计者不仅要了解人体测量的基本知识，还应当明确如何合理运用人体尺寸数据。只有掌握正确的人体尺寸数据的使用方法，才能够根据产品的实际形态进行正确选择，否则极有可能导致严重的设计错误。

(1) 百分位的选择

国家标准《在产品设计中应用人体尺寸百分位数的通则》(GB/T 12985—1991)，将产品按所用百分位的不同分为Ⅰ型、Ⅱ型、Ⅲ型3类(表4-4)。

表 4-4 在产品设计中应用人体尺寸百分位数的通则

产品类型		产品类型定义	产品重要程度	百分位的选择	满足度
Ⅰ型 (双限值设计)		需要两个人体百分位数作为尺寸上限值和下限值的依据	涉及人的健康、安全的产品	选用 P_{99}、P_1 作为尺寸上、下限值的依据	98%
			一般工业产品	选用 P_{95}、P_5 作为尺寸上、下限值的依据	90%
Ⅱ型 (单限值设计)	ⅡA 型 (大尺寸设计)	只需要一个人体尺寸百分位数作为尺寸上限值的依据	涉及人的健康、安全的产品	选用 P_{99} 或 P_{95} 作为尺寸上限值的依据	99%或95%
			一般工业产品	选用 P_{90} 作为尺寸上限值的依据	90%
	ⅡB 型 (小尺寸设计)	只需要一个人体尺寸百分位数作为尺寸下限值的依据	涉及人的健康、安全的产品	选用 P_1 或 P_5 作为尺寸下限值的依据	99%或95%
			一般工业产品	选用 P_{10} 作为尺寸下限值的依据	90%
Ⅲ型 (平均尺寸设计)		只需要第 50 百分位数 (P_{50}) 作为产品尺寸设计的依据	一般工业产品	选用 P_{50} 作为产品尺寸设计的依据	通用
成年男女通用产品		—	一般工业产品	选用男性的 P_{99}、P_{95} 或 P_{90} 作为尺寸上限值的依据;选用女性的 P_1、P_5 或 P_{10} 作为尺寸下限值的依据	通用

Ⅰ型产品尺寸设计,需要两个人体百分位数作为尺寸上限值和下限值的依据,故这类产品尺寸设计又称双限值设计。对于一般工业产品,选用 P_{95} 和 P_5 作为尺寸上、下限值的依据,例如办公座椅的可调高度,即属此类产品设计。当身体尺寸在界限值以外的人使用会危害其健康或增加事故危险时,其尺寸界限应扩大到 P_1 和 P_{99},如紧急出口。

Ⅱ型产品尺寸设计只需要一个百分位数作为尺寸上限或下限值的依据,故称之为单限值设计。其中又分为ⅡA型、ⅡB型产品尺寸设计。ⅡA型产品尺寸设计又称为大尺寸设计,它只需一个人体尺寸百分位数作为尺寸上限值的依据,一般选择 P_{99} 或 P_{95},如门、船舱口、通道等;ⅡB型产品尺寸设计又称为小尺寸设计,它只需一个人体尺寸百分位数作为尺寸下限值的依据,一般选择 P_1 或 P_5 为下限值的依据,如座面高度。

Ⅲ型产品尺寸设计只需要第 50 百分位数 (P_{50}) 作为产品尺寸设计的依据,故又称为平均尺寸设计,一般用于具有普遍性的场合,如门铃、插座、电灯开关的安装高度等。

百分位数应根据实际情况而进行选择,不能盲目地使用第 50 百分位,否则很有可能会导致出"平均人"的错误概念。这是一种易于产生错觉的、含糊不清的概念。虽然,第 50 百分位的数值可以说已经相当接近某一组人体尺寸的平均值,但是并不代表某一群人的尺寸都处于第 50 百分位上。经多年科学研究表明,同一个被测者的各个身体尺寸是处在不同百分位上的,并不存在所谓的"平均人",第 50 百分位只说明所选择的某一项人体尺寸在相应群体中有 50% 的人适用。所以设计中仅仅考虑"平均人"和平均尺寸是根本错误的。如果以它作为依据设计操作台的高度,结果是较小身材的那 50% 的使用者可能会因为台面过高够不到而感到不适,而较大身材的那 50% 的人可能会因为肘部离台面较远,操作起来同样容易引起手臂的疲劳。

(2)人体尺寸数据的应用条件

由于各种统计数据不能代替严谨的设计分析,因此,设计中涉及人体尺度时,设计者必须熟悉这些尺寸数据的测量定义、应用条件以及百分位选择等情况,进而才能正确地使用有关数据,表 4-5 是关于人体尺寸的应用条件和百分位选择。

表 4-5 人体尺寸的应用条件和百分位选择

人体尺寸	应用条件	百分位选择	注意事项
身高	可用于确定通道和门的最小高度。在一般建筑规范规定中，门和门框高度都适用于99%以上的人。同样，也可以用来确定人体上方的障碍物高度	由于是确定净空高度，所以应该选用高百分位数据	身高的尺寸通常是不含有鞋跟的高度，故在使用时应给予适当修正
立姿眼高	可用于确定在剧院、礼堂、会议室等处人的视线，用于布置广告和其他展品，用于确定屏风和开敞式大办公室内隔断的高度	百分位选择取决于使用场合的需要。例如，如果设计中的问题是决定隔断或屏风的高度，以保证隔断后面人的私密性要求，那么隔离高度就与较高人的眼睛高度有关（应取第95百分位或更高）。反之，假如设计问题是允许人看到隔断里面，那么隔断高度应考虑较矮人的眼睛高度，应取第5百分位或更低	立姿眼高一般不含有鞋跟的高度，故男子大约需加2.5cm，女子大约需加7.6cm。这些数据应该与脖子的弯曲和旋转情况以及视线角度资料结合使用，以确定不同状态、不同头部角度的视觉范围
肘部高度	通常用于确定柜台、梳妆台、厨房案台、工作台以及其他站着使用的工作表面的舒适高度。通常，这些表面的高度都是凭经验估计或是根据传统做法确定。然而，通过科学研究发现最舒适的高度是低于人的肘部高度7.6cm。另外，休息平面的高度大约应该低于肘部高度2.5~3.8cm	假定工作面高度确定为低于肘部高度约7.6cm，那么从男子第5百分位数据到第95百分位数据这样一个范围都将适合中间的90%的男性使用者。考虑到第5百分位的女性肘部高度较低，这个范围的下限应取自女性第5百分位尺寸，才能对男女使用者都适应	确定上述高度时必须考虑活动的性质
坐高	用于确定座椅上方障碍物的允许高度。另外，确定办公室或其他场所的低隔断要用到这个尺寸，确定餐厅和酒吧里的火车座位隔断也是适用的	由于涉及间距问题，采用第95百分位的数据是比较合适的	座椅的倾斜、座椅软垫的弹性、衣服的厚度以及人坐下和站起来时的活动都是要考虑的重要因素
坐姿眼高	当视线是设计问题的中心时，确定视线和最佳视区要用到这个尺寸，用于剧院、礼堂、教室和其他需要有良好视听条件的室内空间	假如有适当的可调节性，就能适应从第5百分位到第95百分位或者更大的范围	应该考虑头部与眼睛的转动范围、座椅软垫的弹性、座椅面距地面的高度和可调座椅的调节范围
坐姿的肩中部高度	大多数用于机动车辆中比较紧张的工作空间的设计中，在设计那些对视觉、听觉有要求的空间时，这个尺寸有助于确定出妨碍视线的障碍物	由于涉及间距问题，一般使用第95百分位的数据	要考虑座椅软垫的弹性
肩宽	肩宽数据可用于确定环绕桌子的座椅间距和影剧院、礼堂中的排椅座位间距，也可用于确定公用和专用空间的通道间距	由于涉及间距问题，一般使用第95百分位的数据	使用这些数据要注意可能涉及的变化。要考虑衣服的厚度，对薄衣服要加7.9mm，对厚衣服要加7.6cm。还要注意，由于躯干和肩的活动，两肩之间所需的空间会加大
两肘之间宽度	可用于确定会议桌、餐桌、柜台和牌桌周围座椅的位置	由于涉及间距问题，一般使用第95百分位的数据	应该与肩宽尺寸结合使用
臀部宽度	这些数据对于确定座椅内侧尺寸和设计酒吧、柜台和办公座椅极为有用	由于涉及间距问题，一般使用第95百分位的数据	根据具体条件、与两肘之间宽度和肩宽结合使用

(续)

人体尺寸	应用条件	百分位选择	注意事项
肘部高度	与其他一些数据和考虑因素联系在一起,用于确定椅子扶手、工作台、书桌、餐桌和其他特殊设备的高度	肘部平放高度既不涉及间距问题也不涉及伸手够物的问题,其目的只是能使手臂得到舒适的休息即可。选择第 50 百分位左右的数据是合理的。在许多情况下,这个高度在 14~27.9cm,这样一个范围可以适合大部分使用者	座椅软垫的弹性、座椅表面的倾斜以及身体姿势都应予以注意
大腿厚度	用来设计柜台、书桌、会议桌、家具及其他一些室内设备的关键尺寸,而这些设备都需要把腿放在工作面下面。特别是有直拉式抽屉的工作面,要使大腿与大腿上方的障碍物之间有适当的间隙	由于涉及间距问题,应使用第 95 百分位的数据	在确定上述设备的尺寸时,其他一些因素也应该同时予以考虑,例如腿弯高度和座椅软垫的弹性
膝盖高度	确定从地面到书桌、餐桌和柜台底面距离的关键尺寸,尤其适用于使用者需要把大腿部分放在家具下面的场合。坐着的人与家具底面之间的靠近程度,决定了膝盖高度和大腿厚度是否是关键尺寸	要保证适当的间距,应选用第 95 百分位的数据	要同时考虑座椅高度和座垫的弹性
腿弯高度	确定座椅面高度的关键尺寸,尤其对于确定座椅前缘的最大高度更为重要	确定座面高度,应选第 5 百分位的数据,因为如果座面太高,大腿受到压力会使人感到不舒服	选用这些数据时必须注意座垫的弹性
臀部至腿弯长度	这个长度尺寸用于座椅的设计中,尤其适用于确定腿的位置、确定长凳和靠背椅等前面的垂直面以及确定椅面的长度	应该选用第 5 百分位的数据,这样能适应最多的使用者	要考虑椅面的倾斜度
臀部至膝盖长度	用于确定椅背到膝盖前方的障碍物之间的适当距离,例如,用于影剧院、礼堂的固定排椅设计中	由于涉及间距问题,应使用第 95 百分位的数据	这个长度比臀部至足尖长度要短,如果座椅前面的家具或其他室内设施没有放脚的空间,就应该使用臀部至足尖长度
臀部至足尖长度	用于确定椅背到膝盖前方的障碍物之间的适当距离,例如,用于影剧院、礼堂的固定排椅设计中	由于涉及间距问题,应使用第 95 百分位的数据	如果座椅前方的家具或其他室内设施有放脚的空间,而且间隔要求比较重要,就可以使用臀部至膝盖长度来确定合适的间距
坐姿垂直伸手高度	用于确定头顶上方的控制装置和开关等的位置	选用第 5 百分位的数据是合理的,这样可以同时适应小个子人和大个子人	要考虑座面的倾斜度和座垫的弹性
立姿垂直伸手高度	可用于确定开关、控制器、拉杆、把手、书架以及衣帽架等的最大高度	可选用第 5 百分位的数据是合理的,这样可以同时适应小个子人和大个子人	尺寸是不穿鞋测量的,使用时要给予适当地补偿
立姿侧向手握距离	有助于设备设计人员确定控制开关等装置的位置	选用第 5 百分位的数据可以适用于大多数人	如果涉及活动需要使用专门的手动装置、手套或其他某种特殊设备,这些都会延长使用者的一般手握距离,对于这个延长量应予以考虑
手臂平伸手握距离	有时人们需要越过某种障碍物去够一个物体或者操纵设备,这些数据可用来确定障碍物的最大尺寸	选用第 5 百分位的数据可以适用于大多数人	要考虑操作或工作的特点

(续)

人体尺寸	应用条件	百分位选择	注意事项
人体最大厚度	可用于在较紧张的空间里考虑间隙或在人们排队的场合下设计所需要的空间	选用第95百分位的数据可以适用于大多数人	衣服的厚薄、使用者的性别以及一些不易察觉的因素都应考虑
人体最大宽度	可用于设计通道宽度、走廊宽度、门和出入口宽度以及公共集会场所等	选用第95百分位的数据可以适用于大多数人	衣服的厚薄、人走路或做其他事情时的影响以及一些不易察觉的因素都应考虑

在设计中，需要根据实际情况对人体测量尺寸进行修正，主要有功能修正及心理修正。

功能修正量只指为满足功能而做的尺寸修正，主要包括衣着修正量、穿鞋修正量、姿势修正量等。

①衣着修正量。坐姿坐高、眼高、肩高、肘高等人体尺寸，增加6mm左右；肩宽、臀宽等人体尺寸，增加13mm左右；胸厚增加18mm左右。目前我国还没有考虑衣着修正量的人体尺寸的国家标准，在设计时需要酌情考虑。

②穿鞋修正量。立姿身高、眼高、肩高、肘高、手功能高、会阴高等人体尺寸，男子增加25mm左右，女子增加35mm左右。

③姿势修正量。人们在自然放松的状态所引起的人体尺寸变化可做如下调整：立姿身高、眼高、肩高、肘高等，减少10mm；坐姿坐高、眼高、肩高、肘高等，减少44mm，因为这时放松的程度更大。

心理修正量是指为消除空间压抑感、恐惧感或为了追求美观等心理需要而做的尺寸修正量。例如各种公共交通车辆的顶棚高度设计，为了避免乘客产生压抑、憋闷感，必须在满足基本功能的基础上再加上一定的设计余量。

此外，GB/T 12985—1991中还规定产品功能尺寸的设定：

产品最小功能尺寸 = 人体尺寸百分位数 + 功能修正量

产品最佳功能尺寸 = 人体尺寸百分位数 + 功能修正量 + 心理修正量

其中，产品最小功能尺寸是指为了保证产品的某项功能而设定的产品最小尺寸；产品最佳功能尺寸是指为了方便、舒适地实现产品的某项功能而设定的产品尺寸。

4.4.2 常用的人体尺寸数据

（1）我国成年人的人体结构尺寸

在国家标准GB 10000—1988《中国成年人人体尺寸》中，共列出了47项我国成年人人体尺寸数据，按男女性别分开，且分为3个年龄段列出：18~25岁（男、女），26~35岁（男、女），36~60岁（男）、36~55岁（女）。适用于工业产品、建筑设计、军事工业以及工业的技术改造、设备更新及劳动安全保护。

GB 10000—1988

人体主要尺寸（表4-6）：包括身高、上臂长、前臂长、大腿长、小腿长共5项人体主要尺寸数据，如图4-4所示。

立姿人体尺寸（表4-7）：包括眼高、肩高、肘高、手功能高、会阴高、胫骨点高共6项，如图4-5所示。

坐姿人体尺寸（表4-8）：包括坐高、坐姿颈椎点高、坐姿眼高、坐姿肩高、坐姿肘高、坐姿大腿厚、坐姿膝高、小腿加足高、座深、臀膝距、坐姿下肢长共11项，如图4-6所示。

表4-6 人体主要尺寸   mm

百分位数	男（18~60岁）							女（18~55岁）						
	1	5	10	50	90	95	99	1	5	10	50	90	95	99
身高	1543	1583	1604	1678	1754	1775	1814	1449	1484	1503	1570	1640	1659	1697
上臂长	279	289	294	313	333	338	349	252	262	267	284	303	308	319
前臂长	206	216	220	237	253	258	268	185	193	198	213	229	234	242
大腿长	413	428	436	465	496	505	523	387	402	410	438	467	476	494
小腿长	324	338	344	369	396	403	419	300	313	319	344	370	376	390

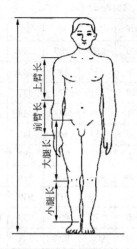
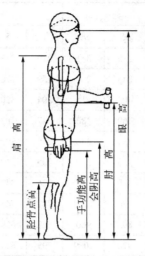
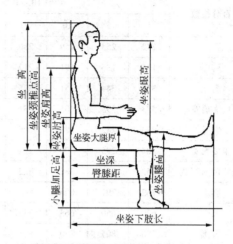

图 4-4　人体主要尺寸　　　　图 4-5　立姿人体尺寸　　　　图 4-6　坐姿人体尺寸

表 4-7　立姿人体尺寸　　　　　　　　　　　　　　　　　　　　　　　　　　mm

百分位数	男(18~60岁)							女(18~55岁)						
	1	5	10	50	90	95	99	1	5	10	50	90	95	99
眼高	1436	1474	1495	1568	1643	1664	1705	1337	1371	1338	1454	1522	1541	1579
肩高	1244	1281	1299	1367	1435	1455	1494	1166	1195	1211	1271	1333	1350	1385
肘高	925	954	968	1024	1079	1096	1128	873	899	913	960	1009	1023	1050
手功能高	656	680	693	741	787	801	828	630	650	662	704	746	757	778
会阴高	701	728	741	790	840	856	887	648	673	686	732	779	792	819
胫骨点高	394	409	417	444	472	481	498	363	377	384	410	437	444	459

表 4-8　坐姿人体尺寸　　　　　　　　　　　　　　　　　　　　　　　　　　mm

百分位数	男(18~60岁)							女(18~55岁)						
	1	5	10	50	90	95	99	1	5	10	50	90	95	99
坐高	836	858	870	908	947	958	979	789	890	819	855	891	901	920
坐姿颈椎点高	599	615	624	657	691	701	719	563	579	587	617	648	657	675
坐姿眼高	729	749	761	798	836	847	868	678	695	704	739	773	783	803
坐姿肩高	539	557	566	598	631	641	659	504	518	526	556	585	594	609
坐姿肘高	214	228	235	263	291	298	312	201	215	223	251	277	284	299
坐姿大腿厚	103	112	116	130	146	151	160	107	113	117	130	146	151	160
坐姿膝高	441	456	464	493	525	532	549	410	424	431	458	485	493	507
小腿加足高	372	383	389	413	439	448	463	331	342	350	382	399	405	417
座深	407	421	429	457	486	494	510	388	401	408	433	461	469	485
臀膝距	499	515	524	554	585	595	613	481	495	502	529	561	560	587
坐姿下肢长	892	921	937	992	1046	1063	1096	826	851	865	912	960	975	1005

表 4-9 人体水平尺寸　　　　mm

百分位数	男(18~60岁)							女(18~55岁)						
	1	5	10	50	90	95	99	1	5	10	50	90	95	99
胸宽	242	253	259	280	307	315	331	219	233	239	260	289	299	319
胸厚	176	186	191	212	237	245	261	159	170	176	199	230	239	260
肩宽	330	344	351	375	397	403	415	304	320	328	351	371	377	387
最大肩宽	383	398	405	431	460	469	486	347	363	371	397	428	438	458
臀宽	273	282	288	306	327	334	346	275	290	296	317	340	346	360
坐姿臀宽	284	295	300	321	347	355	369	295	310	318	344	374	382	400
坐姿两肘间宽	353	371	381	422	473	489	518	326	348	360	404	460	478	509
胸围	762	791	806	867	944	970	1018	717	745	760	825	919	949	1055
腰围	620	650	665	735	859	895	960	622	659	680	772	904	950	1025
臀围	780	805	820	875	948	970	1009	795	824	840	900	975	1000	1044

人体水平尺寸(表4-9)：包括胸宽、胸厚、肩宽、最大肩宽、臀宽、坐姿臀宽、坐姿两肘间宽、胸围、腰围、臀围共10项，如图4-7所示。

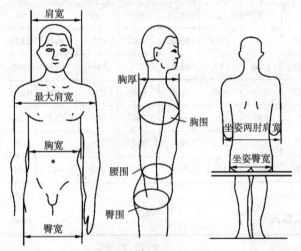

图 4-7 人体水平尺寸

在使用 GB 10000—1988 人体尺寸数据时，应当注意该数据均为裸体测量，在设计时应根据着衣量适当补偿，同时由于站姿和坐姿的严格限定，所以不适用于其他形式的站姿或坐姿。另外，由于我国地域辽阔，不同地区的人体尺寸差异较大，因此，国家标准中还将全国划分为6个区域：①东北、华北区，包括黑龙江、吉林、辽宁、内蒙古、山东、北京、天津、河北；②西北区，包括甘肃、青海、陕西、山西、西藏、宁夏、河南、新疆；③东南区，包括安徽、江苏、上海、浙江；④华中区，包括湖南、湖北、江西；⑤华南区，包括广东、广西、福建；⑥西南区，包括贵州、四川、云南(参见表4-1，列有六大区域部分人体尺寸数据)。

(2)我国未成年人的人体结构尺寸

在国家标准 GB/T 26158—2010《中国未成年人人体尺寸》中，共列出了72项我国未成年人人体尺寸所涉及的11个百分位数，按男女性别分开，且分为5个年龄段列出：4~6岁、7~10岁、11~12岁、13~15岁、16~17岁。适用于未成年人用品的设计与生产，以及与未成年人相关设施的设计与安全防护。表4-10至表4-14分别列出了该国标的部分内容。立姿人体尺寸共39项，坐姿人体尺寸共13项，详见国家标准。

GB/T 26158—2010《中国未成年人人体尺寸》

表 4-10　4~6岁未成年人人体主要尺寸

百分位数	男							女						
	1	5	10	50	90	95	99	1	5	10	50	90	95	99
身高	971	1000	1025	1113	1210	1237	1280	957	994	1014	1109	1194	1225	1227
上臂长	163	171	177	199	220	226	238	161	170	175	195	217	224	235
前臂长	112	123	126	145	166	173	184	112	123	126	144	166	170	181
大腿长	246	263	272	308	346	357	381	249	266	272	308	346	353	374
小腿长	175	188	193	224	254	264	278	173	190	197	224	255	264	282

表 4-11　7～10 岁未成年人人体主要尺寸

百分位数	男							女						
	1	5	10	50	90	95	99	1	5	10	50	90	95	99
身高	1130	1187	1214	1320	1431	1462	1525	1125	1170	1198	1306	1429	1466	1543
上臂长	199	209	216	240	267	274	289	193	203	210	235	264	271	289
前臂长	137	152	159	180	202	206	221	141	152	159	177	199	206	220
大腿长	305	325	336	379	423	434	456	307	324	336	378	425	437	465
小腿长	222	238	247	282	322	332	358	220	238	247	282	321	332	354

表 4-12　11～12 岁未成年人人体主要尺寸

百分位数	男							女						
	1	5	10	50	90	95	99	1	5	10	50	90	95	99
身高	1309	1350	1374	1466	1582	1620	1677	1308	1361	1390	1487	1584	1610	1658
上臂长	231	243	249	271	296	307	320	231	243	249	274	296	303	320
前臂长	170	177	184	202	224	231	242	170	178	184	202	225	231	246
大腿长	359	383	393	430	470	484	514	369	390	399	438	477	488	509
小腿长	263	284	292	325	366	379	398	274	289	300	331	361	368	391

表 4-13　13～15 岁未成年人人体主要尺寸

百分位数	男							女						
	1	5	10	50	90	95	99	1	5	10	50	90	95	99
身高	1412	1469	1506	1638	1740	1765	1816	1426	1474	1497	1573	1647	1669	1710
上臂长	253	267	275	303	330	336	349	253	264	271	291	313	319	330
前臂长	184	195	202	224	249	256	267	177	191	195	213	231	238	249
大腿长	393	420	433	479	523	534	558	394	413	425	462	502	515	542
小腿长	300	318	329	365	410	412	430	292	307	317	347	379	385	403

表 4-14　16～17 岁未成年人人体主要尺寸

百分位数	男							女						
	1	5	10	50	90	95	99	1	5	10	50	90	95	99
身高	1553	1602	1626	1706	1785	1809	1858	1465	1501	1520	1590	1662	1686	1721
上臂长	275	289	296	318	340	347	361	256	268	274	295	314	322	334
前臂长	199	209	217	235	253	260	274	184	194	199	217	235	242	253
大腿长	424	451	462	498	534	545	567	404	421	430	465	506	519	545
小腿长	314	330	339	373	412	420	440	289	305	314	347	379	386	403

(3) 我国成年人的人体功能尺寸

在实际设计中, 具有功能作用的人体尺寸也是非常重要的, 如工作位置上的活动空间设计就与人体功能尺寸密切相关。国家标准 GB/T 13547—1992 《工作空间人体尺寸》, 提供了包括立、坐、跪、爬等作业姿势的功能尺寸数据，适用于各种与人体尺寸相关的操作、维修、安全防护等工作空间的设计及其工效学评价。需要说明的是活动空间应尽可能满足大多数人的需求，根据实际情况选择适当的百分位。

在国家标准 GB/T 13547—1992《工作空间人体尺寸》中，立姿人体尺寸（图 4-8）的项目主要有：中指指尖点上举高、双臂功能上举高、两臂展开宽、两臂功能展开宽、两肘展开宽、立姿腹厚；坐姿人体尺寸（图 4-9）的项目主要有：前臂加手前伸长、前臂加手功能前伸长、上肢前伸长、上肢功能前伸长、坐姿中指指尖点上举高；跪姿、俯卧姿、爬姿人体尺寸（图 4-10）的项目主要有：跪姿体长、跪姿体高、俯卧姿体长、俯卧姿体高、爬姿体长、爬姿体高。标准尺寸数据均为裸体测量的结果，使用时，应根据工作场所的具体特点增加修正余量。另外，立姿时要求自然挺胸直立，坐姿时要求端坐。如果用于其他立、坐姿势的设计（如放松的坐姿）需增加适当修正值。

上文介绍的国家标准 GB/T 13547—1992《工作空间人体尺寸》仅是与工作空间有关的中国成年人基本静态姿势人体尺寸数值。尽管国家标准中还缺乏关于动态姿势下的人体尺寸数据，但已经有许多关于活动空间下人体尺度的研究，在设计中可参考使用。图 4-11 至图 4-14 分别表示了人的立姿活动空间、坐姿活动空间、单腿跪姿活动空间和仰卧活动空间。

GB/T 13547—1992《工作空间人体尺寸》

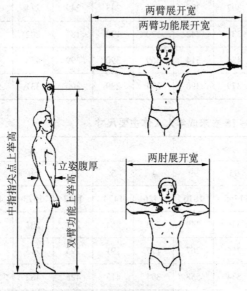

图 4-8 立姿人体功能尺寸

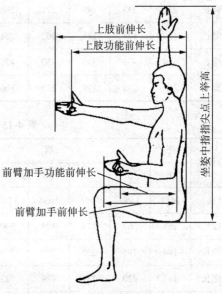

图 4-9 坐姿人体功能尺寸

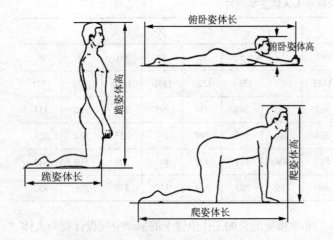

图 4-10 跪姿、俯卧姿、爬姿人体功能尺寸

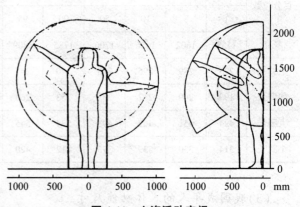

图 4-11 立姿活动空间

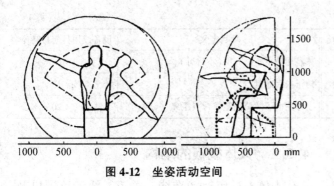
图 4-12 坐姿活动空间

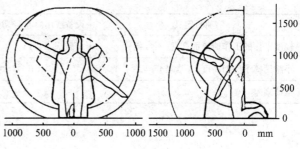
图 4-13 单腿跪姿活动空间

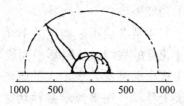
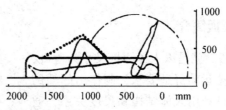
图 4-14 仰卧活动空间

4.4.3 人体尺寸数据的应用

人体尺寸数据为设计提供了主要依据，但仍需要以系统的方法加以应用，它关系到所设计的产品的适用性、操作简便性、安全性以及舒适性。

①确定预期使用群体。不同的产品、作业岗位以及活动空间会有不同的使用者群体，用途的不同也会产生不同的使用群体，在设计过程中应加以考虑、分析和预测。

②在设计中确定与产品、空间相关的人体尺寸，尤其是对功能尺寸的考虑和选用。

③在兼顾安全和经济的基础上，合理选择人体尺寸百分位，尽可能满足大多数人的使用，增加其舒适性。

④确定人体尺寸百分位相应的数值。有些时候，对于产品来说，由于系列化的原因，所确定的尺寸并非完全对应选定百分位；对于空间设计，往往也不一定能够满足尺寸要求。另外，应尽量使用较新的人体尺寸数据。

⑤根据实际情况来对所选用的百分位数值进行适当修正补偿。

⑥为保证设计的正确，可采用实物模型或计算机建立虚拟模型的方法加以验证。

在有些时候，为了快速获得尺寸数据，设计时所使用的人体尺寸可以通过人的身高换算来近似得出，如各种工作面的高度和设备高度以及用具的高度。这种方法通常是将设计对象归纳为各种典型的类型，并建立设计对象的高度与人体身高的比例关系（表 4-15）。

表 4-15 与人的身高有关系的尺寸

项目定义	设备或用具与身高比	项目定义	设备或用具与身高比
举手达到的高度（立姿）	4∶3	人体重心高度（立姿）	5∶9
可随意取放物品的隔板高度（上限值、立姿）	7∶6	坐高（坐姿）	6∶11
倾斜地面的顶棚高度（最小值，地面倾斜度5°~15°）	8∶7	采取直立姿势时工作面的高度	10∶19
遮挡住立姿视线的隔板高度	3∶4	灶台（洗脸盆）高度	4∶9
直立姿势眼高	11∶12	办公桌高度（不包括鞋）	7∶17
抽屉高度（上限值，立姿）	10∶11	手提物的长度（最大值）	3∶8
使用方便的隔板高度（上限值，立姿）	6∶7	使用方便的隔板高度（下限值，立姿）	3∶8
斜坡大的楼梯的天棚高度（最小值，倾斜度为50°左右）	3∶4	桌下空间（高度的最小值）	1∶3
能发挥最大拉力的高度（立姿）	3∶5	工作椅座面的高度	3∶13

(续)

项目定义	设备或用具与身高比	项目定义	设备或用具与身高比
轻度工作的工作椅座面高度(不含鞋)	3∶14	休息用椅子座面高度(不含鞋)	1∶6
小憩用椅子座面高度(不含鞋)	1∶6	椅子扶手高度	2∶13
桌椅高差	3∶17	工作用椅子的椅面至靠背点距离	3∶20

4.5 设计用人体模板和模型

4.5.1 人体模板简介

所谓人体模板,就是以人体测量尺寸为基础,考虑到人体各部位运动舒适要求,制作出的辅助设计用模型。它是利用人体结构和尺度关系,通过"机"与人体模板相关位置的分析,可以直观地求出人机相对位置的有关设计参数,为合理设计提供可靠条件。目前,发达国家在人—机系统设计中采用较多的是二维人体模板,这种人体模板是根据人体测量数据进行处理和选择而得到的标准人体尺寸,利用塑料板或密实纤维板等材料,按照1∶1、1∶2、1∶5等设计常用比例,制成人体各个关节均可活动的人体侧面模板。GB/T 14779—1993《坐姿人体模板功能设计要求》规定了三种身高等级的成年人坐姿模板(图4-15)的功能设计基本条件,即功能尺寸、关节功能活动角度和使用条件。

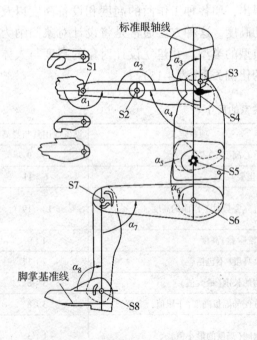

图4-15 成年人坐姿模板

4.5.2 人体模板的结构

人体模板包括基准线、关节、活动范围以及手的功能姿势。

其中基准线用来确定关节角,头部的眼线相当于正常的视线,与眼耳平面成向下倾斜的15°。鞋上标出的基准线表示人的脚底。关节可在同一平面上移动,用来演示多种功能,但不能侧向外展和转动。活动范围是指那些带有角刻度的关节调节范围,是人在韧带和肌肉不超过负荷的情况下所能达到的位置。

手的功能姿势包括四种模板:A型,三指捏在一起的手,如转动开关;B型,握住圆棒的手,手的横轴位于垂直面,是主要的抓握形式;C型,握住圆棒的手,手的横轴位于水平面;D型,伸开的手,表示手可及范围。

4.5.3 人体模板的尺寸

(1)尺寸等级

GB/T 15759—1995《人体模板设计和使用要求》提供了设计用人体模板的尺寸数据和图样,它按人体尺寸分为四个等级:一级采用女子第5百分位数据;二级采用女子第50百分位和男子第5百分位数据重叠值;三级采用女子第95百分位和男子第50百分位数据重叠值;四级采用男子第95百分位数据。

(2)人体模板尺寸修正

由于人体模板是设计者直接进行人—机选择适配设计的工具,或用于校验产品是否人—机适配,故在进行人体模板设计时,应考虑人的生理及心理要求,对人体测量尺寸进行修正,作为人体模板的设计尺寸。功能修正量包括衣着修正量、穿鞋修正量、姿势修正量等。心理修正量只在人体模板上进行注释及标注,如人体重心位置标准等,并在人体模板使用说明中予以说明。

4.5.4 设计用人体模型

目前已经开发的三维数字化人体模型主要有两类:一类是人体工程学评价专用的人体模型,如 JACK、CREW CHIEF 和 COBIMAN 等;另一类是三维建模软件自带的人体模型,如 UG NX 中的人体模型。数字化三维人体模型可以生成任意人体百分位数的人体模型,在计算机辅助设计阶段协助产品主要功能尺寸的优化。

JACK 人体模型包含 88 个关节、17 个段,含有关节柔韧性、疲劳程度、视力限制等医学参数。用户可以根据需要选择 JACK 人体模型的性别及百分位数,可以直接操纵头、眼睛、肩膀、躯干、脚、臀部和脚部等关节,设定人体模型的姿态。通过程序来驱动人体模型行走、跑步或爬行,眼睛也可以像真人一样转动,变换视场范围。JACK 软件的人体工程学评价功能强大,但是场景的三维建模能力有限。应用 JACK 软件进行人体工程学评价时,一般是先在三维建模软件中建好场景模型,然后导入 JACK 软件中,最后将 JACK 人体模型移动到指定位置进人体工程学评价。

为提高评价效率,UG NX、CATIA 等三维建模软件增加了自带的人体模型,允许用户在不离开设计环境的情况下就能对人体模型和场景进行装配、组合,对人的可触及范围等进行评估。

4.5.5 人体模板的应用

在应用人体模板进行辅助制图、辅助设计、辅助演示或模拟测试的过程中,选择人体模板的百分位数很重要。通常,必须根据设计对象的结构特征和设计参数来选用适当百分位的人体模板,见表 4-16。

(1) 用于工作系统的设计

生产区域中的工作面高度、坐平面高度和脚踏板高度,这些尺寸主要是由人体尺寸和操作姿势决定的。借助于人体模板,可以很方便地得出在理想操作姿势下各种百分位的人体尺寸所必须占有的范围和调节范围,由此很快确定或绘制出相应的工作台、座椅和脚踏板等设计方案,如图 4-16 所示。

图 4-16 用于工作系统的设计

(2) 用于驾驶室的设计

在进行驾驶室设计时,驾驶室、驾驶座等相关尺寸也是由人体尺寸及其操作姿势或舒适的坐姿确定的。但由于相关尺寸非常复杂,人与"机"的相对位置要求十分严格,为了使这种人—机系统的设计能更好地符合人的生理要求,在设计中,可以采用人体模板来校核有关驾驶室空间尺寸、转向盘等操纵机构的位置、显示仪表的布置等是否符合人体尺寸与规定姿势的要求,如图 4-17 所示。

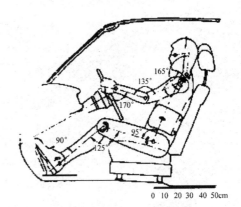

图 4-17 用于小汽车驾驶室的设计

(3) 用于家具的设计

对于椅类、VDT 办公家具的设计,也可以运用人体模板来确定出合适的家具尺寸。由于此类家具与人体尺寸密切相关,所以运用人体模板有利于研究身体各部位尺寸以及与椅面倾角、靠背

表 4-16 设计参数与人体模板百分位的关系

结构特征	设计参数举例	选用人体模板百分位
外部尺寸	手臂活动触及范围	选用"小"身材,如第 5 百分位
内部尺寸	腿、脚活动占有空间,人体、头、手、脚等部位通过空间	应选用"大"身材,如第 95 百分位

图 4-18　用于 VDT 工作空间的设计

倾角之间的关系，从而达到较好的舒适性，如图 4-18 所示。

(4) 用于室内空间的设计

人体模板运用于空间设计时，设计者可以直观地了解空间的大小以及与陈设、用具相互之间的关系。利用计算机来模拟空间时，合理使用人体模板，可以更为快速地组合出多种空间布局，同时能优化设计方案，最终达到理想的设计效果。

• **复习思考题**

1. 人体测量的主要内容有哪些？
2. 常用的人体测量方法有哪些？
3. 影响人体测量数据的因素主要有哪些？
4. 什么是百分位？列举在设计中应如何选择百分位。
5. 试述百分位与平均值和标准差的换算关系。
6. 某地区人体测量的身高平均值为 1660mm，已知标准差为 57.1mm，求该地区第 10、第 50、第 90 及第 95 的百分位数。
7. 简述人体尺寸应用的原则。
8. 什么是人体模板？它有什么用途？

第2部分

人体工程学与家具设计

- 第5章　椅类家具设计
- 第6章　床具设计
- 第7章　桌台类家具设计
- 第8章　柜类家具设计

第 5 章

椅类家具设计

≫ 本章提要

本章从人体工程学角度介绍了椅类家具设计，首先介绍了椅类家具的品种和功能、构造与形态，然后分别从椅类家具设计与人的关系、使用环境对椅类家具的要求，以及椅类家具的人体工程学设计要素3方面详细阐述了椅类家具设计中的人体工程学知识。重点分析了座椅设计与人体坐姿、与人体支撑及与人体疲劳之间的关系，同时分析说明了椅子功能尺寸、椅子形态、椅子材料与人体舒适性之间的关系。

5.1 椅类家具概述
5.2 椅类家具设计与人的关系
5.3 椅类家具设计与人体疲劳
5.4 使用环境对椅类家具的要求
5.5 椅类家具设计要素
5.6 椅类家具设计案例

根据家具与人之间的关系以及密切程度，家具可分为人体类家具、准人体类家具和建筑类家具3类。人体类家具是指与人体关系密切，对人体起支撑作用的家具，如椅、凳、沙发和床榻等，这类家具可供人坐、躺和卧，直接影响人体健康与舒适性。准人体类家具是指家具的功能，部分与人体有关，部分与物体有关的家具。这类家具可供人们凭依、伏案工作，同时也可以部分地陈放和储存物品，如桌台类家具。建筑类家具是指与人体接触时间较短而与物的关系比较密切的家具，如衣柜、餐柜、电视柜、酒柜等收纳类家具及以装饰性为主的装饰类家具。由于这三类家具与人和物之间关系的密切程度不同，对它们的功能和设计要求也不同。本书将从人体工程学角度对这三类家具的设计分别予以介绍。

3类家具

椅类家具属于人体类家具，是与人体接触最为紧密的家具种类之一。座椅最基本的功能是提供人体坐的支撑。然而在满足这项基本功能的前提下，设计优良的座椅更应该从功能尺寸、造型、材质等各方面满足人体的行为、生理和心理对坐的稳定性、舒适性和安全性的需求，从而提高人们工作或休息的效率(图5-1)。

椅类家具设计中的人体工程学将着眼于分析人、家具、环境三者间的相互关系，阐述椅类家具的品种和功能、构造和形态、尺度等设计要素，为设计师和使用者提供科学的参考依据。

5.1 椅类家具概述

椅类家具的使用非常广泛，有休息用的，有生产用的，也有供人们日常生活从事各种活动用的。对于从事不同活动用的座椅，根据人体使用时姿态不同，使用目的和基本功能不同，可以分为四大类：工作椅、餐椅、休息椅和多功能椅。

椅子品类

5.1.1 椅类家具的品种和功能

5.1.1.1 工作椅

此类座椅以舒适性、稳定性为主要设计因素，座面要求受力均匀、腰部要有支撑，主要用于工作、学习或会议等。根据作业强度又可分为一般工作用椅和轻度工作用椅。如学习椅、办公椅、作业用椅、平衡椅等。

（1）学习椅

学习椅是指提供给人们特别是孩子学习时使用的一类家具。正在发育期的孩子身体尺寸变化很快，并且个体之间差异很大，身体结构也与成年人有很大不同，所以学习椅的设计中个体差异性尤其需要得到重视。除了学生用的椅子，成年人在阅览室、家庭书房等区域使用的椅子也属于此类家具。

GB/T 3976—2014 学校课桌椅功能尺寸及技术要求

图5-1　不同造型和材质的椅类家具

(2) 办公椅

办公椅是指在办公室内与办公桌配套使用的座椅。这类座椅强调办公使用的舒适性和便捷性，因此办公椅多带有靠背，并常采用脚部带滑轮的滑动式移动方式。办公椅根据办公的人群和办公的形式不同，设计的要点也有所侧重，例如，秘书用的办公椅多数小巧灵活，不必设置扶手，但一定要设置合理的腰部支撑；经理人使用的办公椅尺度相对较大，且需要设计扶手，并设置可调节式的腰背靠和头靠。

QB/T 2280—2016 办公家具、办公椅

办公椅视频

办公椅不但具有提高办公人员工作效率的功能，而且作为办公环境的一部分，具有限定环境、完善环境的作用。当然，这里所指的环境既包括以办公空间为主体的空间环境，也包括以企业形象、办公理念等归属于精神范畴的办公环境。

一把满足办公人员需要的工作椅，所能起到的作用不仅仅体现在有效地避免腰背疼痛、腰椎间盘突出等办公室职业病的发生，更让办公者在办公中摆脱了不必要的身心疲劳，全身心地投入到工作中去，体会到工作的乐趣和快感。

(3) 作业用椅

作业用椅是指在工厂较高工作强度时使用的椅凳类家具。根据使用者的使用姿势，作业用椅分为坐姿作业椅和立姿作业椅。坐姿作业椅主要是从事装配、加工、焊接等长时间工作的人员使用，这类工作性质要求人体长时间保持一种稳定的状态，工作时身体的活动幅度较小。立姿作业椅的出现是为了减轻长期处于立姿工作状态的人的疲劳度，为立姿工作人员短时间休息提供一个有效的支撑。

(4) 平衡椅

平衡椅是挪威设计师汉司·孟索尔依据人体工程学的平衡原理设计出的一种有独创性的工作用椅。座面向前倾斜30°左右，并在膝前设膝靠，使人坐在平衡椅上，人体自然向前倾斜，以保证人体脊柱形态接近于人体站立时脊椎的自然状态，从而有效预防脊柱弯曲。平衡椅把人的重量分布在坐骨支撑点和膝支撑点

平衡椅视频

上，利于血液循环与神经组织不过分受压，有助于人体血液循环和呼吸的改善，使背部、腹部、臀部肌肉全部放松，这样人们可以集中精力工作，且有利于改变姿势，从而提高工作效率。

平衡椅是第一把采用膝支撑的工作椅。两膝跪在托垫上，大大减轻了臀部的压力，足踝也得以自由。它的最大好处是使脊柱挺直，骨节间平均受压，避免变形增生，使人体的躯干自动挺直，从而形成一个使肌肉放松的最佳平衡状态。然而，平衡椅的缺点是没有靠背，背部不能后靠休息，且下肢活动不便。因此，后来有人为平衡椅增添了靠背和脚步滑轮，对其功能进行了改进。

5.1.1.2 餐椅

餐椅是指人们在用餐时使用的座椅。绝大多数人认为餐椅的使用时间较短，即使不是很舒适，也不会对自己造成多大伤害。其实不然，因为设计不合理的餐椅会压迫人的消化系统，间接导致人的食欲不高，长期使用也会产生很多生理和心理问题。根据使用场景可分为餐厅椅、食堂桌椅、酒吧椅等。

GB/T 24821—2009《餐桌餐椅》

(1) 餐厅椅

餐厅椅包括中餐椅、西餐椅、快餐椅等。中餐椅造型多偏向于传统明清家具，具有浓厚的中国特色，能够与中式餐厅的风格相协调融合。西餐椅风格多为现代简约风格或欧式风格。快餐椅，指的是在快餐厅就餐用的椅子。快餐厅80%使用的快餐椅是钢木椅，最有代表性的就是肯德基餐椅。肯德基快餐椅采用曲木和钢架相结合，结实耐用，适应了快餐店对速度和环境的要求。

(2) 食堂桌椅

食堂桌椅一般分为双人食堂桌椅、四人食堂桌椅、六人食堂桌椅、甚至八人食堂桌椅、十二人食堂桌椅。其中四人食堂桌椅与六人食堂桌椅在校园食堂、工厂食堂、医院食堂、美食街等公共场所常见。食堂桌椅采用餐桌与餐椅组合类型，具有节省成本和省去餐桌摆放流程的特点，食堂桌椅表面光滑，容易擦洗，经久耐用，适用于室外或室内。

(3) 吧台椅

吧台椅一般指用于吧台前的椅子，可调整高

度,能够适用于各种不同高度的吧台,外形轻巧方便。吧台椅造型丰富,充满时尚与个性,其尺寸规格也各不相同,没有统一标准,一般根据具体的吧台面积和风格喜好来进行选择。

5.1.1.3 休息椅

(1)休闲椅

休闲椅是一种轻度休息椅,它既能满足一般的阅读、聊天功能,又不会使人处于紧张状态。休闲椅的应用范围很广,一般公共建筑内部空间中的椅子都属于此类,例如机场航站楼、医院候诊室、地铁等待区域以及飞机客舱等。办公家具中的会客椅等也属于轻度休闲椅。

(2)沙发

沙发是一种高度休息椅,按承坐的人数划分为单座、三座和多座沙发,多用于客厅、接待室及公共场所的大厅空间等。结构形式通常采用木质或金属框架,加一定软度的绵垫层或安置弹簧,外面包裹棉麻、纤维布料或皮革等材料。沙发最基本的功能是使人得到休息和放松,除此之外,通过沙发的尺度、造型、色彩、表面材料的肌理等起到完善空间环境的作用。

(3)摇椅

摇椅是一种高度休息椅。摇椅腿部圆弧的曲率、摇摆的频率、摇摆的幅度和定位的能力等都影响到摇椅的舒适度。摇椅的制造材料多种多样,有木材、金属、塑料、藤、海绵、麻绳等。摇椅的造型多,给人以稳定的动感。

(4)躺椅

躺椅的放松作用更加明显,此类家具的靠背倾角很大,人躺在上面时视线向上,所以不适合在看书、看电视时使用。它的使用范围较窄,通常出现在家中及专门的休闲场所,例如海滨浴场等。

(5)吊椅

吊椅是造型结构较特别的一类休息用椅,一般由支架、底座和吊篮三部分组成,常用于客厅、阳台等空间,营造一个彻底放松的惬意空间。吊椅风格多样,木质吊椅质朴端庄,金属吊椅古典浪漫,塑料吊椅时尚大方,造型最丰富的手工编制藤艺吊椅清新别致,给人以返璞归真之感。

5.1.1.4 多功能椅

(1)多功能沙发

多功能沙发指具有两种及以上功能用途的沙发。沙发面料主要以皮革和布料两大材质为主。多功能沙发大多用钢架结构,使用调角器来调节沙发靠背和扶手的角度。另外,还有一种多功能沙发床,需要作为床使用时,把沙发往前拉,就可以变成床;需要变成沙发时,往回推即变成沙发。另一种叫倒式两折叠,俗称翻床,即将其往后倒,就可以作为床来使用。

(2)按摩椅

按摩椅是模拟传统手法按摩的保健器家具产品,它通过机械结构和数字控制技术,可模仿专业按摩师的推、敲、揉、扣、捏等各种按摩手法,对身体各部位进行按摩,成为满足人们按摩保健需求的重要休闲保健产品,按摩椅能起到促进血液循环、放松全身、消除疲劳的作用。

(3)电竞椅

电竞椅即电子竞技座椅,电竞椅的高直靠背和可调扶手是其重要特点,可缓解肩膀、手腕等部位因长时间工作而产生的疲劳,保证用户的舒适度。电竞椅的功能非常强大,不再是仅仅局限于游戏座椅,目前已被广泛普及到人们的工作、学习和生产场所。电竞椅的设计符合人体工程学、有利于人体健康。

(4)4D影院座椅

4D影院座椅是在普通座椅基础上加载动感平台而成的座椅系统。4D影院座椅是根据4D动感影院中故事情节的不同由计算机控制做出不同的特技效果,营造出与影片内容相一致的全感知环境。动感影院里的动感座椅一般分为:4D座椅、动感4D座椅、三/六自由度动感平台三种。

5.1.2 椅类家具的构造与形态

家具的构造与形态决定了其功能和外观,从而影响使用的舒适性。归纳起来,椅子的基本构造是由座面、靠背、扶手、底座四部分组成。这四部分部件决定了座椅的基本功能,在满足其基本功能的前提下,各组成部分的形态多种多样。

5.1.2.1 座面

座面是实现座椅基本功能最为必要的条件。然而，为了满足不同使用者和使用环境对座椅功能和外观等方面的要求，座面的构造和形态各异。

总的来说，座面的形态可分为几何形态和不规则形态两大类。其中，常见的座面形态通常为几何形态，如长方形、圆形、梯形等。不规则形态的座面多出现在仿生座椅设计中。作为造型元素，面是最大的形态，是点、线的集合体。因此，利用这一造型原理，设计师可以充分运用将点和线进行排列组合的手法，设计出不同形态的座面，以满足人们的不同使用需求和审美喜好，如图5-2至图5-4所示。

5.1.2.2 靠背

靠背形态通常与座面材料和座面形态相呼应，但由于它不是主要受力的地方，可以作为装饰部件，因此它的形态比起座面较为富于变化。靠背按大小可分为高靠背、中靠背和低靠背。靠背的形状也比较丰富，有心形、盾形、方形、椭圆形等，按其构造形式还可分为平等式、垂直式、板块式、仿生式。

平等式是靠背构件平等布置，也叫梯条式。从正面看通常带有一些雕花图案，传统式椅子多为复杂的曲线，现代化的椅子线条较简洁(图5-5)。

垂直式是靠背构件垂直布置，构件分直材与板材两类。直材为垂直排列，又称竖轴式。典型做法是美国的温莎椅(图5-6)，其构件是中间鼓起两端呈锥状，使人感到富于变化。垂直板材靠背又称竖板式，因板面较宽，可以塑造成各种形态。我国明代家具椅子就是以素洁的板面靠背形成其独特式样。

板块式是由一块板式构件组成，这种构件由实木板、胶合板、塑料板加压弯制而成，适于机械生产，是现代家具常用做法，如图5-7所示。

仿生式是运用生物在进化过程中所形成的有利于生存的结构或其他生物学原理进行设计。而运用模拟手法设计的椅子形态具有呈现自然的意义，并会引起人的美好回忆或让人产生联想。这种构思应当是来自于设计师对自然界万物形态、结构的感悟与提炼，如图5-8所示。

5.1.2.3 扶手

扶手的形态多以线形和面形为主。其中，线形扶手大致分为直线形和曲线形两类；面形扶手大致分为平面和曲面两类，如图5-9和图5-10所示。

不同的扶手形态带给人们的心理感受各不相同。直线形扶手有简洁、平静与力度之感。曲线形扶手活泼，柔软，柔婉自由，易产生动态、亲切、优雅之感，具有女性美的特征。平面扶手具有简洁、明快、秩序之美感；曲面扶手具有强烈的动感和亲切感。

此外，扶手的尺度或体量也会引起不同的心理感受。尺度或体量大的扶手产生力量和重量感；体量小则使人感到小巧玲珑，有亲近感。

图5-2　点构成座面

图5-3　线构成座面

图5-4　不规则形态的座面

图5-5　平等式靠背

图5-6　垂直式靠背

图5-7　板块式靠背

图 5-8 仿生式靠背

图 5-9 线形扶手

图 5-10 面形扶手

图 5-11 线形底座

图 5-12 面形底座

图 5-13 滑动式底座

5.1.2.4 底座

底座的主要功能是支撑座椅。

底座最为常见的形式是椅腿。椅腿的形态一般是直线形，有的局部带有曲线。椅腿断面有方形、圆形、椭圆形等，多数是长方形。前腿通常垂直于地面，但为了美观、增加安定感也可略微向前倾斜；后腿通常是与靠背边在一起并有一定的斜度，目的是为了人坐下来感觉舒适，下部的腿部支点向后移动，使椅子能有较大的稳定性，如图 5-11 所示。

椅类家具的底座除线形椅腿以外，还有与座面等构成一个整体的面形或体形。整体造型给人感觉十分时尚、线条感也比较流畅，如图 5-12 所示。

此外，诸如现代办公椅中常见的爪形并带有滑轮的滑动式底座，不仅提高了椅子的稳定性，而且移动起来更加方便。滑动式底座一方面增强了使用者的舒适性，同时在很大程度上提高了工作效率，如图 5-13 所示。

5.2 椅类家具设计与人的关系

提供坐的支撑仅仅是椅类家具最基本的功能。而椅类家具设计的最终目标是满足人们坐的有效性、舒适性和安全性。作为人体类家具，椅类家具的形态、功能尺寸、材质、色彩等都与行为、生理、感知和心理密切相关。因此，本节我们将阐述椅类家具设计与人的关系。

5.2.1 椅类家具设计与人体坐姿

5.2.1.1 人体构造特征

脊柱为人体的中轴骨骼，是身体的支柱，有负重、减震、保护和运动等功能。

脊柱由 26 块脊椎骨合成，自上而下有颈椎 7 块、胸椎 12 块、腰椎 5 块、骶骨 1 块（由 5 块骶椎合成）和 1 块尾脊骨（由 4 块尾椎合成）。每两节椎骨之间由软骨组织和韧带相联系，使人体得以进行屈伸、侧曲和扭转动作等有限度的活动。

正常的姿势下，从侧面观察成年人脊柱的自然弯曲弧形呈"S"状，有颈、胸、腰、骶四个弯曲部位，其中颈曲和腰曲凸向前，胸曲和骶曲凸向后，如图 5-14 所示。

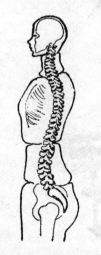
图 5-14 脊柱弧形

颈椎支撑头部，胸椎与肋骨构成胸腔，腰椎、骶骨和椎间盘承担人体坐姿的主要负荷，其中，以颈椎、腰椎部位活动最为频繁。

脊柱的负荷为某段以上的体重、肌肉张力和外在负重的总和。不同部位的脊柱段承担着不同的负荷。由于腰椎处于脊柱的最低位置，负荷相当大，又是活动段与固定段的交界处，因而损伤机会多，成为腰背痛最常发生的部位。

脊柱相关

脊柱的负荷有静态和动态两种。静态是指站立、座位或卧位时脊柱所承受的负荷及内在平衡，动态则指身体在活动状态下所施加于脊柱的力。这些负荷需要相应的关节、韧带和肌肉来维持。

5.2.1.2 人体坐姿与体压分布

（1）人体坐姿

坐姿是人体较自然的姿势，有很多优点。坐姿比立姿更有利于血液循环。人站立时，血液和体液在地心引力作用下向腿部集中，而坐姿时的肌肉松弛，腿部血管内血流静压稳定，有利于减轻疲劳。坐姿还有利于保持身体的稳定。此外，坐姿将以脚支撑全身的状况转变为以臀部为主要支撑部位，方便脚的活动。

人体坐姿

坐姿也存在一些缺点，主要是人体的活动范围受限，尤其是需要上肢出力的场合，往往需要站立作业，而频繁的起坐交替也会导致疲劳。长期维持坐姿还会影响人的健康，引起腹肌松弛，下腿肿胀，静脉压力增大，大腿局部受到压力，增加血液回流阻力，脊柱非正常弯曲，以及对某些内脏器官造成损害。

静态坐姿主要分为躯干前倾坐、躯干挺直坐和躯干后仰坐3种类型。在3种姿势中，躯干挺直坐是办公作业时普遍要求的"理想坐姿"和"健康坐姿"，但根据加拿大阿尔伯塔大学医院研究者Waseem Amir Bashir首次采用磁共振(MRI)扫描方法研究显示，如果坐得笔直，脊椎会被拉得很紧，连带脊椎周围的肌肉和韧带也会被拉紧，时间长了就会引起慢性疼痛。这也是人坐在约90°的靠背椅上感觉不舒适的原因。研究显示，当躯干后仰使躯干和大腿间保持约115°~135°时，坐姿也趋近于正常的腰弯形态，腰、背有衬垫支撑时脊柱可以维持较自然的姿势，躯干重量的一部分落在腰、背衬垫上，可减轻腰椎负荷，腰、腹、背等

处肌肉群即可处于最佳的轻松状态，躯体不易疲劳。相比之下，躯干前倾坐是办公人员操作设备和伏案作业等常见姿势，其会使向前凸出的腰椎拉直，导致其向后弯曲，继续此种姿势，将影响胸椎和颈椎的正常曲度，最后演变成驼背姿势；持续较长时间，支撑头部负荷的肌肉组织内静态肌力增大，颈部和背部产生疲劳。

（2）体压分布

坐姿时，人体重量作用于座椅面的压力分布，称为坐姿体压分布。

臀部受力点是骨盆下部的两块坐骨结节，其上只有少量的肌肉，人体重量的70%左右由约25cm²的坐骨周围的部位来支撑。因此座面

体压分布
拓展阅读

上的臀部压力分布应是在坐骨结节处最大，由此向外，压力逐渐减小直至与座面前缘接触的大腿下部压力为最小，如图5-15所示。

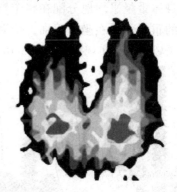

图5-15 坐姿臀部压力分布

腰部背部的压力分布应是肩胛骨和腰椎两个部位最高，这就是在靠背设计中所强调的"两点支撑"（详见5.2.2.2节腰背部支撑）。

5.2.2 椅类家具设计与人体支撑

5.2.2.1 臀部支撑

（1）臀部支撑的作用

臀部支撑的作用是支撑人体上身重量，减轻腿部疲劳，解放双腿。

（2）臀部支撑对座面形状的要求

根据对坐姿体压分布的分析可知，平直座面压力集中于臀部，大腿内侧没有压力，坐感舒适；弧形座面压力分散，大腿内侧受较大压力，坐感不舒适。如图5-16所示。

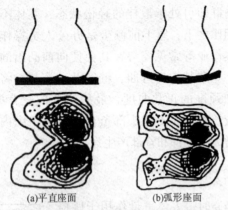

(a)平直座面　　(b)弧形座面

图 5-16　座面形态与体压分布

这是因为近似水平的座面,股骨在股节中从连接骨盆的球孔向外伸去,这一部分在坐骨平面之上,因此不承受过分的压力,而躯体主要的重量集中到坐骨结节点,符合人体舒适的坐姿体压分布规律,如图 5-17 所示。

如果座面是凹形的,则弯曲的座面会使股骨趋于向上转动而受载,造成髋部肌肉承受反常的压迫,把身体重量平均地分配在整个臀部,而不是让较多的重量集中在坐骨下面,从而违背了人体舒适的坐姿体压分布规律,如图 5-18 所示。

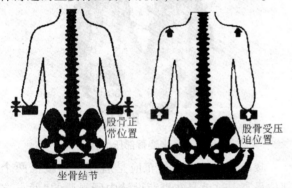

图 5-17　正常状态　　　图 5-18　受载状态

异形座面在一定程度上妨碍臀部和身体的活动及坐姿的调整,使臀部长时间处于静态施力,增加了人体的疲劳。

(3) 臀部支撑对座垫设计的要求

坐姿状态下,臀部的两块坐骨结节与座面紧密接触,在这两个点周围约 2500mm² 范围承受人体约 70% 的重量,这样久坐足以产生压力疲劳,导致臀部痛楚麻木感。若在座面加上垫性适宜的软垫时,臀部与座面的接触(受压)面积增加了 900～1050mm²,改善坐骨结节受力集中情况,臀部压力可以减少 20%。椅垫的另一优点是能使身体采取一种较稳定的姿势,因为身体可以适度地陷入座垫。

若座垫过于松软,会使股骨受到翻转力,易引起疲劳。同时,压力从最主要的支撑点坐骨结节转移到臀部四周的肌肉,会造成肌肉酸痛。

坐骨部分的座垫应当是支撑性的,它要承受加在座位上大约 70% 的重量,而其余部分则应当比它更柔软些,才能够把重量分布在更大的面积上。另外,休息椅座垫除了坐骨部分座垫趋于平直外,座垫四周稍稍上翘,利于人体较稳定坐入,可以防止人体从座垫上倾斜或滑落。

5.2.2.2　腰背部支撑

(1) 腰背部支撑的作用

腰背部支撑可缓解体重对臀部的压力,缓解背肌的紧张程度。此外,尺度形状合适的腰部支撑有助于使脊椎保持自然的 S 形,防止椎间盘突出。

(2) 腰背部支撑与靠背设计

靠背的两点支撑中,上支撑点为肩胛骨提供倚靠,称为肩靠,其位置相当于第 5～6 节胸椎之间的高度;下支撑点为腰曲部分提供凭靠,称为腰靠,其位置相当于第 3～5 节腰椎之间的高度。

设计靠背时通常是以正确姿势,即脊柱处于自然伸展状态的姿势为依据。靠背的形状和尺寸设计合理能够减少肌肉活动,缓解人体疲劳,但靠背一定不能限制到脊柱和手臂的活动。不同用途的座椅,靠背的形式和作用也不同。腰靠是靠背最简易的形式,有的靠背设计,不仅支撑腰部,还要支撑背部、颈部和头部等,以保证坐姿的舒适性。

在进行座椅设计时,必须根据具体的设计需要来选择恰当的支撑点和支撑形式。为了探求椅子的最佳支撑条件,日本家具工作者选择了近 200 种单支点及双支点的支撑条件,对人在该支撑条件下的肌肉活动进行测定(靠背倾角为 90°～120°范围内变动,支撑点在一定范围内上下移动)。研究表明,图 5-19 及表 5-1 所示为最佳支撑条件。

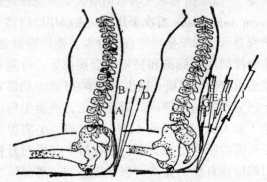

图 5-19　最佳支撑条件

表 5-1 最佳支撑条件

支撑点	部位	上体角度(°)	上部		下部	
			支撑点高度(cm)	支撑面角度(°)	支撑点高度(cm)	支撑面角度(°)
一个	A	90	25	90	—	—
	B	100	31	98	—	—
	C	105	31	104	—	—
	D	110	31	105	—	—
两个	E	100	40	95	19	100
	F	100	40	98	25	94
	G	100	31	105	19	94
	H	110	40	110	25	104
	I	110	40	104	19	105
	J	120	50	94	25	129

通过图表我们可以看出，背斜角的大小与支撑点的高度以及支撑面的大小是紧密相关的。一般可以归纳为几点：

①靠背倾斜角小时，靠背支撑点选择在第2~3腰椎。

②靠背倾斜角大时，支撑点相应下移。

③一般靠背倾斜角超过114°时，必须对腰椎、胸椎下部以及头部三点进行支撑。

另外，图表中的支撑条件对座椅的设计具有一定的指导意义。例如，当休息椅的设计倾角为110°时，可以选用表中的双支撑点 *I* 的组合条件，并可根据上下支撑的中心高度及支撑面斜度连接成一条靠背曲线。

5.2.2.3 其他部位的支撑

(1) 头部支撑

座椅的头部支撑被称为头靠，也称靠头。靠背后倾角大的座椅，如躺椅等，必须设有头部支撑，如图5-20所示，否则人体为支撑头部、颈背部持续施力，使肌肉受拉得不到放松。

中国古代座椅中的搭脑就是头靠的一种形式。另外，如汽车等交通工具中的坐具一般也设有头部支撑，目的是防止由于运动冲击引起的颈椎和颈肌的损伤。

(2) 肘部支撑

座椅的肘部支撑即扶手，其作用是为手臂提供依靠，以支撑人体而减轻双肩、背部以及臀部压力，也有助于上肢肌肉的休息。同时使操作者能够坐稳并且有充分的安全感。在站立时，肘部支撑又可以作为一个支点或拉拽施力部位，减少起立的难度。

(3) 膝部支撑

平衡椅的设计采用膝盖部位支撑的方式，与臀部支撑一起分担身体的重量，使背部、腹部、臀部肌肉群全部放松。同时，人体躯干略微前倾，保证脊柱最接近于站立时人体脊柱的自然状态，从而有效地避免脊柱弯曲，如图5-21所示。

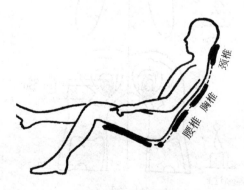

图 5-20 头部支撑

图 5-21 膝部支撑

(4) 足部支撑

在不同使用情况下，足支撑的作用是不同的。半立姿座椅的足支撑作用是通过足蹬力，减轻臀部受力，分担身体的重量；工作椅的足支撑是方便操作者脚踩到地板，同时使小腿向前伸，大腿与小腿、小腿与脚面之间保持合适的夹角，以便获得舒适的坐姿。这种情况下，足支撑往往采取朝前上方略微倾斜的搁脚台的形式，如图5-22所示。

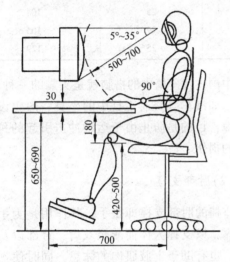

图5-22 足部支撑（单位：mm）

另一种足支撑的形式是在座椅的腿部设置搁脚，例如吧椅腿部的直杆形或圆环形横档、中国古典明清式座椅的前横档。

5.3 椅类家具设计与人体疲劳

除了上述谈到的因为靠背与座面的夹角和座椅支撑的设计不合理，从而造成不良坐姿，引发人体腰部、背部、颈部疲劳以外，座高、座深、座面倾斜角、扶手高度、扶手间距、垫性等设计的不合理都会带来人体疲劳。

5.3.1 座面设计与人体疲劳

5.3.1.1 座高与人体疲劳

有研究对人体坐在不同高度的凳子上，其腰椎活动度的测定，如图5-23所示，结果座高为400mm时，活动度最高，即疲劳感最强；稍高或稍低于此数值者，活动度下降，舒适度也随之增大。日本学者通过腰部肌电图测定，得到了有关肌肉活动强度的结论。即当座面高度为400mm时，腰部肌肉的活动最强烈，而座面高于或低于400mm时，肌肉活动强度均有所降低。这说明当人体坐在略高或略低于400mm座面的凳子上时，腰部不易疲劳。

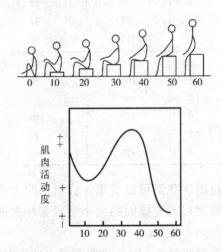

图5-23 座高与腰肌活动度（单位：cm）

另外，座面高度也是影响腿部疲劳的主要因素。如图5-24所示，座面过低时，坐骨结节点处局部压力过大，持续受力也产生疲劳感，甚至疼痛感。座面过高时，座面前沿会压迫大腿后侧的血管和神经，造成血流不畅和麻木感。同时腿部肌肉得不到充分放松，血流下沉，会造成腿部肿胀。

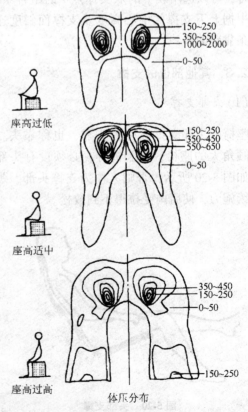

图5-24 座高与体压分布（单位：g/cm^2）

5.3.1.2 座深与人体疲劳

正确的座深应使靠背有效地支持腰椎部位，座面前沿与膝窝保持一定间隙。

若座深过小时，臀部得不到充分的支撑。若座深过大时，座面前端将压迫膝窝处压力敏感部位，坐者必须向座沿处移动以避免压迫膝窝，此时背部支撑点悬空，使靠背失去作用；若要得到靠背的支持，则必须改变腰部正常曲线，如图 5-25 和图 5-26 所示。这两种坐姿都是不舒适的。

5.3.1.3 座面倾角与人体疲劳

工作椅和休息椅座面倾角有很大差异。休息椅座面倾角较大，座面倾角与靠背倾角构成近于平躺的休息姿势有利于身心松弛。对工作座椅而言，如果座面过度后倾，脊椎会因身体前屈作业而被拉直，从而破坏正常的腰椎曲线，形成一种费力的姿势，如图 5-27 所示。因此工作椅的倾角不宜过大，一般以 3° 为宜。采用座面适当前倾设计的工作椅会更适合于工作，尤其是办公室工作，比如座面前倾的写字和绘图用椅等。当要求座高较高时，对于倾斜式绘图桌用椅，前倾角应达到 15° 以上，如果背靠角为 90°，则相当于座面与靠背夹角为 105°，这是坐姿比较舒适的一个角度，靠背对于脊椎部还能起适度的支持作用，肌肉紧张较小，背部压力在椎骨上分布也较均匀。

以上数据来自 10 个身高 160~170cm 的被试者。如果将笔直坐的姿势(打字时的姿势)作为零的姿势，那么当采取实际阅读和书写姿势(即坐在座位的前缘，眼睛离开书面 30cm)时，背部的肌肉伸长 4.8cm。如果座位向前倾斜后，肌肉的伸长减少到不足原来的一半，若将桌面再倾斜 10°，肌肉就几乎不伸长了。实际的阅读和书写姿势，由于坐在座位的前缘，故大部分压力都集中在前部区域。这种姿势是常见的。我们在许多办公室中看到，几乎所有办公用椅的座垫套子只有前面一部分是磨损的，而后面部分，仍旧保持很新。当倾斜后，三部分上的压力分布比较平均。

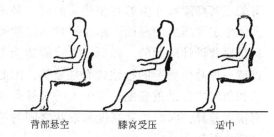

图 5-25 座深与坐姿

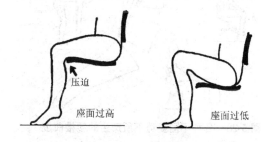

图 5-26 座面过高和座面过低

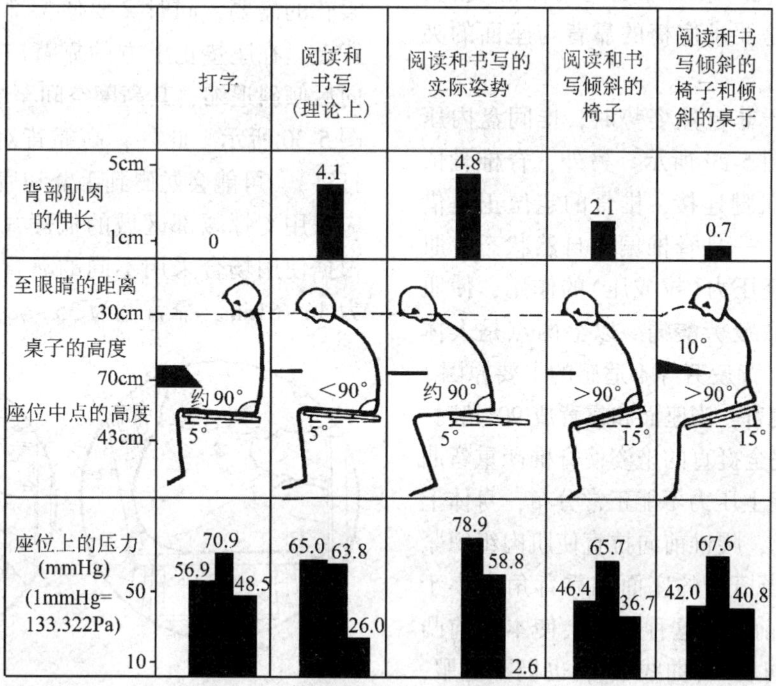

图 5-27 座面倾角与人体疲劳

5.3.2 靠背设计与人体疲劳

5.3.2.1 靠背倾角与人体疲劳

人在不同姿势下，腰椎曲度各不相同。如图 5-28 所示，当人侧卧（曲线 B）或躯干与大腿成适度弯曲状时（曲线 C），脊椎形状最接近自然状态。躯干与大腿成 90°时（曲线 G），脊柱变形最大。因此，我们可知欲使坐姿能形成几乎正常的脊柱形态，躯干与大腿之间必须有合理的角度。

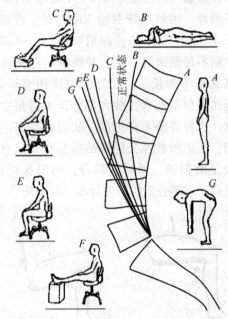

图 5-28 各种不同姿势下所产生的腰椎曲度

当脊柱曲度处于自然状态时，压力适当地分布于各椎间盘上，肌肉组织承受均匀的静负荷，人体舒适度最佳。这要求座椅的靠背与座面的夹角在 95°~115°之间。

当脊柱曲度处于非自然姿势时，椎间盘内压力分布不正常，如图 5-29 所示。另外，脊椎骨依靠其附近的肌肉和肌腱连接，椎骨的定位正是借助于肌腱的作用力。一旦脊椎偏离自然状态，肌腱组织就会受到相互压力（拉或压）的作用，使肌肉活动度增加，招致疲劳酸痛。以上两点是人体产生腰部酸痛、颈、背疲劳等不适感的主要原因。

对于椅类家具而言，当座面和靠背成 90°角时，人坐在上面，躯干完全挺直的坐姿使脊椎严重弯曲（曲线 D），因椎间盘上压力不能正常分布，身体上部的负荷加在腰椎部，腰椎前向拉直使肌肉组织紧张受力引起不适；当椅子的座面和靠背角度小于 90°时，人体的躯干前倾，这种姿势会使本来前凸的腰椎拉直甚至反向后凸（曲线 E），也极不舒服，影响了胸椎和颈椎的正常弯曲，使颈、背部疲劳。

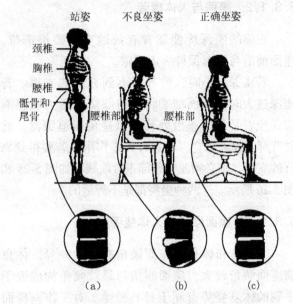

图 5-29 坐姿与腰椎压力

5.3.2.2 靠背的尺度和形态与人体疲劳

靠背的尺寸与臀部底面到肩部的高度及肩宽有关，其高度尺寸值如有座垫椅面时，必须取自人体坐定受压后的座面。然而靠背的线性尺寸值只是靠背设计问题的一部分。靠背的功能主要是维持一种避免疲劳的松弛式脊柱姿势，因此其形状和角度才是最重要的。每个人的脊柱曲率形态有很大差异，因而靠背高度和形状之间的关系也就更为复杂。

为了配合落座时人体向后突出的骶骨和臀部柔软的需要，同时又要使腰部能坚实地配合在靠背上，在座垫正上方的靠背应该有一开口区域或向后倾斜退缩，其高度空间至少为 2~12.5cm，如图 5-30 所示。此外，高靠背对于某些工作（例如打字），可能会妨碍到手臂和肩膀的动作，此时则应采用支撑腰部区域的低矮式靠背。因此，必须根据使用场合采用不同的靠背高度，取值范围宜为 46~61cm；靠背宽为 35~48cm。

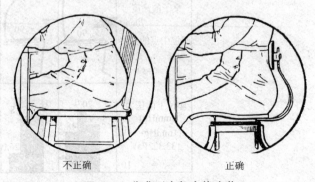

图 5-30 靠背形态与人体疲劳

5.3.3 扶手设计与人体疲劳

5.3.3.1 扶手高度与人体疲劳

扶手高度应与人体坐骨结节点到自然屈臂平放时两肘下点的垂直距离相适应。若扶手过高，则两臂不能自然下垂，迫使肘部抬高，肩部与颈部肌肉拉伸，引起肩部、颈部酸痛，同时限制了两臂的自由活动。若扶手过低，则两肘不能自然落靠在扶手上面，必须弯腰弓背才能使两肘起到支撑身体的作用，此时腰部和背部肌肉活动强度大，产生腰背疲劳，如图5-31所示。

图5-31 扶手高度与人体疲劳

5.3.3.2 扶手间距与人体疲劳

设计带扶手的座椅时，扶手间距应选择得当。若扶手间距过小，人局促在座位里，不利于人体自动调整坐姿，使人长时间处于一个不变的姿势下，增加疲劳感。因为人体在坐姿状态时，肌肉属于静态施力，这是产生疲劳的重要因素，人体只有在不断活动中才能减少局部肌肉的持续收缩，从而减少背脊板的内压。若扶手间距过大，肘部必须向两侧伸展或躯干向一侧倾斜以寻求支撑，此时肩、背部肌肉活动强度大，会引起肩部和背部疲劳，如图5-32所示。

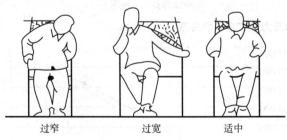

图5-32 扶手间距与人体疲劳

5.3.4 座椅垫性与人体疲劳

对于座椅而言，主要是在座面、腰靠、背靠等支撑部位设置软垫。软垫有两个重要作用，一是使支撑点与支撑点周围部分产生的压力分布比较均匀；二是使身体坐姿稳定。

垫性就是起到支撑作用的与人体接触的垫层的特性。评定座椅垫性的项目包括表层特性，即人体的触感——触压感和触摸感，感受柔软性、坐压感、倚靠感等；浅层特性，即受外力时的反弹特性、荷重特性与摇动感；深层特性，即支撑身体后的最终的落座感和倚靠感。

座垫、靠背、扶手垫等，因支撑部位不同，压力分布与体表感觉均存在着差异，因而对垫性的要求也各不相同。一般规律总结如下：

①软垫的软硬度应该适宜，避免过软或过硬。因为软垫过软，压力集中减少了，对身体结构的支撑也减少了，因而增加了不稳定性。另外，过软的垫子使身体下陷其中，想保持正确坐姿和改变坐姿都很困难，容易使人疲劳，如图5-33所示。

图5-33 座垫过软与人体疲劳

②支撑点部位垫性较周围区域硬度要稍大。
③一般座椅靠背应比座垫柔软。
④座椅的用途不同，使用人群不同，垫性也有所不同。
⑤在设计实务中，可以通过简单试验弹性层下沉量作为软垫设计的基本参考依据。
⑥一般情况下，简易沙发的座面下沉量以70mm为宜，中大型沙发座面下沉量可达80~120mm。背部下沉量为30~45mm，腰部下沉量以35mm为宜。

5.3.5 腿部支撑与人体疲劳

腿部支撑的座椅主要为跪式座椅。其座面具有一定的倾斜度，可顺应着人们因伏案工作而自然前倾的身体姿势，腿部有一定的支撑，它为维持自然姿势的腿部提供了可靠的依托。腿部支撑的主要作用在于支撑腿部重量，增大人体重量的支撑面积从而减小座面的压力，使人体压力分布更趋均匀。

5.3.5.1 腿部支撑高度与人体疲劳

腿部支撑高度的变化对小腿舒适度影响最大。设计带腿部支撑的座椅时,腿部支撑的高度应选择得当。有关研究表明:腿部最大压力和平均压力均随着支撑高度的增加而增大,如图 5-34 所示,当腿部支撑高度从 295mm 增至 370mm 时,腿部压力指标增大更明显,不舒适感更强。腿部支撑高度同时影响座面压力,座面压力分布指标在腿部支撑高度 320mm 时最小。

5.3.5.2 腿部支撑角度与人体疲劳

腿部支撑角度是决定小腿舒适性的关键因素,随着角度的变化,小腿与腿部支撑的接触面积也发生变化。如图 5-35 至图 5-38 所示,当腿部支撑角度较小,腿部弓起,小腿与腿部支撑接触面积较小,此时小腿受力较大,长时间跪式坐姿容易引起疲劳。相反,随着腿部支撑角度增大,腿部接触面积增大,平均压力较小,小腿不易疲劳,此时的跪式坐姿舒适感增强。

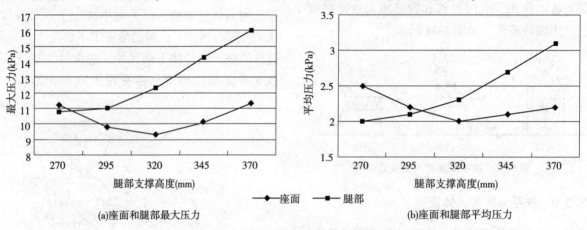

图 5-34 腿部支撑高度变化与压力分布指标的关系

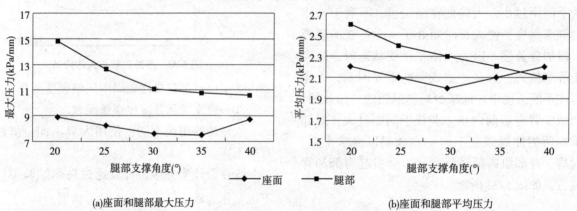

图 5-35 腿部支撑角度变化与压力分布指标的关系

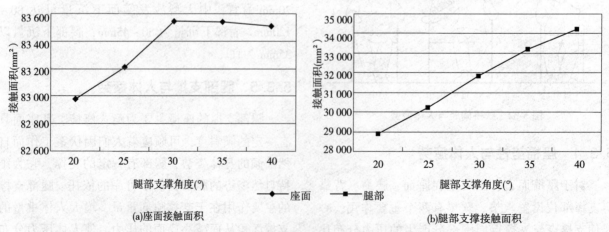

图 5-36 腿部支撑角度变化与接触面积的关系

图 5-37 腿部支撑角度较小

图 5-38 腿部支撑角度较大

5.3.5.3 跪式坐姿时间与人体疲劳

随着跪式坐姿时间的延长，疲劳的产生主要体现在人体小腿部及臀部，即小腿与腿部支撑的接触部位和臀部与座面的接触部位。由于跪式椅独特的造型，使得人体坐姿时重心前倾。腿部肌肉缩紧并受力，臀部受力点后移，而且在臀部与地面角度的作用影响下，受力点由普通坐姿的两个变为一个（臀中皮神经），压力较集中，更容易引起疲劳。

经研究显示座面与腿部支撑上的压力指标在40min 左右变化趋势较大，如图 5-39 所示。表明随着时间的延长，人的感知也发生变化，并逐步产生疲劳感知，人体会自动地对坐姿姿态进行无意识的调整，以减轻坐姿疲劳。当跪式坐姿时，

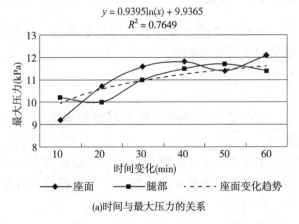
(a)时间与最大压力的关系

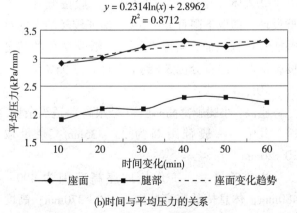
(b)时间与平均压力的关系

图 5-39 坐姿时间与压力分布指标的关系

40min 左右需要进行一定的坐姿调整甚至休息来缓解坐姿疲劳。

5.4 使用环境对椅类家具的要求

椅子的使用范围是广泛的，设计中没有一种能面面俱到地满足所有功能要求，这就要求根据使用环境、用户要求、功能特点全面综合考虑，在许多情况下，这些功能中的其中一项往往会让步于应用的舒适程度及生理上的合理需要。

5.4.1 椅类家具的使用场所及特点

椅子设计除了能为人们提供一种舒适感以外，根据不同的场合和需要，还必须满足一些其他要求。这些要求是根据椅子的空间环境、经济效益、社会需要较全面的考虑而外加的，称之为辅助功能。

如餐椅的设计与用餐人群、用餐环境以及用餐形式等有着密切关系。餐椅应当设计得舒适而美观，让人久坐，但用于快餐店的椅子就应当给使用者短时间使用的感觉。相反有一些椅子则必须使人们长久坐着能保持舒适感，如会议室、办公室、休息室的座椅。

汽车、火车、轮船以及影剧院、会堂中的座椅必须在有限的空间容纳一定数量的使用座位。多功能大厅如大型餐厅、会堂、演奏厅、学校礼堂等室内空间，为解决椅子的存放问题，可以使用折叠椅。

另外椅子设计还要配合室内环境设计，能显示出或朴素、或豪华、或端庄、或高贵或具有某种直观形态以迎合人们的心理需求。

5.4.2 使用环境对椅类家具风格和尺度的要求

环境不同，对椅类家具的尺度要求也不同。例如快餐厅的餐椅体量较小，造型简洁，用材较为单一，多以便于清洁的塑料或三聚氰胺铸塑为主，并且为了节省空间，快餐椅通常可以叠落放置。而家庭用的餐椅体量较大，多采用实木或金属框架，座垫、靠背和扶手部位设置软包。又如，在中餐和西餐厅中，使用的餐椅也应有所不同。

室内装饰风格不同，也使得相应摆放的座椅风格及尺度不同。中式座椅材质以硬木为主，重视木材的自然纹理和色泽，造型优美、坚固牢实，富有浓厚的中国气息。目前流行的中式座椅一般

都依据我国明清家具的传统款式和结构设计。日式座椅强调自然、朴素。日式座椅最大的特点是体量小，造型简练，适合崇尚自然、简洁的家居风格。小巧而严谨的日式座椅，也经常被选择在一些办公场所内使用。美式座椅主要特点是体量大、功能性强、气派非凡，让人坐在其中如同陷入温柔怀抱一样。欧式座椅分古典和现代两种，欧式古典座椅气质典雅，曲线优美，花边装饰繁杂、华丽；而欧式现代座椅线条简洁，色彩雅致，同样讲究工艺，适合各种风格的现代家居生活。

5.4.3 使用环境对椅类家具材料的要求

椅类家具用材主要以实木、钢管等材料为主，当今的设计者则将各种材料的物理属性加以控制、延伸和修改，各种新材料得到了广泛运用，使当代座椅造型和结构设计发生了一些新的变化。现今各种新材料的运用主要有金属（包括铝、铜、钢等）、塑料（玻璃纤维、聚丙烯等）以及纤维与复合材料（如聚酰胺、碳化纤维、强化聚酯纤维、聚氨酯泡沫、再生铝和一些聚合物等）等。这些新材料的合理使用极大地丰富了椅类家具的造型和结构。

用于多功能使用的大型餐厅、会堂、演奏厅、学校礼堂等室内空间的折叠椅，为便于空间存放及搬运，应尽量采用轻质材料，如椅子框架多用金属材料，椅座多用模压胶合板成型及 ABS、FRP 成型品。

用于庭院、公园、路边的休息坐凳要考虑耐风雨侵蚀，常用金属、石材、FRP 成型品材料。我国传统园林中的座凳多为石制，一方面满足功能要求；另一方面又和自然环境相协调一致，是成功的就地取材因地制宜的良好设计。如在公园绿地道路边的花岗石座凳，厚重的造型，粗糙的饰面，光洁的座面，可以融入自然环境之中。如遍及中国南方民间的竹家具。

5.4.4 使用环境对椅类家具形态的要求

椅子造型要与室内环境相协调，对不同使用要求的房间，根据选用材料做出相应形式的椅子造型。会议室的气氛庄严肃穆，椅子造型就不能轻浮。

餐厅用椅应该给人一种轻快感。每种餐厅都有自己的风格特点，这种特点是由室内设计与家具造型设计共同来完成的。封闭性强的餐厅，显得稳重大方，座椅宜采用木质材料，突出椅子构件的粗壮。开放式餐厅室内外环境结合，扩大视野，令人感到轻快活泼。椅子造型就应选用断面小，带有曲线的塑料成型椅座的钢管家具，这样在使用上轻巧，外观上又能与环境协调。

儿童家具的造型大都小巧实用，留给孩子更多的玩耍空间，在形态上也要丰富多彩一些，充分调动儿童的想象力，要充分考虑人体工程学，符合儿童的成长特点和生活习惯，比如手指造型的沙发，足球造型的沙发等等。造型上可以大胆采用几何色块或卡通图案，以增加孩子认识周围环境的兴趣。

大型会议厅，贵宾接待室等严肃的场所，宜采用造型偏方正、设计感稳定的椅子。能给人以刚劲、安定、庄严的感觉，在造型设计时常体现"力"的美。现代椅子线条多使用直线，具有刚健、雄劲的男性风格之美。

博物馆、茶馆等文化味较浓的场所，宜采用中式传统造型的座椅，如纯明清造型的椅子，或者具有中式元素的新中式风格造型的椅子。

5.5 椅类家具设计要素

5.5.1 功能尺寸

5.5.1.1 座面

座面设计的主要功能尺寸包括座高、座深、座宽和座面倾斜角度。

（1）座高

座高是指座面中轴线前部最高点至地面的距离。

①相关人体尺度测量项目：小腿腘窝高、足高。小腿腘窝高是坐者小腿腘窝到地面的垂直距离。足高是足底到地面的垂直距离。

②人体尺寸百分位的选择。一般按低身材人群设计，即取下限百分位5%，保证较矮的人的足跟能够接触地面。若座高可调，则取90%的满足度，即取下限百分位5%到上限百分位95%。

③计算公式：

座高=小腿腘窝高+足高（鞋跟高）-适当余量

其中，一般鞋跟高为 25~35mm；余量取 10~20mm。

④参考尺寸。工作椅的座高范围为 400~480mm；休息椅的座高范围为 330~370mm；高度可调座椅的高度范围为 380~500mm，座高调节方

式可以是无级的或间隔20mm为一档的有级调节。

⑤需要注意的问题。工作椅通常设计高度调节功能，以适应不同身材作业者的需要。此外，为满足作业要求，座椅高度过高时，应配置一个可调式踏板搁脚。

(2) 座深

座深是指座面前沿中点至座面与背面相交线的距离。

①相关人体尺度测量项目：座深，即从臀部后缘至膝窝的水平直线距离。

②人体尺寸百分位的选择。一般按低身材人群设计，即取下限百分位5%；若座深可调，则取90%的满足度，即取下限百分位5%到上限百分位95%。

③计算公式

座深 = 座深 + 衣服厚度 - 适当余量

④参考尺寸。工作椅的座深范围为360~430mm；休息椅的座深范围为400~500mm；对于座深可调的座椅，其座深调节方式可以是无级或间隔10mm为一挡的有级调节。

⑤需要注意的问题。座椅应使臀部得到充分支撑，腰部得到靠背支持，座面前缘与小腿间留有适当距离，以保证小腿自由活动。

对于普通工作椅，在正常就座情况下，由于腰椎到骨盆之间接近垂直状态，其座深可以浅一点；而对于一些倾斜度较大，专供休息的靠椅，因为人体腰椎到骨盆也呈倾斜状态，所以座深应该相应加深。

(3) 座宽

座宽是指座面前沿的水平宽度。若座面为梯形，座面宽则分为前沿座前宽和后沿座后宽。

①相关人体尺度测量项目：坐姿臀宽或肩宽。坐姿臀宽是指臀部左右向外最突出部位间的横向水平直线距离。肩宽是指左右肩端点之间的距离。

②人体尺寸百分位的选择。一般按大身材人群设计，即取上限百分位95%的值为设计基准，以满足较大身材的人臀部就座所需的尺度，并能自如地调整坐姿。

对成排相邻放置的座椅，如剧场观众椅，座宽则应以使用群体肩宽的平均值即百分位50%的值为设计基准。

③计算公式

Ⅰ. 座宽 = 坐姿臀宽 + 衣服厚度 + 活动余量

Ⅱ. 座宽 = 肩宽 + 衣服厚度 + 活动余量

公式Ⅰ适用于无扶手座椅；公式Ⅱ适用于成排相邻放置的座椅和扶手椅。

④参考尺寸。一般靠背椅的座宽范围为380~450 mm，扶手椅的座宽范围为460~510 mm。

⑤需要注意的问题

a. 椅座的宽度能使臀部得到全部支持，并有一定的宽裕，使人能自由调整坐姿。

b. 最窄的座面不得窄于180mm，否则座面会夹到坐骨结节两支撑点中间。

c. 座宽尺寸应兼顾功能和造型需要，如餐椅设计中，由于人在就餐时活动量较大，因此座宽应该适当增大。

(4) 座面倾斜角度

座面倾斜角度又称为座倾角，是指座面与水平面之间的夹角。

①影响因素。座倾角与坐姿有关，一般座倾角的大小随着靠背倾角的增加而增大。

②参考角度。工作椅的座倾角取0°~4°，一般办公用椅的座倾角取2°~4°，若前倾时（如平衡椅、绘图椅），座倾角取25°~30°；一般休息椅的座倾角取5°~15°，高度休息椅的座倾角取10°~15°；若座倾角可调，则调节方式可以是无级或1°、2°为一档的有级调节。

5.5.1.2 靠背

靠背设计的主要功能尺寸包括靠背高度、靠背宽度和靠背倾斜角度。

(1) 靠背高度

靠背高度是指靠背上沿中点至靠背与座面相交线的垂直距离。

①相关人体尺度项目：坐姿肩高。坐姿肩高是指从肩峰点至椅面的垂直距离。

②人体尺寸百分位的选择。取群体的平均值，即50%百分位值为设计基准。

③计算公式

靠背高度 = 坐姿肩高 - 适当余量

其中，该公式适用于普通靠背高度座椅的靠背设计，余量一般取50~100mm。

④靠背支撑点高度。腰部支撑点的高度一般为310~360mm。背部支撑点的高度一般为360~410mm，如图5-40所示。

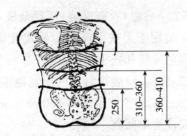

图 5-40 腰部与背部支撑高度

⑤设计中需要注意的问题

a. 高靠背的高度，一般上沿不宜高于肩胛骨（相当于第 9 胸椎），以肩胛的内角碰不到椅背为宜。

b. 矮靠背的高度，一般应低于腰椎骨上沿，支撑点位置以位于上腰凹部第 2 腰椎处最为合适，这样既便于腰关节自由转动，又可保证脊椎具有最大的活动范围。

c. 一般在靠背下沿与座面之间最好留有一定的空间，以容纳向后挤出的臀部。

(2) 靠背宽度

靠背宽度是指靠背的水平宽度。

①相关人体尺度项目：肩宽。肩宽是指左右肩峰之间的水平距离。

②人体尺寸百分位的选择。一般按大身材人群设计，即取上限百分位 95% 的值为设计基准；对成排相邻放置的座椅，如剧场观众椅，背宽则应以使用群体肩宽的平均值 50% 为设计基准。

③计算公式

背宽 = 肩宽 + 适当余量

其中，余量一般取 100～200mm。

④参考尺寸。一般座椅靠背宽度为 380～440mm。

⑤需要注意的问题

a. 座椅设计中因为靠背的造型各异，因此靠背宽度可根据情况进行调整。背宽宜大不宜小，一般不小于两肩峰之间的水平间距。

b. 在工作椅设计中，靠背宽度不能过大，以免阻碍手臂的自由活动。

(3) 靠背倾斜角

靠背倾斜角是指背面与水平面之间的夹角，简称背斜角。

①推荐背斜角。通常座椅的背斜角均不小于 90°～120°。一般工作椅的背斜角为 95°～105°，休息椅的背斜角为 105°～115°，高度休息椅的背斜角为 115°～125°。若背斜角可调，则调节方式可以是无级或 1°、2° 为一挡的有级调节。

②需要注意的问题。座面倾斜角和背斜角互为关联，而背斜角主要取决于椅子的功能要求。一般工作用椅，座斜角与背斜角较小，休息用椅较大。并且休息程度越高，其座倾角和背斜角也越大。

5.5.1.3 扶手

扶手设计的主要功能尺寸包括扶手高度、扶手内宽（扶手间距）和扶手倾斜角。

(1) 扶手高度

扶手高度是指扶手前沿与座面前沿的垂直距离。

①相关人体尺度项目：坐姿肘高。坐姿肘高是指上臂自然下垂，前臂水平前伸，手掌朝向内侧时，从肘部最下点至椅面的垂距。

②人体尺寸百分位的选择。取平均身材群体的值，即取中间百分位 50% 的值为设计基准；若扶手高度可调，则取 90% 的满足度，即取下限百分位 5% 到上限百分位 95% 的值。

③计算公式

扶手高 = 坐姿肘高 - 适当余量

④推荐扶手高度尺寸。一般休息椅扶手高度为 200～250mm。对于带座垫的座椅，扶手高度一般在座垫下沉量的高度以上 210～220mm。

(2) 扶手间距

扶手间距是指扶手间最窄处的水平间距。

①相关人体尺度项目：坐姿两肘间宽。坐姿两肘间宽是指上臂下垂，前臂水平前伸，手掌朝向内侧时，左右肘部向外最突出的部位间的横向水平直线距离。

②人体尺寸百分位的选择。一般按大身材人群设计，即取上限百分位 95% 的值为设计基准；若扶手间距尺寸可调，则取 90% 的满意度，即取下限百分位 5% 的值到上限百分位 95% 的值为设计基准。

③计算公式

Ⅰ. 扶手间距 = 坐姿两肘间宽 + 适当余量

Ⅱ. 扶手间距 = 肩宽 + 适当余量

公式Ⅰ适用于一般的座椅，增加适当余量是为了保证人的躯体，特别是臀部的自由起坐。公式Ⅱ适用于有扶手的连排座椅。

④参考尺寸。一般扶手间距为 460～600mm。一般交通运输场所中连排座椅的扶手间距取 460～500mm。

(3) 扶手倾斜角

扶手倾斜角是指扶手面与水平面之间的夹角。

扶手随座面与靠背的夹角变化而略有倾斜，通常取±10°~±20°，一般最好与椅子表面平行。另外，扶手的左右角应前后平行或前端略有张开，其在水平面左右偏角则在±10°范围内为宜。

5.5.1.4 底座

在坐姿状态下，腿脚不会保持一种姿势不变，而是通过前伸、后屈、搭腿等不断调整坐姿，因此进行座椅底座设计时，在保证座椅的力学强度和美观的同时，应该依据人体的生物力学特性，进行相应的动态测量，以确保给腿脚留有足够的活动空间。

另外，对于需要足部支撑的工作椅设计，可以将搁脚台（或板）设计在椅腿上。例如，工作椅上调节座高的搁脚台，吧椅上的搁脚档。

对于带有脚轮的转椅设计，为了防止倾斜和滑动，转椅应设有5个脚，每个脚上均应安有万向轮，其底座尺度一般等同或略大于座面。

5.5.2 椅类家具形态与色彩

5.5.2.1 椅子形态

椅类家具造型形态的构成要素主要是指点、线、面、体。形态是椅类家具造型设计的关键因素，它直接影响座椅的外观和人的视觉感受性。

椅子的形态是材料和结构的外在表现，是由外部可以直接感知的具有物质属性的线条、面块、形体等所构成的整体（图5-41）。每种椅子形态都具有自身的主导元素，具有静态与动态的倾向，或以线、以面、以体为主，或以线面、点面为主等，不一而足。每种主导元素自身又有无限的变化，如复杂与简单、秩序与混乱、有机与无机的对比因素等。根据椅子外形特征，可以将其分为直线造型形态、曲线造型形态、直曲相结合造型形态三大类。在此基础上，根据椅背、座面和椅腿材料的特点，还可以将椅子形态进一步细分为线材型、面材型、线面材结合型等。

（1）形态与人的审美心理

形态是产品的外部轮廓所呈现的形状和神态，它影响人们的审美心理。通过大量总结形态与人

(a) 以线为主要元素的家具

(b) 以面为主要元素的家具

(c) 以体为主要元素的家具

图 5-41 不同形态的椅子

们心理活动的关系，可以认为形态具有下列几方面的心理效应：

力度感：力是一种看不见但可以凭借某种形态进行感知的东西，它是一种势态。由于力度总是与运动、颠覆、变化等联系在一起，所以力度感对人们有巨大的吸引力和震撼，如视觉张力。产品形态中力度感的表现往往是通过形态的向外扩张来体现的。

通感：人们的听觉、视觉、触觉等各种感觉可以彼此交错相通，这种心理体验就称为通感。通感可以引起人们的联想，更可以丰富形态的内涵。

新奇：求新求异是人的天性，新奇的形态可以引起人们的心理震撼或愉悦。

个性：具有个性的形态最容易被人所记忆。

联想：即由一事物想到另一事物的心理过程。

（2）椅子形态与视觉张力

在这里我们要说明的主要是椅子的形态对人们的视觉刺激所产生的力度感，即视觉张力。当一定的形态置于某个特定空间中时，人的视觉就会主动地对此进行感知。在椅子设计中，不同形态会不同程度地作用于人的视觉而产生不同的感觉，这种感觉来自形态内部与外部力的共同作用，它是外部客体的视觉形象通过人的视觉器官的接收而作用于人这个主体所产生的一种心理震撼。所以说，它不是物理力，而是视觉心理的力，我们将其称之为"视觉张力"。

从人的生理角度讲，人的目光在任何一刻都只

能集中于一片很小的区域。形态是一种视觉符号,人的视觉是由外界事物的影像投射到视网膜上再传递到识别神经并由大脑作出的反应。在椅子设计中,形态会作用于视觉,从而产生伸展、极限、弹性、紧张、平衡、不平衡、放射、旋转等感觉。

心理学家认为,视觉形象能引起人的思想和感情的活动。也就是说,形态的形状和神态是通过视觉引起心理的变化,从而引起人的思想和感情的活动。例如,圆点显得饱满、充实、完整、深厚;方点显得坚实、冷静、规矩、稳定;水平线给人心理上带来平静、安宁、沉稳;曲线给人带来的视觉经验是柔软、圆滑、丰满、愉快;所以说,不同的视觉形象会产生不同的心理反应。

(3) 椅子形态与人的视觉感受性

椅的形态主要是通过人的视觉感知的。当人的眼睛看到一把椅子时,很快就能感知其外形特征、比例与尺度等,进而得出美或不美的判断。因此,椅子形态要素设计合理与否,直接影响椅子的视觉张力以及人们对整个椅子设计的综合印象。

利用眼动仪可以对椅子形态的视觉感受特性进行研究。眼动仪是继脑电仪、生理多导仪之后,用于人体工程实验室的精密仪器,它是一种能记录人眼动轨迹变化的精密仪器,它能捕捉并记录下诸如眼跳、注视、瞳孔大小、视觉轨迹等人眼的任何一个细小动作。通过对这些眼动数据的解析,可以总结人眼在观察椅子时的视觉反应和规律。

通过椅子眼动实验记录下来的受试者的眼动轨迹及其热点图,我们可以清楚地看到,当受试者对所注视椅子的某一部分产生兴趣时,眼睛大部分注视点都会集中在感兴趣的区域上,那么这些区域所包含的信息量也就比较大。表 5-2 显示了 4 种不同形态椅子的眼动指标值,其眼动热点图如图 5-42 至图 5-45 所示。

表 5-2 4 种不同形态椅子的眼动指标值

椅子编号	椅子1			椅子2			椅子3			椅子4		
兴趣区	椅背	座面	椅腿	椅背	座面	椅腿	椅背	座面	椅腿	椅背	座面	椅腿
注视人数(个)	8	8	8	8	8	8	8	8	8	8	8	8
注视时间(s)	54.9	5.7	11.6	48.4	13.5	10.6	24.6	23.2	25.3	30.5	37.7	7.1
平均注视时间(s/次)	0.5	0.4	0.4	0.5	0.3	0.4	0.5	0.7	0.5	0.6	0.6	0.5
注视次数(次)	111	14	33	92	40	29	48	34	56	48	62	16
平均注视次数(次)	13.9	1.8	4.1	11.5	5.0	3.6	6.0	4.3	7.0	6.6	7.8	2.0
首视点个数(个)	5	1	2	5	2	1	3	1	4	3	4	1

注:椅子1:直曲相结合造型(椅背为线材);
　　椅子2:直曲相结合造型(椅背为小曲率面材);
　　椅子3:曲线造型;
　　椅子4:直线造型。

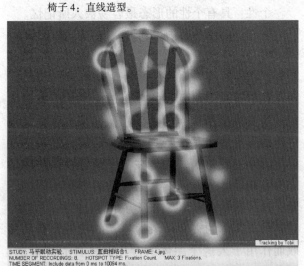

图 5-42　直曲相结合造型的椅子

(线面材结合型:椅背为线材)

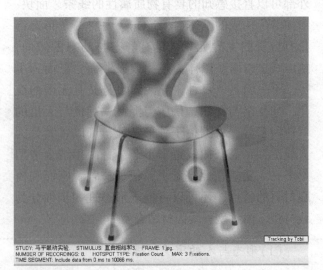

图 5-43　直曲相结合造型的椅子

(线面材结合型:椅背为小曲率面材)

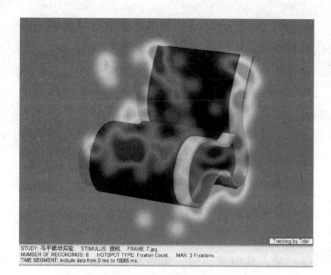

图 5-44　曲线造型面材椅子

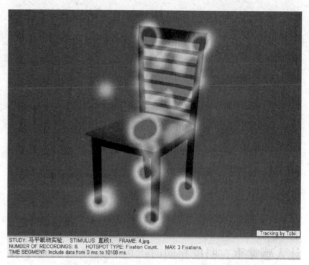

图 5-45　直线造型的椅子

(线面材结合型：椅背为较复杂线材)

通过分析不同椅子形态对眼动实验数据的影响，可以得到以下研究结论：

- 受试者对尺寸比例感好、形态较复杂、体量感较强、韵律感较好的椅子部位关注度较高。
- 受试者对椅子局部的三角形顶角部位、梯形顶角部位、曲线（包含外轮廓曲线）以及曲面曲率较大的部位，即视觉张力表现较强的部位具有较高的关注度。
- 当椅背为线面材时，受试者对椅背面部位的关注度要高于对线部位的关注度。
- 当椅子为线面材时，受试者对曲率较大的曲面及曲线部位的外轮廓线、韵律感较强的竖线的关注度较高，且该轮廓线及竖线对受试者具有一定的视觉引导作用。当椅子整体形态为面材时，受试者对椅子整体形态的外轮廓线关注度较高，且该轮廓线对受试者具有一定的视觉引导作用。
- 当椅腿的稳定性较差时，受试者对椅腿的受力点及与椅腿受力点相呼应的座面处的关注度较高。当椅腿的稳定性较好时，受试者对椅腿与地面接触的受力点关注度较高。

5.5.2.2　椅子色彩

在多种造型要素中，色彩具有先声夺人的效果和感人的魅力。在椅类家具设计中，应着重考虑色彩，因为它最先作用于人的视感官，可以说是"先声夺人"。如果色彩选择得当，可以弥补造型中的某些不足，扬长避短，得到事半功倍的效果。

(1) 椅子色彩与人的情感反应

色彩本是一种物理现象，但是它却能够使观赏者感受到各种情感。人们长期生活在一个色彩的世界里，积累着许多视觉经验，一旦知觉的经验与椅类家具色彩的刺激发生某种呼应时，便会在人心理上引起某种情感。这个情感反应表现在以下几个方面：色彩的温度感、色彩的轻重感、色彩的距离感（使人有进退、凹凸、远近的不同感觉）、色彩的软硬感、色彩的尺度感等等。另外因人的年龄、性格、文化修养、民族习惯以及人的生活经验、利害关系所引起的色彩联系，使色彩具有更多的象征含义。

温度感：红、橙、黄会使人想到火的热度，从而产生温暖感，称为暖色；蓝、蓝绿和蓝紫会使人想到冷水、冰川，给人以冰冷感，故称为冷色。紫色和绿色为中性色。无彩色中的黑色为暖色，白色为冷色，灰色给人中性感。一般情况下，无彩色要比有彩色感觉冷一些。冷色对人眼的刺激作用较小，使人感到宁静、舒适；暖色的刺激作用较大，过强的暖色或观看暖色的时间太长，都会引起视觉疲劳、烦躁和不舒服。当明度、纯度变化时，色彩的冷暖也随之变化。明度高时倾向于冷色，明度低时倾向于暖色，纯度高时也会倾向于暖色。

距离感：色的前进与后退与色彩的波长有关。波长较长的色，如红、橙、黄等具有前进感；波长较短的色，如蓝、绿、紫等具有后退感。许多设计大师常利用色的前进与后退使设计作品产生一种空间感、距离感。在椅类家具设计中，也可以利用明色来使椅子在空间环境中显得宽大、明亮，利用暗色缩短椅子与人之间的距离感。

尺度感：看起来较近的前进色，又因膨胀而显得比较大，故称为膨胀色；看起来较远的后退色，又因收缩而显得比实际要小，故称为收缩色。暖色和明色具有膨胀性，冷色和暗色具有收缩性。椅子色彩的尺度感常常被设计师用于调节沙发在空间中的大小比例。

重量感：色彩的轻与重主要取决于明度。色彩明度高的椅子让人感觉轻，色彩明度低的椅子让人感觉重；明度相同时，色彩纯度高的椅子让人感觉轻，色彩纯度低的椅子让人感觉重。

软硬感：明浊色和掺了白色的家具颜色有会让人产生柔软感，与此相反，纯色和掺了黑色的家具颜色会让人感到坚硬，即柔软或坚硬与明度和纯度有关系。明浊色柔软，纯度高的纯色和暗清色坚硬。明清色和暗浊色介于中间。无彩色体系的白色和黑色是坚固的，灰色是柔软的。

(2) 椅子色彩与人的视觉感受性

椅子的色彩是通过人的视觉感知的。利用脑电仪可以对椅子色彩的视觉感受特性进行研究。脑电仪主要有硬件和软件两部分组成。硬件部分的功能主要是获取脑电波的一些生理参数的定量信息。软件部分的作用是将获取的这些定量的资料进行相关的数学处理和分析，并得到进行实验分析所需要的数据指标和直观图谱。

通过技术手段记录和显示出的脑电活动（脑电图），实际上是神经细胞无时无刻不在进行的自发性、节律性、综合性的放电活动。这种放电在脑电图中表现为一种光滑、规则和重复出现的曲线，或是两个波重叠而成的多形态曲线。脑电图中波形的分类是依据波的频率变化和形态的改变，可分为 α 波、β 波、θ 波等等共 16 种。其中 α 波波幅（amplitude，AMP）增高是神经细胞兴奋性增高的一种表现。α 波波幅的大小代表着神经细胞兴奋性的高低，受试者对色彩的兴奋度与 α 波波幅的大小有关。α 波波幅越大，表明受试者对色彩的兴奋度越高。

有关沙发配色的脑电实验研究结果表明：女性观看不同色彩沙发图片时的 α 波 AMP 的平均值从高到低依次为灰、白、橙、红、黑、咖啡、蓝、绿、紫，其中灰、白、黑色都为无彩色系列。其中橙色、红色、咖啡色这三种色调都是暖色调，而蓝色、绿色、紫色这三种色调都是冷色调。女性观看不同颜色配色的沙发图片时，暖色调的 α 波 AMP 要比冷色调的高，由于 α 波 AMP 的值是人脑兴奋度的指标，所以可以得出，女性观看不同颜色配色的沙发图片时，暖色调的兴奋度要比冷色调的要高。女性对于暖色调的色彩比较敏感，对冷色调色彩的刺激表现比较迟钝，兴奋度较低。图 5-46 显示了女性观看不同色彩沙发图片时 α 波 AMP 的平均值。

图 5-47 显示了男性观看不同色彩沙发图片时 α 波 AMP 的平均值。从这张图我们可以看出，男性观看不同色彩沙发图片时的 α 波 AMP 的平均值从高到低依次为灰色、白色、黑色、绿色、蓝色、紫色、橙色、红色、咖啡色。男性在观看不同颜色配色的沙发图片时，冷色调的 α 波 AMP 要比暖色调的高，所以可以得出，男性观看不同颜色配色的沙发图片时，冷色调的兴奋度要比暖色调的要高。男性对于冷色调的色彩比较敏感，对暖色调色彩的刺激表现比较迟钝，兴奋度较低。

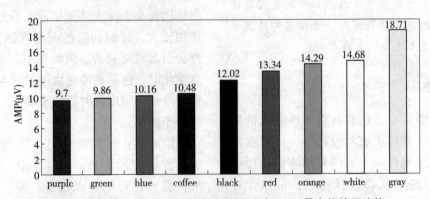

图 5-46 女性观看不同色彩沙发图片时 α 波 AMP 最大值的平均值

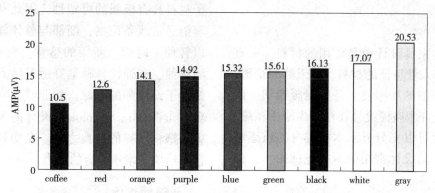

图 5-47 男性观看不同色彩沙发图片时 α 波 AMP 最大值的平均值

从以上两张男女观看不同色彩沙发图片时的 α 波 AMP 的平均值的图表来看，女性的图表中 α 波 AMP 平均值的排列中，灰色排在第一，白色排在第二，黑色排第五；男性的图表中 α 波 AMP 平均值的排列中，灰色排在第一，白色排在第二，黑色排在第三位，这说明：在无彩色系列中，以黑白灰为代表的 3 种色彩为主色时，辅色为其他任何色彩时的 α 波 AMP 平均值都比较高。

5.5.3 椅类家具材料与结构

现代家具材料随着科学技术的进步而日益增多，而几乎所有家具材料都被应用到椅子的设计中。呈现在人们面前的丰富多彩椅子式样应归功于材料的丰富。今天，被广泛应用到椅子设计与生产中的家具材料主要有木材（包括实木及人造板材），铜、钢、铝等金属材料，塑料，竹藤及其他各种具有一定强度的自然材料、人工合成材料等。

椅类家具通过使用不同的材料来体现不同的功能、形态和风格。由于不同的材料具有各自不同的表面特性和视觉特征，因而一旦材料被应用到椅类家具时，就会对椅类产品产生直接的触觉和视觉影响。此外，不同的材料有着不同的加工方法和成型工艺，而不同的加工工艺也将对产品的形态起到直接的影响。

5.5.3.1 材料与质感

材料的质感，是指每种材料都有其特有的肌理与情感。质感建立在生理基础之上，是人的感觉器官对材料的综合印象，是人的感觉系统因生理刺激对材料作出的反应或由人的知觉系统从材料表面得出的信息。

材料的质感由物理质感和心理质感共同作用而成。物理质感（又称肌理）是指通过人的肤觉和视觉器官感受到的物体表面的组织构造，如图 5-48 所示。它能细致入微地反映出不同物质的材质差异，是物质的表现形式之一；它能体现出物体的个性与特征，是物体美感的表现形式之一。心理质感是指材质肌理给人的情绪感受。

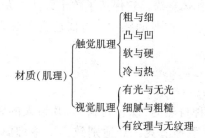

图 5-48 物理质感（肌理）

材料的质感一般归纳为粗犷与细腻、粗糙与光滑、温暖与寒冷、华丽与朴素、浑重与单薄、沉重与轻巧、坚硬与柔软、干涩与滑润、粗俗与典雅、透明与不透明等基本感觉特性。

椅类家具设计中常用的材料有木材、竹藤、金属、塑料、纺织品、皮革等（图 5-49）。

图 5-49 不同材质的椅子

(1) 木材

木材是椅类家具设计中最常用的材料,一直被认为是最富有人性特征的材料。其天然的纹理、柔和的色彩、细腻的质感使人备感温暖亲切。诸如中国古代传统红木座椅设计往往很少施用髹漆,仅擦以透明蜡就可以充分显示木材本身的质感和自然美。椅类家具设计常用的木材包括橡木、榉木、松木、桦木等。

(2) 竹材

竹材外形光滑细腻,可以大角度弯曲,特有的中空有节天然形态,轻巧雅致,极具韵律感和节奏感。竹材富有天然的纹理和色泽,给人以清新、典雅、纯朴之感,具有浓郁的田园色彩。竹材通常用以制作休息椅,它保持了竹子天然纹路,带给人一种质朴、古典的感觉。竹椅还具冬暖夏凉的优异特性。

(3) 藤材

藤材是一种自然的"绿色材料"。其给人的感受自然古朴,手感清爽,舒适别致,质感细腻。藤材可以漂白或染色,或淡雅,或深沉,或五彩缤纷,形成丰富的色彩,藤条或藤皮的构成和编织,更具柔性和可塑性。藤材由于质地舒适、触感柔韧,再加上通风透气性能好,成为最受欢迎的椅类家具材料之一。实际生产中,常用大量藤材缠绕沙发结构或编织座面制成藤椅。藤椅在给人以舒适触感的同时,还具有较高的观赏性,显示出使用者典雅的格调与品位。

(4) 金属

金属材料可塑性好,可任意弯曲或一次成型,营造方、圆、尖、扁等不同造型,还可以配上各种布艺软垫或海绵垫,金属材料的冷硬与布艺的柔暖形成质感对比,符合现代家居所崇尚的简约风格。钢、铜、铝、铁等金属因其优良的物理、化学特性而被设计师广泛应用于家具设计。金属是现在椅类家具设计中常用的材质,具有极强现代感。金属通常用于椅腿或扶手设计,给人以精致、凉爽、光滑、流畅的感觉。椅类家具设计中常用的金属材料有不锈钢、铸铜、铸铁等。

(5) 塑料

塑料触感温润、细腻柔和,其作为一种高分子材料具有极强的可塑性,因此利用塑料制作的座椅通常线条流畅,细部与整体浑然天成,给人以轻便、时尚、新颖的感觉。它还具有强度高、耐腐蚀、有弹性、触觉舒适等特点,因而受到许多椅子设计师的青睐。如北欧丹麦家具设计大师雅各布森（Arne Jacobsen）设计的天鹅椅、蛋壳椅就是塑料座椅的经典之作。在塑料中还可以加入色彩给椅子增添无穷的活力。

(6) 纺织物

椅类家具设计中常用的纺织物包括棉、麻、丝、毛等天然纤维材料以及涤纶、腈纶等化学纤维材料。由于各种纺织物纤维的粗细、长短以及布料的织法不同,因此其质感也各不相同。粗的纤维给予布料硬、挺、粗的触感,如麻等。细的纤维给予布料柔软、轻薄的触感,如丝等。

(7) 皮革

皮革是软体家具中常用的面层材料。皮革具有柔韧、透气、厚重的质感。皮革包括真皮和人造皮革两大类,其中椅类家具常用的真皮材料有牛皮、猪皮、羊皮等。按皮革的层次分,有头层和二层之分。其中头层皮的质感更加细腻、柔韧。此外,对于真皮而言,位于同一块皮革的不同部位,皮革的质感也各不相同,例如牛腹部的皮层相对于背部皮层更加细腻、柔软。

在一款座椅中可以通过材质之间的"搭配""对比"和"变化",使人产生鲜明、生动、醒目、振奋的体验,例如木材与金属、金属与塑料、木材与纺织物等等。然而如果材料使用繁多杂乱、主辅不分,将缺乏统一和谐的美感设计。因此在椅类家具设计中,应恰当运用各种材质差异,处理好材质之间的主从关系,把各部分有机地结合在一起,使其相互联系、彼此调和,才能达到材质的和谐统一。

5.5.3.2 结构

椅类家具按结构方式分为固定式、拆装式和折叠式。椅子的结合方式有榫结合,也有连接件结合,或两者兼有之。固定式椅子是指产品通过一定的连接方式组装成成品进行打包,顾客收到产品打开后即可使用的结构。椅子固定式结构零部件之间采用榫接合（结合部位上胶或不上胶）或采用连接件接合（不可拆卸）、胶接合、钉接合等接合形式。

椅子可拆式结构旨在减少包装体积，降低运输成本。将椅子拆分为椅背、座框、前腿、扶手和枨等各种零部件，各部件分离打包由安装人员或顾客按照一定组合方式组装后即可使用。拆装式结构的椅子零部件之间采用定位件和连接件接合，实现定位和固定。

折叠椅是采用翻转或折合结构连接而成的椅子。现代折叠椅主要有两种方式，一种是基于材料本身的柔软性靠自身折叠；另一种通过折动结构实现折叠。

5.5.3.3 沙发材料与舒适性

从舒适性的角度来说，沙发是最具舒适感的椅类产品。沙发的座垫和靠垫按填充材料可分为：弹簧结构，海绵结构，流体式结构（垫子以空气、水、弹性凝胶、黏性液体等作为填充材料），混合式结构（垫子由两种或两种以上的材料组合而成）。

（1）弹簧垫与舒适性

弹簧结构是沙发软体结构的传统形式，是利用钢丝弹簧作为软体材料，然后在弹簧上包覆多层保护垫，如乳胶层、棕丝、棉花、泡沫塑料、海绵等。属于现代常用的性能较优良的产品。弹簧垫弹性好、承托性佳。弹簧垫还具有良好的透气性，内部结构中留有透气孔道，方便防潮散热，不易发生霉变。在耐用性方面也有不俗的表现，其结构不易断裂、变形或塌陷。

弹簧垫主要有两大类，一类是用螺旋钢丝把双锥形弹簧串绕成一张弹簧芯子，这种称为串联式，一处受压，附近的弹簧也会互相牵扯，如图5-50所示。

另一类是每一个螺旋形弹簧经压缩后分别藏于纤维袋中，互不连接，单独伸缩，这种弹簧垫称为独立袋装式，理论上这种弹簧垫的特色在于支撑独立，能单独伸缩，每个弹簧能分别承担身体各部分的重量，使身体每一部分得到适当的支撑，如图5-51所示。

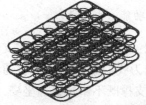

图5-50　串联式弹簧　　图5-51　袋装式弹簧

（2）海绵垫与舒适性

沙发座框和靠背的底面多采用尼龙带和蛇形弹簧交叉网编结构，如图5-52、图5-53所示，尼龙带和蛇形弹簧面弹性越大，坐感越好。其上面分层铺垫高弹泡沫、喷胶海绵和轻体泡沫。这种垫层弹性好，坐感舒适。中档沙发多以胶合板为座框和靠背的底板，上面分层铺垫中密度泡沫和喷胶绵。这种垫层坐感偏硬，回弹性稍差。

图5-52　靠背架

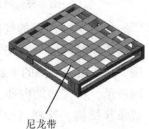

图5-53　座框

高档沙发座垫应使用密度在$30kg/m^3$以上的高弹泡沫海绵，背垫应使用密度$25kg/m^3$以上的高弹泡沫海绵。为提高坐姿舒适度，有些泡沫还在确保不降低密度的前提下，做了软处理，有些在座垫内设置立式弹簧，使沙发具有更高的回弹性和抗老化性能。一般情况下，人体坐下后沙发座垫以凹陷10cm左右为最好。

（3）流体结构与舒适性

流体结构是利用流动性材料（如空气、水、弹性凝胶体、黏性液体等）为填充物制造成的软包，一般有气体、液体和凝胶体3种形式。气体软垫又分间隔式和蜂窝式2种。液体和凝胶体软垫是将液体和凝胶体装在尼龙外裹材料里面制作而成的。实验证明，流动性材料制作而成的座垫可以有效分散人与座椅界面的压力，尤其是对凝胶体来说，其黏性及连续性类似于人体的软组织，可以使人体获得较舒适的坐感。但由于技术方面的原因，这些类型的座垫存在较多的问题，如可能发生爆炸，液体和凝胶体制作成的软垫，重量大且容易泄漏，形状不容易控制等。

图 5-54 气垫结构图

图 5-55 气垫层状结构图

如图 5-54 所示的气垫设计，条状结构，整个气垫的外层再加一圈充气层，起到稳定加固的作用，从而避免气垫的不稳定。如图 5-54 气垫剖面图所示，在气垫的内部，设计有隔层，使得气垫成条状结构，这样可以让气体填充得更加均匀，避免气体因为是流体，而产生晃动。

图 5-55 所示是气垫层状结构。气垫由气垫层和海绵层共同组合而成，气垫层应为交叉排列，座垫表层为竖向，靠垫表层为横向，此时的舒适性较好。实验证明，双层气座垫的舒适性要明显优于单层气座垫。在设计气座垫时，表层充气量可以少，但底层充气量要多，使得气垫达到表层较软，底层较硬的状态，这样的气垫在结构上，中间有硬的充气层来支撑，与人体接触的表层又能够比较柔软，因此弹性、稳定性和舒适感都将比较好。

5.6 椅类家具设计案例

5.6.1 新型办公椅

如图 5-56 所示，这把办公椅充分考虑了人在办公时的姿态变换的需求，靠背、座面、扶手、头枕关键部位都可以根据需要而调节。

（1）靠背设计

此款新型办公椅的靠背设计非常新颖独特。它由两块独立的前独立靠背和底层靠背组成。前

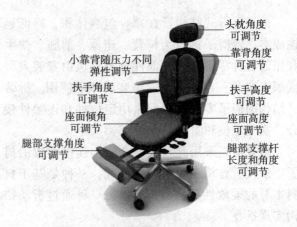

图 5-56 新型办公椅

靠背造型接近人体肩胛骨。内置压缩弹簧与底层靠背连接，外部由记忆海绵包裹。在使用时可根据压力不同而独自转动。而且中间的空隙设计可减轻靠背对脊椎的压力。靠背可根据不同的坐姿进行角度调节。

（2）扶手设计

此办公椅的扶手可通过调节高度及横向伸缩以改变扶手的长短，来适应不同年龄的使用者，使其更符合人体工程学原理。

（3）座面设计

此座椅的座面不仅在高度上可以调节，而且座面的角度可根据不同的坐姿进行调节。

（4）腿部支撑设计

此新型办公椅腿部支撑的主要作用在于支撑腿部重量，增大人体重量的支撑面积，从而减小座垫压力，使人体压力分布更趋合理。腿部支撑杆由特制气杆组成，并与座面和靠背的整体调节机构相连，可通过坐姿调节杆的变化而满足不同坐姿需求。

（5）调节机构方便快捷

此新型办公椅采用一杆多功能方式，由 3 种坐姿实验数据得出最佳的使用角度。通过一杆使 3 种坐姿功能轻松转变。避免了由于功能太多而引起的调节杆过多、调节复杂等现象。

（6）新型办公椅使用功能分析

普通办公椅使用功能：当新型办公椅腿部支撑弹回到座面底部，就成为我们平时使用的普通办公椅状态。此时的腿部支撑既不影响普通坐姿，又不失美观，如图 5-57 所示。

图 5-57　不同的使用功能

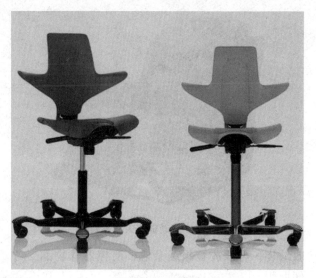

图 5-58　骑马椅

跪式坐姿使用功能：当跪式坐姿使用时支撑杆弹出，根据人体姿势调节距离和角度，达到最舒适效果。此状态最大优点是使人的躯干自动挺直从而形成比较自然的脊柱形态，避免椎骨变形受压。

躺姿使用功能：在躺姿使用时，腿部支撑弹出并旋转，靠背后仰与座面后倾，人体重心后移，人体处于放松休息状态。此坐姿便于现代办公人员中午在办公室里午休。

5.6.2　骑马椅

如图 5-58 所示，骑马椅（HAG Capisco Puls），又名骑马正姿椅，是挪威著名的工业设计大师——Peter Opsvik 为孩子"量身定做"的学习椅。2011 年获德国红点设计奖。

（1）坐态变换

骑马椅是一种辅助端正坐姿，有效避免近视和驼背的功能性座椅，它能适合不同的坐姿，并且鼓励使用者在使用过程中变换姿势，调整坐姿。骑马坐、倒骑马坐、侧坐，变换高低坐姿，颠覆传统的坐姿方式，能够缓解体重压迫内脏，降低人体能耗，改善人体呼吸系统和血液循环。

（2）椅背及扶手

"骑马椅"的蝴蝶形椅背设计，为各类坐姿提供完美的支撑，同时又不会对活动带来限制。椅背与椅身连为一体，赋予了更多的活动空间，不再限制孩子爱动的天性。椅背及扶手一体的设计，可让使用者体验独特的倒骑马坐的坐姿，椅背支撑胸部。该坐姿尤其适合儿童及青少年，可以预防近视。

（3）椅座

椅座的灵感来源于骑手——即使长时间地坐在马背上，骑手仍然能一直保持良好的姿态以及上半身的良好平衡。马鞍形椅座的凹槽设计使得髋骨顺势打开，背部挺直，腰部呈现自然的弯曲弧度，使得全身的肌肉放松并保持平衡。

（4）座椅高度及深度调节

这款椅子的高度和深度都能够调节，不仅垂直方向上可进行上下调节，椅座还可以水平方向进行前后调节，可以从普通坐姿调节到半坐立式的坐姿。

（5）五星脚盘

直径 73cm 的五星脚盘，保证下盘坚实稳定，不易倾翻。孩子的脚掌可在地面和脚踏上自由变换搁踏，带动下肢活动。

5.6.3　多功能老人沙发椅

如图 5-59 所示的多功能老人沙发椅拥有靠背调节功能，可实现多角度惬意坐躺和斜躺，让背部脊椎、肌肉都能处于松弛状态；同时配备侧面

图 5-59　多功能老人沙发椅

图 5-60　按摩椅

收纳袋，可以放置报纸杂志、遥控器等物品，方便取用。

(1) 扶手设计

平滑的木质扶手设计，高度尺寸合适，可以非常好的帮助老年人坐下和起立，同时让老人坐着时双手可以省力地摆、放。

(2) 头部调节

这款多功能老人沙发椅，头部可实现 5 档升降式调节。可根据使用者自身情况，自由调节，使头、颈、肩处于最自然、最舒适的状态中。

(3) 座面调节功能

这款老人沙发椅在不加高座面高度时，拥有 3 档高度调节功能；加高座面状态下，可实现 5 档高度调节。坐下时腿脚所受的压力很小，不容易引起腿酸、浮肿、发麻等情况，适合各种高度的人群使用，老人腿脚能够自由伸开，不用担心坐、立等困难。

(4) 搁脚调节功能

搁脚可进行 1～4 档调节，可拉伸距离约 20cm，符合不同身高人的需求，使脚部得以放松，实现坐、躺姿势的不同变换。

5.6.4　按摩椅

Medical Chair 3S，此舒展按摩椅名为稻田按摩椅，如图 5-60 所示。这款按摩椅的设计贴合人体曲线，通过 S 形伸展，能够恢复背部曲线，改善驼背。按摩椅配备 32 个气囊，可以达到从头到脚的全身按摩。

(1) 按摩穴位侦测系统

精准地找到指压穴位，对肩胛骨部位、颈部、骨盆、背部、腿部、足部、手臂都能起到按摩作用。

(2) 4 种保健模式可供选择

全身按摩与舒展；舒展运动；全身按摩；下半身按摩。

(3) 末端温热功能

温暖最易受寒的指尖和脚尖，使身体由内而外地放松。

(4) 使用简洁方便

控制器存放袋；滑动式脚部气垫（根据身高自由伸缩）。

- **复习思考题**

1. 试述座椅的功能要求、基本构造和特点。
2. 座椅设计中需要考虑人的哪些因素？
3. 试分析不同坐姿和人体疲劳之间的关系。
4. 座椅设计中为何需要考虑环境因素？使用环境对座椅有哪些影响？
5. 座椅的功能尺寸主要有哪些？相对应的人体尺寸百分位应如何选择？
6. 座椅设计时可从哪些方面考虑提高其使用的舒适性？
7. 试述椅子形态与人的视觉张力和视觉审美之间的关系。
8. 椅子设计：根据学生的人体尺寸及椅子设计的基本原则和要求，分析目前学生用椅的优缺点，设计一把适合在学生公寓里使用的椅子。

第 6 章

床具设计

❯❯ 本章提要

本章从人体工程学角度介绍了床具设计。首先介绍了床具的类型和功能，然后分别从使用环境对床具的要求、床具与人的关系、睡眠与卧姿、床垫设计及床具其他设计要素5个方面详细阐述了床具设计中的人体工程学知识。重点分析人—床界面及其影响因素、人—床界面特性与卧感、卧姿脊柱形态与受力之间的关系；介绍了床垫、床屏、床架和床梯等主要功能部件的设计要点，并列举了儿童床具、弹簧分区床垫和智能床垫设计案例。

6.1 床具的类型和功能
6.2 使用环境对床具的要求
6.3 床具与人的关系
6.4 睡眠与卧姿
6.5 床垫设计
6.6 床具其他设计要素
6.7 设计案例

床具是典型的人体类家具，主要供人们睡眠。人的一生约 1/3 的时间在睡眠中度过，因此，床具与人们的关系十分密切。它影响到人的睡眠质量、人的健康和精神状态。

长期以来人们从生理学、心理学方面对人的睡眠进行了许多研究。但要保证高质量的睡眠，仅对睡眠的生理和心理因素进行研究是不够的，还要研究寝具等物质方面的条件。归纳起来，影响睡眠的物质条件有温度、湿度、通风、照明、安静程度（噪声）以及床具的功能等。如图 6-1 所示。其中，床具是影响睡眠的重要因素，它的设计要符合人体工程学原理。对床具的研究和设计，国外已有 30 多年的历史，形成了比较完整的设计理论，而且有广泛的应用，而我国在这方面的研究还比较少，但不少床具公司已经开始从事这方面的研发，并推出了一系列的产品。目前市场上的床类产品，不管是国内生产的，还是国外进口的，都可以看到人体工程学在其中的应用。

品牌床具展示

图 6-1　影响睡眠的因素

6.1　床具的类型和功能

6.1.1　常见床具

床具是供人睡眠休息、消除疲劳、恢复体力和补充精力的主要用具，与人体接触最多，因而床与座椅一样，属于人体类家具。随着人们生活方式的改变以及生活质量的提高，床具使用需求的差异日益明显，功能趋向多样化，出现了多种类型的床，主要有单人床、双人床、双层床、多功能床、婴儿床等。

根据床宽不同，可分为单人床和双人床。单人床，顾名思义，是提供给单人休息使用的床，在单身人群，以及青少年中被广泛使用。双人床的宽度可供两个人共同使用，并且注重一人的动作对他人的影响。

双层床，为充分利用空间而设计，是由上下两个床铺构成的，一般用于集体宿舍、儿童房以及交通工具如飞机、火车、长途汽车等。

多功能床，原指能满足坐、卧、储物、摆放饰品等多种用途的床，现在随着人们需求不断地发展，已经出现了很多新功能，如为了满足人们的读写需求出现的多功能床桌，医院为了病人康复使用的多功能护理床，能够以双人床、双人沙发、转角沙发、茶几等形式出现的组合床等，多功能床的设计充分体现了对人的多方面需求的考量。

婴儿床，是婴儿睡觉、休息的地方，是婴儿最主要的活动空间，保证婴儿睡眠的舒适和安全是婴儿床设计的主要出发点。

6.1.2　智能床具

随着科技的快速发展，研发人员巧妙地将现代机械技术和计算机技术融入床具的开发中，生产出很多别具特色的智能床具产品。目前国内外的智能床具设计，依据其功能分类，主要有以下几种。

（1）智能电动床

床具各主要支撑部位能够电动调节，帮助使用者实现理想姿势，以满足人在床上进行各种活动，如有休闲娱乐模式、看书模式、零压睡眠模式等。另外，对于老年人群体，可辅助起坐。

（2）智能控温床

该床具在其床垫上附有温控层，并装有电子温控装置，能智能调节人—床界面温度，以满足使用者在不同睡眠条件下人体热舒适性需求。

（3）软硬度调节

床具内置空气传感器和压电薄膜传感器，可检测到身体不同部分以及不同睡姿的压力分布，将其数据传送到控制器内经过计算后达到设定目标硬度，进而控制气泵进行放气充气，以自动调节适宜的软硬度。

（4）生命体征监测

具有该类功能设计的床具，多定位于老年人

床,可检测生命体征,如上海一家企业研发的智能床垫,将多年临床养护经验与智能研发相结合,并结合智能手机客户端,实现对老人、病人等进行全方位的照护和关爱,嵌入式传感器可以用来跟踪睡眠质量,记录呼吸、心率、体动、离床感应等。

（5）催眠与唤醒功能

瑞士推出一种会演奏音乐的电子催眠床,当使用者久久不能入睡,在床上辗转反侧时,这种床会自动发出一种轻松、柔和的催眠曲,伴你安然进入梦乡。日本研制出一种电子闹钟床。床头带有电子控时装置,预定时间一到,床会开始抖动,将主人唤醒;如果不及时起床,床就会激烈抖动并倾斜,使贪睡者慢慢地滑到地面上。

6.1.3 床具构造与主要功能部件

随着使用环境和需求的差异,人们使用床具的类型也越来越多样化;然而无论是普通的单人床还是日趋丰富的智能化床具产品,床具的基本构件主要由以下几类:床架、床垫、床屏、护栏和床梯,如图6-2所示。

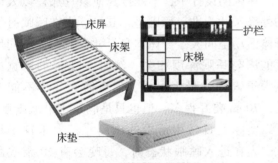

图6-2 床具结构构件图

床架即为床具的骨架,是床具重要的支撑结构件,不仅要求具有一定的强度,还应有较好的缓冲性和稳定性。目前市场上的床架主要有整块的木床板、成排状的板条床板、钢丝及棕绳等织就的床架等,如图6-3所示。

图6-3 床架类型

床垫位于床架之上,是床具与人接触最为紧密的功能部件,也是人睡眠过程的直接载体。床垫的作用在于对人体各部位进行良好的承托以使人在卧姿状态下得到充分的休息与放松,因而床垫设计的科学性和合理性是影响人卧感与睡眠舒适性的关键因素,也是人体工程学中人—床界面研究的重点。如图6-4所示,目前常见的床垫类型为棕床垫、弹簧床垫、海绵类床垫及各种新型材料制成的床垫。

图6-4 常见床垫类型

床屏位于床具两头,分双屏床和单屏床。单屏床只在床头有床屏,床屏具有倚靠人体背部的作用,是为满足人们在床上或坐或半躺的需求而设计。床屏高于床面,是床的视觉中心,也是最能体现设计感的部件。因而,床屏不仅要满足坐卧的舒适性,同时对其外观设计有很高要求。常见的床屏有不带软包床背板和带有软包靠板这两大类,如图6-5所示为两种不同类型的床屏。

图6-5 床屏案例

床架、床垫和床屏是床具最常有的功能部件,而床梯和护栏是一些特殊床具所具有的功能部件。床梯多见于高架床与多层床中,是供人上下床的工具,如图6-6(a)所示为高校宿舍用的高架床,床下可嵌入组合式学习桌柜;图6-6(b)为列车卧铺车厢中的三层床,这些床都设计了床梯以满足上下床铺的需要。护栏多应用于高架床、多层床、婴幼儿床及老年人的护理床中,如图6-7所示。其主要作用即防止人睡眠过程中的跌落或婴幼儿从床中爬出等意外的发生,对人的睡眠休息起到保护作用。

图6-6 床梯案例

图 6-7　护栏案例

6.2　使用环境对床具的要求

6.2.1　床具的使用场所及特点

床在人类社会生活中占有重要位置，在人类社会生活中有很多场所需要床具，使用场所不同，所需的床具类型不同，床具的特点也不同。

床具使用环境

不同年龄段的人，对居室环境的要求不同，对家具的要求更不相同。其中尤其以儿童和老年人最为明显。由于儿童与成人的生理特征（主要指身体尺度方面）和心理特征不同，这就决定了儿童床与成人床之间有所区别。儿童床要生动形象、趣味十足，适合儿童心理。而成人床则要端庄、稳重、成熟，如果是婚床则要满足新人当时的喜庆、舒适的需要。而老年人随着年龄的增长，在生理、精神、行为及生活方式上会有改变，这就决定了老人床与成人床有所区别。老年人的床具高度最好可以进行方便调节，以适应不同季节寝具厚度不同、年龄增长或意外疾病的需要。

最适合居家面积较小居室使用的是沙发床，由于沙发床有很强的机动性，其对设计的要求更高。传统的沙发床只是将沙发做个简单的改良，材质上仍然采用沙发惯用的发泡绵或海绵垫，这样的沙发床非常不适合人体长期坐卧。而现在的沙发床则在设计上加入了更多的人文考虑，更关注于人体工程学的采纳和运用。

酒店客房家具是依据等级来选择配置的，床具是客房中的"中心"。大型宾馆客房有豪华单人房、标准房、三人间、套房、商务房、商务大床房、家庭房等。客房中的床有单人床和双人床，大致尺寸和家庭住宅类床差不多，宜舒适和洁净。

集体宿舍的床具大致有两类：第一类，传统上下铺结构床，即上下均为床铺，一般用于一室4~8人；第二类，新型组合式宿舍家具，即上部为休息空间，下部为学习空间，这种床体结构适用一室4~6人。这种组合式宿舍家具目前在新建高校宿舍中被日益广泛使用。

交通工具如飞机、火车、长途汽车等也设有床具（图6-8）。比如乘火车，一般超过8h就需要设有床位。交通工具上的床具一般为双层床或三层床。由于交通工具上人流量大且流动性大，使得床具较为简便，只能满足人休息的最基本的要求。

图 6-8　客车卧铺

6.2.2　使用环境对床具尺度的要求

在床的设计中，不能像其他家具那样以人体的外廓尺寸为准，原因是，其一，人在睡眠时的身体活动空间大于身体本身尺寸；其二，不同尺度的床与睡眠深度相关。例如，47cm的床宽虽然大于人体的最大尺寸，但会使人几乎不能入睡；70cm要好得多，但也只是满足了最低限度，所以实际上日常生活中的床尺寸都大于这个尺寸。人在进入睡眠状态时，每晚会有20余次翻身以调整睡姿，如果床的宽度过窄，就会使人处于紧张状态而减少翻身次数，得不到充分的休息。因此床的尺寸大小应满足人的生理和心理要求。

老人房中对床具尺度的要求：由于老人这一群体的特殊生理和心理特性，床具的尺度要适合于老年人的尺度。床的长度除了考虑人体的高度以外，还应考虑头、脚两端留有一定的距离，60岁的老年男性平均身高为1640mm，床的长度取2000mm。老年人适合于宽大的床，翻身时可不受影响，单人床取1000mm，双人床一般为1500~1800mm。床面高度主要应考虑方便人起坐及穿衣活动，老年人腿脚不灵活，床不宜过高，以免上下床不方便，适合老年人的睡床高度一般以

420mm合适，床头板做成100°倾角的弧度设计，加上和床头板尺寸相符的棉质靠垫，可以靠在床头休息和读书。

儿童房中对床具尺度的要求：3~6岁时儿童一般都开始与父母分房独居一室，这一时期，床的尺度长多在1000~1200mm，宽多在650~750mm之间，床高约在400mm左右。到了学龄期阶段儿童床设计可基本参照成人床考虑，儿童单人床可参照成人单人床的尺度。此外，对于有多子女但又没有足够空间的儿童房来说，设计双层床是节省居住面积的有效方法，下铺面至上铺底板的层间净高应不小于950mm，以保证下层儿童足够的活动范围。进入了少年期，应考虑让孩子分房适应逐渐独立的生活，并拥有属于自己的天地。

在尺寸上，不同的酒店要求家具有不同的尺寸，固定尺寸的家具不适合酒店，不同星级的酒店房间不同，对家具的要求也就不同，比如皇冠假日酒店的床垫，就有8个不同的尺寸。此外，不同客源和不同档次的酒店对家具的要求也不同，比如外宾多的酒店，他就要求家具尺寸更大、床垫更软一些。

表6-1所列为3种用床的尺寸。

表6-1 三种用床尺寸　　　　mm

尺度		老人床	儿童床		宾馆用床
			3~6岁	学龄期阶段	
长度		2000	1000~1200	1920	2000
宽度	单人床	1000	650~750	800、900、1000	1200 1350 1500 1800
	双人床	1500~1800			

6.2.3 使用环境对床具色彩的要求

床具作为人们的日常生活用品，是通过形体和色彩来产生美感的。床具的美除了和谐的形体以外，色彩也是其中重要的因素。床具色彩的选择受到众多因素的影响，比如不同性格、不同年龄、不同职业，不同文化背景等人对床具色彩的选择就不同，用在不同使用环境中的床具色彩，也是各不相同。

人在不同的年龄阶段对色彩的理解力不同。孩子们喜爱有鲜艳、浓重的色彩搭配在一起装扮起来的家具，甚至在有些儿童家具上还装饰着色彩鲜艳、色调反差强烈的卡通形象，这样的色彩设计更能引起孩子们对自己生活空间的热爱，儿童天真活泼的个性尽显于这些美丽的色彩中；年轻人往往喜爱色彩浅淡的家具。也有相当一部分年轻人喜爱以浅色为基调在局部点缀以醒目颜色的家具。他们认为这样的色彩使家具看起来更具时尚感，那些色彩鲜艳的家具在他们的眼中变得幼稚。在他们趋于成熟的心灵里，追求的是对自己生活的主宰和对自我个性的展现；上年纪的人通常喜爱深色家具。他们认为深色家具更能让他们在经历了一番岁月风雨的磨炼后对生活感到充实和惬意。

不同性别的人对色彩的选择也不同。多数女性喜欢暖色系的颜色。而多数男性则喜欢冷色系的颜色。他们通常也会把这种偏爱反映到对家具色彩的选择上来。女性通常喜欢把家布置成充满温馨的样子，在选择家具时也多会选择淡雅的并点缀以暖色系颜色的家具，比如白枫木点缀以红色的家具；男性则希望自己能生活在一种清爽的环境中，通常喜欢把家布置成一个清凉世界而多愿意选择以冷色系为主的家具。如浅褐色点缀以蓝或绿色的家具。

文化层次的差异同样影响着人们对家具色彩的选择。受教育程度较低，生活空间相对较封闭的人群对家具色彩喜爱的选择一般没有较突出的个性认识，他们通常是从周围人们所选择的家具色彩中"人云亦云"地看到别人选择这种颜色的家具，自己在选择时也会被这种印象所左右而选择相似颜色的家具；而受教育程度较高，眼界相对较开阔的人群对家具色彩的选择一般都有自己比较个性化的见解。这种见解的差异来自他们的阅历和由阅历而形成的个性，是因人而异的。他们往往选择多种不同颜色的家具并对其进行很好的搭配，以此显示出他们的品味与众不同。

色彩对人的睡眠与休息的影响不可忽视，既要让人放松，又要感到安全、踏实。通常，学龄前的儿童床设计多带有梦幻般色彩，图案可以是具象的造型如赛车、轮船，以及动物形象如大象、长颈鹿等，并以此作为设计主题，体现儿童天真与活泼情趣。但女孩床设计则应多注重利用俏丽、粉艳的色彩点缀，以满足女孩天生对俏艳色彩追求的心理喜好。老人床色彩设计应采用深色。有时床具色彩的选择也考虑是否与周围的装修色彩协调。公寓床和交通工具用床在色彩选择方面没有什么特别要求。

6.3 床具与人的关系

6.3.1 人—床界面及其影响因素

人—床界面即人、床之间在复杂的生物力学相互作用下所产生的接触面，如图 6-9 所示，包括微环境界面，压力界面和形状界面，其中压力界面和形状界面的关系密切。

影响人—床界面关系的因素主要包括人的因素和床垫因素两个方面。其中床垫方面的因素又包括床垫的材料、床垫材料的组合方式、床垫的构造等，这些因素决定了床垫性能，如床垫的透气性、导热性、渗透性及床垫的力学行为模式等，而床垫的透气性、导热性、渗透性及力学行为模式等又反映了人—床界面关系。

人的因素方面主要包括人体控温机制、人体重量分布、人体体型特征以及人体肌肉骨骼系统等。这些因素对界面关系的影响，主要表现为两种关系模式。第一种为力的平衡关系。首先，在人体重力作用下，床垫发生变形，并产生反作用力，与人体重量相互平衡。同时，在床垫反作用力的作用下，人体肌肉软组织发生变形，产生内应力，使肌肉骨骼系统达到力的平衡。在两种力的平衡作用下人体获得支撑。这一关系模式主要包含了人—床界面关系中的压力界面和形状界面，体现了人、床之间的力的支撑关系。第二种关系模式主要表现为人与床之间的能量交换。首先，在人体控温机制的影响下，人体向床垫排热、排湿，床垫吸收，并向周围环境中散发来自于人体的热量与湿气。当床垫的导热性较大或透气性非常好时，人体热量散失加快，人体体温下降，人体肌肉变僵硬；当床垫的导热性较小或透气性较差时，床垫不能及时向周围环境中散发来自于人体的热量和湿气，人—床界面温度升高，人体体表温度也升高，较高的体表温度使皮肤湿气散发进一步加快，界面温度继续升高，当人—床界面温度升高至体表温度时，人的控温机制失去平衡。

由此可见，与人—床关系主要表现为微环境界面、压力界面和形状界面。微环境界面可以通过界面温湿度来衡量，压力界面可以通过体压分布来反映，形状界面可以通过脊柱形态测试来评价，3 者共同反映了人—床垫界面特性。

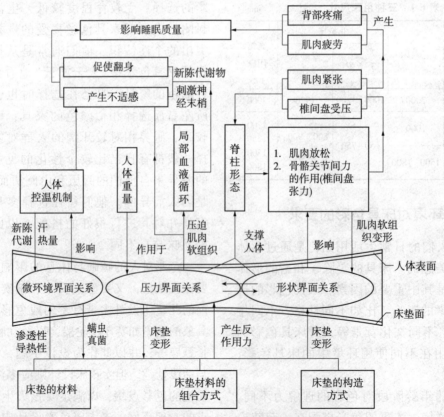

图 6-9 人—床界面关系及其影响因素分析

6.3.2 人—床界面特性与卧感

（1）体压分布与卧感

在人—床界面的人体受力状况可以用体压分布来说明，体压分布是影响卧感的重要因素，过于集中的压力分布会使局部肌肉软组织受压过大，时间一长就会出现血液循环受阻和局部缺血现象，对于健康人，局部缺血会使人产生一种新陈代谢物质，刺激神经末梢，从而促使人体翻身。但如果是行动受限制的人，则在载荷和时间的双重影响下，造成褥疮的形成。因此，人—床界面压力分布不宜过于集中，否则会增加人的睡眠动作行为，从而不利于人体肌肉组织的放松和睡眠质量的提高。同时，较大的压力本身也会刺激人体，使人产生不适感，一些专家建议人体皮肤表面所受压力阈限值不能超过30mmHg。

（2）界面温湿度与热舒适性

由于人体热舒适性受室内环境温湿度和床上被褥微气候环境影响，从人体各个部分来分析，人在睡眠状态下，相比于头部热感觉随其皮肤温度的变化，被覆躯体热感觉随其皮肤温度变化更为敏感。这是由于人体覆盖被褥时，被褥将室内热环境与被褥微气候隔绝开来，使被褥微气候温度高于室内热环境温度，人体热舒适首先受到被褥微气候的影响，其次是室内热环境。另外，热舒适性存在性别差异，女性对温暖的环境适应性较好，同时对温度升高感知灵敏度低于男性，但对于寒冷的感知灵敏度较高。市面上已出现一些温控式床垫，将男性和女性左右分区，结合温度传感器，可使用手机客户端进行自主调节，提升人体热舒适性。

6.4 睡眠与卧姿

6.4.1 睡眠机制

睡眠是一种生理调节机制，也是一种人的行为习惯。它是由神经系统和生物钟所控制的，是人体的一种自然现象，以防止人因活动过量而衰竭。睡眠的好坏取决于神经抑制的深度，即睡眠深度。如图6-10

睡眠机制阐述

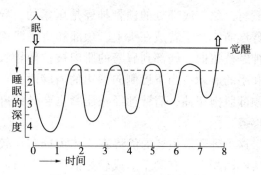

图6-10 睡眠深度随时间的变化

所示为通过对人的生理测试获得的睡眠过程的变化，通过测量发现人的睡眠深度不是始终如一的，而是在进行周期性变化。

睡眠期间，椎间盘压力降低并补充水分，导致脊柱延长，能使人体在晚间增加身体长1%，肌肉也可以在一个非常好的睡眠系统下得到放松。睡眠的作用是消除疲劳，恢复体力和脑力，将劳作和活动消耗掉的能量补偿回来，也为新的劳作和活动准备新的能量。睡眠质量对人的社会交往、情绪、生活质量、工作效率等都有重要影响，因此作为睡眠载具的床具就显得尤为重要，在设计时不仅要考虑床的尺寸对睡眠的影响，还要考虑人—床界面特性对卧姿舒适性的影响。

6.4.2 卧姿

根据人体与床垫间的关系可将卧姿分成侧卧（包括左侧卧和右侧卧）、仰卧和俯卧三种。

（1）侧卧

侧卧是很多人喜欢的睡姿。在这个睡姿中，当床垫软硬适中，就能正确的支撑人体脊柱成一条直线，同时保持颈椎前凸、胸椎后凸和腰椎前凸的自然S形曲线。左侧睡和右侧睡的脊柱形态没有区别，但由于人体心脏位于身体左侧，左侧卧对心脏的压迫较大。

侧卧时，身体侧向一边，接触面积变小，身体重力集中在肩膀和臀部两个主要区域，压力比较集中，局部压力增加。侧卧时的人体重心变高，形成一种不稳定状态，通过弯曲手臂和腿可以扩大支撑区域，稍能改善稳定性。

（2）仰卧

仰卧是最容易被采用的卧姿。通常，臀部和背部接触床垫，而腰部只获得很少的支持。这种卧姿可引起背部疲劳和疼痛。当手臂平放在身体两侧时，颈部底部处的锁骨神经是压紧的，导致肩臂疼痛。当手臂放在头上，颈部和肩膀肌肉间的神经被扭曲，胸部到肩膀的肌肉被拉伸导致手臂和手的麻木。当下巴侧向一边的肩膀时，可造成颈部肌肉扭曲，肩臂神经被压紧也会导致麻木和疼痛。

这个卧姿最主要的优势在于体重分布在较大的接触面积上，有利于形成较好的体压分布和卧姿稳定性，而脊柱的腰椎部分通常位于平滑的前凸和轻微后凸之间，这主要取决于床垫、脊柱的自然形态和睡眠时肌肉的紧张状况。

（3）俯卧

俯卧时，虽然接触面积比较大，会有良好的体压分布，但对于脊柱形态或者高质量的睡眠来说，俯睡是最不利的卧姿。重力使人体最重的中间部分深深陷入床垫而腿仍伸直着。因此，腰椎前凸会明显增加，而且会加大脊柱关节后面的压力，同时前面的软组织（如韧带）会处于压力下。尤其柔软的床面，会使腰部的腰椎曲线成一个扁平姿势，引起肌肉拉伤，导致背部疼痛。

俯卧时，人体压着胸腔加大了对肺部的压力，可能会导致呼吸困难。此外，头部多数转向侧面改善呼吸，会增加颈部旋转，导致颈部扭伤。如在头转向的一侧放置一个枕头，可以降低头和颈部旋转的程度。

人的睡眠是个动态过程，经常有几种卧姿互相更替，如图 6-11 所示。人在入睡时会有意识地选择自身认为较舒适的卧姿，入睡后在无意识状态下进行姿势调节以达到最佳的适应床具系统的舒适卧姿，且在一定程度上保护了脊柱，同时也维持了身体平衡。人体通常情况下每晚翻身次数约为 20 次，睡姿变换有利于避免人体局部软组织压力过大和肌肉僵硬。

人的睡姿和自身的习惯有关，每个人都有差异，除了仰卧和侧卧，往往都是些不规则的睡姿，

图 6-11 睡姿变换

这必将会给睡眠质量造成一定影响。图 6-12 所示的卧姿通常都能缓解腰部的疼痛，有的卧姿对一个人有效而对另一个人可能毫无作用，为了避免腰部疼痛的恶化或者是不愈，至少要在两种安全卧姿下进行变换。若有腰部疼痛的相关疾病，可以使用楔子和头枕来保持一个自然的卧姿。通常情况下姿势的好坏判断标准包括脊柱形态、界面压力和肌肉的活动情况。从健康的角度考虑，一般认为人体卧姿时的脊柱形态应与站姿时的脊柱形态保持一致。

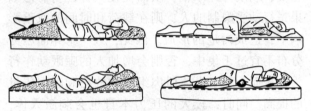

图 6-12 人的自然睡姿

6.4.3 卧姿脊柱形态与受力

正常人在站立时，脊柱形状是 S 形，后背及腰部的曲线也随着起伏；当人躺下后，重心位于腰部附近，如图 6-13 所示。从人体骨骼与肌肉结构来看，人在仰卧时腰椎的弓背高从站立时自然状态的 40~60mm 减至 20~30mm，接近伸直状态。

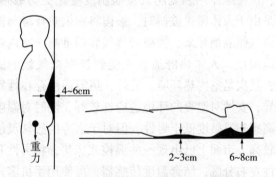

图 6-13 直立与仰卧的腰椎弓背图

卧姿人体受力与站姿不同。站姿下人体头部、肩背部、腰部和臀部的重力方向基本是重合的，而当人体卧下时，人体各部位的重力相互平行垂直向下，人体各部位肌肉受到压迫，与站姿状态下的腰椎间盘压力相比，在卧姿状态下的腰椎间盘压力较小，如图 6-14 所示。所以不能把人的卧姿看作是站立的横倒，即使卧姿与站姿的骨骼、脊柱状态相同，由于身体各部分肌肉和椎间盘的受压情况不一样，仍然会使人感到不同。

不同的卧姿在床垫上的体压分布情况不一样，对人体脊柱形态也有影响，如图 6-15，3 种卧姿的脊柱形态和体压分布呈现出明显区别。舒适的

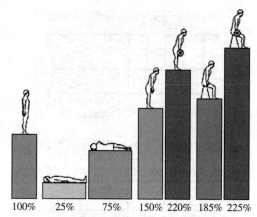

图 6-14 人体不同姿势下腰椎间盘受力情况

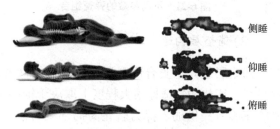

图 6-15 三种卧姿的脊柱形态和体压分布

卧姿是顺应脊柱的自然形态,并保持人体各部位合理的体压分布。

理想的睡眠系统有良好的舒适性,即能支撑身体使脊柱处于自然状态。侧卧时,理想的身体支撑是使脊柱呈一条直线。

6.5 床垫设计

随着物质文明和技术工艺的不断进步,现代人们使用的床垫种类逐渐趋向多元化,常见的有弹簧床垫、海绵床垫、棕榈床垫、水床垫、气床垫等,而近些年随着对高品质生活的进一步追求,兴起了一系列智能床垫以更好地满足人们的身心需求。目前,在这些床垫中,弹簧床垫和海绵床垫仍然占据较大的比重。弹簧床垫是以弹簧及软质衬垫物为内芯材料,表面罩有织物面料或软席等其他材料制成的床垫,具有良好的抗冲击性,对人体的支撑力度较为合理。海绵床垫是以各类不同密度和材质的聚氨酯海绵构成的软床垫,更易获得较高的卧姿舒适性。因此,两者占据着市场的主要份额。

6.5.1 床垫结构与材料

好的床垫设计应充分考虑人—床界面间的关系,在契合人体曲线的基础上,对全身进行良好承托进而使人体各部位体压分布合理。据此,必须合理设计床垫结构并选择恰当的材料。床垫的结构从上至下分为:上面料层、上铺垫层、芯层、下铺垫层与下面料层。依据芯层材料的差异,现今常见的床垫类型主要有弹簧床垫、海绵床垫和棕榈床垫。

6.5.1.1 弹簧床垫

弹簧床垫是以弹簧为内芯材料,海绵类软质衬垫物为铺垫材料,表面罩有织物面料或软席等其他材料制成的床垫。弹簧床垫因用材的多样性带来结构的复杂性。如图 6-16 所示即为一款弹簧床垫的构造示意图。

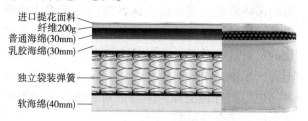

图 6-16 弹簧床垫结构图示意

(1) 弹簧层构造

从弹簧层的结构归类,主要有一线通弹簧床网、中凹型双锥弹簧床网、袋装独立筒弹簧床网等,如图 6-17 所示。一线通弹簧床网由一股连绵不断的连续型钢丝弹簧,从头到尾一体成型排列

弹簧床垫制造过程

而成;其优点是采取整体无断层式架构弹簧,支撑性较好。中凹型螺旋弹簧构成的连接式弹簧床垫,其两面用螺旋穿簧和专用铁卡(边框钢丝)将所有个体弹簧串联在一起,成为"受力共同体",是弹簧床垫的传统制作方式。袋装独立式即将每一个体弹簧施压之后装填入袋,再加以连接排列而成,使每个弹簧皆以单独伸缩的方式实现独立支撑。

图 6-17 弹簧层结构

随着技术发展,各种新型弹簧带来床垫产品的革新。如独立袋装索缆弹簧和 Smart Response 独立袋装弹簧,如图 6-18。独立索缆弹簧由两条钢丝螺旋而成,以期能降低震荡传递使承托更均匀;Smart Response 袋装弹簧分上下两部分,上层弹簧线径小、紧贴人体以感知体型压力,从而分散压

图 6-18 独立袋装索缆弹簧、Smart Response 独立袋装弹簧

力;而下层呈酒桶状以求提供强有力的支撑,具备双重功能。

以上弹簧层结构中,袋装独立弹簧床网是最常用的结构方式。因个体弹簧参数的差异衍生出弹簧层不同的类型,分区弹簧就是其中一种较理想的床垫形式,其根据人体各部位尺寸将床垫分成若干区域,各区域的弹簧软硬度依据人体各部位的重量进行选择,常见的有三分区、五分区和七分区床垫,如图 6-19 所示。分区床垫能使人体各部位得到合理支撑,体压分布合理,并能形成良好的卧姿脊柱形态。

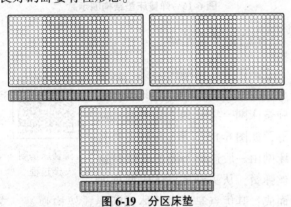

图 6-19 分区床垫

此外,就袋装弹簧自身的排列形式,可以形成平行排列和蜂窝结构排列两种,如图 6-20。平行排列即弹簧圈成列平行排布,边部整齐,排列方便。蜂窝排列是按蜂窝结构紧密装填排布,能减少弹簧圈之间的间隙,增加弹簧圈数量。这种设计可以增加床垫强度,提升支撑性能和人体舒适性。同样,基于袋装弹簧参数的差异,也有采用大弹簧与小弹簧组合排列的形式,以此对人体进行有效支撑,如图 6-21 所示。

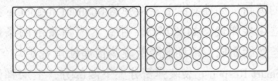

图 6-20 平行排列与蜂窝排列

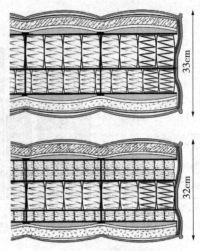

图 6-21 不同参数的弹簧组合

(2) 铺垫层构造

铺垫层是介于复合面料层与床垫芯层间的衬垫材料,床垫的舒适性很大程度上取决于铺垫层,其将床芯所提供的支撑力转化为局部载荷而有效地作用于人体部位。常见有泡沫塑料、防火的泡沫阻燃海绵、喷胶绵、波浪海绵、乳胶海绵和可以保持外力作用在其上所产生形状的记忆海绵等,如图 6-22 所示。记忆海绵又称慢回弹海绵,能有效地把人体压力化解为零压,抵消反弹力,从而为人体提供最平均、真实的支撑。乳胶海绵是以天然乳胶为原料一次发泡成型,其构造不仅减少身体与胶泡的接触,更促进空气流动,具有弹性高,承载性好,舒适耐久等特点。

图 6-22 常见铺垫材料

同样,各种新型铺垫料也种类较多,如图 6-23 所示。除采用海绵类作为衬垫物外,也有将微线圈弹簧用在铺垫层中,与泡沫海绵共同作用以丰富床垫的层次感。羊驼绒、马海毛、马鬃等各类天然材料的使用也是床垫材料创新的热点。天然材料透气性好,安全性高,但工艺的要求也相对较高,处理不当将易导致各类细菌微生物的滋生。

铺垫层结构可以由单层材料构成,也可以由多层材料组合而成。如图 6-24 所示,如单层结构为一层海绵或一层毛毡;两层结构为两层海绵,

图 6-23 新型铺垫材料

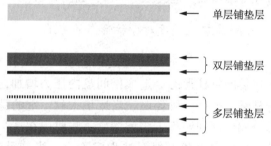

图 6-24 铺垫层层数

或一层海绵加一层毛毡,或一层椰丝垫加一层毛毡等;多层结构一般为三层以上,其可以由同种材料的不同规格构成,也可由不同材料不同厚度构成,种类较多。目的是为增加床垫的舒适度,但并非铺垫层越厚、床垫就越舒服。铺垫层的配置要达到与人体形态最佳配合时才最舒适。

(3) 复合面料层构造

床垫表面的纺织面料与泡沫塑料、絮用纤维、无纺布等材料绗缝在一起的复合体称为复合面料层,如图 6-25 所示。双层床垫中复合面料为单独一层。面料层作为床面表层,是影响人体视觉感受与人—床界面温湿度的直接载体。

目前市面上使用的面料种类很多,如纯棉面料、恒温面料、针织面料、竹炭面料、益生菌面料、银离子面料、负离子面料和 3D 面料等,其功能也不同。如纯棉面料和针织面料有吸汗、透气、亲肤等功能;恒温面料可根据环境温度吸收释放热量;竹炭纤维面料有很强的吸附分解能力;益生菌面料、银离子和负离子面料有抗菌防螨除臭,防辐射,抗静电等功效。各种动植物纤维、高科技恒温恒湿面料、防敏感面料也是研究的热点。

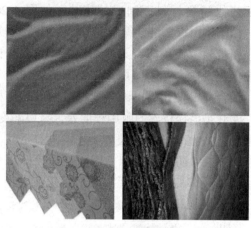

图 6-25 复合面料

6.5.1.2 海绵床垫

海绵床垫就是以海绵类材料作为支撑层,同种或其他作为铺垫层,表面覆以面料织物构成的床垫。该类床垫较为柔软,拥有较好的减震效果,在欧洲较为流行。常见的海绵床垫主要有聚氨酯海绵床垫、慢回弹海绵床垫及乳胶床垫,其结构类型与弹簧床垫中的铺垫层构造相同,可以由一种材料构成床垫,也可以由两种或多种材料构成;由多种材料构成时,通常支撑层为硬度较大的海绵,铺垫层多为记忆绵或乳胶绵以提高舒适性。如图 6-26 为一款整体海绵床垫。

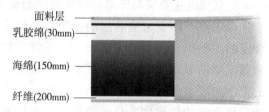

图 6-26 海绵床垫结构

除层数的不同外,海绵的形态也有差异,为提高海绵床垫透气性,市面上出现了多种异形切割海绵,如图 6-27 所示。同时,海绵床垫还可配合可调节的电动床架实现头部和脚部区域的升降,以满足在床上坐卧等不同姿势下的活动需求。

图 6-27 异形切割海绵

6.5.1.3 棕榈床垫

棕榈床垫指整张棕床垫或以棕榈为支撑层,

搭配其他铺垫材料而制成的床垫，如图 6-28 所示。棕榈层由棕榈纤维编制而成，一般质地较硬，硬中稍带软，使用时有天然棕榈气味。软棕榈垫比较保暖，适合冬天使用；硬棕榈垫更加透气清爽，适合夏天使用。以天然原材料做成的棕榈床垫，尤其是蓬松棕丝的耐用程度差，易塌陷变形，必须经过一整套的技术处理，才能具有透气、防腐、防虫蛀、防霉等优点。因而，现代棕床垫多采用山棕或椰棕添加现代胶黏剂后压缩成型，具有环保的特点。

图 6-28 棕床垫结构

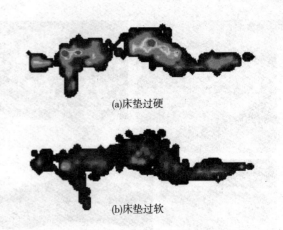

图 6-29 侧卧体压分布图

6.5.2 床垫软硬度

(1) 床垫软硬度及其影响因素

床垫软硬度是衡量床垫弹性性能的一个重要指标，通常用一定压力条件下的床垫下陷量来表示。下陷量越小，床垫越硬，弹性越小；反之，下陷量越大，床垫越软，弹性越大。

床垫软硬度主要受到床垫材料和结构的影响，对于弹簧床垫，构成床垫芯层的弹簧是影响床垫软硬度的主要因素，不同类型和不同规格参数的弹簧其床垫的软硬度也不同；对于海绵床垫，海绵的密度和硬度直接影响床垫的软硬度。弹簧床垫和海绵床垫的软硬度变化范围较大，而棕榈床垫的软硬度变化范围较小。结构不同的床垫其软硬度也不同，对于三层结构的弹簧床垫，弹簧层结构和铺垫层结构的变化都会直接影响床垫软硬度；对于多层结构的海绵床垫，各层材料的弹性性能、厚度尺寸及其组合方式的变化都会影响床垫软硬度。

(2) 床垫软硬度对体压分布的影响

床垫软硬度是影响体压分布的重要因素。如果床垫太硬，人体压力容易集中在几个比较突出的人体部位，造成局部血液循环不良。如侧卧时的肩部和臀部，平均压力和最大压力都比较大，如图 6-29(a)。当床垫较软时，人体压力可以分散在较大的接触面积上，平均压力和最大压力都较少，舒适感增强。但床垫过软时，虽然接触面积增大，但由于重力作用，臀部和腰背部下沉严重，脊柱变形增加，也会产生不适，如图 6-29(b)。

(3) 床垫软硬度对脊柱形态的影响

卧姿脊柱形态是衡量健康卧姿的重要指标，不自然的脊柱形态会造成椎间盘内压力增加，对脊柱健康不利。卧姿时，当床垫太软，重的身体部分如肩部和臀部下陷就深，一些肌肉在这个姿势下可能很轻松，但脊柱肯定不会；当仰卧时，骨盆将不能向后倾斜导致腰椎前凸，脊柱呈现不自然的平滑。前侧椎间盘将被压缩而后侧的软组织(如韧带)则处于张力下；当侧睡时，脊柱受到不对称的加载而弯曲。

当床垫太硬，则脊柱受到不正确的支撑。侧睡时只有大宽度的身体部位如肩部和臀部能被支撑，而腰部将会弯曲，特别是有明显轮廓的人。仰卧时，骨盆在张力影响下首先向前倾斜，在肌肉放松后将向后倾斜。相比床垫太软来说，这个脊柱前凸压扁的结果不太明显，如图 6-30 所示。

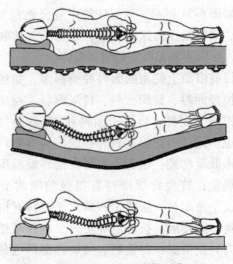

图 6-30 侧卧时脊柱形态

（4）床垫软硬度对卧姿稳定性和灵活性的影响

健康睡眠需要每晚进行各种各样的动作行为和翻身，以避免局部肌肉、软组织受压过大；但如果床垫过软，则人体被包裹于床垫之中，此时，翻身需要消耗较大的能量，甚至不能够翻身。另外，放松的人体睡眠需要稳定的人体支撑；但如果床垫过硬，则人—床界面接触面积较小，床垫不足以固定人体，从而导致人体不自觉地翻倒。因此，一个理想的床垫应该是软硬度适中，能使人体灵活地改变卧姿，并保持卧姿稳定。

6.5.3 床垫保温性能

人体的控温机制主要通过呼吸过程（皮肤和呼吸系统）人体水分、湿气的蒸发来实现，即通过皮肤和呼吸道将热量散发到周围环境之中。睡眠过程中人体的体温基本恒定，但当床垫的保温性能较差，透气性过好时，人体会变冷，肌肉会变僵硬，从而影响睡眠质量；当床垫的保温性能较好，透气性较差时，人体湿气蒸发较慢，人—床界面微环境相对湿度较高，此时也会影响睡眠质量。因此，床垫的导热性和透气性不宜过大或过小。理想的床垫保温性能应该保证床垫的温度在28~32℃之间变化，允许人—床接触面的温度在30~35℃之间，接触面温度过低，容易发生睡眠觉醒。

床垫的保温性能主要取决于床垫的芯层和面料复合层的特性，如天然乳胶床芯的保温性能优于弹簧床芯。温暖舒适的床垫面料复合层材料具有较好的容纳空气的能力。床垫的保温性能应该根据季节和人体体质特征进行合理选择。温度较低的季节，床垫底部发生霉变的风险较高，通气性的要求也较高。另外，尽管一些床垫制造商声称合成物质和天然乳胶床芯具有较好的透气性，但事实上，这些材料的透气性远远不及弹簧床芯，睡眠过程中人体翻身等并不能有效改善微环境的温湿特性，床垫的透气性对睡眠质量影响较大。

6.5.4 床垫透湿性能

床垫的透湿性能主要表现为从周围环境中吸收和散发湿气的能力。人体每晚需要向周围的环境中散发相当于200~300mL水量的水分（汗）和水蒸气，其中1/3通过呼吸散发，2/3通过人体体表散发。而通过人体体表散发的湿气中有25%的被床垫吸收，75%的被床单、被褥、枕头等吸收。

由床垫、床单、被褥、枕头吸收的湿气必须及时散发到周围环境中去，否则床垫表面容易产生湿黏感，床垫底部容易发生霉变。而湿粘的微环境容易使人体皮肤变得粗糙而敏感。相关研究表明，人体皮肤与毯子或床垫之间的局部相对湿度必须稳定在65%以下，否则会影响睡眠质量。床垫的控湿性能80%取决于床垫的面料复合层，床芯次之。床垫相当于人体和环境之间的一个湿气调节控制器，在人体与周围环境之间起到传导水分的作用，对睡眠质量影响较大。

6.5.5 床垫幅面尺寸

在床垫尺寸设计中，到底多大尺寸合适，不仅要根据人体尺寸，也要关注人的睡眠行为，以及人在非睡眠状态时，活动的自由与便利性，还要注意安全问题。床垫是人进行睡眠活动的直接载体，在进行其幅面尺寸设计前，因充分了解睡眠时人的状态。床的宽度尺寸由两方面决定：其一，人处于将要入睡状态时床宽需500mm，由于熟睡后需要频繁翻身，身体活动空间大于身体本身，如图6-31所示。日本学者通过摄像机对睡眠时的动作进行调查研究发现，不论是软床还是硬床，翻身所需要的幅宽约为肩宽的2.5~3倍。其二，科学家进行了不同尺度的床与睡眠深度的相关实验。人熟睡时脑电波为δ波，频率最低，约为1~4Hz；清醒时为α波，约为7~13Hz；睡眠深度为δ波与α波成分之比，通过脑波（EEG）观测睡眠深度与床宽的关系。发现床宽的最小界限应是700mm。比这宽度再窄时，翻身次数和睡眠深度都会明显减少，影响睡眠质量，使人不能进入熟睡状态。床宽小于500mm时，翻身次数减少约30%，睡眠深度受到明显影响，如图6-32所示。

因此，床宽尺寸可以用如下公式加以计算：$B = 2.5 \sim 3W$。成年男子平均肩宽$W = 41$cm，女子

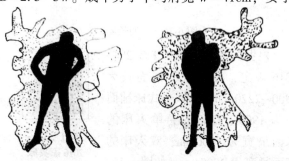

图6-31 睡眠活动区域

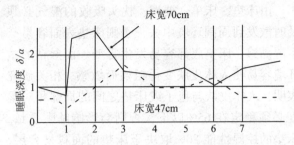

图 6-32 床宽对睡眠深度的影响

肩宽尺寸通常小于男子,故一般以男子为准。双人床相对要大些,一般为 1500~2000mm,此时人的翻身次数比较少,人的睡眠状况比较好。

床垫长度设计也是由人体尺寸确定,考虑到人在躺下时肢体会伸长,所以要比实际的站立尺寸要长些,再加上头顶和脚下要留出部分空间,所以床的长度要比人体的最大高度要多一些,可以用以下公式加以计算:

$$L = h \times 1.05 + a + b \qquad h' = h \times 1.05$$

式中:L 为床长(mm);a 为头部余量(mm);b 为脚后跟余量(mm);h 为人体平均身高(mm);h' 为人身长(mm),如图 6-33、图 6-34 所示。

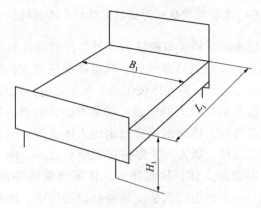

图 6-35 单层床主要尺寸示意图

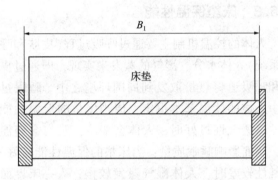

图 6-36 嵌垫式床幅面尺寸示意图

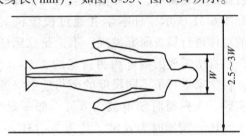

图 6-33 床的宽度

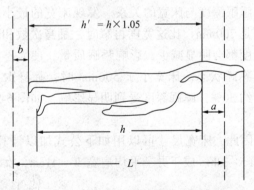

图 6-34 床的长度

表 6-2 单层床主要尺寸　　　　mm

床铺面长 L_1		床铺面宽 B_1		床铺面高 H_1
嵌垫式	非嵌垫式			不放置床垫(褥)
1900~2220	1900~2200	单人床	700~1200	≤450
		双人床	1350~2000	

注:当有特殊要求或合同要求时,各类尺寸由供需双方在合同中明示,不受此限。

a:嵌垫式床的床铺面宽应增加 5~20,尺寸示意图见图 6-36。

根据国家标准 GB/T 3328—2016 规定,嵌垫式床铺面长为 1900~2220mm,非嵌垫式床铺面长为 1900~2200mm;单人床的床面最宽为 1200mm,双人床的床面最宽为 2000mm,如图 6-35、图 6-36 和表 6-2 所示。

GB/T 3328—2016 家具床类主要尺寸

6.6 床具其他设计要素

6.6.1 床高与层高设计

床高指床面距地面的垂直高度。由于使用环境和使用者的不同,床的高度会有很大差异,如图 6-37 和图 6-38 所示。医用床具可分为很多种,有护理床、折叠床、诊查床、妇检床、陪客床、治疗床等,都具有一定的规格尺寸,具体可见图 6-39 和表 6-3。

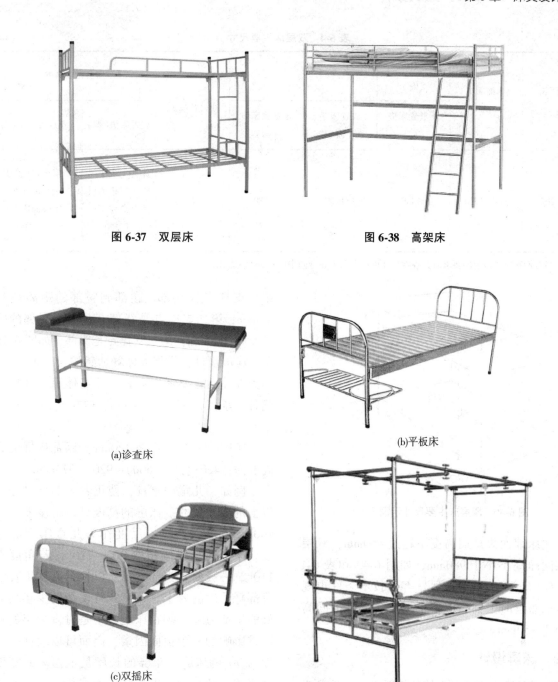

图 6-37 双层床

图 6-38 高架床

(a) 诊查床

(b) 平板床

(c) 双摇床

(d) 骨架牵引床

图 6-39 各种医用床

表 6-3 各种医用床的种类及其相应规格　　mm

名　称	规　格
单摇床、双摇床、平板床、骨科牵引床	2050×900×500
妇科诊查床	1850×600×900
陪护床(椅)	1800(670)×600×300
诊查床	1900×700×650
双摇护理床、平板带轮护理床	2150×900×500

除了特殊用途的床具，床高可略低于座高。从美学角度讲，略低的尺寸使床看起来显得平和、宽大、稳当。从心理学角度讲，低矮的床身给人一种心理上的安全感，更有助于放松神经，安然入眠，提高睡眠质量。

层高的考量主要体现在双层床设计或者是火车、客车的床铺设置中，往往出于充分利用空间的考虑。同样由于使用环境不同，层高也有一定差异，但都必须保证上下铺使用者在就寝和起床时有足够的动作空间，因此，按国家标准GB/T 3328—2016

表 6-4 双层床主要尺寸　　　　　　　　　　　　　　　　　　　　　　　　　　mm

床铺面长 L_1	床铺面宽 B_1	底床面高 H_2	层间净高 H_3		安全栏板缺口长度 L_2	安全栏板高度 H_4	
		不放置床垫（褥）	放置床垫（褥）	不放置床垫（褥）		放置床垫（褥）	不放置床垫（褥）
1900~2020	800~1520	≤450	≥1150	≥980	≤600	床褥上表面到安全栏板的顶边距离应不小于200	安全栏板的顶边与床铺面的上表面应不小于300

注：当有特殊要求或合同要求时，各类尺寸由供需双方在合同中明示，不受此限。

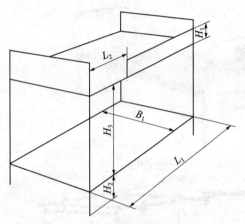

图 6-40　双层床主要尺寸示意图

规定，底床铺面离地面高度不超过 450mm，双层床的层间净高不小于 980mm，如图 6-40 和表 6-4 所示；GB/T 16887—2008 卧铺客车技术条件也规定，双层布置时上铺高应不小于 780mm；铺间高应不小于 750mm。

6.6.2　床屏设计

床屏设计要考虑到对人体的舒适支撑，涉及头部、颈部、肩部、背部、腰部等身体部位。床屏的第一支撑点为腰部，腰部到臀部的距离是 230~250mm；第二支撑点是背部，背部到臀部的距离是 500~600mm；第三支撑点是头部，如图 6-41 所示。床屏设计，应将人体舒适感的三个黄金位置，作为设计的首要考虑元素，让身体每一寸疲惫的筋骨、紧张的肌肉，以自然的方式得到放松和平衡。

床铺的高度一般是 420mm。因此床屏的设计高度为：420+(500~600)= 920~1020mm。

例如，儿童房家具，使用者大部分尺寸小于以上的成人尺寸。床屏的高度可以适度缩小，取 800~1000mm 之间的尺度作为儿童床床屏的高度。床屏的弧线倾角取 90°~120°，若角度大于 110°，一般要有头部支撑。以符合人体工程学对背部舒适度的要求。儿童家具要帮助少年培养良好的生活习惯。躺在床上看书是对青少年的视力严重影响的一个负面因素，因而可以设计一个角度为 90°的床屏。床屏的长度是根据床的宽度来确定的，还与床头柜的结合方式相关，在此不再细谈。

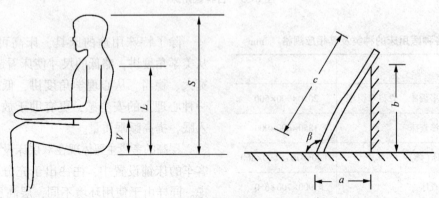

$a.146~179mm$，$b.400~490mm$，$c.426~521mm$，$\beta.110°$

图 6-41　人与床屏尺寸

6.6.3 床架设计

床架对于睡眠的影响仅次于床垫。床架设计，不仅要求具有一定强度，可有效支撑床垫，还要求具有很好的弹性。传统床架

电动床架视频

有整块的木床板、有缝隙的板条床板、套床式软床板、钢丝及棕绳等织就的床架等，如图6-42所示。整块木床板是国产床中最常见的样式，而有缝隙的板条床架状似排骨，故有人称为"排骨床架"，其富于弹性，对床垫起到良好的调节作用；板条型床板，有分体的，也有双人一体的，体贴的设计，更契合人体需要；棕绳等编成的床板则多见于老式的床具，其支撑和舒适度要逊于板条床板。

图 6-42 传统床架

目前市面上流行的电动床架，最先用于医疗，后在家庭床具中也广泛运用。电动床架可以控制头部和脚部床板的高度，并可自由调节床板弯曲程度，它一般配合海绵床垫使用，可以满足人在床具上休息时不同姿势下各部位的有效支撑，提高舒适性，如图6-43所示。

图 6-43 电动床架

6.6.4 床梯设计

床梯是双层床或者高架床特有的一个构件，是供人上下的工具，在保证其强度的前提下，应考虑活动的便利性和舒适性。床梯设计主要是确定床梯的内宽，踏脚和床梯立杆的尺寸及形状以及床梯的高度。

床梯的内宽由人的脚部尺寸，如图6-44所示，及脚的活动空间确定，一般取300mm，脚踏形状应考虑使脚底受力不要过于集中，避免产生疼痛感，可以采用板形踏脚以增大接触面积。床梯的立杆不仅是其自身的主要构件，同时也是人爬上爬下的抓握处，因此最好是圆形，并且应根据人体手部的尺寸(图6-45)确定适当的直径，显然在床梯立杆强度牢靠的前提下，一般取25~75mm。在确定床梯高时，要特别注意第一个踏脚高度，其适当与否直接影响到使用的安全性，应取距地面500mm左右，而每个踏脚也应根据人体尺度，保持一定的距离。

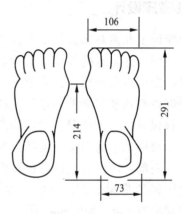

图 6-44 脚部尺寸(单位：mm)

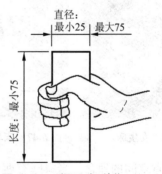

图 6-45 手握尺寸(单位：mm)

6.6.5 护栏设计

护栏被广泛用于高架床、双层床、婴儿床的设计中，其主要作用是防止人在休息时从床上掉下来，以及年幼的宝宝从床中爬出来。前文也提及过，在睡眠过程中，人并不是一直保持一个姿势不动的，由于受压集中的部位疲劳，人就会翻身，用另一姿势取代原来的姿势，以放松原先紧张的肌肉，从实验中得知，人一夜最少也会翻身10多次，若无栏杆阻挡，人从床上掉下的概率是很大的。栏杆一般设计在床的中部，约有600~700mm，危险事

故的发生率向两边依次降低。护栏采用 φ25mm×1.2mm 的圆管，采用打孔（半孔）插入方式一端插于床头内，另一端用防松螺栓与床帮固定。床头和护栏里的栏杆采用 φ19mm×1.2mm 圆管。同时要保证中间最高处距床面 250mm。婴儿床的护栏设计要求更高，护栏的高度一般以高出床垫 500mm 为宜，护栏里两个栏杆之间的距离不可超过 60mm；婴儿床的表面必须涂饰防止龟裂的涂料保护层，金属制的婴儿床不能含有对宝宝有害的铅。

6.7 设计案例

6.7.1 儿童床设计

前文中探讨了儿童对床具的诸多需求，基于儿童的天真烂漫，儿童床的设计只要满足尺度的需求，在设计上可以天马行空，采用多种造型和色彩进行搭配以打造梦幻的童话世界。如图 6-46 所示为小女孩设计的一款床具，主体为高架四柱床，绘以色彩斑斓的卡通图案，顶部搭配彩帐赋予浪漫气息。底部空间可放置沙发供孩童玩耍休息。也有将床模拟房屋形态，侧面设双人沙发，可供亲子间阅读与交流，如图 6-47 所示。

图 6-46　女生床　　　图 6-47　床与沙发一体

基于节省空间的理念，当家庭有两个小孩时，一般配以双层床的设计。如图 6-48 所示为典型的双层床的设计，下层床稍大样式与单人床类似，其上通过斜梯到达。当然也有套床形式，底部拉出为第二张床，不用时可减少占地面积，给儿童腾出更多的玩耍空间，同时改善了双层床下层采光较弱的缺点。

6.7.2 弹簧分区床垫设计

（1）分区床垫特点

分区床垫类型多样，以床垫构造划分，包括芯层分区及垫层分区，而根据不同的床垫材料也

图 6-48　双层儿童床设计

有不同的分区结构；其中，运用最广泛的为弹簧分区的床垫。采用独立袋装弹簧作为床芯，其经久耐用，防尘防锈且无弹簧摩擦声。按照人体不同部位配置不同规格的弹簧以使身体各部位都能得到有力支撑、维持人体脊柱呈浅 S 形最佳姿势。面料层与垫层的材料选择多样，面料层多以人体触感佳与视觉美感为考虑原则，同时兼顾环保健康；垫层材料要求满足透气性和卧感的舒适性，采用弹性佳且柔软的材料如高密度高回弹的乳胶海绵。床垫两边设有对称气孔，保证床垫顺畅呼吸，维持内外平衡和卫生，从而利于人体获得健康舒适的睡眠。

本章节以标准体型男性（BMI：18.5～23.9，年龄 25±2.4）为例，设计一款适合该群体的分区床垫。在对该群体进行人体测量后，依据获得的人体"头颈部、肩背部、腰部、臀部及腿部"的矢状面尺寸将弹簧芯层分为 5 个区域，确定各区域的弹簧排数；在进行体压测试及卧姿脊柱形态测试后，选择了较优的弹簧芯层组合以及合适的铺垫层与面料层的材料配置。具体配置见表 6-5、表 6-6。

（2）床垫尺寸和结构

床垫尺寸和结构示意如图 6-49 所示。

（3）设计分析

分区床垫设计的目的是为了使人体各部位得到最合理支撑，以便获得理想的卧姿脊柱形态和体压分布。人体肩背部和臀部是卧姿时的主要承重部位，而腰部脊柱连接胸椎和尾椎，是影响脊柱形态的关键；因而通过五分区床垫设计可以对这三个重要部位实现合理支撑（图 6-50）。

该床垫选用四种规格弹簧，规格为 1.8、70、6 的弹簧最软，用于肩背部有利于分散压力，减少肩胛骨部位的压力集中。臀部是身体最重的部位，若该区域弹簧偏软易使臀部下陷过大，翻身困难且不舒适；弹簧过硬则导致坐骨结节处压力太大得不到缓解，因而中等软硬度的 2.0、60、6 弹簧

表 6-5 分区床垫各部位弹簧

部位	头颈部	肩背部	腰部	臀部	腿脚
弹簧类型	2.2、60、5	1.8、70、6	2.2、70、5	2.0、60、6	2.2、60、5
弹簧排数	6	5	4	5	11

表 6-6 铺垫及面料的材料配置

序号	材料名称	厚度(mm)	质量要求
正 1	全棉提花面料	—	克重(180±5)g/m²
正 2	腈纶绵	45	克重300g/m²
正 3	波形海绵	20	密度20kg/m³
正 4	乳胶海绵	40	密度25kg/m³
正 5	普通海绵	40	密度30kg/m³
正 6	丙纶热压无纺布	—	克重60g/m²
中床芯	袋装弹簧床芯	—	无纺布120g/m²参图
中围边	复合面料	20	同反1、反2、反3
反 1	丙纶热压无纺布	—	克重60g/m²
反 2	普通海绵	40	密度25kg/m³
反 3	波形海绵	20	密度20kg/m³
反 4	腈纶棉	45	克重300g/m²
反 5	全棉提花面料	—	克重(180±5)g/m²

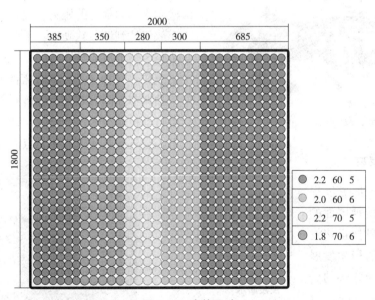

图 6-49 床垫尺寸

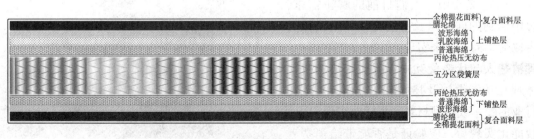

图 6-50 分区床垫结构——侧视图

是最适合的,弹性好且能给予臀部有效支撑。从人体自然脊柱形态看,腰椎前凸明显,因此,腰部的弹簧一定要与肩部和臀部相配合,且要有足够的支撑性,宜采用较硬的弹簧2.2、70、5。小腿和头部受力较小,且头部另有头枕支撑,故可选用硬弹簧2.2、60、5。

标准体型人群身体较为匀称,为保证卧感舒适性,铺垫层选择上下三层结构——波形海绵+乳胶海绵+普通海绵。乳胶海绵具有较好的回弹性和压缩性能;波形海绵透气性较好,能有效调节人—床界面的温湿性。面料层需要触感舒适,本设计采用全棉提花面料与45mm厚腈纶绵绗缝而成的复合面料层。实验结果显示,该床垫的卧姿体压分布及人体脊柱形态均较好,如图6-51、图6-52所示。

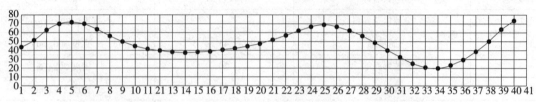

图6-51 仰卧脊柱形态

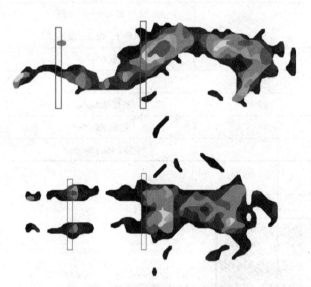

图6-52 体压分布(侧卧、仰卧)

6.7.3 智能床垫设计

随着生活水平的进一步提升,人们对于物质和精神层面的追求也越来越高,在科技迅速发展的今天,智能床垫的衍生发展是大势所趋。关于智能床垫的研发,需要思考以下问题:

智能床垫视频演示

①人与床垫交互中,人们目前的真正需求,现有床垫中遇到的问题以及智能化如何解决该类问题或者以简单的方式来实现。

②理清楚人与床垫交互中,智能床垫的智能性应该体现在功能设计及技术研发方面,可依托于其他行业的技术或新型材料来更好地实现智能。

③智能化实现后,应验证是否能带给消费者相应的优势与舒适性能。

智能化床垫是自动化与信息化的融合而构成一个完整的智能化床垫系统;智能床垫的设计与制造考虑的要素包括功能要素、结构要素、形态要素、人因要素、技术要素、方法要素以及环保要素等。下面介绍几款比较成熟的智能床垫。

案例一

如图6-53所示,该款智能床垫由内部可充气的空气弹簧与泡沫层组成。床垫表面的压力传感器能检测人不同部位的压力,通过管道对空气弹簧进行充放气达到调节软硬度;手机APP允许使用者自主调整床铺上对应身体各个部位的区域软硬度。管道里充放热气和冷气可调节床褥温度的效果,男女可单独调节。同时兼有声音传感器以监测打鼾,从而可自动控制空气弹簧充气,使人头部上抬,缓解打鼾。空气弹簧还带有压力点震动按摩系统,用波浪

图6-53 案例一

式的充气来对身体部位进行震动按摩，还具备唤醒功能，可在 APP 里预先进行设定和调节。

案例二

如图 6-54 所示，床垫采用软质医用级的硅胶管，将普通水循环穿过胶管，方便升温和降温。内置的连接管连接到外置的控制器上，用于控制床垫内目标水温调节。床垫可在介于 13～43℃ 之间的任何位置调节温度，再由恒温器保持设定的温度。

同时，该温度控制单元平均仅使用 80W 的能量。相比之下，运行空调或在一夜之间升温恒温器的成本要高得多，因此节省的费用相当可观。

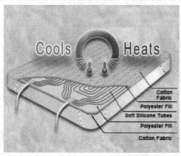

图 6-54　案例二

- **复习思考题**

  1. 现代床具的类型和功能有哪些？
  2. 试述人—床界面关系及其影响因素。
  3. 影响睡眠及其卧姿舒适性的因素有哪些？
  4. 影响床垫软硬度的因素有哪些？
  5. 试述床垫软硬度对卧姿脊柱形态的影响。
  6. 试述床垫的结构、材料与床垫舒适性之间的关系。
  7. 床垫设计中应如何考虑用户及其使用环境的不同？
  8. 床高与层高设计需要考虑哪些因素？

第 7 章

桌台类家具设计

> **本章提要**
>
> 本章从桌类家具、VDT 办公桌、台类和几类家具4个方面介绍了桌台类家具设计中的人体工程学知识。围绕桌类家具分析了家具与人的关系、介绍了桌面和屏风等主要功能部件设计及其与人体尺度之间的关系。围绕 VDT 办公家具分析了办公作业对人的影响,重点介绍了 VDT 办公桌的设计要素以及与办公作业相关的显示器、键盘和鼠标的配置设计。结合台类和几类家具分别介绍了其设计要素。

7.1 桌台类家具的分类
7.2 桌类家具设计与人体工程学
7.3 VDT 办公桌设计
7.4 台类家具设计要素
7.5 几类家具设计要素

桌台类家具属于准人体类家具。它与人体类家具不同，其功能既与人体有关，同时也与物有关。这类家具可供人们凭倚、伏案工作，也可以陈放和储存物品。除此以外，桌台类家具还具有装点房间、烘托气氛的作用。

7.1 桌台类家具的分类

桌台类家具按功能可分为桌、台和几。桌类家具供人们坐姿状态下使用，台类家具供人们站姿或坐、站两种姿势状态下使用，几具有陈放物品和装饰的作用。

桌台类家具分类

桌类家具在人们的生活中扮演着重要角色，是人们工作、学习、生活不可或缺的一类家具，按功能不同又可分为办公桌、餐桌、会议桌等。

台类家具是指站立使用或坐立两用的凭倚类家具。一个重要的特征是台面高于桌面。台主要用于作业操作，如柜台、讲台、实验台、厨房操作台和梳妆台等。

几在古代是人们坐时凭倚用家具，随着时代的演变，发展到今天，几的功能发生了很大变化，成为陈放物品和装饰家居不可缺少的家具。按用途，几可分为：凭几、炕几、香几、花几、茶几等。

7.2 桌类家具设计与人体工程学

桌类家具既有支撑人体，又有陈放或储存物品的功能，是人与物发生联系的媒介。从人体工程学的角度设计桌类家具需要处理好人—桌—物三者之间的关系。一张设计优良的桌子应该尺度宜人，选材恰当，造型美观，使用方便，给人以舒适感。为此，桌类家具的设计应考虑人体尺寸、活动范围以及人体的生理、心理特点。同时，桌类家具的功能合理性还必须考虑其使用环境的特性，建立良好的匹配关系。

7.2.1 桌类家具与人的关系

7.2.1.1 人—桌界面

在使用桌类家具的过程中，人的知觉、思维、动作和情绪等都会与桌类家具相互"接触"而发生各种关系，我们将这种关系称为界面关系，把与人的知觉、思维、动作、情绪等相"接触"的部分称为人—桌界面，包括信息性界面、工具性界面和环境性界面等。

如何运用人体工程学布置工作界面

人—桌系统一旦建立，人—桌界面随之形成。如利用书桌学习时，人眼睛、书本和桌面形成一个可视化的信息性界面，而同时桌面与人的上肢相互接触，使人体产生各种感觉（如冷、暖等感觉）体会，形成一个触觉界面。人、桌、物之间的信息交换都是通过人—桌界面实现的，信息交换模式如图7-1所示。由于桌类家具及其上面的器物具有行为意义上的物理刺激性，因此，必然存在最有利于人反应的刺激形式。所以，桌类家具设计必须始终以系统中的人为设计依据，寻求最佳的设计方案。

7.2.1.2 桌类家具与人体尺度及活动范围

桌类家具与人体的尺度以及人的活动范围有着密切关系。依据人体的姿势特征以及人—桌界面关系，可将人体的操作活动空间划分为不同的区域，即工作区域。工作区域是桌类家具功能尺

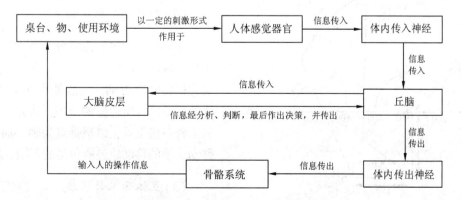

图7-1 人—桌台系统的信息交换模式

寸设计的主要依据，主要包括水平面工作区域、垂直面工作区域和立体面工作区域。水平面工作区域是桌台类家具幅面设计的主要依据。垂直面工作区域是确定桌台类家具的高度及垂直方向上各功能部件的尺寸依据。

(1) 水平面工作区域

操作者坐姿作业时，上肢在水平面上移动形成的轨迹所包括的区域称为水平面工作区域。水平面工作区域可分为最大工作区域和正常工作区域。巴恩斯(R. Barnes)根据美国人体测量数据绘制出的水平面工作区域如图7-2所示。图中虚线为最大工作区域；点划线为正常工作区域。由图可知，最大工作区域是以肩峰点为轴，上肢完全伸直作回转运动所包括的范围；正常工作区域是以上臂靠近身体、曲肘、前臂平伸作回转运动时所包括的范围。

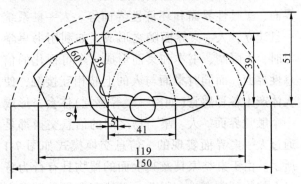

图7-2 男性上肢水平面工作区域(单位：cm)
虚线代表最大工作区域(巴恩斯，1949年)
点划线代表正常工作区域(巴恩斯，1949年)
实线代表正常工作区域(斯夸尔斯，1956年)

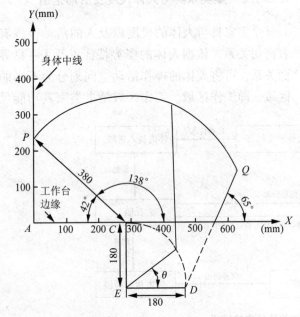

图7-3 水平面正常工作区域

1956年美国人因工程学学者斯夸尔斯(P. C. Squires)通过实验所求得的最大工作区域与巴恩斯所描绘的最大工作区域是一致的，但正常工作区域却是有差别的。斯夸尔斯认为，前臂运动时，肘部并不固定于一点不动，而是沿1/4圆弧运动，因此正常工作时手的运动轨迹为近似于长幅外摆线，如图7-2的实线所示。

斯夸尔斯根据实验研究建立了确定平面工作区域的方法，图7-3所示的PQ曲线为斯夸尔斯所描绘的正常工作区域。由图可知，被测者肩峰点的位置为E点，AC为人体肩宽的1/2，运动开始时肘的位置为C点，手移动时肘到达的终点位置为D点，由D向工作台边缘作65°线，该线即为人手所能够达到的边界，作业中所需要的物品必须设置在此范围之内。肘运动的轨迹为圆弧CD，圆弧CD的切线与前臂CP的夹角为42°。在正常工作区域内，一般认为在大多数情况下，手的操作姿势为拇指与食指捏住，因而把前臂长取为380mm(是美国人尺寸，下同)，手移动轨迹——PQ曲线可由下列参数方程(7-1)、式(7-2)确定。

$$X = A_1\cos\theta + A_2\cos[65° + (73°/90°)\theta] \quad (7-1)$$

$$Y = A_1\sin\theta + A_2\sin[65° + (73°/90°)\theta] \quad (7-2)$$

式中：A_1为肘与肩之间距离的水平投影长度(上臂与水平面约成65°夹角)，在图7-3中，$A_1 = EC$，为180mm；A_2为肘与拇指指尖点的距离，在图7-3中，$A_2 = CP$，为380mm；θ为前臂运动过程中上臂的水平投影与工作台边缘的夹角，0°~90°。此处斯夸尔斯指出，通过左右手的移动轨迹——两条曲线的顶端作切线，并由两切点分别向左右各延长25cm，由此确定的范围为操作者容易操作的范围。

巴恩斯和斯夸尔斯所建立的确定工作区域的方法，可以有效地应用于生产和办公界面的设计。

(2) 垂直面工作区域

垂直面工作区域也可分为最大工作区域和正常工作区域。美国的法莱(Farley)将最大工作区域定义为以肩峰点为轴，上肢伸直在矢状面上移动时，手的移动轨迹所包括的范围；将正常工作区域定义为上臂自然下垂，以桡骨点为轴，前臂在矢状面上移动，手的移动轨迹所包括的范围，如图7-4所示。

(3) 立体面工作区域

将水平面工作区域和垂直面工作区域结合，上

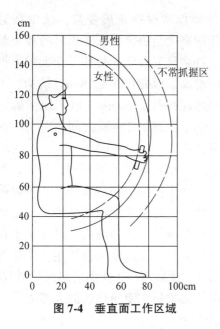

图 7-4 垂直面工作区域

7.2.1.3 桌类家具材料与触觉舒适性

材料是构成桌类家具的物质基础，也是形成其外观质地的决定性因素。随着科学技术的发展，家具材料日益丰富，然而木质及其他一些天然材料仍是桌台类家具制造的首选材料。这是因为，桌台家具属于准人体类家具，直接与人体相接触，形成触觉。触觉的舒适与否与材料性质及微观组织构造有着密切关系。木材和其他一些天然材料可以使人体获得比较舒适的触感。

（1）材料表面的冷暖感

人体皮肤与材料相接触时，界面间的温度变化会刺激人的肤觉器官，使人感到温暖或凉冷，我们称之为冷暖感。冷暖感与材料的导热性有着密切关系。导热系数小的材料，其触觉特性呈温暖感；导热系数大的材料，触觉特性呈冷凉感。如玻璃、金属等呈冷凉感；皮毛、塑料等呈温暖感；木材及木质材料感觉比较温和。

为什么木材比金属看起来更温暖

肢在三维空间运动所包括的范围为立体工作区域或空间工作区域。立体工作区域也可分为最大工作区域和正常工作区域。舒适的工作区域一般介于肩与肘之间的范围内，此时手臂活动路线最短。

在利用巴恩斯法、斯夸尔斯法和法莱法确定最大工作区域和正常工作区域时，应注意：①由于人体测量数据是在裸体、身体挺直的条件下测得的，因此，在设计使用这些数据时，必须加以修正（表 7-1）。②根据中指指尖点所能达到的距离设计工作区域是不恰当的，必须根据手的不同操作姿势在中指指尖点可达到范围的基础上进行修正。赫兹伯格（Hertzberg）提出的修正值为用指尖按键时减 13mm，推键时减 25mm；用食指和拇指操作时减 76mm；用手抓握时减 127mm。

冷暖感不仅与材料的导热性质有关，还与材料的微观构造以及表面材料的厚度有着密切关系。一般，表面光滑的材料比表面粗糙的材料略感冷凉。木材具有良好的冷暖感，常常被加工成单板而贴覆在其他材料之上，从而对基底材料的冷暖感产生影响。有关研究表明，即使厚度仅为 1mm 的单板也对改变基底材的冷暖感十分有效，并且当单板的厚度增加到 6mm 后，基底材料对接触面冷暖感的影响就基本消失了。因此，在桌类家具当中，合理选择表面材料的厚度也是非常重要的。

一般认为，涂饰会改变材料表面的热学性质，如玻璃、塑料、金属等材料就是这样，但对于木材则不然，涂饰并不会影响木材表面的冷暖感。这也是千百年来木材表面涂饰之所以备受人们欢迎的原因所在。

（2）材料的温湿特性与触觉舒适性

材料的温湿特性是指材料通过吸湿性及解吸性作用，直接影响材料周围环境温湿度的特性。人在使用桌类家具过程中，与桌面相接触，形成微环境（界面环境）。微环境的温湿特性是影响人体肤觉舒适性的重要因素。不同的材料具有不同的温湿特性。亚格洛等人在研究了温度、相对湿度、风速与

表 7-1　人体测量水平参数的建议修正值　　mm

名　称	着装修正值	穿鞋修正值	身体自然放松状态修正值
躯干高（坐姿）	+6		-44
眼高（坐姿）	+6		-44
肩高（坐姿）	+6		
胸厚	+10		
肩宽	+14		
臀膝距	+20		
大腿厚	+10		
身高（立姿）		+25	-19
眼高（立姿）		+25	-19
肩高（立姿）		+25	
肘高（立姿）		+25	

人体温热感的关系后,提出了有效温度的概念。相对湿度与人体出汗量有一定关系。正常人每天通过皮肤及器官所排泄的体内水分为700~900mL,其具体分泌及排泄量关系到皮肤的表面温度和湿度。桌面材料应选择调湿性能较好的材料,这些材料能够使人—桌界面形成良好的温湿微环境,从而有利于人体的新陈代谢,增强人体的触觉舒适性。而调湿性能较差的材料,不仅触感差,有时甚至会使人体的新陈代谢紊乱。有关研究结果表明,木材、胶合板、刨花板、硬质纤维板、硅酸钙板、石膏板、石棉板的调湿性能优良。有些材料虽然基材的调湿性能良好,但如果表面使用吸湿性能不好的材料,仍然不能有良好的调湿性能。三聚氰胺贴面胶合板、印刷木纹胶合板、表面贴聚乙烯薄膜的石棉板等就是这方面的实例。玻璃、丙烯酸树脂板、聚乙烯薄膜、橡胶、金属等属于调湿性能最差的材料。

7.2.1.4 桌类家具材料的色泽与视觉舒适性

色泽是由于材料对光有吸收和反射作用所形成的,是材料影响人体视觉舒适性的重要方面。表面粗糙的材料,产生漫反射,光泽度较低;表面平滑的材料,产生镜面反射,光泽度较高。镜面反射容易产生眩光,从而刺伤人眼。日常生活中,人们经常利用光泽度来判断材料的粗滑、软硬和冷暖。光泽度高的材料,给人较强的硬、冷感;光泽度低的材料给人明显的温暖感。桌面不宜选择光泽度太高的材料,以免产生眩光。木材可以吸收有害于人眼的紫外线光波,并且反射率很小,从而有利于降低人眼的疲劳。

7.2.2 主要功能部件和尺寸

桌类家具的主要功能部件包括桌面、抽屉、屏风,此外,桌下空间是腿部活动的一个主要功能空间,影响着使用舒适性。

7.2.2.1 桌面

桌面的功能尺寸主要包括桌面的高度、幅面、倾角等。

(1)桌面高度

桌面高度指地面到桌面前沿的垂直距离,也指工作面高度减去工件的高度。在进行桌面高度设计时,应以提高工作

GB/T 3326—2016 家具桌椅、凳类主要尺寸

效率和使操作者保持正确姿势,减少疲劳为原则,工作面高度是决定人在工作时身体姿势的重要因素。许多研究表明,最佳工作面的高度应略低于人的肘高。康兹(S. A. Konz)认为,工作面的最佳高度应在肘下50mm,但工作面确定在人的肘上25mm至肘下25mm之间,对工作效率无明显不良影响。

由于人的肘部高度各不相同,因此,为使工作面高度适合于不同肘高的操作者,可以采用下列3种方法:一是调节桌面的高度;二是调节座面高度;三是调节工件的高度。对于坐姿作业时使用的桌类家具,其高度一般恒定,主要通过调节座面高度,使肘部与工作面之间保持适宜距离,并通过调节搁脚板,使操作者的大腿处于近似水平的舒适位置。

桌面高度不仅与人的肘高有关,还与桌类家具的用途(即作业性质)有关,一般来讲,桌面高度在肘高以下50~100mm比较合适。在精密作业时,桌面高度必须增加,这是由于精密工作需要手、眼之间的密切配合,如办公桌,在使用中由于视距和手的精密作业(书写、打字等)的要求,桌面高度应在肘高以上。桌面高度是否合适,其最重要的影响因素是桌面与椅凳座面的配合高度差,简称差尺,如图7-5所示。

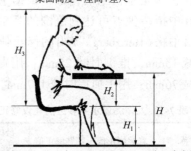

H. 桌面高 H_1. 座面高 H_2. 差尺 H_3. 坐姿上身高度

图7-5 桌高与座面高和差尺的关系

桌面高度与椅凳座面高度不匹配会造成差尺过大或过小问题,如图7-6所示,差尺过大容易引起耸肩、低头和肘低于桌面等弊病,会影响眼睛与物品之间的距离,从而导致近视;差尺过小容易使颈椎过度前曲甚至驼背。长时间弓着身子腹部受压容易疲劳,还会影响肺部发育、肺的换气功能等。应该说,桌子设计中最重要的尺寸是差尺,而不是地面到桌面的总高度,因此要合理控制差尺大小。

通过实测统计,成年人最佳桌椅高度差如下:

(a)差尺过小　　　　(b)差尺过大

图 7-6　差尺过大过小造成的不良坐姿

①在桌子面上进行书写时，高差为：

$$H_2 = \frac{\text{坐姿上身高度 } H_3 - (20 \sim 30)}{3}(\text{mm})$$

②在桌面上进行阅读或慢操作时，高差为：

$$H_2 = \frac{\text{坐姿上身高度 } H_3}{3}(\text{mm})$$

③学校中使用的课桌，高差为：

$$H_2 = \frac{\text{坐姿上身高度 } H_3 - 10}{3}(\text{mm})$$

④当桌面上放置一定高度的操作物时，如图 7-7，其差尺为：

$$H_2 = \text{坐姿眼高 } H_4 - (S \times \sin a + H_5)$$

式中：S 为视距；a 为视角；H_5 为物品高。S、a、H_5 都与作业性质有关。

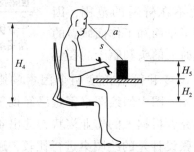

图 7-7　差尺与视距和操作物高度的关系

国家标准 GB/T 3326—2016 规定，桌面高 H = 680~760mm，同时规定桌椅高度差 H_2 = 250~320mm。桌面高度具体设计可参考表 7-2。常见桌类家具高度为：中餐桌 750~780mm，书桌 720mm，西餐桌 680~720mm，手工施力的工作桌更矮一些，桌类家具由高至低如图 7-8 所示。

当然，无论何种用途，桌面高度的设计都应遵循以下几个原则：

表 7-2　坐姿作业工作面高　　　　　　mm

作业类型	男性	女性
精密，近观察距离	900~1100	800~1000
读写	740~780	700~740
手工施力	680	650

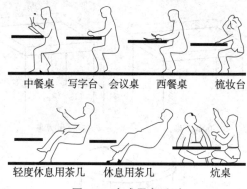

中餐桌　写字台、会议桌　西餐桌　梳妆台

轻度休息用茶几　　休息用茶几　　炕桌

图 7-8　坐式用桌系列

- 按大尺寸的人进行设计，小尺寸的人使用时，可加高座面和使用垫脚台。
- 桌面高度可调时，其调节范围应能满足多数人使用的要求，可将高度调节至自身喜好或适宜于自身尺寸的状态。
- 桌面高度应满足上臂自然下垂，处于放松状态，小臂接近于水平或略微下斜，任何情况下都不可使小臂上举太久。
- 不应使脊椎骨屈曲度太大。
- 若同一作业面内要完成不同性质的工作，桌面的高度应可调。

（2）桌面幅面

桌面的幅面是根据人手活动的范围、人眼的视野以及桌面上需要放置的物品和放置方式来确定的，人体上肢的活动有最佳、容易到达和能够达到之分，座椅与桌面之间的差尺也对桌面幅面的确定有一定程度的影响，在桌类家具的幅面设计中，需要综合考虑这些因素的影响。

一般来讲，桌面的宽度以人体手臂的侧展长为设计依据，桌面的深度以人体手臂的前展长为设计依据，桌面的最小宽度应在500~600mm 之间。对于圆桌来讲，应以人均占桌宽来确定桌面的直径，其最小直径应保证人均占桌宽至少在500~600mm 之间，比较舒适的范围在600~750mm。

国家标准 GB/T 3326—2016 规定：双柜写字台宽为 1200~2400mm，深为 600~1200mm；单柜及单层写字台宽为 900~1500mm，深为 500~750mm。同时还规定了这两种写字台的桌下净空宽度≥520mm 和侧柜抽屉内宽≥230mm。

餐桌及会议桌的桌面尺寸以人均占周边长为准则进行计算，常见的桌子尺寸如图 7-9 及表 7-3、表 7-4 所示。

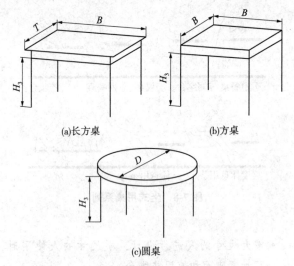

图 7-9　长方桌、方桌和圆桌尺寸示意图

表 7-3　长方桌尺寸（GB/T3326—2016）　mm

桌面宽 B	桌面深 T	中间净空高 H_3
≥600	≥400	≥580

注：当有特殊要求或合同要求时，各类尺寸由供需双方在合同中明示，不受此限。

表 7-4　方桌、圆桌尺寸参考表（GB/T3326—2016）

mm

桌面宽（或桌面直径）B 或 D	中间净空高 H_3
≥600	≥580

注：当有特殊要求或合同要求时，各类尺寸由供需双方在合同中明示，不受此限。

表 7-5 为会议桌和梳妆台的一些尺寸参照。表 7-5 中，对会议桌的宽度未加规定，主要根据参加会议的人数、规模，以及会议室的室内空间尺寸而定。一般人均占有桌面的宽度 600mm 为宜。为了便于搬运和移动，会议桌常采取分段式拼组的形式，以满足各种不同规模会议的使用要求。但每一个组合单体的长度以不超过 3000mm 为宜。

表 7-5　会议桌和梳妆台尺寸参考表　mm

规格	会议桌			梳妆台		
	宽	深	高	宽	深	高
大	1400	750		1200	600	700
中	1000	750		800	500	700
小	600	750		700	400	700

（3）桌面倾角

办公室工作通常在水平工作台面上进行，如阅读、写作等。但有研究发现，适度倾斜的桌面更适合于这类作业，实际设计中也已有采用倾斜

图 7-10　具有倾斜桌面的桌子

桌面的例子，如图 7-10 所示。从人性化的角度来讲，可视化作业应采用倾斜桌面，当桌面倾斜度在 12°~24°时，与水平桌面相比，使用者的躯干移动次数明显减少，疲劳程度降低，不舒适感减轻。

作业时，人的视觉注意区决定头的姿势。头的姿势要舒服，视线与水平线的夹角应在规定的范围之内。坐姿时，此夹角为 32°~44°，站姿时为 23°~34°。由于视线倾斜的角度包括头的倾斜和眼球转动两个角度，实际头倾斜角度为站姿 8°~22°，坐姿 17°~29°。

实际工作中，头的姿势很难保持在规定范围之内，如最常见的在写字台上读书、绘图，头的倾斜角就不在舒适的范围，因此，出现了桌面和工作面倾斜的设计。此时人的头和躯干的姿势

十款优秀的绘图桌设计

受作业面高度和倾斜角度两个因素的影响，如图 7-11 所示。图中的绘图桌都是已经批量生产的产品。研究者根据人的作业姿势，选出 4 张设计好的和 4 张设计差的绘图桌进行比较，通过测量发现如下结果：设计好的，躯干弯曲为 7°~9°；设计差的，躯干弯曲为 19°~42°；设计好的，头的倾角为 29°~33°；设计差的，头的倾角为 30°~36°。

特别是当水平桌面过低时，由于头的倾斜角不可能超过 30°，人不得不增加躯体的弯曲程度。因此，绘图桌的设计应注意以下要求：

- 高度和倾斜度可调。
- 桌面前缘的高度应在 660~1330mm 之间（以适应从坐姿到立姿的需要）。
- 桌面的倾斜角度应在 0°~75°内可调。

在学生使用课桌的研究中已经发现，躯体倾斜（第 12 节胸椎与眼睛的连线同水平面之间的夹角）程度与桌面倾斜有关系：

①水平桌面：躯体倾斜角度为 35°~45°。

② 倾斜 12°的桌面：躯体倾斜角度为 37°~48°。
③ 倾斜 24°的桌面：躯体倾斜角度为 40°~50°。

可见，倾斜桌面有利于保持躯干的自然姿势，避免弯曲过度。另外，肌电图和个体主观感受测量都证明倾斜桌面有利于人体健康，有利于视觉活动。但桌面倾斜了，放东西就难了，这一点设计时应予以考虑。

7.2.2.2 桌下空间

桌下空间影响人体坐姿状态下的腿脚活动，其空间尺寸涉及桌下净空高度、桌下净空深度和桌下净空宽度。

(1) 桌下净空高度

桌下净空高度是指地面到桌面下沿的距离。当桌下净空高度过小时，桌面下沿与座面之间的距离过小，使用者腿部的活动受到限制，这样一方面腿部肌肉不容易得到放松；另一方面大腿容易受挤压导致腿部血液循环不良，从而产生疲劳、

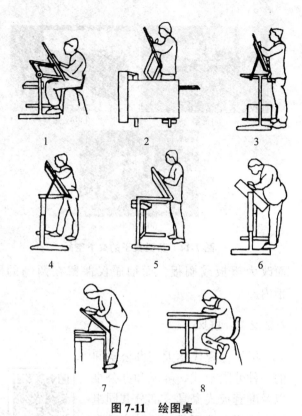

图 7-11　绘图桌
1~4. 好的设计方案　　5~8. 差的设计方案

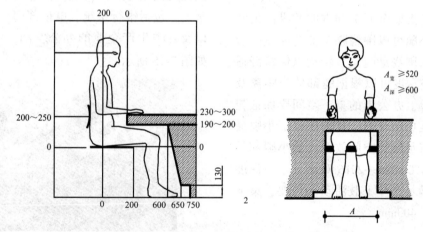

图 7-12　桌椅关系和桌下空间（侧面和正面）（单位：mm）

表 7-6　双柜桌、单柜桌和梳妆桌尺寸范围　　　　　　　　　　　　　　　　　　　mm

双柜桌 [图 7-13(a)]				
桌面宽 B	桌面深 T	中间净空高 H_3	中间净空宽 B_4	侧柜抽屉内宽 B_5
1200~2400	600~1200	≥580	≥520	≥230
单柜桌 [图 7-13(b)]				
桌面宽 B	桌面深 T	中间净空高 H_3	中间净空宽 B_4	侧柜抽屉内宽 B_5
900~1500	500~750	≥580	≥520	≥230
梳妆桌 [图 7-13(c)]				
桌面高 H	中间净空高 H_3	中间净空宽 B_4	镜子下沿离地面高 H_4	镜子上沿离地面高 H_5
≤740	≥580	≥500	≤1000	≥1400

注：当有特殊要求或合同要求时，各类尺寸由供需双方在合同中明示，不受此限。

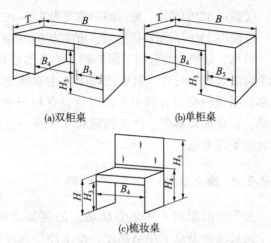

图 7-13 双柜桌、单柜桌和梳妆桌尺寸示意图

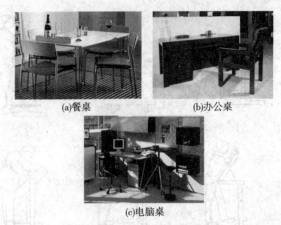

图 7-14 各类桌子的桌下空间

麻木以及疼痛。因此，桌下要有足够的净空高度，桌面下沿至座面的距离应不小于 190mm，确保坐姿容腿空间，如图 7-12 所示。国家标准 GB/T 3326—2016 规定：桌类家具（包括双柜桌、单柜桌、梳妆桌和单层桌）的桌下净空高度应不小于 580mm，如表 7-6 和图 7-13 所示。

(2) 桌下净空深度

桌下净空深度指桌面下 Y 轴方向的纵深尺寸长。人在坐姿时小腿可以围绕膝关节向前或向后转动，足部也可以围绕足腕关节转动以保持舒适的姿态。桌下净空深度可以根据腿部伸长距离及关节活动角度计算。办公桌的桌下空间要保证腿部的舒适以及一定的活动度，这需要保证小腿最大前伸时，仍然有足够的空间放置人的小腿和足部。国家标准 GB/T 3326—2016 对桌下净空深度没有规定。为了满足人体下肢活动的需要，桌下净空深度应不小于 400mm。

(3) 桌下净空宽度

桌下净空宽度指桌面下 X 轴方向的横向尺寸长。桌下净空宽度的设计不同于高度和深度，不仅要保证腿部空间在人稳定地坐在座椅上时感到舒适，而且还要预留人在坐姿和立姿之间转换时需要的空间，国家标准 GB/T 3326—2016 规定：双柜桌、单柜桌的桌下净空宽度不应小于 520mm，梳妆桌的桌下净空宽度不小于 500mm。

既要限制桌面的高度，又要有足够的桌下空间，这对餐桌无疑是容易实现的，但对于办公桌、电脑桌等就没有那么容易了，如图 7-14 所示。办公桌下面的抽屉是一种限制，桌高取下限尺寸时，其抽屉高度普遍较小，有时甚至取消这个抽屉，而改为望板或搁板，而抽屉仅保留在两侧的屉柜内。

7.2.2.3 屏风

屏风是现代化大型办公空间的一种分隔形式。屏风和办公桌以及配套板式家具三部分共同组成大空间办公家具，这种家具形式在现代化企业办公空间中非常常见，包括银行系统、电信部门以及各类生产企业的办公空间，如图 7-15 所示。

办公室屏风样例结构展示

图 7-15 带屏风的办公桌

现代社会分工越来越细，人与人之间的沟通越发显得重要。员工的工作间，无论是封闭式，还是开放式，都要强调方便交流和沟通。办公空间的划分要充分体现资源共享、整合凝聚、不断学习、高效而有活力的现代化办公模式。屏风隔断将办公区分割成若干单元，在尽量不影响相互联系的前提下减少相互干扰，从而实现现代化办公模式。同时，屏风还可以经过特殊处理和设计，在其上悬挂各种办公用品，且悬挂高度可任意调节和自由布置。

屏风的设计主要有不透明、半透明、透明 3 种形式。现代化办公空间一般可根据企业性质和需要对屏风进行量身定做。屏风的材料主要有吸音棉（或布质面料）包覆刨花板、双层中空玻璃板和混合型三种。不论哪种材料都必须经过防火处理。

屏风的尺度由办公空间的大小（即净空空间大小）、空间内办公人员的工作位置以及位置数量来确定。一般情况下，大空间如果办公人数不是太多，则屏风尺度（主要是宽度）可以适当放大。目前，企业用屏风的尺度主要有以下几种规格，矩形宽度有 400mm、600mm、800mm、1000mm 和 1200mm 五种规格；弧形隔屏（这里指半径）有 600mm、800mm 两个规格。屏风的高度比较灵活，一般在 1000～2000mm 之间，常见的有 1010mm、1310mm、1610mm、1910mm 等。

为了确保实现屏风的各种功能，如悬挂、调节各种办公用品，使办公设备一体化，屏风的结构设计非常重要。屏风作为空间分割的隔断，要充分考虑办公设备的各种走线。因此，屏风一般设计为可拆装型，并且设有走线槽、滑道槽、调节杆。屏风的横向连接主要使用铝质材料，与桌面的连接主要通过扣件来实现。

7.3　VDT 办公桌设计

信息时代的到来使办公进入了数字化时代，现代办公要求家具必须与计算机等电子设备紧密相连，VDT（Visual Display Terminal 视屏显示终端）型办公已经成为现代办公作业的一个主要特征。这个新的办公形式对办公家具的设计也提出了新的要求。为了减少作业疲劳，提高工作效率，办公家具的设计必须充分考虑人体工程学因素，使设计的家具不仅符合人体尺度、肢体的活动范围、视觉舒适性等人体因素，而且也符合办公作业活动的要求和工作环境条件的特点。

优秀的人因工效学电脑办公桌设计

7.3.1　VDT 办公作业对人体的伤害

有关研究表明，目前计算机办公作业对人体伤害的主要影响在以下 3 个方面：对视觉上的影响；对颈部、肩和腕部的影响；对腿脚部的影响。

对于 VDT 操作者来说，视觉疾患的症状表现就是：在操作计算机的过程中，感觉到视觉模糊，眼睛干涩、发痒、灼热、疼痛，还有的人可能会伴有头痛和关节痛等症状；在操作计算机后或操作计算机一段时间后，感觉到视力下降和畏光以及双眼发红等。

颈部的疾患主要是颈椎炎，发生部位一般为颈、肩部位。而手臂的疾患则主要是肌腱炎，即上臂的肱二头肌在肩关节、肘关节相连处的腱由于姿势的不当，长时间处于受力状态。对于手来说，主要的疾患则是在手腕部及手指的关节处。由于手指在长期操作键盘过程中，反复敲击使关节处的腱、神经及其他软组织受到伤害。而手臂则由于长时间前伸以及对鼠标的拖动，使手、手腕、臂的肌腱和神经都承担了不必要的压力与张紧，甚至于肩部和颈部的肌腱等因此而受到伤害。

现代办公大多采取坐姿，不同坐姿所引起的人体疲劳状况不同。根据坐姿人体与桌面和座椅之间的关系可将办公坐姿分为前倾坐、平直坐和后靠坐。与前倾坐姿和平直坐姿相比，后靠坐姿人体腰部和颈背部肌肉受力明显要小。前倾坐姿时人的腰部受力相对最大，而平直坐姿时背部和肩颈部肌肉最容易疲劳。根据对 VDT 办公作业的一项调查，最多见的坐姿是前倾坐姿，有关研究成果表明，假设人在自然直立时，椎间盘压力为 100%，那么当人放松平躺时为 24%，在笔直坐时，为 140%，而在前倾坐时为 190%。如图 7-16 所示，脊椎在前倾的情况下就不是呈自然的"S"形。若长期以这种坐姿工作，椎间盘上的压力分布不均匀，就会导致作业者的腰部损伤，主要表现为腰部酸痛，严重者可发生腰肌劳损和椎间盘推行性病变。

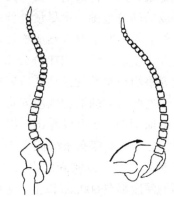

(a) 直立时脊柱形态　　(b) 前倾坐姿时脊柱形态

图 7-16　自然直立时和前倾坐姿时的脊柱形态

座椅高度是影响大腿姿势及其疲劳程度的主要因素。在当前办公椅设计中已经基本上使座椅高度的调节范围适应了大部分的人群要求，但由于工作台面与座椅的尺度配合不当，或者工作台面下方容腿空间不足，仍然会使操作者的腿部处于不自然的姿势。大腿长期处于受压状态会使腿部血液流通不畅，下肢产生疼痛、麻木感觉。

此外，操作者很多不自然的姿势都导致操作者的肌肉处于静态施力状态；并使身体局部地方的肌腱、血管和软组织由于受到挤压、扭曲而受到损害。具体见表7-7。

表7-7　静态肌肉施力部位及基本原因

肌肉部位	产生原因
颈肌	承载由于前倾姿势的头部重量，长时间地注视目标物
背部肌群	长时间施力以维持脊柱的自然形态"S"形，或者说由于脊柱偏离自然形态而使背部肌群施力
上臂肌群	肘部没有支撑而使肌肉承载自重
大腿肌肉	受压而承载体重

7.3.2　VDT办公桌设计要素

7.3.2.1　桌面的空间

VDT办公桌面设计要求不同于一般传统的办公桌桌面设计，桌面尺度要足够大以放置所有的设备。传统的桌面深度确定是以人手臂的可及范围来划定的（水平作业域），但对于放置VDT设备的桌面，深度则要注意显示屏与作业者之间的距离。对于VDT操作与读写操作共享的桌面，除了要求有放置设备的空间外，还要求有进行读写操作的桌面空间。

水平作业域是人于台面前，在台面上左右运动手臂而形成的轨迹范围，手尽量外伸所形成的区域为最大作业域。而手臂自然放松运动所形成的区域为正常作业域，对于VDT办公来说，如写字板、键盘等手活动频繁的活动区应安排在此区域内。从属于这些活动的器物则应安排在最大作业区域内，由前面图7-2可以看出，以正常的手臂活动范围，桌子的宽度有400mm就够了，由于需要摆放各种用具，所以实际的桌子要大得多。VDT作业面的深度都在600mm以上，主要是为了满足显示终端的放置要求。

对于键盘放置面与读写操作面相同的情况下，桌面空间要在键盘与操作者下前方桌面边缘有至少60mm深度的间隙。同时显示器距离桌面边缘至少应有240mm距离。且键盘放置的附近要有放置鼠标的空间。对于键盘放置在不同的台面（托板槽里）时，托板的空间要至少足以存放键盘和鼠标器。

总之作业面的空间要满足VDT系统的设备及辅助设备的合理放置空间。

7.3.2.2　桌面高度或作业面高度

传统的办公台面高度用于目前的VDT作业面，对大多数使用者来说都是偏高的。

对于VDT办公作业所使用的台面，高度要能保持肘部以自然姿势工作。因此一般建议桌面高度、键盘放置面的高度和显示器放置面的高度是分别独立的。对于VDT操作多于读写操作的工作位置则前两者可以在同一桌面高度上进行，这样的VDT作业面高度在680~720mm之间，从而使容腿高度满足650~690mm要求。如果键盘放置面与桌面高度不同，则桌面高度可以略高于键盘面高度，取750~800mm，这样既可满足桌面下悬键盘托板的安装高度，使键盘能自由进出，也同样满足了托板面的容腿高度。

对于显示器放置的台面，最好为独立可调节高度的台面。这样可更大幅度地调节显示器的放置高度和显示器的倾角。如图7-17(a)所示，键盘放置面与读写作业面高度相同，显示器放置面为独立可调系统。图7-17(b)中则三者的台面都相互独立，键盘板面与桌面高度不同，而显示器为内嵌于桌面下的一个附属装置上，且独立可调显示器的倾角和高度。

7.3.2.3　桌面形态

对于VDT操作而言，桌面形态同样存在键盘作业面与读写作业面的问题。VDT作业面的形态

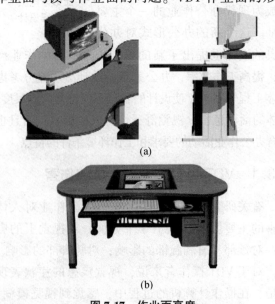

图7-17　作业面高度

要尽可能地使作业者以自然姿势工作。

当读写桌面与键盘作业面相同时，桌面形态要充分考虑肘部支撑问题，为了解决这一问题，VDT 操作者的作业面通常改变传统矩形形式，在作业者的位置上桌面向内凹进去一定弧度，如当前企业大空间内的屏风台面就是这种形式，这种弧形区通常是半径 R 为 400mm 圆弧的一部分（通常为 1/4）。事实上，由于作业面的高度太高，这样的弧度并不能解决肘部支撑与作业支撑问题，同样会使操作者肩部有被架起的感觉。

目前，比较实用的 VDT 作业面的形态就是蝶形桌面形态，如图 7-18 所示，蝶形的双翼区为支撑肘部的地方。这种支肘双翼可以与放置键盘的面板为同一面板，如图 7-18(a) 所示，也可以与键盘托板一起悬在桌面下方为推拉式，如图 7-18(b) 所示。折叠式的好处就是方便操作者进出弧形区。

(a) 蝶形支肘双翼面板　　(b) 铰链相连推拉式面板

图 7-18　比较合适的作业面形态

7.3.3　显示器的放置位置及辅助设计

7.3.3.1　显示器与人眼睛的距离

显示器在使用过程中会发出电磁辐射和光辐射，容易引起眼睛干涩疲劳等不适症状。因此，在 VDT 和电脑作业时要注意与显示器保持适当距离。显示器中心与眼睛的最小距离要在 630mm 以上；距离太小眼睛易疲劳；距离太远会降低屏幕的识读性。人眼睛的休止点（resting point of vergence, RPV）在向前直看时约为 1140mm，而向前下方 30°看时约为 890mm。当距离小于 380mm 时会引起目眩头晕，大于 760mm 时细节看不清楚。

一个原则就是：单独就显示器而言是越远越好（电磁辐射减少），只要不影响到阅读性，如果在看不清楚屏幕显示的情况下，调节的原则是调大显示的比例而不是移近显示器。

7.3.3.2　显示器在垂直面的放置

在头直立时，自然视线为水平线以下 15°，因此传统的显示角度放置都以此为标准，而事实上，当显示器在这样一个位置时，头部的姿势为直立的，这样长时间会感到颈部酸痛。后来的人体工程学研究表明在水平线下 15°时，眼睛看比较远的物体适合，而看近的目标物则需要更偏向下方的角度。国际标准委员会(ISO)1998 年定下了显示器放置的最佳角度为水平线下 20°～50°。如图 7-19、图 7-20 所示。

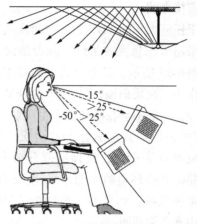

图 7-19　显示器的放置

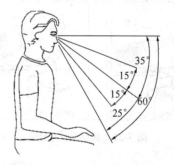

图 7-20　操作者的最佳视角

低位置放置显示器最明显的一点好处可以使操作者作业时头部姿势变动范围更大。如果显示器只是与视线相平，则要以舒适的姿势来看显示器，头颈部只能以一种姿势操作。长时间会感到颈部不舒适。而显示器放置角度偏下，操作者可以在头颈直立时眼睛向下看，若这种姿势累了可以让颈部在比较大的范围内变化以保证好的视觉效果。这样就不会使颈部长时间保持同一姿势。这一点对于设计部门来说更显得重要。

7.3.3.3　显示器的倾斜

显示器的倾斜通常是上部向后倾斜、远离操作者，底部离操作者近些，如同浏览书刊一样。操作者常常会将显示器向前下倾斜以避免眩光，但会使颈部姿势不舒适。有关眩光的避免可以通过改变照明方向来解决。人类工效学的研究者 Ankrum and Nemeth 发现向下倾的显示屏会带来更多颈部及视觉上的不舒适，其认为位置偏低向后倾的显示器放置是最为合适的。

7.3.3.4 显示器的光照

显示器的光照主要考虑避免眩光。对于有窗户的办公室，显示屏面的方向与窗户的平面要垂直，无法这样放置的作业位置则要求使用窗帘，以避免直接光照。

对于任何大小的VDT办公空间从人工照明来看，要采用天花悬顶式吊灯，或者是向上照的灯具。如图7-21所示，具有防直射的灯罩，这种灯以顶棚作为二次反射面，是VDT办公最好的照明方式之一，一般不会在屏幕上产生反射。或者"发光顶棚"的照明形式也适合VDT办公。发光顶棚是光源安装在顶棚内，使顶棚部分或全部发光。有显示器的办公环境的光照水平比传统的办公室的光照水平低些，如果不能进行文件识别，则可通过集中光源来照明。

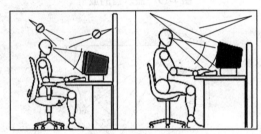

图 7-21 显示器的光照

7.3.3.5 显示器与源文件架位置

对于企业内的大部分作业位置而言，源文件架作用是不可忽略的，比如文件输入、报表核对等。源文件架的高度在显示器2/3处高度左右，放置角度与显示器后倾角一致，即要使源文件页面与显示器屏平行，源文件架与显示器屏幕在一个平面内。如图7-22所示，为源文件支架的建议。

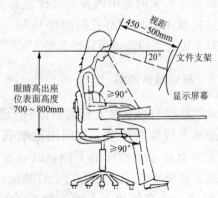

图 7-22 源文件架的建议

7.3.4 键盘与鼠标

7.3.4.1 键盘的放置

键盘放置的工作面与显示器要在不同的支撑面，以方便两者的独立调节。键盘的放置面也称键盘托板，它的面积要大，以方便容纳鼠标和其他输入设备。

同时，键盘放置的位置要在操作者的正前方，键盘与操作者之间要有部分托板面的空隙，上面可配置比较薄的腕托。要指出的是这个腕托不是提供操作键盘时的腕部支撑，而是在操作键盘的间隙里搁手，而避免手在操作的间隙悬在键盘上方。但这样会使键盘托板变得拥挤，如图7-23所示。由于操作者的手腕在操作时要保持平直而不是支撑，操作者的支撑主要是依赖于前臂和肘部来寻求。对于键盘托板的设计也是当前VDT作业位置设计的一个重点。

图 7-23 键盘托板上的腕托

对于VDT操作者来说，放置键盘的托板也就是VDT操作的作业面，要考虑到作业面下方留有足够的容膝空间，也要考虑到作业面对操作者的支撑高度。作业高度取女性第5百分位男性第95百分位的值应该取到220~250mm，这个高度包括座面到键盘表面的距离，在满足这一点要求的前提下，对于键盘设计也有所要求。

7.3.4.2 键盘的选择与设计

VDT操作者在选用键盘时，要考虑键盘的厚度、键位的角度、键盘键的激活性能。由于工作高度的要求，键盘设计得越薄越好。键盘的放置面高度应在25mm以下，避免操作者操作时手腕尺偏。

VDT作业中根据不同作业位置要求选择相应合适的键盘，对于输入性VDT操作者，最好选择键位设计符合手的自然内弯形式，比如企业里的文秘工作者；对于财务工作者，由于输入数据频率大，而普通键盘的数字键盘位置设计在操作者右侧，与鼠标放置的位置都在一侧，则会出现操作者左手空闲而右手疲于工作，因此最好选择数字小键盘设计在面板中间或偏左方向的位置；对于绘图设计者，所选择键盘的主键位同样以偏向左手为主，因为右手基本上是不间断操作鼠标；对于普通 VDT 用户，由于键盘使用时间不是很长，因此对键盘性能要求不是很高。

不论哪一种形式的键盘，很重要的一点就是键盘键的灵敏度，操作者手指不需要用很大的力或者不需要施力的情况下就能轻易点击计算机。

因此在键盘设计中也要充分考虑适合不同操作群体的键盘形式，从而最大限度地减少操作者操作键盘带来的一系列伤害。

7.3.4.3 鼠标的放置与选择

鼠标放置的位置要与键盘在同一个放置表面，即作业高度是相同的。且鼠标放置的位置要与键盘越近越好。这样避免单手操作鼠标时，躯干的不自然姿势。

鼠标大小要符合操作者手掌自然弯曲"罩"的空间大小，避免操作者手腕背屈。如图 7-24 所示。如果鼠标过大，手腕及手指关节都需上扬，操作鼠标时最好在腕部垫有舒适的垫子，这样方便手在连续操作间隙得到休息。要避免手指上扬，手腕背屈，必须使鼠标性能有比较小的点击力，或者反应力，这样手指只需用很小的力即可操作。

图 7-24　鼠标与操作者位置

7.4　台类家具设计要素

台类家具一般用于站姿作业或坐立交替作业，其水平工作区域设计与桌类家具相同，但垂直工作区域设计与桌类家具设计不同。

按照国家标准，学生用实验台和老师用讲台分为：①双人单侧化学、物理、生物实验台，每个学生所占长度≥600mm，实验台宽度≥600mm。②四人双侧物理实验台，每个学生所占长度≥750mm，实验台宽度≥900mm。③岛式化学、生物实验室每个学生所占长度≥600mm，实验台宽度≥1250mm。④教师演示用的讲台长≥2400mm，宽≥600mm。

7.4.1　台类家具的台面高度

图 7-25 为立姿作业时垂直面的工作区域。肩高 E 和肘高 L 均以地面为基准。采用法莱法，最大工作区域的最高点由 $(E+K)$ 确定；正常工作区域的最高点由 $(E+J)$ 确定。肩高 E 取其第 5 百分位数；肘高 L 取其第 95 百分位数。

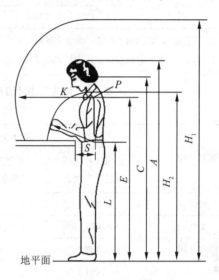

图 7-25　垂直面工作区域（适用于男、女立姿作业）
H_1. 垂直面最大工作区域（法莱法）
H_2. 垂直面正常工作区域（法莱法）

表 7-8 是我国男、女性操作者的立姿作业人体参数。表 7-9 是根据表 7-8 所确定的最大工作区域和正常工作区域的距离。

站姿作业的工作面高度应由人体肘高来确定，一般以低于人体肘高 50～100mm 为宜。按照我国人体尺寸的平均水平推算，男性的最佳工作面高度为 950～1000mm，女性的最佳工作面高度为 880～930mm，减去工作物件的高度，即为工作台的高度。工作台的高度应采用大尺寸人的参数为设计依据，这是因为，小尺寸人在使用工作台时，可以通过脚踏或垫板来调节工作面高度。除了利用脚踏和垫板来调节工作面高度，还可以通过台面高度的调节来实现。

此外，工作台面高度还与作业性质有着密切关系。作业性质不同，台面高度也应不同。设计者必须具体分析各种作业特点，以确定最佳作业面的高度。

表 7-8 男、女性操作者立姿作业人体参数   mm

测量项目	男性	女性	男女共用	男性百分位数			女性百分位数		
				5	50	95	5	50	95
A-身高（放松）	1781	1665	1781	1589	1684	1781	1490	1576	1665
C-眼高（放松）	1480	1377	1377	1480	1574	1670	1377	1460	1547
E-肩高	1306	1220	1220	1306	1392	1480	1220	1296	1375
G-胸厚	255	249	255	196	222	255	180	209	249
H-肩宽	344	320	320	344	375	403	320	351	377
J-前臂长	386	352	352	386	420	454	352	384	417
K-上肢前展长	675	614	614	675	733	792	614	668	725
L-肘高	1121	1048	1121	979	1049	1121	924	985	1048

注：1. 所有数据均以 GB 10000—1988 为基础，并已按表 7-1 建议值修正。
2. 表中 J、K 的数值均以达到中指尖点计算。

表 7-9 正常工作区域和最大工作区域在水平面和垂直面上的距离
（适用于男、女立姿作业的布局）   mm

名　称		在水平面上的距离			在垂直面上的距离	
		正常工作区域（巴恩斯法）	正常工作区域（斯夸尔斯法）	最大工作区域（巴恩斯法）	正常工作区域（法莱法）	最大工作区域（法莱法）
男性		514	520	803	1507	1981
女性		477	476	739	1400	1834
男女共用		480	479	742	1473	1834
男性百分位数	5	484	490	773	1365	1981
	50	531	544	844	1469	2125
	95	582	602	920	1575	2272
女性百分位数	5	442	441	704	1276	1834
	50	489	482	773	1369	1964
	95	542	553	850	1465	2100

表 7-10 立式用桌台类家具的高度参考表   mm

类型	用力工作	平面阅读、试验台	不用力工作	平面书写、讲台、柜台、账台
高度	760~800	850~920	900~1000	900~1000

（1）精密作业

对于精密作业，如绘画，作业面高度应上升至肘高以上 50~100mm，以适应人眼观察的距离。同时，给肘关节一定的支撑，从而减轻背部肌肉的静态负荷。因此，台面高度相应要高。

（2）一般性作业

对于一般性作业，如果台面上需要放置工具、材料等，台面高度应降低至肘高以下 100~150mm。

（3）重负荷性作业

对于重负荷性作业，如需要借助于身体的重量来进行操作，则工作台面高度应降低至肘高以下 150~400mm。

各种台类家具高度参考表 7-10 和图 7-26。

7.4.2 台下的净空处理

台类家具的下部空间，通常是作存放物品的柜体来处理，所以不需要留有腿部活动净空。但为了适应人在使用时紧靠台面的着力动作，需要

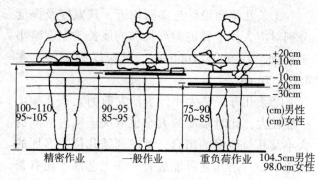

图 7-26 作业性质与工作台高度

在底部留有置足的凹进位置，即容足空间。容足空间高度通常为 80mm，深度以 50～100mm 为宜，如图 7-27 所示。

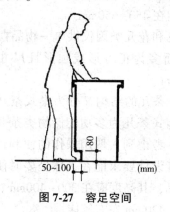

图 7-27 容足空间

7.4.3 坐立交替和斜工作台面

坐立交替式作业是指工作者在作业区内，既可以坐着也可以站立。重要的和需要经常注意的视觉工作必须设计在舒适的视线范围内，从而避免由于头的姿势不自然而引起的颈部肌肉疼痛。

坐立交替式工作，如图 7-28 所示，很符合生理学和矫形学(研究人体，尤其是儿童骨骼系统变形的学科)的观点。坐与站各导致不同肌肉的疲劳和疼痛，坐姿解除了站立时人的下肢肌肉紧张；站姿使人体上肢处于放松状态。所以坐立之间的交替可以解除部分肌肉负荷，同时，还使人体椎间盘获得营养。

7.5 几类家具设计要素

7.5.1 几类家具与人、物、环境的关系

几是传统家具中的一个重要门类，也是现代人们生活中不可或缺的一类家具。不同于桌台类家具为人体站姿或坐姿下水平作业提供操作平台，几类家具的主要功能是陈放物品与装饰家居。其设计不仅需要考虑人的因素，还要考虑物品的特性，以及与室内整体环境的匹配性。

优秀的茶几设计

人体活动姿势及其操作范围是几类家具设计时需要考虑的重要因素。依据几类家具的特点，花几与香几较高，为便于人站姿时观赏及操作，其高度应合乎人体站立时视眼高度和手腕部及肘部的动作范围；茶几、边几及炕几则高度较低，人体取拿或凭倚的动作多为坐姿下完成，这就要根据人体坐姿时上肢的尺寸和活动范围来确定。同时，几类家具的边角应尽可能圆润以保证人接触的安全性；固定摆放的大茶几应注重结构设计的稳定性和承重性，随机使用的小茶几则应材质轻巧或安装滚轮以便于移动。

几类家具与物品的关系最为密切，根据摆放的物品又具体分为茶几、香几、花几等。这就要求几类家具的设计必须考虑物品的特性，以取得合理的造型结构，同时也需满足展示物品作用的视觉美感。例如，香几用于焚香，其造型应注重灵气及姿态；而花几则因根据盆栽植物的不同，既要选择合适的几面大小又要注意其负载承重能力。

几类家具多数位于客厅，其尺寸与功能类型应根据室内空间的大小而确定。当空间较小时，位于主沙发前的茶几不宜过大，造型小巧的茶几或带有收纳功能的边几为佳；而在较大空间内，除了搭配主沙发的大茶几，还可以选择一些高型的条几或边几，放置一些陶瓷或花草，兼具装饰性和展示性，增强客厅的格调。此外，几类家具应与室内家具及整体装饰风格相协调，主要表现在高度的配合，材料的选择及色彩的搭配上。例如，色彩艳丽的布艺沙发可搭配暗灰色的磨砂金属茶几；红木和真皮材质的沙发，就需要同样颜

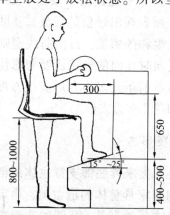

图 7-28 坐立交替设计(单位：mm)

色显厚重的木制或者石质的茶几；而金属搭配玻璃材质的茶几能给人以明亮感，有扩大空间的视觉效果。

7.5.2 几类家具尺寸

几类家具的尺寸主要包括几面的高度及幅面尺寸。

(1) 几类家具高度

几类家具的几面高度为几面到地面的垂直距离，其高度的设计应方便人体操作。因其不同的使用功能，几类家具涉及人体站姿、坐姿两种不同姿势下的动作。

①几类家具作为装饰性家具，如陈放花草、陶瓷雕塑等工艺品的条几，人与家具的交互多在立姿作业下完成，例如观赏、取拿和清洁。此时，几面高度应依据人体站姿肘高来设计，参考台面的一般性作业，几面高度应降低至肘高以下100~150mm；同时，几面的高度应与物品的高度相协调，若物品高度较高，则几面的高度应酌情降低；其搭配原则以人站姿时视平线的高度为基准，保证人平视时处于物品的中间或上部，以更好地满足视觉观赏的舒适性。站姿时视平线高度为1500mm，物品高度处于600~1200mm时较佳。因而，几面高度一般取800~950mm。当然，还有些超高花几在1000mm及以上，根据特殊的搭配需求，其高度也可略微调整。

②几类家具作为配式家具，与沙发及座椅相组合的茶几和边几，便于人坐姿时取拿物品等操作。主沙发前面的茶几是使用最为广泛的几类家具，其上可放置茶具以满足喝茶会友的需求；边几功能相近但规格相对较小，一般位于座椅或单人沙发一侧。此类茶几的高度设计以人体坐姿肘高为依据，高于椅面或座面200~250mm，参考座椅尺寸，休息椅及沙发的座高范围为330~370mm。同时，根据茶几的不同摆放位置及搭配，沙发前面其高度一般在450mm，在沙发或休息椅的侧面时其高度为580mm；中式座椅座高略大，搭配的茶几高度以680mm为宜。

(2) 几类家具幅面

几面的幅面尺寸根据人手的水平活动范围、几面上放置的物品及放置形式来确定，规格及用途不同，其幅面尺寸也有差异。

①条几幅面设计与桌面相近，其宽度及深度分别对应人体手臂的侧展长和前展长，宽度略小于桌面，在900~1000mm，而深度则偏小，在450~550mm。

②茶几有规格大小，主沙发前的大茶几幅面一般较大，此时幅面的大小也取决于室内空间的大小及其与沙发的组合，考虑到茶几位于客厅的视觉中心，茶几上可能放置一些工艺品，还有茶具、书籍等物品，其幅面要有足够的尺寸且兼顾操作的便利性，推荐宽度在900~1400mm，深度在700~900mm。小型茶几或边几幅面较小，仅放置一些小型物品或临时摆放书籍、杯子等，其宽度与深度均在450~650mm。

③香几和花几类因仅供单一物品摆放的特殊性，其幅面多为正方形或圆形且尺寸较小，在300~450mm。

此外，茶几的结构又分为桌式茶几与箱柜式茶几，箱柜式茶几为多功能储物类茶几，带有搁架或抽屉，考虑到人取用操作的便利性，搁架和抽屉的高度设计要求能在人体坐姿时便利的观测及取拿物品，其高度应在300~400mm，同时深度不宜过大，420mm左右较佳。

7.5.3 几类家具的形态与装饰

几类家具的形态影响着人体的视觉感受性及审美心理，按构件拆分，主要包括几面板及几腿两大部分，有的还带有抽屉和搁架。

(1) 几面板的线面元素

几面的平面造型较为丰富，常见有正方形、长方形、圆形、椭圆形、多边形（三角形、六边形等）及自由曲线型。几面板因形态不同具有不同的情感表现力，方形几面给人安定、秩序的美感，多边形几面则表现出轻松的活泼感，圆形带给人一种完美、柔和的感觉，自由曲线型则富有流畅的明快感。同时几面的形状还要考虑使用空间及用途，如沙发前茶几多为方形或长方形，而摆放圆形花瓶的花几多为方形。

(2) 几腿形态

几腿是几类家具底部支撑主体的部件，其设计直接影响着家具整体的造型美、稳定性及牢固性。对于桌式几类家具，几腿的造型在整体中占比较大，故而其腿部形态更富于装饰性。图7-29

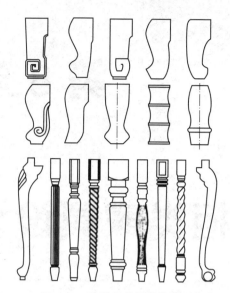

图 7-29　几腿部常见装饰造型

所示为几腿装饰造型的常见形式，主要分为体型和线型两类。体型类几腿造型较大，多为石材或木材制成的较大型茶几，给人以稳固、厚重之感；线型类几腿造型则相对轻巧修长，给人轻快和自由之感。

（3）抽屉或搁架

抽屉和搁架是多功能茶几的独特构件，增强了几类家具的储物功能；进而衍生出不同的结构形式，主要有普通柜式、创意式及组合式（可移动、升降、折叠等），细化了存储空间使取放东西更加方便快捷；同时通过不同材料及色彩的搭配，丰富了茶几的形态。如图 7-30 为一款多功能茶几，面板可升降，使得人们能在茶几上进行办公；装有铰链的折叠面板翻开可成为饭桌，茶几四角为隐藏式储物凳，中间还带有双层抽屉；尤其适用于小户型居室。

图 7-30　多功能组合式茶几

（4）几类家具的色彩

除了形态与结构，色彩也是装饰不可或缺的一部分。色彩影响人们对家具的感知，主要体现在色彩的冷暖感、轻重感和距离感。黄色、白色等浅色给人素雅、纯洁温馨之感；而青色、蓝色给人宁静、舒适之感；灰色、棕色、黑色等与其

图 7-31　不同色彩的几类家具

使用的材料有关，多给人以稳重之感。装饰材料的色彩与光泽应能满足人眼的视觉需求（图 7-31）。

7.5.4　几类家具的材料

与桌椅类家具相同，用于制作几类家具的材料也是十分丰富的，主要有木材、竹材、藤材、石材、金属、塑料及玻璃等。

几类家具可以是由一种材料制成，也可以是两种或多种材料。利用不同材料的质感之异，也可以使几类家具取得较好的装饰效果。如图 7-32 (a) 是一款玻璃几面与镀铬钢管支架相配合的茶几，图 7-32 (b) 是一款火山石几面与鼓形胡桃木几座相配合的茶几，通过不同材料的配合，可以产生不同材料质地的对比感，使茶几的质感和造型表现为更鲜明而雅致。

(a)　　　　　　　　(b)

图 7-32　不同材料制成的茶几

● **复习思考题**

1. 简述坐姿作业的特点。
2. 桌台类家具设计中应如何考虑人及环境因素？
3. 简述桌台类家具设计应如何提高人体舒适性。
4. 试述坐姿形态下使用的桌台与坐具的关系。
5. 桌台类家具设计中应考虑的人体尺寸主要有哪些？
6. 桌台类家具设计：根据学生的人体尺寸及人体工程学理论，分析教室中现有课桌的优缺点，设计一款新产品。
7. 以 VDT 办公桌为例，说明设计时所要考虑的人—物—环境之间的关系。
8. 试述几类家具的功能特点及与人、物、环境的关系。

第 8 章

柜类家具设计

> **本章提要**
>
> 本章从人体工程学角度介绍了柜类家具设计。首先介绍了柜类家具的类型和功能，然后分别从柜类家具设计中人的因素、使用环境对柜类家具的要求、柜类家具与储物特性、柜类家具的设计要素和设计案例几个方面具体介绍了柜类家具设计中的人体工程学知识。围绕设计中人的因素介绍了取放物品时人体的动作姿势、物品的可视性；针对柜类家具的使用场所和特点、使用环境对柜类家具尺寸、色彩、材料的要求进行了说明；围绕家具的储物特性介绍了储物形式、物品的尺度和储物空间的分隔；结合柜类家具设计分别对书柜、衣柜和橱柜的设计要素及设计案例进行了分析说明。

8.1 柜类家具的类型和功能
8.2 柜类家具设计中人的因素
8.3 使用环境对柜类家具的要求
8.4 柜类家具与储物特性
8.5 柜类家具设计要素
8.6 柜类家具设计案例

根据家具、人、环境之间的关系以及密切程度，柜类家具属于建筑类家具。这类家具与人体接触时间较短而与物的关系比较密切，因此对它的设计不仅要考虑人的因素，更多的是要考虑物和环境的因素。

柜类家具是收藏、整理日常生活中的器物、衣物、书籍等物品的家具。按存放物品的不同分类，主要有书柜、衣柜、壁橱、电视柜、陈列柜等。日常生活用品的存放和整理应根据人体操作活动的可能范围，并结合物品的特性、使用频率、收藏形式及人的行为习惯去考虑，柜类家具设计就是以此为基础的。

8.1 柜类家具的类型和功能

生活中柜类家具无处不在，从柜类家具的尺寸、体积或不同形态来分，有小型储物柜与大型整体化橱柜等形式。按照室内使用空间对柜类家具功能的需求，根据存放物品的不同，柜类家具主要有以下几种。

柜类家具的类型

8.1.1 玄关空间的柜类家具

玄关源于中国，早期中式民宅推门而见的照壁是玄关的前身。现代家居中，玄关空间是接送客人、接收邮件、换衣、换鞋的地方，也是放置箱包、钥匙及伞等小物件的平台，方便人们出入。因此玄关空间常设置玄关柜、入户柜、鞋柜等，方便出入时鞋、物的拿取与安置。

8.1.2 餐厨空间的柜类家具

现代居室大部分餐厅和厨房都是分开的。餐厅一般设餐边柜、餐厅柜、酒柜等柜类家具，厨房空间的橱柜是家庭生活比较重要的柜类家具。橱柜分台柜和吊柜，设计通常有五种形式：一字型、L型、U型、平行型、岛型。贮存是其主要功能，贮存物体的类别有食品调料类、器具类和内置设备等。

8.1.3 客厅空间的柜类家具

客厅是一个家庭的主要活动空间，是家人娱乐、放松、休闲的地方，相关的物品种类繁多，因此客厅空间柜类家具较多，如电视柜、小型储物柜、装饰柜等。电视柜离家人活动区域较远，一般放置不常用的工具、各类电器发票及说明书等；装饰柜用于陈列一些精美的物品，如艺术塑像、手工艺品等，与室内风格统一和谐，体现主人的品味。装饰柜也常用于书房，与书柜结合使用，摆放一些具有收藏价值的书籍、古董等，体现主人儒雅之气。

8.1.4 卧室空间的柜类家具

卧室属于私密空间，涉及的物品除了大量衣物、被褥，还有很多生活私密物品如各类饰品、护肤用品、私藏工艺品等，因此卧室空间柜类家具一般有衣柜、床头柜、电视柜、斗柜等。衣柜是卧室空间主要柜体，为节省空间可能被设计成嵌入式，或与电视柜、书柜等组合，大规模定制整体衣柜也能很好地满足现代人的需求。随着人们换衣频率越来越快，"挂衣"成了衣柜的主要功能；针对衬衫、裤子、领带、皮带等各种不同的衣物饰件，许多专用五金配件如拉篮、领带架、西裤架等的使用，使衣柜的储存方式更为合理便捷。斗柜等主要收纳一些生活中常用的小物品，如剪刀、吹风机、备用毛巾等，常见有五斗柜，可由深浅不一的五个抽屉自上而下由浅到深的排布，位置摆放灵活、功能多变。

8.1.5 书房办公空间的柜类家具

书房办公空间用作阅读、自修或工作之用，这类空间的柜类家具基本就是指书柜，主要收纳书籍、文件资料或工艺饰品等，一般分敞开式、半敞开半封闭式和封闭式3种。拿取频率高的常为敞开式。书柜使用时为拿取便利，要考虑对书籍进行分类整理，将常用书籍与不常用书籍进行分区，在最利于视觉及手拿取的高度放置常用书籍，而将非常用或比较厚重的书籍放置最底部，最上部则可摆放一些工艺品等。

8.1.6 卫浴空间的柜类家具

家居卫浴空间内有大量的洗浴用品，其收纳家具是卫浴柜，如台盆柜、壁柜、镜柜等，且占用空间比较有限。为充分利用卫浴空间，将卫浴柜的镜子做成镜柜的形式，或改变柜门的开启方式来增加空间利用率等，设计时可将干湿物品放置空间进行分类。

8.1.7 其他空间的柜类家具

柜类家具在室内空间无处不在，只要有储物空间，就会存在各种柜类家具。除了以上六种主要室内空间，我们将其他空间里的柜类家具基本统称为储物柜，如储物房、娱乐房、超市等空间都有储物柜，还有用于实验室的各种实验柜。

8.2 柜类家具设计中人的因素

人们日常生活用品的存放和整理，应依据人体操作活动的可能范围，并结合物品使用的频繁程度去考虑它存放的位置。这样一来，家具与人体就产生间接的尺度关系。这个尺度关系是以人站立时，手臂的上下动作为幅度，按方便程度区分，可分为最佳幅度和一般可达范围。通常认为在以肩为轴，上肢为半径的范围内存放物品最方便，使用次数也最多，又是人的视线最易看到的视域。因此，常用的物品就存放在这个取用方便的区域，而不常用的东西则可以放在手所能达到的位置，力求有条不紊，分类存放，同时还必须按物品的使用性质、存放习惯和收藏形式安排得井然有序，各得其所。

橱柜的人体工程学分析

橱柜的解决方案对比

8.2.1 取放物品与人体动作

物品的储藏整理与人体尺寸（特别是上肢尺寸和活动范围）及使用状态中的体位有着密切关系。由于物品的取放都用手进行，因此，上肢尺寸及其活动方式与储柜设计具有重要关系。

厨房角柜的解决方案对比

（1）上肢尺寸

上肢动作最重要的尺寸点是肩峰点（肩关节）、肘关节及腕关节。与上肢有关的许多动作虽然与这3处同时有关联，但是，对上肢整个动作来说是肩关节，对手腕和手的工作来说是肘关节，而对于手指作业来说是腕关节为主要动作点。而且上肢动作与肩峰宽也有着一定关联，如图8-1和表8-1所示。

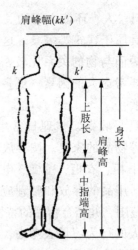

图 8-1 人的上肢尺寸定义图

表 8-1 人的上肢尺寸（第50百分位尺寸） cm

项目	男	女	差
身长	167.8	157.0	10.8
肩峰高	136.7	127.1	9.6
中指端高	66.1	63.4	2.7
上肢长	70.6	63.7	6.9
肩峰幅(kk')	37.5	35.1	2.4

（2）上肢动作范围

上肢的最大动作范围可以根据上肢的长度用图式来求取。如图8-2至图8-7所示为人在不同姿势时手臂的最大活动范围。上肢分别以肩、肘、腕3个关节为中心来进行各自特有的回转动作，

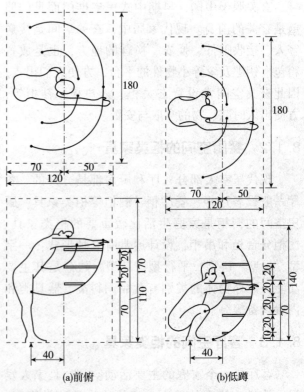

(a) 前俯   (b) 低蹲

图 8-2 人在前俯和低蹲时手臂的活动范围（单位：cm）

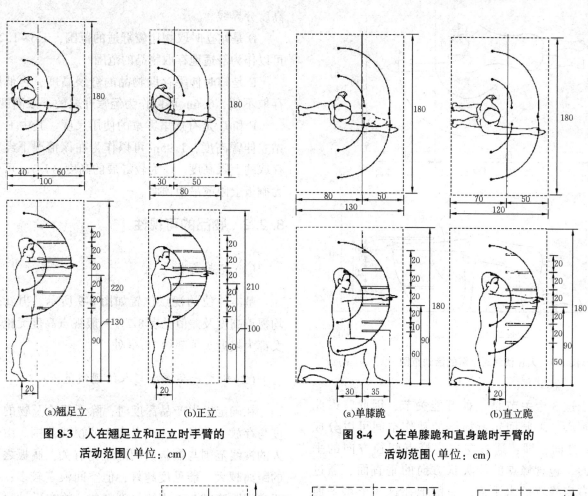

图 8-3 人在翘足立和正立时手臂的活动范围(单位：cm)

图 8-4 人在单膝跪和直身跪时手臂的活动范围(单位：cm)

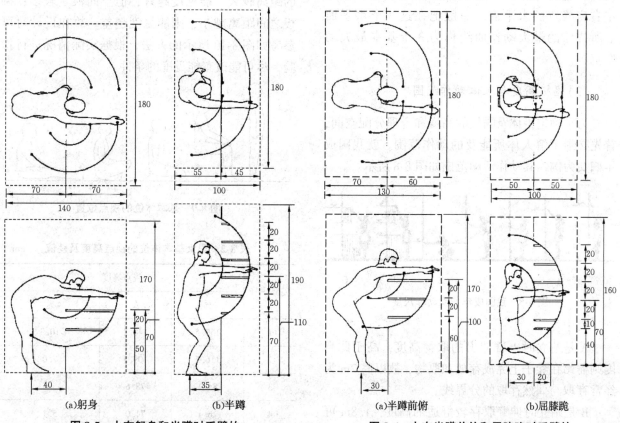

图 8-5 人在躬身和半蹲时手臂的活动范围(单位：cm)

图 8-6 人在半蹲前俯和屈膝跪时手臂的活动范围(单位：cm)

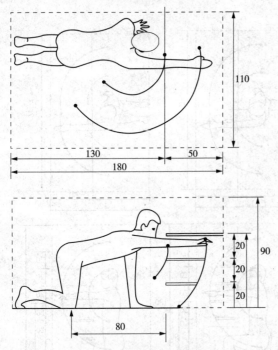

图 8-7 人在伏跪时手臂的活动范围(单位:cm)

由于这 3 个关节是一种万能关节,因此,以此为圆心,上肢回转所描绘的动作空间可以分成 3 个方向,即:通过左右肩峰点阔径方向的垂直面、包含峰点的箭头状方向的垂直面、通过左右肩峰点的水平面。一般把在这 3 个水平面上所描绘的最大动作曲线作为 3 个基本最大动作范围。

(3) 隔板高度与人体动作范围

为了确定柜体及隔板的高度和合理分配空间,首先必须了解人体所能及的动作范围。就我国成年妇女为例,其动作活动范围如图 8-8 所示。

图 8-8 我国成年妇女动作尺度

其中:

A 是站立时上臂伸出的取物高度,高于此高度则需站在凳子上完成存放和取物,故以高 2m 为经常存取与偶然存取的分界线。

B 是站立时伸臂取存较舒适的高度,1.8m 可以作为经常伸臂使用的挂衣杆或搁板的高度。

C 是视平线高度,1.5m 可以作为要求直视的高度分界线。

D 是站立时取物比较舒适的范围,0.6~1.2m 可以作为舒适地存取物品的范围。

E 是蹲时伸手存取物品的舒展高度,再低则存取不便,0.6m 可以作为经常存取的下限高度。

F 和 G 是有炊事案桌的使用尺度。其中 F 为站立伸臂高度,1.95m 可以作为在该情况下经常存取的上限高度。G 为较舒展的高度,1.7m 可作为搁板上限或吊柜顶面。

8.2.2 物品的可视性

(1) 视点高度

基本体位的视点位置如图 8-9 所示。男女平均视点高度及差值见表 8-2。一般视点高度无论男女都为接近头顶部约 15cm 处。

(2) 柜类产品深度与人的视线范围

在确定柜类产品深度时,除了要论及物的尺度与存放方式外,还要考虑人的视线范围。由于人的视线范围与搁板的间隔距离有关,搁板之间的距离越大,能见度越好,但空间浪费较多;搁板之间距离越小,则能见度越差。故在设计时可参考如图 8-10 所示的方法,根据实际情况进行检验,尽可能改善能见度的条件。

图 8-9 基本体位的视点位置

表 8-2 男女基本体位的视点高度及差值　　cm

姿势序号	视点高度		
	男	女	差
1	150.5	140.2	10.3
2	116.5	109.5	7.0
3	84.1	78.6	5.5
4	76.1	71.0	5.1
5	75.3	70.3	5.0

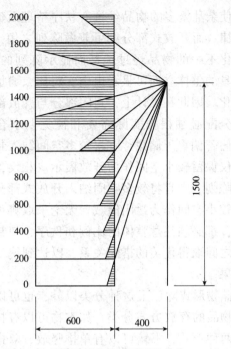

图 8-10　隔板深度与视线范围(单位：mm)

8.3　使用环境对柜类家具的要求

有人说，室内设计是空间及环境的二次创造。那么，家具是创造二次空间及环境的实体。因而，家具设计的关键点在于如何融入室内空间及环境，配合室内设计营造不同属性的功能空间及环境，使室内空间及环境更合理。柜类家具作为较大件的家具，其加入对室内环境有着很大的影响。

8.3.1　柜类家具的使用场所及特点

柜类家具在不同的使用场所，虽然贮存的主要功能没有改变，但因其收置物品的差异，赋予了特别的名称。卧室里，主要用于收置衣服、鞋袜、裤子等物品的衣柜，是卧室中最主要的家具，体量一般很大，为节省空间可以做成内嵌式；客厅里，用于陈列各种收藏品的陈列柜，通常做成通透型或敞开型，并采用局部照明来加以突出，是客厅中重要装饰的一部分；厨房里，收置各种餐具及小家电的橱柜，特别是如今整体式橱柜进入家庭，成为厨房特色的主要体现者；书房中，有用于收藏各类书籍的书柜，还有用于收集各种小杂物的抽屉柜等。

8.3.2　使用环境对柜类家具尺寸的要求

柜类家具的尺度与人体的关系只是它的高度问题，而它的体量、它的形体尺度则与房间、建筑的尺度关系密切。因而，也可以称与建筑关系密切的柜类家具为建筑系家具，宽敞的居室可设计尺寸稍大的家具；如果空间有限应设计的紧凑一些。如西藏的柜类家具，具有多功能、低矮的特点，比例比较特殊，这是为了适应藏居层高低的室内空间；和式柜类家具大多偏小型化，一般都呈现出低矮的样子，线条简约，质朴，简化了空间的线条，让居室整体看起来干净利落，在小空间中非常流行。

8.3.3　使用环境对柜类家具色彩的要求

采光较好的室内宜采用浅色调，或中等色调的柜类家具，使室内典雅清淡，而采光条件较差的室内则采用纯度较高的柜类家具，以突出柜类家具形体。如果房间面积小，墙面为冷色调，柜类家具也宜采用冷色调，纯度和明度可以略有差异，呈间色关系，使柜类家具退隐到墙壁中，与墙体浑然一体，形成同一背景，以扩大室内空间感。如房间较大，柜类家具也不多，则柜类家具的色彩宜与墙面色彩差异较大，甚至成互补色关系，突出柜类家具的前景位置，使墙面起衬托背景的作用，以减少房间的空旷感。

8.3.4　使用环境对柜类家具材料的影响

随着生活水平的提高，室内环境污染问题也日渐突出。家具所造成的室内环境污染，对人体健康的影响越来越为人们所关注。柜类家具是室内占有率较高的一类家具，现代柜类家具很多都使用人造板、油漆涂饰等，这些材料一般都含有甲醛和挥发性有机化合物。当这些挥发性物质在空气中达到一定浓度时，长期接触就会对人体健康产生危害。因此，必须严格控制这些有害物质在家具材料中的含量，要设计和生产绿色环保型柜类家具，即一定要严格按照环保质量标准，选用无毒无害材料进行家具的设计和制造。

8.4　柜类家具与储物特性

8.4.1　储物形式

储物形式必须符合实际需要，以取得合理的结构，同时也必须配合视觉美观的原则，以创造优美的造型。由于储藏物品的使用要求不同，可以根据储存物品的开放程度,将储物形式分为封闭式、开放式和综合式3种。

(1) 封闭式

封闭式是将储藏物品处于完全隐置的形式。一般的衣柜就是典型的封闭式储藏家具。它是以柜门为主要屏障,将所有储藏的物品皆纳入合理而便利的内部空间。柜门的设计要根据室内的整体造型而定,室内形式充满变化时,宜以单纯的方法处理;相反,室内形式较为简单时,则可采用较富于性格的表现手法,在选用单件储藏家具时,也适用这一原则。在一般情况下,室内储藏物品的种类繁杂而数量庞大,以采取封闭式为宜。同时封闭式也适用于室内空间较为狭小或室内造型较为繁杂的房间。

(2) 开放式

开放式是将储藏物品完全外露,兼具有展示作用的形式,一般的玻璃橱、壁架或隔间架即属于典型的开放式储藏形式。在原则上,室内储藏品必须具有良好的观赏价值,且数量较小时才适于采用开放式储藏方式。由于开放式储藏在实质上已经具备有陈列的形态,因此其托架构造尽量采取单纯而富于秩序的造型,使其具备充分的展示作用。

(3) 综合式

综合式是将开放式与封闭式并用的形式,最大特色是兼具二者的特长。封闭部分纯粹用以储藏,使杂乱繁多的物品经过有秩序整理而建立储藏规律。而开放式部分则可兼做陈列之用,可以将变化不一的物品经过选择而显示陈列的重点,在家具的整体立面可显示出虚实对比,增加室内的变化。因此在设计上,封闭部分与开放部分的空间分配必须根据实际需要和视觉要求合理安排。假若偏重于储藏,宜将较多空间纳入封闭部分,仅保留较小空间作为开放展示。相反,若偏重于陈列,则宜将较多空间纳入开放式部分,仅保留较小空间作为封闭储藏。无论采取哪种分配形式,都必须注意整体的比例和秩序,使封闭与开放之间取得优美的搭配关系,以达到统一变化的效果。

储物形式除以上这种分类以外,也可以按照具体物品的存放方式分类。如衣物可以有挂放和叠放两种形式,书籍可以有单排竖放、双排竖放和卧放等不同形式。

8.4.2 物品的尺度

在设计各种不同功能的柜类家具时,必须仔细了解和掌握各类物品的常用基本规格尺寸,以便合理地确定家具的长、宽、高、深,以及内部的分隔,以提高收藏物品的空间利用率。图 8-11 至图 8-14 以及表 8-3 和表 8-4 为常用规格尺寸。

GB/T 3327—2016 家具柜类主要尺寸

GB/T 14532—2017 办公家具木制柜、架

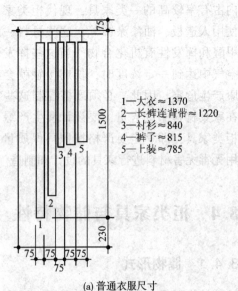

(a) 普通衣服尺寸

1—大衣≈1370
2—长裤连背带≈1220
3—衬衫≈840
4—裤子≈815
5—上装≈785

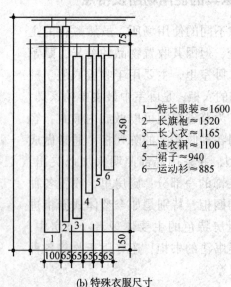

(b) 特殊衣服尺寸

1—特长服装≈1600
2—长旗袍≈1520
3—长大衣≈1165
4—连衣裙≈1100
5—裙子≈940
6—运动衫≈885

图 8-11 衣物尺寸(单位:mm)

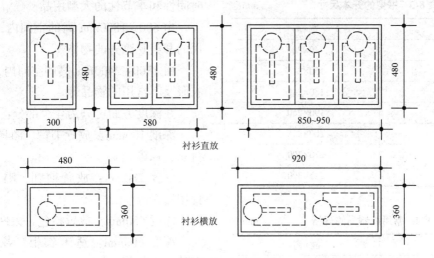

图 8-12 折叠衣的尺度（单位：mm）

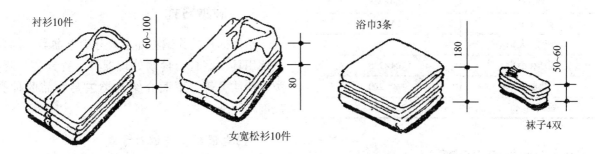

图 8-13 衣物的厚度（单位：mm）

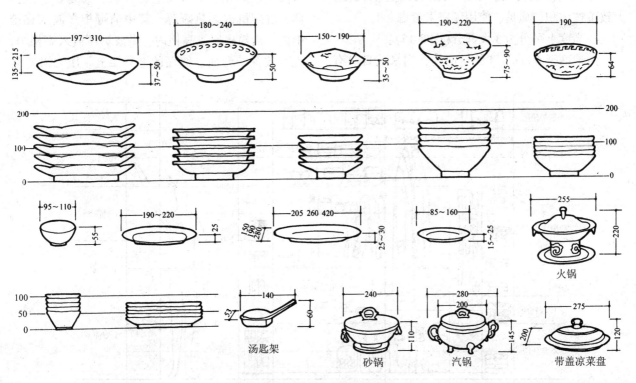

图 8-14 日杂品尺寸（单位：mm）

表 8-3　书型的开本尺寸　　　　　mm

开本	宽×高
32	140×200
25	150×215
18	180×245
16	190×260
12	200×295
10	270×300
4	275×390

表 8-4　常用纸制品的规格　　　　mm

名称	宽×高
档案袋	230×350　260×370
图纸夹	230×320
账簿夹	200×275
影集(中)	175×250
影集(大)	255×295
影集(小)	104×205
集邮本	160×200
报纸(1/4)	275×395

8.4.3　储物空间的分隔

储物空间的分隔，必须根据其用途来确定，大致可按体积、质量、使用频率来考虑。

在高度上可分为 3 大部分(图 8-15)：

由地面至 600mm 高的空间内，用来放置具有时间性和季节性的大型用品。

由 600~1800mm 高的空间内，一般都放置常用的和美观整齐的物体。

由 1800~2400mm 高的空间内，放置冬夏换季衣服及不常用的物品等。

在深度方面可分为 4 个部分：

深度 160mm：放置书籍、酒具、银器、茶具、衬衣、袜等。

深度 280mm：放置期刊、唱片机、收音机、食用器皿等。

深度 450mm：放置拎包、大件衣服、被褥等。

深度 600mm：适于衣柜、各种物品的储藏柜等。

8.4.4　储物案例：橱柜储藏物品的种类和收纳方式

整体橱柜的收纳物品主要分为电器类、锅具、烹调用具、盛具、食物处理器具、餐具类、调料类、清洁类等，下面介绍几类主要物品的种类，尺度与收纳方式。

（1）电器种类与储存方式

电器类主要有冰箱、油烟机、灶具、消毒柜、微波炉、烤箱、豆浆机、榨汁机、咖啡机、搅拌器、洗碗机、电热壶等。其中消毒柜多嵌入地柜内，烤箱多嵌入高柜内，微波炉可嵌入高柜内，也可放置于台面、墙面的电器架上。压力锅、电

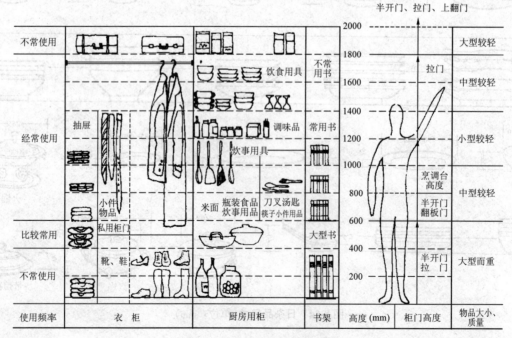

图 8-15　物品储藏高度示意图

饭煲由于重量较重，放置于地柜中。高度尺寸在220~285mm，储存空间高度需在325mm以上，其中留出40mm的余量。若每天都会使用可放置于台面固定位置。豆浆机、榨汁机尺寸较高，为326~356mm，储存空间高度需在396mm以上，其中留出40mm的余量。由于重量较轻，可放置于吊柜中，最好储存于吊柜最底层，方便拿取。咖啡机、电热壶重量较轻，并且不经常使用，可放置于吊柜中，最好储存于吊柜最底层，方便拿取。高度尺寸为230~253mm，储存空间高度需在293mm以上，其中留出40mm的余量。打蛋器使用频率不高，重量较轻，可放置于吊柜中层。高度为83mm，储存空间高度在123mm以上，其中留出40mm的余量。

（2）锅具种类与储存方式

锅具按功能分有炒锅、蒸锅、煎锅、奶锅、汤锅等。锅具的储存方式多种多样，主要有悬挂储存、平放搁置、储物架储存、柜内储存、抽屉储存几种方式。

（3）烹调用具种类与收纳方式

烹调用具主要有炒铲、煎铲、漏勺、木质锅铲、木质平铲等。烹调用具的收纳方式主要有水平放置和垂直放置两种，水平放置是平放于抽屉内，垂直放置有多种形式，如悬挂于吊杆、储物架、拉篮柜内，或垂直放置于拉篮柜内的收纳桶内。

烹调用具使用频率很高，长度尺寸较大，可达370mm左右，宽度和厚度尺寸较小，水平存放所需高度空间小，70mm高抽屉即可，垂直放置所需高度尺寸较大，至少要有400mm高的空间。

（4）食物处理器具种类与收纳方式

食物处理器具主要有刀具、厨房小工具、案板与擀面杖。常用刀具主要有五种，分别为切片刀、砍骨刀、厨师刀、水果刀和剪刀。刀具的存放需要考虑其安全性、方便性，可放置于备餐区柜内或台面上的刀架中。刀具高度尺寸可达310mm，所以其收纳高度空间需大于350mm，留有40mm的余量。厨房小工具包括削皮器、加工擦板、开启器具等，储存方式主要为存放于抽屉柜内，用隔板将抽屉分隔成适合小工具的空间，抽屉高度尺寸70mm即可。案板水平占地面积大，

厚度尺寸小，可以采用垂直收纳形式，如悬挂于吊杆上、垂直放于台面置物架上、垂直放于吊柜中、垂直放于拉篮地柜和搁板地柜中、垂直放置于柜门储物架中。

（5）餐具类种类与收纳方式

餐具类主要有碗碟、杯具、筷子和刀叉等进餐器具。一般家庭，碗碟的数量较多，主要收纳方式有水平叠放和垂直放置两种，也可将其放置于干燥的消毒碗柜内，可把长期不用的碗碟擦干净放置于吊柜上层，常用的碗碟可放置在吊柜下层或者地柜内，如置于碗碟拉篮内。杯具包括水壶、水杯、酒杯等。杯具重量较轻，一般储存在吊柜内，水壶所需空间高度为250~290mm左右，杯具所需空间高度为150mm左右；酒杯分为红酒和白酒杯，红酒杯高度尺寸为140~234mm，储存空间高度为250mm左右；白酒杯高度尺寸在56~85mm，储存空间高度为100mm左右。饭勺、筷子、勺子、刀叉等，存放方式有水平放置和垂直放置两种，尺寸较大的饭勺可与烹饪工具放置在一起，尺寸较小的筷子、刀叉、勺子可放置在一起。水平放置主要储存于抽屉内，抽屉高度为70mm即可，垂直放置主要储存于收纳桶和收纳篮内。

（6）其他

盛具包括洗物盆、盛物盆、调味盆与调味碗等。盛具的储存多为水平放置，可多个叠放在一起，收纳空间需满足直径320mm、高115mm的洗物盆的尺寸，至少为350mm×350mm×150mm。调料类和清洁类用品为方便日常生活的使用，一般置于台面上。

8.5　柜类家具设计要素

8.5.1　主要功能部件尺寸

柜类家具的主要功能部件有：搁板、抽屉和门。为保障人在取放物品过程的舒适性，应根据人可能的活动范围来确定这些主要功能部件的高度，见表8-5。

8.5.1.1　搁板

搁板在柜、架类家具中应用极为广泛，搁板

应用形式灵活,间距可调,可以更为有效的分隔柜架类家具的内部空间。这种设计有利于使用者根据自己的需求来自行设置搁板的高度和间距,具有很强的灵活性,非常实用。其中搁板的高度设定见表8-5。

根据人体动作范围,可以确定搁板的尺寸范围,和物品的储存区划分一样是为了方便人的使用。一般来说,搁板的最大高度不超过1800mm,超过1800mm,人在取放物品时会感到不舒适。

搁板的高度是由人存放和取物的最佳高度决定,搁板间的间隔则由物品大小,主要是由其高度加适当的活动空间决定。一般来说,是先确定常用的一层搁板高度,再由间隔确定下(或上)层搁板的高度,如书柜搁板的高度确定,是按各种书籍的高度来确定。

QB/T 2530—2011 木制柜

8.5.1.2 抽屉

柜类家具中通常都设有抽屉,抽屉的宽度和深度并没有具体要求,一般由放置物品的尺寸来确定。以衣柜为例,抽屉尺寸按衣服折叠后的尺寸来确定,一般单衣折叠后的尺寸为200~240mm;同时再考虑柜体在造型和比例上的需要,以及抽屉本身在抽出和推进过程中的要求来确定抽屉的高度,抽屉的高度见表8-5。为了使抽屉能达到标准化生产,也可以将抽屉按其功能编排成系列。内部空间分割要适合人们在站立或弯腰时观察物品和存取物品的活动范围。

应注意,抽屉不能太深,太深则会影响抽屉内部空间的可视性。根据作业姿势不同和抽屉高度不同,站立、坐和弯腰动作状态下,抽屉深度以420mm左右比较适宜;下蹲和下跪动作状态下,抽屉深度以330mm左右比较适宜。

抽屉的高度设计与其特殊的储藏形式和载荷有关,不但要求抽屉能便利开启,还要求里面的东西尽收眼底,保证取物的方便。据研究,抽屉高度的立姿舒适范围为1100~1600mm,坐姿舒适范围为400~1000mm,见表8-5。因此一般来说,位置在400mm以下的近地面的抽屉,则可采用蹲姿开启。

表 8-5 国家标准 GB 3327—2016 规定的柜类家具部件尺寸规范 (mm)

	搁板			抽屉			开门		下翻门		玻璃推拉门	
	适用范围	舒适范围		适用范围	舒适范围		适用范围	舒适范围	适用范围	舒适范围	适用范围	舒适范围
		立	坐		立	坐						
2100							▮	▮				
1900	▮	▮					▮	▮			▮	
1700	▮			▮	▮		▮	▮	▮		▮	▮
1500	▮		▮	▮	▮		▮	▮	▮	▮	▮	▮
1300	▮	▮	▮	▮	▮	▮	▮	▮				▮
1100	▮			▮	▮	▮	▮					▮
900	▮					▮	▮					
700				▮		▮			▮			
500				▮								
300												
100												
尺寸标尺位置	搁板上沿			抽屉上沿			拉手		下翻门下沿		拉手	

8.5.1.3 门

门的高度关注的不是门本身的尺寸，而是把手位置的确定，以保证可以将门方便开启。一般把手位置要设置在最省力的位置，最省力的位置也就是能发出最大操作力的位置。在此范围内时，主要依据把手与家具的搭配程度，按照用力时的力矩最小原则，一般靠面板边缘。超过此范围的，在上面的尽量靠下，在下面的尽量靠上。门拉手的位置和高度对人使用时的舒适性影响较大。一般来说，拉手距离地面高度为1100~1250mm时人使用较为舒适。具体尺度可见表8-5。

柜子宽度不同，门的数量也不同，一般有单门柜、双门柜、三门柜和四门柜。门的宽度不可太大，太大会占用较多的开门空间，同时也不利于柜门的开合。

8.5.2 书柜设计要素

书柜的功能是存放书籍、杂志和文献资料，一般书刊的尺寸是按纸张的开本尺寸而定的，除了常用开本外，还有异型开本；除了一般书刊外，还有线装书和进口原版书。由于印刷用纸幅面不同，书型也跟着变化。书柜尺寸除了层高和深度应符合各类书籍的大小外，还需按人体的动作尺度来考虑它的高度和结构上的接合强度。GB/T 3327—2016《家具 柜类主要尺寸》对书柜外形高尺寸进行了规定：柜体外形宽一般为600~900mm，柜体外形深一般为300~400mm，柜体外形高一般为1200~2200mm，层间净高≥250mm。注：当有特殊要求或合同要求时，各类尺寸由供需双方在合同中明示，不受此限。

(1) 深度

在深度方向上：书柜的深度应比书的宽度尺寸稍大一些。如果太浅会影响书的存放，书柜的深度宜以300mm为好，过大的深度浪费材料和空间，又给取书带来诸多不便。

(2) 高度

在高度方向上：按书柜的使用对象不同，有不同的参考数值。如图8-16至图8-18所示的是成年人、少年、儿童使用书柜时配合各个动作的最佳搁板高度。书柜的搁板间距，即层间高，按多数书籍的高度进行分层，层间高通常按书本上限再留20~30mm的空隙，以便取书和有利于通风。国家标准规定搁板的层间高度不应小于250mm。小于这个尺寸，就放不进32开本的普通书籍。考虑到摆放杂志、影集、文献夹等规格较大的物品，搁板层间高一般选择300~350mm。书柜的搁板间距可设计成任意调节的形式，根据书本大小，按需要加以调整。例如以16开书籍的尺寸标准设计书柜搁板高度尺寸，层间高度尺寸则在280~300mm之间，以32开书籍为标准设计的搁板高度尺寸，层间高度则在250~260mm之间。一些不常用的比较大规格的书籍的尺寸通常在300~400mm以上，可设置层间高度在320~420mm之间。

(3) 宽度

在宽度方向上：书柜总体宽度受到存书量、书柜整体造型形态、书柜材料和室内布置空间等多种因素的影响，书柜单体宽度通常在600~900mm之间。

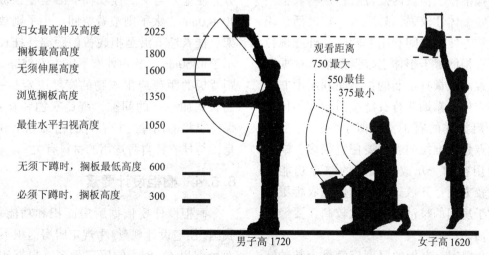

图8-16 适合成年人的最佳搁板高度(单位：mm)

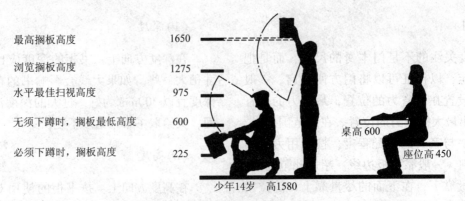

图 8-17　适合少年的最佳搁板高度（单位：mm）

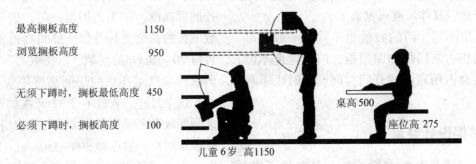

图 8-18　适合儿童的最佳搁板高度（单位：mm）

8.5.3　衣柜设计要素

衣柜用于陈放衣物，衣物的陈放方式有挂放与叠放两种。挂放衣物需要较大空间，而叠放衣物的尺寸较小，空间利用率高。前面章节中的图 8-11 和图 8-12 显示了挂放衣物和叠放衣物的尺寸。从使用上划分衣柜可分为三大类：移门衣柜（推拉门衣柜），平开门衣柜和开放式衣柜。推拉门衣柜也称移门衣柜或"一"字型整体衣柜，可嵌入墙体直接屋顶成为家装的一部分。分为内推拉衣柜和外挂推拉衣柜；内推拉衣柜是将衣柜门置于衣柜内，个体性较强，易融入、较灵活，相对耐用，清洁方便，空间利用率较高；外挂推拉衣柜则是将衣柜门置于柜体之外，多数为根据家中环境的元素需求量身定制的，空间利用率非常高。平开门衣柜是靠烟斗合页链接门板和柜体的一种传统开启方式的衣柜，类似于"一"字型整体衣柜，优点是比推拉门衣柜要便宜很多，缺点则是比较占用空间。开放式衣柜的储存功能很强，而且比较方便，开放式衣柜比传统衣柜更前卫，但是对于房间的整洁度要求比较高，要经常注意衣柜清洁。

国家标准规定：衣柜的厚度应满足衣架的宽度。衣柜的高度是根据服装的长度来确定的，应满足大衣自然挂于其中的长度。普通服装的长度大多在 1370mm 以内，加上挂衣杆距柜顶的距离、衣架尺寸和应留空间，再加上底座高，确定为 1800~1900mm。同时，这个尺寸在人们操作中也是比较适宜的。衣柜的宽度一般用悬挂衣服的件数和悬挂 1 件服装的空间位置（80~100mm）来确定内部尺寸。柜体的深度，按人体平均肩宽 415mm 再加上适当的空间而定，一般不小于 500mm。否则纵向挂衣就挂不开，只有斜挂才能关上柜门。门拉手的位置应适合一般高度的人十分方便地开与关。挂衣杆上沿至柜顶板的距离为 40~60mm，大了则浪费空间，小了则放不进挂衣架。挂衣杆下沿至柜底板的距离，挂长大衣不应小于 1350mm，挂短外衣不应小于 850mm。挂衣杆距背板的距离应由衣物的宽度决定，一般为 1/2 的衣宽加一定的间隙，避免衣物和背板的接触，保持衣物的洁净。挂衣杆的粗细和承载的衣服数量，与挂衣杆自身选用的材料有关。

8.5.4　橱柜设计要素

橱柜设计要依据厨房面积和功能要求进行，我国《住宅设计规范》中规定厨房面积不小于 $5m^2$，而目前以 $6~8m^2$ 的厨房最多，根据厨房面积不同，厨房形状也不同。如一字型、L 型、U 型、平行型、岛型。不同形状的橱柜具有不同的使用功能和装饰功能：一字型厨房将清洗、备餐和烹饪3个功能区排列在一条直线上，合理利用厨房空间，适合宽度为1.6~2.0m的厨房；L型厨房设计比较灵活，符合洗切炒流程的三角工作区规范，是应用较广的一种设计；方型厨房一般可以设计成U型或平行型，这类厨房面积稍大，其基本功能最合理，并且可以放置更多的厨房电器，能够容纳多人共同备餐；岛型橱柜适合开放式或大面积的厨房。

现代橱柜产品的结构形式类同于板式家具，但又区别于板式家具。因而在其构造特点方面，由于受厨房环境条件、面积大小的制约与影响，橱柜产品的设计与加工，一般都采取分体式结构，以及组合材料构件综合配套使用的设计生产手段加以完成。无论是哪一种厨房的橱柜，其一套组合橱柜的基本构成是相似的，主要由吊柜、底柜及高柜组成。

（1）吊柜

吊柜底部离地面的高度，主要考虑吊柜的布置不影响台面操作，方便取放吊柜中的物品，不影响有效的储存空间以及操作时的视线，同时还要考虑在操作台面上可能放置电器、厨房用具、大的餐具等尺寸，所以吊柜底部距地面应不小于1300mm，吊柜底距操作台面净空最小间距500mm。若吊柜底与操作台面的距离太大，会影响取放吊柜中物品的方便性，因此，推荐采用600mm。

吊柜的高度为1050、750、600、450、375、300mm。而大多数吊柜的宽度为：225~1200mm，模数为100mm，吊柜宽度应尽量考虑与底柜上下对位，以增加厨房的整体感。至于吊柜深度，在同一个橱柜内，最好采用300mm及350mm两种尺寸（一边墙只用一种深度），才能放置大的碗碟。吊柜深度的确定应注意避免碰头或影响操作，同时兼顾储存量，一般应小于400mm，多采用350mm。

（2）底柜

底柜高度一般是700~900mm，底柜的深度一般应大于450mm，大多数底柜的适用宽度为225~1200mm，模数为100mm。家庭主妇站立时，应垂手可开柜门，举手可伸到吊柜第一格，在这600~1800mm之间的水平空间中，放置常用物品，叫"常用品区"。根据中国人的平均身高，取放物品的最佳高度应为950~1500mm，其次是700~850mm和1600~1800mm。最不舒服的高度是600mm以下和1900mm以上。若能把常用的东西放在900~1500mm的高度范围内，就能够减少弯腰、下蹲和踮脚的次数。

（3）高柜

高柜的高度主要考虑厨房的整体统一，一般与吊柜顶平齐。为减轻高柜的分量感和使用时灵活方便，高柜不宜太宽，柜门应不大于600mm。高柜的深度一般与底柜采用同一深度。

对于橱柜材料的选择，可以使橱柜展现不同的风格，这主要是根据个人爱好及生活习惯而定。目前，设计制造现代橱柜单元柜体的基材板，主要由刨花板（PB）、中密度纤维板（MDF）、细木工板（俗称大芯板）、原木四大类木质材料组成。现代橱柜台面制造材料比较丰富，大致可划分为四大类：①不锈钢材料；②防火板材料；③大理石材料；④人工合成实体台面材料等。

8.6 柜类家具设计案例

8.6.1 书柜设计案例

案例一：

图8-19所示为一款书柜的设计，这款书柜占据了相邻的两面墙，而且是到顶的，最大限度地利用了书房空间，适合藏书比较丰富的使用者。书柜采用开闭相结合的储存方式，并将电视柜结合其中。同时也设计了一些抽屉和小柜，满足了使用者的各种功能需求。书柜隔板间距均匀，视觉上韵律感极强。为了方便主人取放较高处的藏书，设置了方便梯。

柜类家具设计案例

图8-19 书柜设计实例一

柜体采用天然木材的色彩和纹理，营造出一种清新、自然、安宁、和谐的氛围，适合主人在书房中阅读、工作的要求。

案例二：

图 8-20 所示为一款书柜设计。这款书柜在体量上较大，采用了高度达到屋顶的设计，最大限度地利用了空间，适用于藏书较为丰富的消费者。中间采用磨砂玻璃推拉门，推拉门节省了空间，磨砂玻璃在保证私密性的同时，给人以一定的通透感，同时也打破了柜体呆板的正面形态，使整体形态变得活泼，轻快。

图 8-20　书柜设计实例二

采用天然实木作为主要材料，环保、健康，整体感觉自然，舒适，宁静。

案例三：

图 8-21 所示为一款现代板式书柜。柜体的隔板高度和宽度相等，整体造型整齐划一，几何感极强。为了打破正面过于对称的感觉，设置一个深胡桃色的小柜，与白色形成强烈的色彩对比。

图 8-21　书柜设计实例三

8.6.2　衣柜设计案例

案例一：

图 8-22 所示为一款多功能衣柜的设计。这款衣柜空间利用率高，收纳物品很多。设置了一些抽屉，可以储藏一些较小或者较为贵重的物品。

图 8-22　衣柜设计实例一

此设计的独特性在于每一层搁板都可以拉出，方便物品的取放。采用实木为主要材料，给人舒适、自然的感觉。

案例二：

如图 8-23 所示，这件衣柜采用有滑道的折叠门，不但节省空间，而且存取物品方便，视域广。柜内空间分隔合理，满足使用者不同规格衣物的储存需要，同时还附有衣架、伸缩性支架、领带架、皮带架等各种附件，细心周到地为使用者提供便利。

图 8-23　衣柜设计实例二

案例三：

如图 8-24 所示，这是一款定制衣柜案例，柜体占据整个墙面，集衣柜、矮柜、鞋柜、书柜、装饰柜于一体，并设置席坐收纳一体的榻榻米，空间被充分利用且分区合理，储物功能完善；柜体整体造型简洁大方，以白和灰的经典搭配形成鲜明对比，开放空间与封闭空间虚实结合，富有时尚气息，充分体现闲适、简洁、时尚、健康的现代生活理念。

8.6.3　橱柜设计案例

案例一：

图 8-25 所示为 L 型橱柜的设计。将清洗、配膳和烹调三大工作中心依次配置在两个相邻的墙壁，这种空间使用比较经济，操作台和洗涤区联系紧

图 8-24　衣柜设计实例三(索菲亚整体衣柜)

图 8-25　L 型橱柜

密、使用方便。整个橱柜以黄色调为主,给人一种温暖的感觉。该项设计中吊柜和底柜的组合比较合理,底柜中有抽屉柜和推拉门柜,吊柜中有敞开式、封闭式和玻璃透视式 3 种。整体来看,柜体组合协调美观、取物方便,达到了节能高效的需求。嵌入墙面的一个小隔板可以作为简单的酒架,方便插花、调酒。窗前的两个水槽便于清洗。在橱柜的死角处设计了一个空橱用来存放垃圾桶。整个厨房空间虽然只有 6m²,但是功能齐全、整洁美观。

案例二:

图 8-26 所示为半岛式橱柜的设计。半岛部分连接厨房和餐厅,可以作为备餐台,也可以作为烹饪之后放置已做好的菜肴的空间,同时,半岛下设置了一些底柜,充分利用了空间。

白色的柜体光滑、洁净、清爽,与粗糙的深

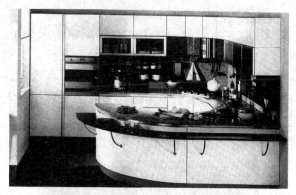

图 8-26　半岛式橱柜

灰色大理石台面和墙面形成了鲜明的对比。同时,半岛朝向餐厅一边为弧形,与柜体的矩形平面对比强烈,也考虑了使用者在餐厅中的安全。

8.6.4　其他柜类家具设计案例

8.6.4.1　床头柜

床头柜,是现代家具中放置床头两边的小型立柜,可供存放杂物用品。床头柜中贮藏的物品,大多是适应需要和便于取用的物品,如药品等,摆放在床头柜上的则多是为卧室增添温馨的气氛的一些照片、小幅画、插花等。

GB/T 3327—2016《家具 柜类主要尺寸》对床头柜外形高尺寸要求进行了修改:柜体外形宽尺寸一般为 400~600mm,柜体外形深一般为 300~450mm,柜体外形高一般为 450~760mm。

案例一:

图 8-27 所示是一款简洁的现代风格的床头柜。柜体采用钢琴烤漆装饰,使得床头柜亮白明镜,潮流时尚的黑白色搭配,突显了简约时尚的设计理念。同时柜体注意安全性,边部采用圆角设计,避免日常生活中的磕碰带来的损伤。该款床头柜设有两层抽屉,上层抽屉面板中间以竖直线条装饰,对面板进行分隔,与下层抽屉形成不同的视觉感受,打破一成不变、呆板的视觉效果。

图 8-27　床头柜设计实例一

案例二：

图 8-28 所示是一款美式乡村风格的床头柜。柜体采用仿旧漆饰，表面雕刻精美的花纹，旋木柱柜脚，整体造型给人以自然朴实、古典雅致的感觉。同时，床头柜整体结构分为上下两层，上层是封闭式的，设有两层抽屉。下层是开放式的，有外露的陈列架，可以放置书籍杂物等。

图 8-28　床头柜设计实例二

8.6.4.2　电视柜

电视柜的高度应让使用者就坐后的视线正好落在电视屏幕的中心。电视柜的高度及尺寸不仅要与客厅的沙发设计尺寸相对应，还应考虑到电视柜与电视尺寸的兼容。一般沙发坐面高度是 40cm，坐面到眼部高度距离是 66cm，相加为 106cm，这就是所谓的人体视线高度，也就是用来测算电视柜的高度是否符合健康高度的标准。如果没有特殊的需求，电视柜的高度到电视机中心高度最好不要超过这个高度。

电视柜的尺寸设计除了要考虑使用者的空间大小，还要根据使用者的爱好，并且要考虑到其他家具的合理搭配。通常电视柜的尺寸设计要比电视机长 2/3，在高度上最好在 40~60cm 之间最佳。电视柜设计尺寸高度不宜太高也不宜太低，以便于观看为基准。电视柜的尺寸设计，也要遵循人体工程学。对于不同的户型，不同的使用者，电视柜的设计尺寸不同。

案例一：

图 8-29 所示为地柜式的电视柜设计。地柜式电视柜其形状大体上和地柜类似，也是现在家居生活中使用最多、最常见的电视柜，地柜式电视柜的最大优点是能起到很不错的装饰效果，无论是放在客厅还是放在卧室中，它都会占用极少的空间而起到最好的装饰效果。同时带有抽屉的设计又兼具很好的收纳功能。仿白色橡木纹的柜体光滑、整洁，一分为三的柜体简约现代，是目前最常见的款式之一。

图 8-29　电视柜设计实例一

案例二：

图 8-30 所示为组合式电视柜。组合式电视柜是传统地柜式电视柜的一种升华产品，也是近年来最受消费者喜欢的电视柜，组合式电视柜的特点就在于组合二字，组合式电视柜可以和酒柜、装饰柜、地柜等家居柜子组合在一起形成独具匠心的电视柜。抽屉和柜门带有一体推进式开门器，无须安装把手或拉钮，轻轻一按，即可打开。钢化玻璃顶板可保护电视柜，令其呈现亮泽外观。这款电视储物组合柜拥有充裕的储物空间，有助于轻松保持客厅整洁有序。壁橱可以充分利用电视机上方区域，节省空间。浅灰绿与白色的柜体使得空间更具温馨。

图 8-30　电视柜设计实例二

案例三：

图 8-31 所示为板架式电视柜。其特点大体上和组合式电视柜相似，不同之处在于采用的板材架构设计，在实用性和耐用性上更加的突出。舒适内凹形把手，便于手指把握。浅胡桃木搭配美式田园双抽，双抽柜体拉伸后，柜体上方的台面

图 8-31　电视柜设计实例三

成为可用空间。半开放半封闭的不规则设计,使得空间更有层次,虚实对比。

8.6.4.3　装饰柜

案例一:

图 8-32 所示是一款装饰柜。这是一件大胆张扬个性,强调装饰性的后现代风格家具。

图 8-32　装饰柜设计实例一

这一柜子在椭圆形的基础上,以直线自由分割构成 17 个相似形的柜门。将面积、形状近似,却又各不相同的柜门配以艳丽的色彩,给人活泼、丰富、耳目一新的感觉。

案例二:

图 8-33 所示的装饰柜,其设计灵感明显来源于蒙德里安的绘画作品,强调垂直与水平线分割的构图,以及红、黄、蓝、白、黑色的装饰,是典型的风格派家具。

图 8-33　装饰柜设计实例二

案例三:

如图 8-34 所示,这是一款欧式风格的装饰柜,柜体采用白漆装饰,柜门为由相互垂直的木制线条分隔的玻璃门,极具通透感。柜体上部和下部有一些简单的装饰线条,具有新古典主义风格特征。

图 8-34　装饰柜设计实例三

8.6.4.4　抽屉柜

案例一:

图 8-35 所示的抽屉柜由天然枫木搭配白色漆面设计而成,抽屉柜由 5 个抽屉组成,抽屉的高度由上而下依次增加,抽屉的把手是矩形的铝合金,整体搭配协调,色调清新可爱,是一件极具特色的柜类产品。

图 8-35　抽屉柜设计实例一

案例二:

图 8-36 所示为"IL Sole"时钟柜,是由 Alessandro Becchi 设计的 1993 年科隆国际家具展获奖作品,使用的主要材料是美国樱桃木和大理石。

这款时钟柜的设计充分考虑了用户日常生活

图 8-36　抽屉柜设计实例二

的需求并运用了人体工程学的理念。正面是一块可以向下拉开的活页门，方便物品的取用，同时下拉门板上可以放置一些不太重的物品。下方是两个较大的抽屉和多个较小的抽屉。这样既可以存放尺寸较大的物品，也有利于日常生活中多种杂物的存放。

8.6.4.5　多功能柜

案例一：

图 8-37 所示为一款著名的多功能柜——"Samuro" 精品框柜，是由 Jaime Tresserra 于 1989 年设计的，主要材料为意大利胡桃木。

图 8-37　"Samuro"精品框柜及精品柜展开图

这款多功能柜的设计别出心裁，柜门可以完全封闭，柜门关闭后整体外形浑然天成，天衣无缝。柜内空间分隔合理，柜中有柜，可以极大限度地满足家庭生活需要。

案例二：

如图 8-38 所示，这是一个折叠多功能柜。柜内附设有书架、折叠桌和灯具等。空间利用充分、布局合理。在柜门下方的内侧两边，各装有一只万向轮，使承重较多的柜门在开关时变得轻便、省力。

图 8-38　折叠多功能柜的设计

● 复习思考题

1. 试分析柜类家具的类型和设计时需要考虑的人体工程学问题。
2. 柜类家具设计时应考虑的人体尺寸主要有哪些？
3. 柜类家具设计中为何需要考虑环境因素？使用环境对柜类家具有哪些影响？
4. 柜类家具的主要功能部件有哪些？应如何确定这些功能部件的高度尺寸？
5. 橱柜有哪些主要功能？设计中重点考虑哪些问题？
6. 储物形式和物品的尺度对柜类家具设计有何影响？
7. 橱柜储藏物品的种类和收纳方式有哪些？
8. 结合市场调研，评价一款衣柜储物空间的设计。

第3部分

人体工程学与室内设计

- 第9章　室内环境与人的特性
- 第10章　居住空间设计
- 第11章　办公空间设计
- 第12章　公共空间设计
- 第13章　室内无障碍设计

第 9 章

室内环境与人的特性

❖ 本章提要

本章围绕室内环境与人的特性介绍了空气环境、光环境、声环境、人的心理空间和人的行为特征。结合空气环境介绍了室内污染与室内空气质量标准。结合光环境介绍了光的度量、照明方式、灯光布置和照明质量。结合声环境介绍了噪声对人的影响和室内声环境。围绕人的心理空间介绍了个人空间和个人领域的含义，分析了各种人际距离和个人空间行为。围绕人的行为特征介绍了人的行为习性、行为模式和行为心理。

9.1 空气环境
9.2 光环境
9.3 声环境
9.4 色彩环境
9.5 人的心理空间
9.6 人的行为特征

室内环境应该有益于人的健康生活。创造健康、安全、适宜的环境应注意人的各项生理需求,即内部空间的采光照明情况、温度和湿度的调节、空气清新度的保持、噪声的控制等方面对人的影响。

9.1 空气环境

空气环境是影响室内环境质量的重要方面。人类主要是靠嗅觉和视觉(大气的能见度)来判断空气的污染,当人们闻到异味或者看到漂浮的尘埃,或眼睛和呼吸受到刺激时,都可以确认污染的存在。但是许多有害空气污染是不能靠嗅觉和视觉来发现的,时间长了以后就会产生不良影响甚至中毒。

9.1.1 室内污染与室内空气质量标准

室内空气污染包括物理、化学、生物和放射性污染,来源于室内和室外两部分。室内来源主要有消费品和化学品的使用、建筑和装饰材料以及个人活动。如:

①各种燃料燃烧、烹饪及吸烟产生的CO、NO_2、SO_2、可吸入颗粒物、甲醛、多环芳烃等。

②建筑、装饰材料、家具和家用化学品释放的甲醛和挥发性有机化合物(VOC)等。

③家用电器和某些办公用具产生的电磁辐射等物理污染和臭氧等化学污染。

④通过人体呼出气体、汗液、大小便等排出的CO_2、氨类化合物、硫化氢等内源性化学污染物;通过咳嗽、打喷嚏等喷出的流感病毒、结核杆菌、链球菌等生物污染物。

⑤室内用具产生的生物性污染,如在床褥、地毯中滋生的尘螨等。

室外来源主要有:

①室外空气中的各种污染物包括工业废气和汽车尾气通过门窗、孔隙等进入室内。

②人为带入室内的污染物,如干洗后带回家的衣服,可释放出残留的干洗剂成分——四氯乙烯和三氯乙烯;将工作服带回家中,可使工作环境中的苯进入室内等。

目前我国住宅和办公建筑物室内空气质量缺乏系统的标准,在设计和评价时,应参考国内现有标准 GB/T 18883—2002《室内空气质量标准》,见表9-1以及 JGJ/T 461-2019《公共建筑室内空气质量控制设计标准》。

JGJ/T 461-2019《公共建筑室内空气质量控制设计标准》

表9-1 室内空气质量标准

序号	参数类别	参数	单位	标准值	备注
1	物理性	温度	℃	22~28	夏季适用
				16~24	冬季适用
2		相对湿度	%	40~80	夏季适用
				30~60	冬季适用
3		空气流速	m/s	0.3	夏季适用
				0.2	冬季适用
4		新风量	m³/(h·人)	30	
5	化学性	二氧化硫 SO_2	mg/m³	0.5	1h均值
6		二氧化氮 NO_2	mg/m³	0.24	1h均值
7		一氧化碳 CO	mg/m³	10	1h均值
8		二氧化碳 CO_2	%	0.1	日平均值
9		氨 NH_3	mg/m³	0.20	1h均值
10		臭氧 O_3	mg/m³	0.16	1h均值
11		甲醛 HCHO	mg/m³	0.1	1h均值
12		苯 C_6H_6	mg/m³	0.11	1h均值
13		甲苯 C_7H_8	mg/m³	0.2	1h均值
14		二甲苯 C_8H_{10}	mg/m³	0.2	1h均值
15		苯并[a]芘 B(a)P	ng/m³	1	日平均值
16		可吸入颗粒物 PM_{10}	mg/m³	0.15	日平均值
17		总挥发性有机物 TVOC	mg/m³	0.6	8h均值
18	生物性	菌落总数	cfu/m³	2500	依据仪器定
19	放射性	氡 ^{222}RN	Bq/m³	400	年平均值

在进行室内空气环境测定时，我们可以参照以上标准对污染物进行控制，从表 9-1 中可以看出确定室内空气品质的卫生条件一般有如下几个重要参数，它们与人体生理状况的变化有着密切的关系，下面进行详细说明。

9.1.2 氧气

室内必要的新风量主要是为了能提供足够的氧气，满足室内人员的呼吸要求，以维持正常的生理活动。空气中不同的氧气含量对人的生理影响见表 9-2。

表 9-2 空气中氧气含量对人的影响

氧气含量(%)	人体感觉
21	正常
17	静止状态无影响，运动时能引起喘息，呼吸困难和心跳加速
15	人体缺氧，呼吸和脉搏跳动急促，感觉及判断能力减弱，失去劳动能力
10~12	失去理智，时间稍长有生命危险
6~9	失去知觉、呼吸停止、不急救会死亡

为了保证室内一定的含氧量，必须采取通风措施，当散发的有害气体数量难以确定时，民用和公用建筑中的通风量可以用换气次数确定。换气次数是指每小时通风量 L 和房间体积 V 的比较。

9.1.3 温度

人体需要消耗能量，能量的一部分以热能形式释放出来，从而使人体的血液保持固有的温度，能量的另一部分储存在人体内，能量还有一部分将直接用于新陈代谢。正常情况下，人体依靠自身的调节能力维持热量平衡，不同的人有不同的舒适温度范围。一般情况下，气温在 15~21℃ 时，人感到比较舒适。

9.1.4 相对湿度

人体在气温较高时体液需要更多的蒸发，相对湿度对人体的蒸发影响很大。高温、高湿情况下，人体散热困难，会使人感到呼吸不畅。低温、低湿情况下，人会感到格外阴冷，降低湿度会使人有增加温度的感觉。根据国外有关研究表明，当气温高于 22℃ 时，相对湿度不宜超过 50%。相对湿度的极限应该从人体的生理需求和承受能力来确定，一般情况下，空气相对湿度在 30%~70% 时，人感到比较舒适。

9.1.5 空气流动速度

空气的流动速度是影响人体散热和水分蒸发的主要原因之一。空气流动促进人体散热，在炎热的夏天可以使人感到舒适，但在寒冷的冬季，空气流动会使人感到更加寒冷，故舒适条件对室内空气气流速度有苛刻的要求。空气的流动速度也影响着空气的新鲜感，在舒适温度范围内，一般当气流速度达到 0.15m/s 时，就可感到空气清新；反之，即使室内气温适宜，但气流速度很小，也会使人感到沉闷。

9.1.6 空气洁净度

空气洁净度主要是指空气中一些化学性物质的含量，如一氧化碳 CO、二氧化碳 CO_2、甲醛 $HCHO$、臭氧 O_3 等，下面做一些具体介绍：

正常情况下，室内 CO_2 浓度很低（<0.07%）。由于人群聚居、燃料燃烧等因素，可使室内 CO_2 水平升高。在我国北方，冬天燃煤烹饪及分散式取暖，加上通风不良，室内 CO_2 浓度可达 2.0%（40 000mg/m³）以上。室内 CO_2 的含量明显受到人群聚集时间、容积、通风状况和物质燃烧等的影响，CO_2 浓度对人体的影响见表 9-3。

一氧化碳主要是通过与血液中的血红蛋白（HB）结合形成碳氧血红蛋白（COHB），阻止氧与血红蛋白（HB）的结合，从而降低了血液输送氧的

表 9-3 空气中不同 CO_2 浓度对人体的影响

CO_2 浓度(%)	人的反应
0.04~0.08	正常
0.5	呼吸稍有增加
1	呼吸急促
2	肺部呼吸增加 50%
3	肺部呼吸增加 100%
4	头疼
5	呼吸困难，肺部呼吸增加 500%，血液循环加快，耳鸣
6	呼吸困难，耳鸣，发生昏迷，可能造成死亡
10~20	呼吸困难，失去知觉，死亡率达 20%~25%

表 9-4 部分国家或地区室内空气质量推荐 O_3 标准

mg/m³

澳大利亚	英国	日本	新加坡	中国香港
0.12	0.20	0.12	0.10	0.12

表 9-5　短时间甲醛暴露的人体急性刺激反应

人体健康效应	空气甲醛浓度水平（mg/m³）	
	报道范围	中位数
嗅阈	0.06~1.2	0.1
眼刺激阈	0.01~1.9	0.5
咽刺激阈	0.1~3.1	0.6
眼刺激感	2.5~3.7	3.1
流泪（30min 暴露）	5.0~6.2	5.6
强烈流泪（1h 暴露）	12~25	17.8
危及生命：水肿、炎症、肺炎	37~60	37.5
死亡	60~125	125

能力，引起组织缺氧使机体各项代谢发生紊乱。世界卫生组织（WHO）推荐，空气中 CO 浓度应以人体血液中碳氧血红蛋白（COHB）百分比不超过 2.5% 为主要限制指标。

室内 O_3 的主要来源是室外光化学污染产物，室内 O_3 浓度与本地区室外 O_3 的浓度密切相关，见表 9-4。室内臭氧消毒器、紫外灯和某些办公用具（如复印机）也可导致臭氧污染。O_3 的毒性主要表现为对呼吸系统的强烈刺激和损伤，长期接触一定浓度的 O_3 易引发上呼吸道感染。

甲醛对人体健康的影响主要表现在引起嗅觉异常、刺激、过敏、肺功能异常、肝功能异常、免疫功能异常等方面，而个体间差异很大，见表 9-5。WHO 以嗅阈值的中位数作为健康终点效应值，提出甲醛的空气质量浓度为 0.10mg/m³，我国标准等效采用了该值作为室内空气中甲醛的浓度限值。

以上给出了室内污染的一些参数指标，那么我们应该采取哪些措施来改善室内空气品质呢？按照《绿色建筑技术手册》的建议，改善空气品质的设计有四个相关的原理，包括污染源的控制、通风计划、人员活动控制和建筑维护。

9.2　光环境

"光"这个词，人们的理解是有区别的。它具有很广泛的、纯粹的物理意义，在物理学上它指所有形成的辐射能量，所以在物理学上有人把辐射能量的科学总体叫作"光的学说"。我们把对光的感觉，或者确切一点就是把"亮"（光刺激到眼睛上引起的）叫作光。

9.2.1　日光和灯光

人们普遍持有自然日光比人工灯光对人的视觉更好的观点，因此尽管人工照明满足采光要求，人们也希望在有窗子的房间工作，凭借窗外的日光与室外景色感受日月轮回，使人与外界环境发生心理上的接触。

日光与室内灯光图片

但日光也有不利的一面。首先，直射的日光具有较强的照度，更易在电子屏幕或其他光面上形成"眩光"，长时间会造成视觉损伤；其次夏季大量入射的日光，造成空调等电能消耗增加。利用先进建筑材料如日光漫反射玻璃，以及有效遮挡如电子屏幕立体遮光罩、滤光片、百叶窗、遮阳窗户罩都能有效调整日光，降低负效应。另外也可以通过室内设计平面布局上的安排，达到此种效果。如将主要与计算机操作有关的工作安排在日光不能直接到达屏幕的地方。

人工照明主要是弥补自然日光照明的不足，人工光源还可以用来改变空间的比例、限定空间领域、增加空间的导向性、装饰空间和渲染气氛等。在空间进行人工照明时可以从普通环境照明、

室内灯光设计解析

重点装饰照明和任务照明来考虑照明灯具的布置，我们要清楚照明的目的是突出重点，弥补不足。在不同场合需要不同强度的照明，见表 9-6。

9.2.2　光的度量

可见的物体要么自身发光，要么就是反射入射在它上面的光。人眼可见的光波范围约 380~760nm，不同波长的光反映不同的颜色。为进行合理照明设计和照明负荷评价，还需要以下度量指标：

表 9-6　CIE 在 1986 年《室内照明指南》推荐的室内照明照度值

区　　域	推荐的[光]照度(lx)	所进行的活动
A 非经常使用的区域或视觉要求简单区域的一般[光]照度	20	
	30	具有暗环境的公共区域
	50	
	75	短暂逗留时所要求的简单定向
	100	
	150	不进行连续工作的房间，如仓库、门厅
	200	
B 室内工作区域的一般[光]照度	300	视觉要求有限的作业，如粗加工、讲堂
	500	
	750	具有普通视觉要求的作业，如普通的机加工、办公室
	1000	
	1500	具有特殊视觉要求的加工作业，如手工雕刻
	2000	服装厂检验
C 精密视觉作业附加[光]照度	3000	精密而且时间非常长的视觉作业，如小型电子元件装配和钟表装配
	5000	
	7500	特别精密的视觉作业，如微电子元件的装配
	10 000	
	15 000	非常特殊的作业，如外科手术等
	20 000	

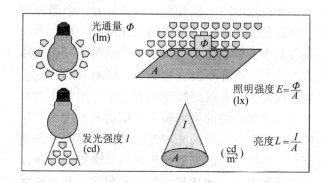

图 9-1　光的基本度量

① 光通量 Φ。
② 发光强度 I。
③ [光]照度 E。
④ [光]亮度 L。
⑤ 光色。
⑥ 显色性。

图 9-1 显示了光通量、发光强度与照明强度、亮度之间的关系。

(1) 光通量 Φ

光源在单位时间内向周围空间辐射并引起视觉的能量，称为光通量，用符号 Φ 表示，单位为流明(lm)。

由于人眼对不同波长的光灵敏度不一样，比如在白天或光线较强的地方，对波长为 555nm 的黄、绿光最灵敏，波长离 555nm 越远，灵敏度越低，所以光通量不但与辐射的强弱有关，而且与辐射的波长有关。

实验证明，当波长为 555nm 的黄、绿光的辐射功率为 1W 时，人眼感觉光通量为 680 lm，可见 1 lm 就相当于波长为 555nm 的单色辐射功率为 $\frac{1}{680}$ W 时的光通量。

光通量是电光源的一个重要参数，是照明设计的必备数据。但评价电光源的特性优劣则常以光视效能为依据。电光源的光视效能以消耗 1W 电功率产生多少流明光通量表示，单位是流明/瓦 (lm/W)。光视效能越高，视觉效果越好。

(2) 发光强度 I

桌子上方有一盏无罩的白炽灯，再加上灯罩后，桌面显得亮多了。同一灯泡不加灯罩与加灯罩，它所发出的光通量是一样的，只不过加上灯罩后，光线经灯罩反射，使光通量在空间的分布状况发生了变化，射向桌面的光通量比未加灯罩时增加了。因此，在电气照明技术中，只知道光源所发出的总光通量是不够的，还必须了解光通量在空间各个方向上的分布情况。

发光强度用于评价光在某一特定方向上的辐射，这一指标主要用于测定一个灯光源的光强分布。它是某一方向上的光通量 Φ 与立体角（球面角 sr）ω 的比值，用符号 I 表示，单位为坎德拉（cd）。其计算公式为：

$$I = \Phi/\omega$$

式中：Φ 为 ω 立体角内所辐射的光通量（lm）；ω 为球面所对应的立体角（sr），该立体角是光源辐射区呈圆锥状的一个断面，可用下列公式计算。

$$\omega = S/r^2$$

式中：S 为照明面积；r 为光源至照射面的距离，单位为球面角 sr。

(3) [光]照度 E

[光]照度是表示照射面上光的强弱。投射到被照面上的光通量与被照面的面积之比称为该面的光照度，用符号 E 表示。其计算公式为：

$$E = \Phi/S$$

式中：Φ 为被照面上接受的光通量（lm）；S 为被照面的面积（m²）。

上式为垂直平面上的光照度。若被照表面与入射光线不垂直时，计算公式为：

$$E = I\cos\theta/r^2$$

当光源呈垂直方向时，$E = I/r^2$。

式中：I 为光线入射方向的光强（cd）；θ 为光线的入射角；r 为光源到照射面的距离（m）。

光照度的单位为勒克斯（lx），表示 1lm 的光通量均匀分布在 1m² 的被照面上，即：

$$1\ \text{lx} = 1\ \text{lm}/\text{m}^2$$

当一块面积上光分布不均匀时，光照度也不同。这时通常用一块面积上的平均光照度表示照明状况。通常为了评价照明质量，不仅要测量水平光照度，也要测量垂直光照度。

人眼可以在一个很大的光照度范围内调节，如下列所示：

月（满月）光：0.25lx

晚间公路照明：1~30lx

良好的作业照明：200~2000lx

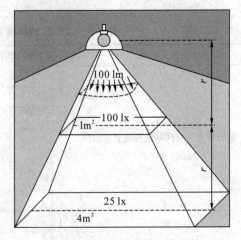

图 9-2 光照度测量的距离定律

冬季的阴天：3000lx

手术区域：5000~8000lx

夏天的多云天：20 000lx

夏天的晴天：100 000lx

根据光照度与测量距离之间的关系定律，光照度与光照距离成反比。如图 9-2 所示。

(4) [光]亮度 L

[光]亮度是唯一一个与人眼感受相关的光测量值。它是进入人眼的那部分光能，这部分光能可以直接来自光源，或者是来自反射光。

在房间内同一位置上，并排放着一个黑色和一个白色的物体，虽然它们的光照度一样，但人眼看起来白色物体要亮得多，这说明了被照物体表面的光照度并不能直接表达人眼对它的视觉感觉。这是因为人眼的视觉感觉是由被照物体的发光或反光在眼睛的视网膜上形成的光照度而产生的。视网膜上形成的光照度越高，人眼就感到越亮。白色物体的反光要比黑色物体强得多，所以人眼感到白色物体比黑色物体亮得多。若把被视物体看作一个发光体，视网膜上的光照度是被视物体在沿视线方向上的发光强度造成的。

发光体在视线方向单位投影面上的发光强度称为该物体表面的光亮度，用符号 L 表示，单位为坎/米²（cd/m²）表达式为：

$$L = I/(S \cdot \cos\theta)$$

式中：I 为发光体在视线方向上的光强（cd）；$S \cdot \cos\theta$ 为发光体在视线方向上的投影面积（m²）；θ 为视线方向与发光面法线（垂线）的夹角。

光亮度是表明光源光亮程度的参数，L 越大越亮。但能否看清物体不完全取决于光亮度。如果发光面的亮度过大，感到刺眼，也看不清物体。

物体表面不同的反射度产生不同的光亮度，反射度 R 是反射光与入射光之比。反射光 = 入射光 × 反射度，因此：

光亮度 L = 光照度 × 反射度 × 距离² / 面积
$= E \cdot R \cdot r^2 / S$

图 9-3 显示了光照度、反射度与光亮度之间的关系。

(5) 光色

光色决定了色彩的气氛，它可以影响人们的心理。灯光的光色是通过其光谱来显现，并可以用色温来表征。

光的色温以绝对温度来表示，是将一标准黑体加热，温度升高至某一程度，颜色开始由红色逐步转化为蓝色，利用这种光色的变化特征，某一光源的光色与黑体在某一温度下呈现的光色相同时，我们将黑体当时的绝对温度称为该光源的色温。

低色温给人以温暖的感觉，高色温给人以清冷的感觉。通常按色温大小将光色分成3组：

① 5000 K 以上的光色为日光白。
② 3300~5000 K 之间的光色为中性白。
③ 3300 K 以下的光色为暖白色。

图 9-4 显示了一些常见灯具的光谱辐射强度分布。

(6) 显色性

光源对物体颜色呈现的程度称为显色性，也就是颜色逼真的程度，显色性高的光源对颜色的再现越好，越接近于自然原色；显色性越低，颜色偏差越大。不同光色的显色性不同，即使是同类光色的光源，其显色性也存在差异。对于家具和室内环境而言，色彩可信的照明是十分重要的，因此实际应用中将显色性分为下列等级：

1 级：显色性要求很高；
2 级：显色性要求高；
3 级：显色性要求一般；
4 级：显色性要求低。

表 9-7 列出了各种灯具的光色和显色性等光度量指标。

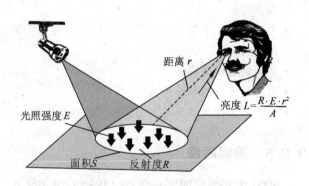

图 9-3 光的测量值：光亮度

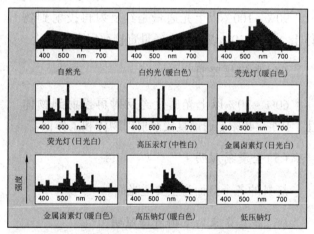

图 9-4 日光和各种灯具的光谱辐射强度分布

表 9-7 各种灯具的光度量指标

指标	灯具类型							
	白炽灯	卤素白炽灯	荧光灯	小型荧光灯	高压汞灯	金属卤素灯	高压钠灯	低压钠灯
功率(W)	15~2000	5~2000	4~140	5~36	50~2000	70~3500	50~1000	18~180
光通量(lm)	90~40 000	60~45 000	120~8700	250~2900	1600~125 000	5500~300 000	3300~130 000	1800~33 000
光色	暖白色	暖白色	暖白色,中性白,日光白	暖白色,中性白	暖白色	暖白色,中性白,日光白	暖白色,中性白	黄色
显色性等级	1	1	1, 2, 3	1	3	1, 2	4	4
应用实例	住宅、饭馆	橱窗、博物馆、展览厅、酒店	工业照明、办公室	住宅，手工艺室和陈列室	主要用于外部环境照明	办公室，工业照明，橱窗，展示室	道路照明，隧道照明	特别危险区域的道路照明，隧道进口和出口照明

9.2.3 照明方式

按灯具的散光方式可以将照明方式分为以下几类：

(1) 直接照明

照明方式与室内灯具

直接照明是指光源有90%~100%的光通量直接投射在被照物体上，而只有0~10%的光通量是经过光源投射到天花板或其他反射物体上，再反射到被照物体上的照明方式。这种照明的光通量大，光照度高，电能消耗少，易产生眩光或阴影。一般吸顶灯就属于这种类型。

(2) 半直接照明

60%~90%的光通量是直接照射在物体上，而有10%~40%经反射再投射到物体上。开口上小下大，一般台灯或吊灯就属于这种照明形式。

(3) 间接照明

90%~100%以上光通量是经反射再投射到物体上，只有10%以下的光通量直接照射到物体上。

(4) 半间接照明

60%~90%以上光通量经反射再投射到物体上，10%~40%光通量直接照射到物体和工作面。

(5) 全漫射照明

灯具的各个侧面为主要透光面。

(6) 高集光束的下射直接照明

如防空用的探照灯、体育场的高聚光灯等。

9.2.4 灯光布置

灯光在室内布置的方式主要有以下3种：

(1) 一般照明

一般照明是指为照亮整体被照面而设置的照明装置。在符合空间一定光照度标准基础之上，理想并均匀的照明有助于消除眩光和阴影，是比较理想的照明方式。

(2) 任务照明

任务照明是指为满足功能性需求而设置的特殊照明，如宴会厅餐桌上方的主题吊灯，既是为满足装饰性需要，也是为就餐提供一个舒适的环境。

(3) 重点照明

重点照明是指为突出某一主题，形成照明中心和趣味中心的照明方式。一般来说重点照明在以下几种情况下采用：

① 局部需要较高的照明。
② 由于遮挡而使照明照射不到的某些部位。
③ 视力功能降低的人需要较高的光照度。
④ 需要减少工作区的反射眩光。
⑤ 加强对材质质感的表现。

从人及整体环境考虑，室内灯光布置需要从以下几点来构思：

- 人的行为。照明最基本的目的就是满足功能和人的行为要求，为其提供一个可操作的环境，根据人的行为要求及其活动范围，选择合理光源和数量。
- 强调重点，掩盖不足。照明设计从装饰角度其主要目的就是突出重点，形成空间的视觉中心和丰富层次。
- 环境气氛。照明设计对整体环境的烘托起着关键作用。
- 照明平衡。平衡有利于视觉的过渡和避免有害的眩光。
- 照明的机动适应性。
- 灯具的多样性和一致性。
- 灯具的装饰风格要与室内装饰风格相互协调。

9.2.5 照明质量

2000年北美照明工程学会（IESNA）出版《北美照明手册(第9版)》的前言中写道："过去二十一年来在照明实践中有从照明工程(illuminating engineering)到照明设计(lighting design)的动向，从照度计算到美学评价的动向，从数量到质量的动向。"IESNA提出全面评估照明质量要综合考虑的三个方面因素：人的需求、建筑、经济与环境，形成了全面评估照明质量，淡化、简化照度指标的趋势，更加突出了照明质量的重要性。

对照明设计本身而言，应注意光的特征，如光的强度、光色、表面的色彩特征、光的对比与分布以及房间的特征等，它们都将影响照明质量。随着照明科技的发展，一些与人有关的光学试验研究越来越细，因此对照明质量的评价依据也越来越科学。现阶段对照明的评价主要从以下几个方面建立起来：

对视觉功效的试验研究：视觉功效是指在一定的照明条件下完成视觉作业的速度和精度。为了获得良好的功效，需要提供相应的照明水平。此项研究确立了不同视觉作业特征(对象大小、对象与背景亮度的对比、观察时间长短等)与其需照度水平的相互关系，为制定合理的照明标准找到科学依据。

对眩光效应的研究：眩光如同噪声一样，是一种环境污染，轻微眩光使视觉感到不适，重则降低可见度，甚至损伤视力。这项研究的重点是提出预测眩光的方法，制定防治眩光的措施。

对光色爱好以及光源显色性影响的研究：现代制灯技术可以制造出不同光色(冷、暖和中性)的电光源以满足各种环境的需要。研究不同地区、不同民族、不同文化背景的人群对光色偏好的差异，对于提高光环境的心理满意度和营造适宜的光气氛具有指导意义。电光源显色性能与自然光的差异是由于电光源光谱能量组成与日光光谱能量组成不同而造成的。气体放电灯的这种差异尤为明显。在致力提高电光源显色性能的同时，探究光源显色性不佳造成的"失真"对视觉感官的影响对照明设计很有参考价值。

在资源越来越珍贵的今天，照明的节能越发显得重要，有资料显示，工业发达国家照明用电量达到电力生产总量的15%～30%，我国在2000年照明用电量的比例接近或(在经济发达地区)已达到这一水平。1991年美国环保署最早提出绿色照明的概念，绿色照明的主旨是以节能为中心来推动高效节能光源和灯具的开发与应用，并制订了《照明产品能效标准》和《建筑照明节能标准》两项照明标准，试图引导照明设计采用高效节能照明产品，提供理想的光照环境。

总的来说，当今在对光环境质量的探索和研究上，用最少的电能获得最佳照明效果的趋势越来越明显。

9.2.6 照明与心理

照明设计师必须注重心理学研究包括视觉心理学和环境心理学等。不同性质的光线、不同的光源布置、光的空间分布以及光与影的关系处理，直接影响到人们对空间、结构和环境的感知，从而影响人们的心理感受。人不仅仅是被动地接受环境，他们在接受环境的过程中，还会有某种需求和期待，通过视觉传达是最直接，也是最关键的。

在进行照明设计时，可以依照光环境的构思，对于房间照明的最终情况，用与光有关的语言来表现光环境。利用光的聚合和分散，光的色彩可以对人的心理和行为产生导向性影响。

9.2.7 照明标准

9.2.7.1 国家照度标准

照明标准是建筑照明设计的重要依据，本节照明标准参考(GB 50034—2013)《建筑照明设计标准》，规定了新建、改建和扩建的居住、公共和工业建筑的一般照度标准值。

照度标准值是指照明装置进行维护时，作业面或参考平面上维持的平均照度，规定表面上的平均照度不得低于此数值，这是确保工作时视觉安全和视觉功效所需要的照度。照度标准值按0.5、1、3、5、10、15、20、30、50、75、100、150、200、300、500、750、1000、1500、2000、3000、5000lx分级。照度标准值分级以在主观效果上明显感觉到照度的最小变化为依据，照度差大约为1.5倍，该分级与CIE国际发光照明委员会标准S008/E—2001《室内工作场所照明》的分级基本一致。

(1)生产车间作业面上的最低照度值，见表9-8，使用该表时，符合下列条件之一及以上时，作业面或参考平面的照度，可按照度标准值分级提高一级。

①视觉要求高的精细作业场所，眼睛至识别对象的距离大于500mm时。

②连续长时间紧张的视觉作业，对视觉器官有不良影响时。

③识别移动对象，要求识别时间短促而辨认困难时。

④视觉作业对操作安全有重要影响时。

⑤识别对象亮度对比小于0.3时。

⑥作业精度要求较高，且产生差错会造成很大损失时。

⑦视觉能力低于正常能力时。

表9-8 作业面邻近周围照度

作业面照度(lx)	作业面邻近周围照度(lx)
≥750	500
500	300
300	200
≤200	与作业面照度相同

注：作业面邻近周围指作业面外宽度不小于0.5m的区域。

⑧建筑等级和功能要求高时。

（2）符合下列条件之一及以上时，作业面或参考平面的照度，可按照度标准值分级降低一级。

①进行很短时间的作业时。

②作业精度或速度无关紧要时。

③建筑等级和功能要求较低时。

（3）作业面邻近周围照度可低于作业面照度，但不低于表9-8的数值。

（4）作业面背景区域一般照明的照度不宜低于作业面邻近周围照度的1/3。

9.2.7.2 照明标准值推荐

随着经济和技术发展，目前国内外都趋于提高照度标准。选取合理的照明装置，不仅能确保建筑照明的合理性，增加视觉上舒适性，还可以提升建筑品质。

居住建筑、公共场所及公共建筑的照明标准见表9-9至表9-11。

表9-9 居住建筑照明标准

房间或场所		参考平面及其高度	照度标准值(lx)	Ra
起居室	一般活动	0.75m 水平面	100	80
	书写、阅读		300*	
卧室	一般活动	0.75m 水平面	75	80
	床头、阅读		150*	
餐厅		0.75m 餐桌面	150	80
厨房	一般活动	0.75m 水平面	100	80
	操作台	台面	150*	
卫生间		0.75m 水平面	100	80
电梯前厅		地面	75	60
走道、楼梯间		地面	50	60
车库		地面	30	60

*指混合照明度。

表9-10 公共场所照明标准

房间或场所		参考平面及其高度	照度标准值(lx)	Ra
门厅	普通	地面	100	60
	高档	地面	200	80
走廊、流动区域、楼梯间	普通	地面	50	60
	高档	地面	100	80
自动扶梯		地面	150	60
厕所、盥洗室、浴室	普通	地面	75	60
	高档	地面	150	80
电梯前厅	普通	地面	100	60
	高档	地面	150	80
休息室		地面	100	80
更衣室		地面	150	80
储藏室		地面	100	60
餐厅		地面	200	80
公共车库		地面	50	60
公共车库检修间		地面	200	80

表 9-11 公共建筑的照明标准值

房间或场所	参考平面及其高度	照度标准值(lx)	Ra
1. 图书馆建筑照明			
一般阅览室、开放式阅览室	0.75m 水平面	300	80
老年阅览室	0.75m 水平面	500	80
珍善本与图书阅览室	0.75m 水平面	500	80
陈列室、出纳厅	0.75m 水平面	300	80
书库、书架	0.25m 垂直面	50	80
工作间	0.75m 水平面	300	80
2. 办公建筑照明			
普通办公室	0.75m 水平面	300	80
高档办公室	0.75m 水平面	500	80
会议室	0.75m 水平面	300	80
视频会议室	0.75m 水平面	750	80
接待室、前台	0.75m 水平面	200	80
服务大厅、营业厅	0.75m 水平面	300	80
设计室	实际工作棉	500	80
文件整理、复印室	0.75m 水平面	300	80
资料、档案存放室	0.75m 水平面	200	80
3. 医疗建筑照明			
治疗室、检查室	0.75m 水平面	300	80
化验室	0.75m 水平面	500	80
手术室	0.75m 水平面	750	80
诊室	0.75m 水平面	300	80
候诊室、挂号厅	0.75m 水平面	200	80
病房	地面	100	80
走道	地面	100	80
护士站	0.75m 水平面	300	80
药房	0.75m 水平面	500	80
重症监护室	0.75m 水平面	300	90
4. 教育建筑照明			
教室、阅览室	课桌面	300	80
实验室	实验桌面	300	80
美术教室	桌面	500	90
多媒体教室	0.75m 水平面	300	80
教室黑板	黑板面	500	80

9.3 声环境

我们的周围环境充满了声音，风声、雨声、谈话声、炒菜声等。声音是无处不在、无时不在，在这些声音中，有的是人们需要的，有的则是人们不想听到的，其实噪声与好听的声音没有绝对界限。日常生活中，听到的声音有三个表征量：声强、音调和音色。声音音量过高、音调过高或过低、声音过杂都会导致人们的不舒适感。声环境应该包括室内外的噪声、音响效果和震动等，通常良好的声环境使人心情愉悦，对生活有积极作用，而不好的声环境则令人烦躁、容易疲劳。研究声环境最主要的目的就是创造使人舒适的声环境。

9.3.1 声音的基本概念

声音是由物体振动产生的声波，是通过介质（空气或固体、液体）传播并能被人或动物听觉器官所感知的波动现象。最初发出振动的物体叫声源，声音以波的形式振动传播，声音分为纯音和复合音。纯音是单一频率的声音，纯音只有在严格控制的实验室条件下得到。一般的声音是由一些频率不同的纯音合成的，称为复合音。复合音包括音乐、语言和噪声等。从社会意义上认为，把人们不需要的声音称为噪声。因此，噪声是一个相对概念，同一个声音在某一场合称为噪声，而在另一场合可能不是噪声。

从物理方面来说，物体受振动后，在弹性介质中以波的形式向外传播的机械振动叫声音。从生理方面说，当传到人耳能引起听觉音响感觉的称为声音。这种能引起音响感觉的振动波称为声波，该受振的物体称为声源。频率、波长和声速是描述声音的三个重要物理量。

(1) 频率

物体每秒钟振动的次数称为频率，以 f 表示，单位为赫兹(Hz)。对于人耳的感觉，声波的频率反映的是音调的高低。即所谓的高音和低音。

人耳能感受到的频率范围为 20～20 000Hz，称为声频。高于 20 000Hz 的声波为超声波，低于 20Hz 的声波称为次声波。超声波和次声波，人耳都听不到，但是有一些生物能听到，如海豚可以听到超声波。

(2) 波长

声波在一个振动周期内传播的距离称为波长。计作 λ，单位为 m。

波长是沿着波的传播方向，相邻两个振动位相相差 2π 的点之间的距离。波长 λ 等于波速 u 和周期 T 的乘积，即 $\lambda = uT$。同一频率的波在不同介质中以不同速度传播，所以波长也不同。

(3) 声速

声波在媒介中传播的速度称为声速，用 c 表示。频率、波长和声速三者之间的关系是：

$$c = \lambda f$$

式中：λ 为波长(m)；c 为声速(m/s)；f 为频率(Hz)。

在不同介质中，声速值不同，见表 9-12。

9.3.2 声波的属性及其传播

声环境是通过声波传播形成的，声波有强度、频率和纯度三种物理属性。声波的记录是以声强或声强级来记录的，声强就是声音的强度。声场中某点的声强，是单位时间内，该点垂直于声波传播方向的单位面积上所通过的声音能量。声强的范围非常大，直接用声强作为度量单位是不便的，必须用另一个单位声强级来代替声强，其单位是分贝，分贝值越高则声强越大，表 9-13 表示声强与人感觉之间的关系。

表 9-12 声速在几种介质中的数值

介质	温度(℃)	声速(m/s)
空气	0	313.3
氢	0	1286
氧	0	317.2
水	15	1450
铅	20	1230
铝	20	5100
铜	20	3560
铁	20	5130
花岗石*		6000
硬橡皮*		54

*指声速值与温度基本无关。

表 9-13 声强与人感觉之间的关系

分贝(dB)	人的感觉
0~20	环境很静(叶落的声音大概20dB)
20~40	安静，如宿舍环境一般为40dB(低语大概30dB)
40~60	一般常见情况，办公室谈话声约50~60dB
60~80	吵闹，如城市交通道路(交响乐演奏大概70dB)
80~100	非常吵闹，如交通要道
100~120	难以忍受
120~140	使人痛苦，如喷气式飞机起飞其噪声达到120dB以上

声波的纯度是指是否由单一频率的周期振动构成，根据此可以将声音分为纯音和复合音。在实际生活中纯音比较少，通常听到的都是由多个频率的振动声音组成的复合音。

声环境可以影响人的行为。举个例子，在西餐厅吃饭，声环境轻柔，人们低语就可以进行交流，而在中餐厅由于声音嘈杂，人们交流就必须大声讲话，这就改变了人们的说话行为。还有一个最明显的例子就是，在肯德基店，可以利用音乐节奏的快慢、高低来调节人们进食的速度，以加快人群的流动速度。

在室内设计中，主要原则就是根据具体要求对声音进行处理，可以适当地利用也可以对其进行吸收或隔离等处理方法，特别是一些高分贝的噪声，对人的生理和心理危害非常大，要采取措施加以控制。

首先对声波在室内的传播方式和路径做一个了解，先了解室内"声场"的两个显著特点：①距离声源有一定距离的接受点上，声能密度比在自由"声场"中要大，常常不随距离的平方衰减。②声源在停止发声以后，在一定的时间里，"声场"中还存在着来自各个界面迟到的反射声，产生所谓"混响现象"。声音在室内传播的途径可以用图9-5表示，从图中可以看出，对于一个听者，

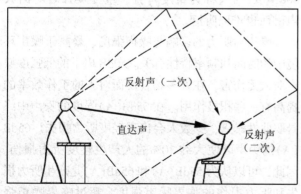

图 9-5 声音在室内传播

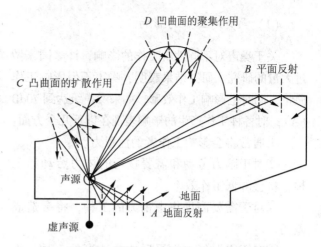

图 9-6 室内空间可能出现的四种声音反射

接受的不仅是直达声，而且还有陆续到达的来自天花、地面以及墙面的反射声，有的是一次反射声，有的是经过二次甚至是多次反射到达的声音。

图9-6表示在室内空间可能出现的四种声音的典型例子，图中A和B都是平面反射，只是离声源较近的A处，由于入射角变化大，反射声线发散大；而离声源较远的B处，各入射线近于平行，反射声音的方向也接近一致，C和D分别是凸面和凹面，凸曲面C使声音线束扩散，凹曲面D则使声音集中于一个区域，形成声音的聚焦。

从声音在室内传播的图形中可以看出声音在室内传播需要经历多次反复，这就表示了声音在室内传播的三个过程：声音的增长、声音的稳定、声音的衰减(在声源停止发声以后)。前面已经提到在声源停止发声以后，"声场"中还存在来自各个界面迟到的反射声，产生"混响现象"，这种现象的时间长短用混响时间表示，对室内声学设计来说，混响时间是一个非常重要的概念，根据不同场合，可以适当延长或者减缓混响时间，混响时间与房间的容积和表面吸声性能有关，与容积成正比，与室内吸声量成反比。如音乐厅需要长混响，会议厅需要短混响，多功能厅则希望混响时间可调节。

9.3.3 噪声对人的影响

环境中起干扰作用的声音、人们感到吵闹的声音或不需要的声音，称为噪声。噪声具有声音的一切物理性质。作业环境的噪声不仅限于杂乱无章的声音，也包括影响人们工作的车辆声、飞机声、机械撞击振动声、马达声、邻室的高声谈笑声等。环境噪声可能妨碍工作者对听觉信息的感知，也可能造成生理或心理上的危害，因而影响操作者的工作效率、舒适性或听觉器官的健康。

(1) 噪声对工作的影响

关于噪声对不同性质工作的影响，许多国家做过大量的研究。研究结果表明，噪声不但影响工作质量，同时也影响工作效率。如果噪声级达到70dB(A)，对各种工作产生的影响表现在以下几个方面：

①通常将会影响工作者的注意力。

②对于脑力劳动和需要技巧的体力劳动等工种，将会降低工作效率。

③对于需要高度集中精力的工种，将会造成差错。

④对于需要经过学习后才能从事的工种，将会降低工作质量。

⑤对于不需要集中精力进行工作的情况，人将会对中等噪声级的环境产生适应性。

⑥如果已对噪声适应，同时又要求保持原有的生产能力，将要消耗较多精力，从而会加速疲劳。

⑦对能够遮蔽危险报警信号和交通运行信号的强噪声环境，易引发事故。

一般而言，噪声对作业效率的影响与作业性质有关，一般认为：对思维性作业，噪声在50~60dB(A)以上就会影响作业效率；而对体力作业，噪声在85~90 dB(A)以上就会产生影响。噪声对作业效率影响的特点是：

①高频噪声的影响大于低频噪声。

②噪声级越大，影响越大，大于100 dB(A)以上要认真采取措施进行降噪。

③间断性(脉冲性)噪声的影响大于连续性噪声，如压、冲机械噪声的影响是比较大的。

研究还指出，噪声对人的语言信息传递影响最大，交谈者相距1m在50dB(A)噪声环境中可用正常声音交谈，但在90dB(A)噪声环境中应大声叫喊才能交谈。由此还将影响到交谈者的情绪，交谈者的情绪将由正常转为不可忍耐。因此，许多国家的标准在规定作业场所的最大允许噪声级时，对于需要高度集中精力的工作场所均以50dB(A)的稳定噪声级为其上限。

(2) 噪声对听觉的影响

人的听觉系统是对噪声最敏感的系统，也是受噪声影响最大的系统。噪声对听力的影响可归纳为以下几方面：

①暂时性听力下降，又称暂时性耳聋。在噪声作用下，可使听觉发生暂时性减退、听觉敏感度降低，可听阈提高。当人离开噪声环境而回到安静环境时，听觉敏感度不久就会恢复，这种听觉敏感度的改变是一种生理上的"适应"，称为暂时性听力下降。不同的人，对噪声的适应程度是不同的。但暂时性听力下降却有明显的特征，即受到噪声作用后，听觉有较小的减退现象，约10dB(A)；回到安静的环境中听觉敏感度能迅速恢复；通常是在4000Hz或6000Hz处比较显著，而低频噪声的影响较小。

②听力疲劳。在噪声作用下，听觉的敏感性下降，表现为听阈的提高[一般不超过10~15dB(A)]，但当离开噪声环境几分钟后即可恢复，这种现象称为听觉的适应。听觉适应有一定的限度。在强噪声的长期作用下，听阈提高15dB(A)以上，离开噪声环境后需要较长时间才能恢复，这种现象称为听觉疲劳。听觉疲劳初期尚可恢复，是耳聋的一种早期的信号。噪声引起的听力疲劳不仅取决于噪声的声级，还取决于噪声的频谱组成。频率越高，引起的疲劳程度越重。

③持久性听力损失，又称永久性耳聋。如果噪声连续作用于人体，而听觉敏感度在休息时间又来不及完全恢复，时间长了就可能发生持久性听力损失，即产生永久性听阈位移。另外，如果长期接触过量的噪声，听力阈值就不能完全恢复到原来的数值，便造成耳感受器发生器质性病变，进而发展成为不可逆的永久性听力损失，临床上称噪声性耳聋，它是一种进行性感音系统的损害。当听阈位移达25~40dB(A)时，为轻度耳聋，轻度耳聋能听到讲话声，但感到耳背。当听阈提高到40~60dB(A)时，听力曲线由听觉受损最严重的4000Hz向两侧延伸下降，则称为中度耳聋，此时，一般讲话已无法听清楚。长年在115dB(A)以上的高频噪声环境中工作，听阈提高超过60~80dB(A)时，称为重度耳聋，重度耳聋时对面大声讲话也难以听清。

噪声对听力的影响与噪声强度、暴露于噪声环境中的时间和频率特性有关。50dB以下的低强度噪声对人无伤害，在许多场合反而对人的工作效率的提高有一些积极作用。在55dB(A)强度的噪声中终身职业性暴露，少数人会出现轻度听力损失。65dB(A)的噪声可使大约10%的人产生轻度听力损伤。因此，可以认为55dB(A)和65dB(A)是产生听力损失和听力损伤的临界噪声强度。超过临界噪声强度，暴露时间超过一定限度，则会产生听力损失。

听力损失数值大体上与噪声强度呈线性关系，曲线的斜率则随测听频率和暴露时间变化。

通常每一频率的听力损失都有其各自临界的暴露年限。超过这个年限，对该频率的听力将随着暴露年限的延长而下降。最初下降速度很快，而后逐渐减慢，最后接近停滞状态。暴露于 85~90dB(A) 噪声环境下，听力损失的临界暴露年限对于 4kHz，只有几个月；3kHz 和 6kHz 约为 1 年；2kHz 约为 1~3 年；2kHz 以下则为 5~10 年。在噪声长期作用下，听力损失的发展状况大体是首先出现对于 4kHz 声音的听力下降，而后逐渐扩展到对于 6kHz 和 3kHz 的声音的听力下降，再扩展到对于 2kHz 和 8kHz 的声音，最后是对于 2kHz 以下声音的听力下降。研究表明，噪声频谱对听觉功能的影响是，3kHz 附近的噪声伤害效应最大，其次是 4kHz，而后是 2kHz 和 7kHz，最后是 1kHz 以下和 8kHz 以上。16~20 kHz 频率的噪声，其伤害作用比 3kHz 左右的噪声小得多。窄带噪声的伤害作用较宽带噪声大。

（3）噪声对人的生理和心理的影响

① 噪声对人的生理的影响。噪声对中枢神经系统、心血管系统、消化系统、呼吸系统和视觉器官均产生不良影响。

研究表明，在超过 85dB(A) 的噪声作用下，大脑皮质的兴奋和抑制失调，导致条件反射异常，出现中枢神经功能障碍，表现为头痛、头晕、失眠、多汗、恶心、乏力、心悸、注意力不集中、记忆力减退、神经过敏、惊慌以及反应迟缓等。噪声对人的睡眠质量的影响甚大，使人多梦、熟睡时间缩短。据研究认为，睡眠时 40~50dB(A) 噪声所产生的影响相当于清醒状态时 100dB(A) 噪声的影响。通过问卷调查和脑波、眼电图等生理指标测量分析发现，噪声使人不能入睡，或降低睡眠深度，使大脑处于非休息状态。大量研究表明，为了保持睡眠不受影响，室内夜间噪声应保持在 40dB(A) 以下，表 9-14 是部分国家的室内夜间噪声标准。

表 9-14 部分国家的夜间室内环境噪声标准

国 家	标准（室内夜间）[dB(A)]
瑞 士	35~45
欧共体	$L_e = 30~35$
日 本	$L_{50} = 40$
中 国	理想值：30；最高值：50

噪声对心血管系统功能的影响，表现为心跳过速、心律不齐、心电图改变、血压增高以及末梢血管收缩、供血量减少等。噪声对心血管系统的慢性损伤作用，一般发生在 80~90 dB(A) 噪声强度情况下。不少专家认为，20 世纪生活中的噪声是造成心脏病的一个重要原因。

噪声可引起消化系统障碍，使胃的收缩机能和分泌机能降低。研究表明，噪声在 80~85dB(A) 时，胃在 1min 内收缩次数可减少 37%，而肠蠕动减少则可持续到噪声停止之后。噪声还可以使唾液量减少。大于 60dB(A) 的噪声，有时可使唾液量减少 44%。随着噪声强度的增大，唾液量有进一步减少的趋势。对动物的实验证明，噪声能引起胃溃疡。据统计，噪声大的工业行业溃疡症的发病率比安静环境高 5 倍。噪声引起食欲减退、胃收缩、唾液和胃液减少，还会影响下垂体和荷尔蒙的分泌，引起孕妇早产等后果。

噪声对呼吸系统的影响，往往与脉搏、血压的改变同时出现。在 90dB(A) 噪声影响下，呼吸频率加快、呼吸加深。噪声对视觉功能也有影响，用 115dB(A)、800~2000Hz 范围的较强声音刺激听觉，可明显降低眼对光的敏感性，有研究表明，一定强度的噪声还可使色视力改变。长期暴露于强噪声环境中，可引起持久性视野同心性狭窄。130dB(A) 以上的噪声，可能引起眼震颤和眩晕。

② 噪声对人心理的影响。噪声对人心理的影响主要表现为引起人的烦躁情绪，焦急、讨厌、生气等各种不愉快的情绪。噪声引起的烦躁情绪程度与噪声级、噪声频率、噪声的时间变化以及人所从事的活动性质、个体状况等有关。噪声引起的烦恼与噪声级的关系是，噪声级越强，引起烦恼的可能越大。噪声所引起的烦恼程度还与噪声的频率、噪声的时间变化有关。高频噪声比响度相等的低频噪声更易于引起烦恼。间断、脉冲和连续的混合噪声、强度和频率结构不断变化的噪声更易于引起人们强烈的不愉快情绪。

噪声所引起的烦恼程度也随个体状态和地区的不同而不同。例如，在住宅区，60dB(A) 的噪声即可引起相当多人的讨厌和抗议，但在工业区情况则没那么严重。

噪声所引起的烦躁程度还与人们所从事的活动有关。通常相同的噪声环境给脑力活动者带来的烦躁比体力活动者更甚。

9.3.4 噪声评价标准

(1) 我国的噪声标准

我国的噪声标准一般可分为三类，第一类是基于对作业者的听力保护而提出来的，《工业企业噪声卫生标准》《工业企业噪声设计标准（草案）》《机床噪声标准》等均属此类；第二类是基于降低人们对噪声环境烦恼程度而提出的，《城市区域环境噪声标准》《机动车辆噪声标准》均属此类；第三类是基于改善工作条件、提高工作效率而提出的，如《室内噪声标准》。我国有关噪声的允许标准摘录于表 9-15 和表 9-16。

噪声评价相关标准

(2) 国际化组织及国外的噪声标准

为了保护经常受到噪声刺激的劳动者的听力，使他们即使长期在噪声环境中工作，也不致产生听力损伤和噪声性耳聋。听力保护噪声标准以 A 声级为主要评价指标，对于非稳定噪声则以每天工作 8h，连续每周工作量 40h 的等效连续 A 声级进行评价。表 9-17 为国外几种听力保护噪声标准。

同样为了控制环境污染，保证人们的正常工作和休息不受噪声干扰，ISO 规定住宅区室外噪声允许标准为 35~45dB(A)，对不同的时间、地区要按表 9-18 进行修正。非住宅区室内噪声允许标准见表 9-18。

通过对室内声音传播方式和过程的分析，我们可以对声音采取吸收和隔离措施。对于吸声，任何一种材料都有吸声能力，只是吸声能力大小不同而已。室内的主要吸声材料如图 9-7 所示。

此外，还有其他的吸声结构材料，如空间吸音体(与一般吸声结构的区别在于自己是自成一体，不是与顶棚、墙壁等刚性壁组成的吸声结构)、窗帘、洞口、人和家具等。

在选择吸声材料的时候，首先应当分析室内吸声处理的一些特点，了解可供装置的部位，考虑温度、湿度对吸声材料开裂、翘曲等的影响；其次要了解所选用材料的强度、吸水性、耐腐、防蛀、防火等性能，材料表面的可装饰性，以及施工安装条件、材料价格、保养维修难易程度等。通常选用多孔材料可以提高高频的吸声量；选用薄板振动吸声结构可以改善低频的吸声特性；选用穿孔板组合共振结构可以增加中频的吸声量。总的来说，根据不同的吸声降噪要求，一般可以按照下面的规律选择吸声材料：

① 对于中高频噪声，一般采用 20~50mm 厚多孔性吸声板；当吸声要求较高时，可以采用 50~80mm 厚超细玻璃棉、化纤下脚料等多孔性吸声材料。

② 对于宽频噪声，可以在多孔材料后留 50~100mm 厚的空气层。

③ 对于低频噪声，可以采用穿孔板共振吸声结构，孔径通常为直径 3~6mm，穿孔率宜小于 5%。

④ 当吸声处理场所湿度较高或有洁净要求时，宜选用塑料薄膜袋装多孔吸声材料，或采用单层或双层微穿孔板吸声结构，以及薄塑盒式吸声体等。

150dB 左右的噪音有可能震破鼓膜或耳朵的其他部位，造成听力丧失。噪声作用于人的中枢神经系统，能使人的大脑皮层兴奋和抑制平衡失调，从而导致神经衰弱症状，如头晕、耳鸣、全身乏力等，噪声也可使胃分泌失调，总之噪声的危害很大，必须对噪声或对身体有害的声音进行隔离。室内传播声音的途径主要有两种：通过空气传播的空气声和通过建筑结构传播的固体声。这两种噪声传播的特性不同，空气声因传播中的扩散和设置隔墙而大量减弱，因此其干扰往往局限在噪声源附近，传播的距离较近。而固体声由于建筑结构对声能衰减很小，而且传播速度快，所以能够传到很远的房间。隔声首先从声源入手，设置隔声罩等，再次从噪声的传播途径入手，采用隔声屏障和隔声墙的结构形式，隔声墙可以是多层的，而且可以在其中放置吸声的松软材料以增加吸声效果。对于门的隔声，可以通过设置双层门来阻止声音的传播。窗玻璃一般很难有很高的隔声效果，一般通过采用安装双层玻璃降低外界噪声，并且玻璃在安装时不应该平行，窗户与建筑物接触的边缘要做好封闭措施。

```
                         ┌ 纤维状吸声材料
              多孔吸声材料 ┤ 颗粒状吸声材料
                         └ 泡沫状吸声材料
                         ┌ 单个共振器
吸声材料(结构) ┤ 共振吸声结构 ┤ 穿孔板共振吸声结构
                         │ 薄板共振吸声结构
                         └ 薄膜共振吸声结构
              特殊吸声结构
```

图 9-7 吸声材料

表 9-15 我国城市区域环境噪声标准　　　　db(A)

地区	白天(7:00~21:00)	夜间
特别需要安静地区	45	35
一般居民、文教区	50	40
居民、商业混合区	55	45
中心商业街、街道工厂区	60	45
工业集中区	65	55
交通干线两侧	70	55

表 9-16 我国工业企业的噪声允许标准

每个工作日接触噪声的时间(h)	新建、改建企业的噪声允许标准	现有企业暂时达不到标准时，允许放宽的噪声标准
8	85	90
4	88	93
2	91	96
1	94	99
最高不得超过	115	115

表 9-17 国外听力保护噪声允许标准(A声级)　　　　dB(A)

每个工作日允许工作时间(h)	允许噪声级		
	国际标准化组织	美国政府	美国工业卫生医师协会
8	90	90	85
4	93	95	90
2	96	100	95
1	99	105	100
0.5	102	110	105
0.25	115(最高限)	115	110

表 9-18 ISO公布的各类环境噪声标准　　　　dB(A)

Ⅰ. 不同时间的修正值			
时间	白天	晚上	夜间
修正值	0	−5	−10~−15
Ⅱ. 不同地区的修正值			
地区分类	修正值	地区分类	修正值
医院和要求特别安静的地方	0	城市住宅	+10
郊区住宅，小型公路	+5	城市中心	+20
工厂与交通干线附近的住宅	+15	工业地区	+25

Ⅲ. 室内修正值		Ⅳ. 室内噪声标准	
条件	修正值	室的类型	允许标准
开窗	-10	寝室	20~50
单层窗	-15	生活室	30~60
		办公室	25~60
双层窗	-20	单间	70~75

9.4 色彩环境

9.4.1 色彩的基本概念

(1) 色彩与光线

色彩是光的一种表现形式。人眼看到的色彩，本质上是物体被光线照射后经物体表面吸收、反射和折射后的电磁波。牛顿 Isaac Newton (1643—1727) 于1665年通过著名的三棱镜实验发现自然光（阳光）通过三棱镜会产生色散现象，认为阳光的光谱由红（Red）、橙（Orange）、黄（Yellow）、绿（Green）、青（Indigo）、蓝（Blue）、紫（Violet）7种光谱构成。其中，红色的波长最长（622~780nm，中心波长660nm）；紫色的波长最短（380~455nm，中心波长430nm）。物体表面具有吸收阳光中不同色彩光谱部分或全部的能力，并反射或折射剩下的光线。物体表面吸收的光线越多、反射的光线越少代表该物体表面颜色越深。反之，物体表面吸收的光线越少、反射出去的光线越多代表该物体表面的颜色越浅。

人眼可见的电磁波光谱波长范围介于400~700 nm（1 nm = 0.000 001 mm）之间如图9-8所示，在此范围内，不同波长的光会刺激人眼识别不同的色彩。当然，阳光中还有很多人眼不可见的光线，如波长高于780nm的近红外线、远红外线、微波等，也有波长小于360nm的紫外线，X射线和Y射线等。

有许多因素会影响物体的表面颜色。不同光源的显色性和色温不同，会导致该光源下的物体的固有色发生偏移；物体表面粗糙度也会对物体的固有色产生影响，经过打磨后的镜面材质会反射几乎所有的可见光，因此其固有色完全丢失；物体表面的不同受光部分也会呈现不同的颜色，在单光源的情况下，物体表面的高光部分会更受光源色影响、呈现为比固有色浅的色彩，而阴影部分因为几乎没有光线的照射而呈现接近的黑色。正是由于这些不同因素的影响，物体表面才会呈现不同的色彩变化。

(2) 光色与颜色

色彩分为"光色"和"颜色"。光色是阳光中可见光谱的部分，具有一定的波长和质量，本质是具有一定能量的电磁波。而颜色则是指颜料、染料、涂料等的色彩，本质是具有一定固有色的颗粒。两者在色彩混合中的表现截然相反：越多数量的光色进行混合会得到越亮的颜色，当达到一定数量时会呈现无色，这是三棱镜实验的原理；而越多数量的颜色进行混合则会得到越深的颜色，当达到一定数量时呈现黑色。两者的三原色也各有不同，光色三原色指的是：红（Red）、绿（Green）、蓝（Blue），而颜色三原色指的是：品红（Magenta）、黄（Yellow）、青（Cyan）。需要注意的是，三原色是无法被调配出的颜色，而除三原色以外的所有颜色都可以由三原色调配出来。

色彩还可以分为有彩色和无彩色。灰色、黑色、白色被称为无彩色，除了这三类颜色之外的所有色彩被称为有彩色。灰色是在纯白和纯黑之间的部分。无彩色代表了物体表面的不同反射率，越靠近白色代表反射率越高，越靠近黑色代表反射率越低。

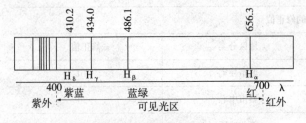

图9-8 可见光谱范围

(3) 色彩三要素

色彩的三要素是指：明度（Value）、纯度（Chroma）和色相（Hue），它们是色彩的基本指标。有彩色的色彩三要素是不可分割的，三要素间既有变化又互相约束。

明度（Value），是色彩的明亮程度。色彩的明度越高代表色彩越亮；明度越低代表色彩越暗。光波的振幅越宽，光色的明度越高。物体表面反射率越高，其明度越高。不同色彩的明度不同，黄色明度最高、紫色明度最低。在无彩色中，白色的明度最高、黑色的明度最低。

纯度（Chroma），是色彩的纯净程度，又称色彩的彩度、饱和度等。色彩的纯度越高代表色彩的显色越鲜艳；色彩的纯度越低代表色彩的显色越灰暗。在光谱中，红色的纯度最高，蓝色的纯度最低。需要注意的是，黑色、白色和灰色这三种无彩色，纯度为零。

色相（Hue），是色彩的相貌，用以区别各种色彩的特征。在光色中，色相代表可见光谱中不同波长的电磁波；在颜色中，色相代表着不同的颜色类别。色相也是视觉认知中辨别颜色的最主要标准。色调是某一类颜色的统称，统一色调中的颜色可以拥有不同的明度、纯度和色相。如红色系，在明度上有深红、浅红等；在纯度上可以有正红、灰红等；在色相上可以有玫瑰红、橙红等。

9.4.2 色彩表示方法

国际上目前最为通用的三种色彩表示系统分别为日本色彩研究所的 PCCS（Practical Colour-ordinate System）色彩体系、德国的奥斯瓦尔德（OSTWALD）色彩体系和美国的蒙塞尔（MUNSELL）色彩体系。目前运用范围最广的是蒙塞尔色彩体系。

蒙塞尔色体系被众多国家的工业部门和研究机构广泛使用。蒙塞尔色体系的色彩图谱包括了两套的样品（分别含有 1450 块和 1150 块颜色样品）。蒙塞尔色体系主要以色立体形式进行呈现，如图 9-9 所示。

色立体的中心轴部分表示色彩的明度，以字母 V 进行表示。共分为十一级坐标，明度最高的白色（反射率 100%）对应为 V10；黑色（反射率 0%）对应为 V0；中间的 V1~9 部分分别为从低到高明度的灰色。

色立体的水平方向（垂直于中心轴）为色彩的纯度，以字母 C 表示。以中心轴为起点，起点纯度最低，为 C0；离中心轴越远代表纯度越高，不同色彩的纯度最高值不同，最高可达 C20。

色立体的圆周角标对应色彩的色相，以字母 H 表示。全部的色调构成完整的色环，等距五等分为五个基色调，分别命名为 R（红）、Y（黄）、G（绿）、B（蓝）、P（紫）。在五个基色调正中插入五个间色调，分别命名为 YR（橙）、GY（黄绿）、BG（蓝绿）、PB（蓝紫）、RP（红紫）。五个基色调加上五个间色构成十个主色调。在十个主色调内，等距再分为十等分，分别标上 1~10 的数字，抽取每个主色调的第 5 号作为各个主色调的正色。全色环共分为 100 个等分色调值。

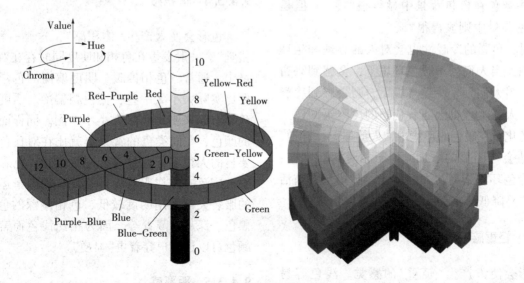

图 9-9　蒙赛尔立体色

在蒙塞尔色立体内的色彩用 HCV 坐标值进行表示。其中，有彩色用 H(色调/色相)V(明度)/C(纯度)进行表示。如 6B3/8 代表色调/色相值为 6、明度值 3、纯度值为 8 的蓝色。需要注意的是，无彩色没有色相和纯度，只有明度变化，因此只用 V+(1~10)数字进行表示，如 V5，代表明度值为 5 的灰色。

9.4.3 色彩对人的影响

色彩对人认知和感觉是存在影响的。基于每个人的性别、文化、种族、个性、年龄、生活环境、生理性的差别，不同的色彩会对人的心理与生理产生不同影响，这是由于色彩的视觉刺激导致了大脑感知、认知区域复杂的神经活动所产生的。色彩可以产生"通感"，使人对温度、重量、硬度等不同认知产生联想。同一色值的颜色对于不同的人会存在认知上的偏差。

9.4.3.1 冷暖感

色彩会使人产生"冷暖"的感觉。从冷暖性上可以把色彩分为暖色调和冷色调。暖色调的代表色有红色、黄色、橙色等。这些色彩会使人联想到太阳、火炉、火焰等意象，随之而来就会给人带来"温暖""炎热"的感觉。蓝色、青色、绿色是冷色调的代表色，这些色彩会使人们联想到大海、冰块、树荫等意象，因此会让人觉得"寒冷"。当然，冷暖是一个相对的概念，颜色的冷暖也与其所处的环境色相关。比如，一块紫色在橙色背景中显得很"冷"，但是在深蓝色背景中则显得很"暖"。

同时，色彩的冷暖性也会对人的心理和生理产生影响，当人们处于暖色环境下，会感到兴奋和积极；当人们处于冷色环境下，则会感到冷静和消极。人的生理也会随着色彩的冷暖不同产生对应的变化，在暖色的环境中，人的体温、脉搏、大脑活动会有明显的增加、处于相对活跃状态；而处于冷色环境下时，人的体温、脉搏、大脑活动则更容易降低、减缓、处于相对稳定状态。

9.4.3.2 轻重感

色彩会使人产生"轻重"的感觉。浅色容易让人联想到"轻盈"的意象，比如浅蓝和白色容易让人联想到蓝天、白云、棉花糖等质量较轻的事物，而深色则容易让人产生"厚重"的意象，比如深红容易让人联想到生锈的铁块，深蓝色容易让人联想到铝、钢等质量较重的金属。色彩的"轻重感"主要与色彩的明度相关。同一色相，明度越高，视觉感觉越"轻"；明度越低，视觉感觉越"重"。色彩的"轻重感"被广泛地运用到建筑、工业场所的器械、指示色彩上。在建筑工地的器械上，如挖掘机、塔吊等，一般底部选用较为深色的色彩如黑色、深蓝、深紫等；顶部采用较为浅色的色彩，如浅黄、柠檬黄、橙黄等，可以让这些器械显得"下重上轻"、增加工人视觉上的"稳定感"。

9.4.3.3 软硬感

色彩会使人产生"软硬"的感觉，这是由色彩的明度和纯度同时决定的。明度越高、纯度越低，视觉观感上越软，如粉红、粉蓝、淡黄等；明度越低、纯度越高，视觉上观感越硬，如深蓝、深紫等。色彩的软硬感被广泛运用在服装、室内软装设计中，如儿童服饰一般都用明度较高、纯度较低的粉色系的色彩，如粉红和粉蓝，因为这些颜色会使婴儿的衣物、用品看起来更加的"柔软"。在室内软装设计中，在窗帘、床单、沙发等与人紧密接触的物品上，通常都用偏"软"的颜色，如象牙白、淡金色、粉绿等等。需要注意的是，无彩色也有视觉上的软硬之分，白色较软、黑色较硬，灰色偏白色的部分较软，偏黑色的部分较硬。

9.4.3.4 体积感

色彩会使人产生"体积感"，这是一种"视觉错觉"，一般发生在色相和明度同时存在对比的环境中。通常，色相偏暖、明度偏高的色彩看起来要比实际大小大一些，而色相偏冷、明度较低的色彩看起来要比实际大小小一圈。同样面积大小的颜色，在同类色的背景上就比在对比色背景上要显的大很多，这是一种视觉错觉。色彩的体积感被广泛应用在服装设计领域，如健身运动品牌的服装大都采用明度较低、色相偏深的色彩，如黑色、深灰、藏青等，因为相比浅色而言，这些颜色可以让客户穿着更"显瘦"。

9.4.3.5 距离感

色彩会让人产生"距离感"，这是因为人眼

的视觉特性。较远的景物通过空气折射，在视觉上较为偏冷，而近距离的景色则较为偏暖。从明度来说，距离越近、明度越高，距离越远、明度越低；从纯度上来说，纯度越高感觉越近。以红色为例，高纯度的红色（如纯红）比低纯度的红色（如粉红）感觉要近；暖色系的红色（如大红）比冷色系的红色（如玫瑰红）感觉要近；高明度的红色（亮红色）比低明度的红色（如深红色）感觉要近。利用好颜色的距离感，可以很好地突出标示、指示的重点和层次。如在工厂的操作控制台上的按钮设计上，可以用距离较近的颜色来标示出最重要的控制按钮，用距离较远的颜色来标示较为次要的控制按钮，来区分主次，避免误操作。在地图的路线指示上，可以用距离较近的颜色标示城区的主干道、主要的建筑和景点，而用距离较远的颜色来标示较为次要的道路、建筑和景点，对于使用者来说一目了然、有明确的视觉重点。

9.4.3.6 情绪感

色彩还会影响人们情绪。明度上，明快的色彩会让人心情愉快、厚重的色彩会使人严肃、暗淡的色彩则容易使人低沉压抑；纯度上，纯色容易让人注意集中、兴奋、而灰色则会使人觉得放松、无聊；色相上，暖色系色彩容易让人产生积极、兴奋的情绪，冷色系色彩则会让人冷静、忧伤。在医疗空间内一般使用偏冷的色彩，如淡蓝和淡绿，因为偏冷的色彩可以缓解患者紧张的情绪，使其冷静克制。卧室在深夜适宜采用色温较暖、亮度较低的灯光，因为暖黄色容易让人放松，感觉温馨舒适。同时，暖黄色还会刺激人体分泌褪黑素，使人加快进入梦乡。

9.4.4 色彩调节与应用

9.4.4.1 色彩调节的概念与目的

色彩会通过视觉对人产生诸多影响，如冷暖感、轻重感、体积感、软硬感、距离感、情绪感等。根据不同目的、不同场合，可以利用这些色彩的心理特性有针对性地进行应用。与纯物理调节方法不同，色彩调节侧重于心理层面，比如更换标识颜色、调节光色、更改颜色属性等等。相对于物理性质的调节，如通过空调改变室内环境温度，色彩调节并不需要实体的昂贵设备，也不会耗费大量能源，更加节约成本。当然，色彩的调节主要通过人的视觉呈现，调节的效果也相对间接和有限。因此，对于特殊人群，如盲人、色弱、色盲群体，色彩调节可能无法有效发挥作用。

色彩调节可以有针对性地在特定的环境使用，如在学校教室中，可以加强学生的注意力和记忆能力，起到提高学习效率的作用；在医院病房中，可以用于缓解病人的病情和情绪，起到安抚和镇定的作用；在工厂车间中，可以警示工人的危险操作，起到保护工人人身安全的作用。色彩调节的目的可以分为两大类：对环境中的人产生积极目的和消极目的。

色彩调节的积极目的可以分为三类：①提高作业者的作业效率；②改善作业环境、缓解和延缓作业者疲劳；③预防作业者的人身伤害，降低事故率。其中，第一类目的是为了提升作业者的作业表现，适用于工作环境和学习环境中；第二类目的是为了缓解和延缓人的生理、心理疲劳，适用于人的各类工作、学习和生活环境中；第三类目的是为了避免因为危险作业环境和器械对作业者的生理、心理产生伤害，主要针对高危的作业环境。

色彩调节的消极目的主要针对特殊环境和特殊目的。在进行色彩调节时，通过视觉刺激、心理暗示等手段，对环境人群产生消极、负面的影响，来达到目的。如特种兵的训练，需要模拟恶劣、严酷的环境来锻炼士兵的耐受力和意志力。又如对犯人的审讯，通过色彩调节使其心理产生动摇、坦白罪行。

9.4.4.2 色彩调节的应用

色彩调节在作业空间设计、生产设备的配色、监控管理等多方面有着广泛的应用。基于生产现场的色彩调节既要考虑生产环境的色彩和谐，又要考虑安全的因素，一般使用"安全色""对比色""环境色"三类颜色：

（1）安全色

安全色是用于表示安全信息的颜色。颜色常被用作为加强安全和预防事故而设置的标志。安全色要求醒目，容易识别，其作用在于迅速警示危

GB2893—2008《安全色》

或指示在安全方面有着重要意义的器材和设备的位置。安全色应该有统一的规定。国际标准化组织（ISO）和很多国家都对安全色的使用有严格规定，国际上一般采用红色、黄色和绿色三种颜色作为安全色，并用蓝色作为辅助色。

中国国家标准 GB 2893—2008《安全色》规定红、蓝、黄、绿四种颜色为安全色。其含义和用途如下：

①红色——表示禁止、停止，用于禁止标志、停止信号、车辆上的紧急制动手柄等。

②蓝色——表示指令、必须遵守的规定，一般用于指令标志。

③黄色——表示警告、注意，用于警告警示标志、行车道中线等。

④绿色——表示提示安全状态、通行，用于提示标志、行人和车辆通行标志等。

安全色必须足够鲜明和醒目，并具有高度的可识别性，即视认性的颜色。要求作业者在观察瞬间就可以明白安全色的含义并作出对应行为。安全色的设置和使用必须符合以下原则：

①危险的紧迫性越高，就应使用认知程度较高的色彩。

②危险涉及的范围越广，就应使用认知程度较高的色彩。

③应该以国标和约定俗成的安全色彩为主，最大化的减少认知错误。

④对于有危险性质的生产设备及其部分，如开关、齿轮、起重装置等一定要用对比度高、纯度明度高的安全色。

⑤对于作业区域内的保护措施，如安全带、安全帽、保护阀门等一定要用对比度高、纯度明度高的安全色。

车间、工作场所的安全色应用必须符合以下原则：

①标识出直接或可能出现的危险物。

②标识出安全救助设施。

③标识出可用于应急措施的对象。

④标识出可能出现危险区域或可能受害的对象。

⑤标识出必须禁止的操作或必须提醒的注意事项。

在野外进行作业的作业者的穿着和作业工具、设备也需要设置安全色，一方面可以跟环境进行区分，如果遇险可以方便救援者快速定位进行施救；另一方面，可以避免动物或者人无意识的接近作业者或作业工具，被其影响或伤害。

（2）对比色

色彩中的对比色，通常是在色相环中相对，即与色相环圆心夹角呈180°的颜色，如红色与绿色、蓝色；黄色与紫色；橙色与青色等等。无彩色中的黑色和白色也是对比色。

需要注意的是，安全色的对比色与颜色的对比色完全不同。中国国家标准 GB 2893—2008《安全色》中规定安全色与对比色同时使用时，必须按照表9-19的搭配进行使用。

表 9-19 安全色与对比色

安全色	对比色
红	白
蓝	白
黄	黑
绿	白

注：①白色用于安全标志中红、蓝、绿的背景色，也可用于安全标志的文字和图形符号。
②黑色用于安全标志的文字、图形符号和警示标志的几何边框。

（3）环境色

环境色是指作业环境的色彩。在车间、厂房、库房等生产场所内除了直接活动的机器、部件、各种管线外，都要设置环境色。车间、厂房、库房等生产场所内的环境色必须符合以下要求：

①环境色需要配合光照形成足够照度、对作业全程无干扰的整体环境。

②环境色需要避免使用容易产生反射、折射、炫光的色彩。

③环境色尽量选用适合作业的中高明度、低纯度、中性色相的色彩。

④多种环境色尽量避免选择强烈的对比色，但须保持适当的对比度。

⑤环境色尽量与作业面区域的颜色有明显区分。

⑥环境色要与控制面板区域的颜色有明显区分。

⑦环境色的选择要考虑作业者的眼部疲劳。

9.5 人的心理空间

9.5.1 个人空间

个人空间是人心理感受所期望的空间。每个人都有自己的个人空间，这是直接在每个人的周围的空间，通常是具有看不见的边界，在边界以内不允许"闯入者"进来。当个人空间受到干扰，就会产生不愉快感和不安感。个人空间可以随着人移动，还具有灵活的伸缩性。在某些情况下(例如在地铁或球赛中)我们可以比在其他情况下(例如在办公室)允许他人靠的近些。个人空间的存在可以有许多的证明。如你在一群交谈的人中、在图书馆中、在公共汽车上或在公园中找一个座位时，总想找一个与其他不相关的人分开的座位；在人行道上与其他人保持一定的距离。人们用各种不同的方法来限定空间，例如在公园长凳对坐得太近的陌生人怒目而视，或者将手提包或帽子放在自己和陌生人之间作界限。人与人之间的密切程度就反映在个人空间的交叉和排斥上，如图9-10所示。

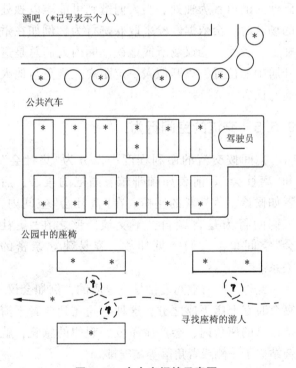

图 9-10 个人空间的示意图

行为心理学家认为，个人空间也是把两个人之间的交流维持在最佳水平上的一种机制。科学家曾经做过这样一个实验：让被试验的人朝两张与真人一般大小的照片走过去，其中一张照片上人的眼睛是闭着的，另一张睁着，要求被试验的人从远处走近这两张照片的正面，到他认为比较舒服的距离停下。观察被试验者与这两张照片的距离，显然被试验者与闭着眼睛的那张照片的距离要比睁着眼睛的那张来得近。此外他们还提出，当两人谈话彼此距离缩小时，目光接触次数也减小。瞪着眼睛看人被认为是一种无礼的行为。

行为学家经过实验证明1.5~1.8m间距的人对讲话中的内容掌握得最清晰；离得过远的人，对讲话人的物质形象注意过多，分散了注意力；离得过近的人，个人空间受干扰，感到来自讲话人的压力很不自在，也分散了听讲的注意力。一般当距离很近时，听话人感到讲话人似乎集中注意力在影响自己，难以得到片刻休息，为抗拒这种压力，连话也听不进去。

9.5.2 个人领域

领域是指被占有的一个范围。领域可分为共有领域(如各类公共场所)、私有领域、个人领域以及学术领域等。个人领域是一个人为了生活和工作的需要，对社会空间的要求。个人领域有的受到法律的保护，有的虽然没有明文规定，但约定俗成，人们一般多会共同遵守。个人领域和个人空间都是属于个体的，一般都不允许别人随意侵入。两者的区别在于：个人空间是无形的，没有明确的边界，也不固定于一地，它像人的影子一样，随人而走。而个人领域是稳定的或相对固定的，它在一定时间内不随领域主是否身在其中而变动，其边界一般是可见的，具有可被识别的标记，例如，一个人的工作座位等。

9.5.3 人际距离

人与人之间距离的大小取决于人们所在的社会集团和所处情况的不同而相异。熟人还是生人，不同身份的人，人际距离都不一样。身份越相似，距离越近。美国人类学家Hall把人际距离概括为以下四种：

(1) 亲密距离

它指与他人身体密切接触的距离，共有两种，如图9-11所示。一种是接近状态，指亲密者之间发生的爱护、安慰、交流的距离，此时身体接触，气味相投。由于视觉过近，反而分辨不清对方；另一种为正常状态(15~45cm)，头脚部互不接触，但手能相握或抚触对方。在各种文化背景中，这

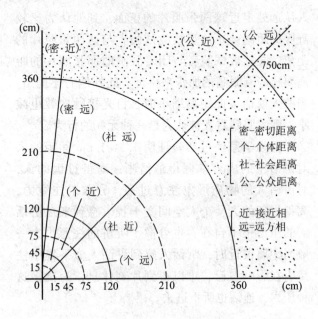

图 9-11 人际距离

一正常亲密距离是不同的,例如美国人认为在公众场合下与非亲密者出现上述两种亲密距离都要避免,所以在拥挤的电车、地铁中当不得不进入这种距离范围时,会有相互躲避的行为,如身体尽量少动,当身体与他人接触时,马上缩回,视线投向远方而不看附近的人等。

(2)个人距离

它是指个人与他人之间的弹性距离,也有两种状态。一种是接近态(45～75cm),是亲密者允许对方进入的不发生为难、躲避的距离,但非亲密者进入此距离时会有较强烈的反应。另一种为正常状态(75～120cm),是两人相对而立,指尖能相触的距离,此时身体的气味、体温不能感觉,谈话声音为中等响度。

(3)社会距离

它是指参加社会活动时所表现出的距离,它的两种状态的接近状态为 120～210cm,通常为一起工作时的距离,上级向下级或秘书说话便保持此距离,这一距离能起到传达情感力的作用。正常状态是 210～360cm,此时可看到对方全身,在外人在场下继续工作也不会感到不安或者受干扰,为业务接触的通行距离。正式会谈、礼仪等多按此距离进行。

(4)公众距离

它是指演讲、演出等公众场合的距离,其接近状态约为 360～750cm,此时讲话声音必须提高,能看清对方的活动。正常状态在 7.5cm 以上,这个距离已经分不清表情、声音的细部,为了吸引公众注意,要用夸张的手势、表情和大声疾呼,此时交流主要靠身体姿势而不是靠语言。

由于种族、文化和人类距离习惯的不同,上述四种距离也不尽相同。例如拉丁美洲的人习惯于近距离。与北美人交谈时,感到北美人始终保持远距离,让人感到冷淡,如果近距离与北美人交谈,北美人则一再避让,感到尴尬。

9.5.4 独处的个人空间行为

人类为保持不受干扰的独处,产生了相关的行为。在西方,住宅的每个房间都有锁,客人来住的时候,向他提供了一个房间归他支配,家中各成员也有自己的房间,亲友要进入,必须征得房间主人的同意。

不同民族、文化的人惯用的感觉器官有所不同,因而判别个人空间所用的感觉手段也有不同。日本人以视界内无人为独处,德国人以听不到他人的声音为独处。当人们遭到可能难以独处的场合时,会依据经验采取躲避行为,例如在婚礼上、餐厅、会议场所或地铁车厢内人们总是避开居中的位置,离开他人一定距离,避免与他人面对面等。

9.5.5 交流的空间行为

空间按交流的便利程度可以分为"集社会"和"离社会"。前者如咖啡馆、酒吧的桌子,后者如候诊室背靠背的座椅。在"离社会"空间内,人们的行为是自顾自,不交谈,反之在"集社会"空间里,人们一见如故,容易建立亲密的关系。

此外,有时空间安排是不等质的,例如会议、宴会时有上座下座之分,这种空间在到会者不清楚自己的座位时,会产生不安、观望的感觉,就会站立于一侧或者角落等候安排。

9.5.6 个人空间的方向性

行为科学家在研究他人接近某个人的反应时,发现人们站立时,接近物体的距离总小于接近人的距离,而且不同性别者身体前、后、侧部的接近距离不同,构成了人体周围的"缓冲带",一般前部较宽,背部最窄。还发现精神分裂者比正常人的"缓冲带"要宽,男性比女性宽,女性实验者走过站立男性时的距离,比男性实验者走过站立女性时的距离远。

9.5.7 影响躲避距离的因素

在作业中,身旁有人存在时,女性所受影响大于男性;当干扰者接近作业者时,若无视线影响,作业者的个人空间,后面宽于前面;存在正面视线交错时,则前面宽于后面。实验表明,男性实验者接近他人时达到93cm才躲避,女性则在140cm距离时就开始躲避。而当接近双方均为男性时,此距离缩小为76cm,均为女性时扩大为154cm;男性老人的躲避距离比女性老人大3倍,说明老头特别注意避免冲突而老妇人则总要等待对方躲避。实验表明肤色、人种的差别很小。

9.6 人的行为特征

9.6.1 人的行为习性

人类在长期生活和社会发展中,由于人和环境的交互作用,逐步形成了许多适应环境的本能,这就是人的行为习性。

(1) 捷径反应

根据动作经济原则,在日常生活中也有不自觉的应用。即当人们清楚知道目的地的位置时,或是有目的地移动时,总是有选择最短路程的倾向。例如伸手取物往往直接伸向物品;上下楼梯往往靠扶手一侧;穿越空地往往走斜线等,这些行为可以称为捷径反应。有人调查在没有目的闲逛时,人们往往首先选择下坡、下楼的方向。当楼上、楼下都有垃圾口或厕所时,使用者中约75%人选择楼下(下方)的;在男性中,或中青年中该比例占80%;但腿脚不便的老人和穿高跟鞋的女性,选择上方的较多,被认为是安全防卫反应的作用。这种捷径反应造成在马路或铁路、河流,同时存在天桥和地道的情况下,多数人选择地道而很少人走天桥,实际上两者消耗的能量差不多。公共车辆和公共场所出入口处聚集的人较多,也是捷径反应心理造成的。

我们经常会看到,有一片草地,即使在周围

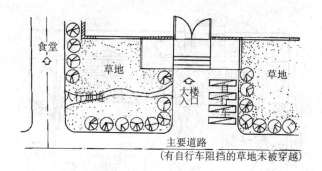

图 9-12 被穿越的草地

设置了简单路障,结果仍旧被穿越,久而久之便形成了一条人行通道,如图9-12所示

因此,不论是规划,还是建筑室内设计,都必须考虑人的捷径反应,不能违反人的规律办事。

(2) 识途性

识途性是动物的习性。在一般情况下,动物感到危险时,会沿原路折回。人类也有这种本能。当人们不熟悉路径时,会边摸索边到达目的地,而返回时,为了安全又寻找着来路返回。火灾现场情况表明,许多遇难者就倒在原来进来的楼电梯口。说明在灾害时,人们慌不择路,忘记附近的安全疏散口,而仍走原来路径逃生。这就告知室内设计师,要利用人类的识途性本能,在入口处就要标明疏散口的方向和位置。

(3) 左侧通行

我国规定车辆右侧通行,对于行人没有规定。但是在没有汽车干扰的道路和步行街、中心广场以及室内,当人群密度达到0.3人/m²以上时会发现人会自然而然地左侧通行。这可能同人类使用右手机会多,形成右侧防卫感强而照顾左侧的缘故有关。这种行为习性对商场的商品陈列,展厅的展品布置等有很大的参考价值。

(4) 左拐弯

同左侧通行的行为习性一样,在公园、游乐场、展览会场,会发现观众的行动轨迹有左拐弯的习性。这种现象对室内楼梯位置和疏散口的设置以及室内展线布置等均有指导意义(图9-13)。

(5) 优势半球和习惯用手

大脑半球是左右两侧构造相同的,但在语言运动机能上,总是有一侧占有优势,称为优势半球。

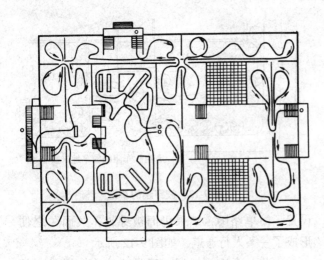

图 9-13 某展览馆观众的行动轨迹

大多数人的语言中枢位于左半球。人的机体左右侧的知觉和运动，由于神经交叉结构，是受对侧半球控制的，这就造成了两肢和感觉器官在机能上的差异，机能较强的一侧就是惯用侧。脑的优势半球并不必然引起对侧肢体为惯用肢体，还有其他理论的解释，例如重心论（心脏分布偏左而导致左利）和惯用眼论（惯用眼导致同侧肢体优越化），一般来说，儿童时期约有25%的人惯用左手，随年龄的增加，此比例减少，成人中，男性约5%，女性约3%是左利的，由于右利的人数比例大，造成器具设计中忽视左利者的现象，纠正左利改为右利成为教育训练的内容之一，但事实上，这种习惯的改变，使其工效必然下降，疲劳程度会提高。研究表明，惯用右手者并不一定惯用右脚，惯用手脚不同侧的约占33%～37%左右。在各项工作中使用右手的人较多。

（6）躲避行为

当发生危险时人们有一些共同的逃难行动，这些行动的特征构成了躲避行为。例如发生火灾时，取离逃难口最近的距离，向火烟伸展的方向逃，取障碍物最少的途径，顺着墙，向亮处，按左拐弯方向，沿着进来的方向和路线，沿走惯的道路和出口，顺着人流，向着地面方向（高楼向下，地下室向上）进行躲避的行为。

当人面临正前方的撞击时，例如有石块投来时，一个试验表明，为不被击中，向左侧躲避的人数约占全部实验者的一半；向右侧躲避的约占28%，有20%的人未做反应或躲避不及、不当。若人在步行中，前方投来石块时，向左侧躲避仅略高于向右侧躲避，这是因为着地脚对躲避行为发生了影响。当危险从上方落下时，约80%的人并不躲避，或躲避无效，他们或者僵直不动、跳起、上身移动，或者采取预防姿势即抱住头、举手接挡，其中僵直不动的人中，女性比例较大。能迅速避开者则多为男性，他们中大部分是向后躲避。这说明人对上方危险的抵御能力很差。

（7）从众习性

从众习性是动物的追随本能。俗话说"领头羊"，当遇到异常情况，一些动物向某一方向跑，其他动物会紧跟而上。人类也有这种"随大流"的习性。这种习性对室内安全设计有很大影响。如果发生灾害或异常情况，如何使首先发现者保持冷静是很重要的。由于人类还有向光性的本能和躲避危险的本能，故可采用闪烁安全照明，指明疏散口，或用声音通知在场人员安全疏散。

（8）聚集效应

许多学者研究了人群步行速度与人群密集度之间的关系。当人群密集度超过 1.2 人/m² 时，发现步行速度有明显下降的趋势。当空间的人群密度分布不均时，则会出现滞留现象。如果滞留时间过长，这种集结人群越来越多。这种现象，我们称之为聚集效应。

类似从众习性，人类还有好奇的本能。日常生活中我们会发现，当某个地方发生异常情况，如出了交通事故，或有人在那里喊叫，如叫卖商品，则会发现附近的人群会向这个地方集结，这就是聚集效应。这种聚集效应无论在室外还是室内，均会发生。建筑设计和室内设计时人们会利用这种特性。商品经销者懂得，同类商品聚集在一起时，则容易销售。人们也发现很多小商贩会利用顾客"抢购"商品，造成聚集效应招揽其他顾客。在商业空间的室内设计中，人们会设置很多模特儿造成人群聚集的假象。

9.6.2 人的行为模式

9.6.2.1 行为模式化依据

人的行为模式就是将人在环境中的行为特性总结和概括，将其规律模式化。从而为建筑创作和室内设计及其评价提供理论依据和方法。

人的行为模式化的依据是环境行为基本模式。各种环境因素和信息作用于环境中的人和人群，人们则根据自身的需要和欲望，适应或选择有关的环境刺激，经过信息处理，将所处的状态进行推移，作为改变空间环境的行为。

由于人的意识各不相同，因此有关人的情绪和思考的程序是很难模拟的，我们只能将与空间关系比较密切的行为特性进行模式化，并在一定的时间和空间范围里进行模拟，以期创造出新的环境符合人的行为要求。

9.6.2.2 行为模式的种类

按行为的内容分类，有秩序模式、流动模式、分布模式和状态模式。

这是建筑设计和室内设计传统的模式化创作和分析方法。因"秩序模式"和"分布模式"是预测人在环境中的静态分布状况和规律，故称静态模式。而"流动模式"和"状态模式"是描述人在环境中变化的状况和规律，故称动态模式。

（1）秩序模式

秩序模式是用图表记述人在环境中的行为秩序。比如人在商店里的购物行为，具体行为秩序是：

顾客 —进入→ 店堂 —选购→ 商品 —支付→ 现金、支票 —

提取/托运→ 商品 —退出→ 店堂

由此可见"进入""选购""支付""提取""托运""退出"等各种行为状态是有一定秩序的，绝不能倒过来。这就要求室内设计，首先要将顾客"引进"商店，将商品供顾客很好地选择，最后才能成交付款。

又如人在厨房中的炊事行为，其具体的行为秩序是：

原料 —拣切→ 半成品 —清洗→ 清洁品 —配菜→

→ 菜肴 —烹调→ 食品

由此可见"拣切""清洗""配菜""烹调"这四种行为也是有一定秩序的，也不可以倒过来。这也要求在进行厨房设计时，关于台板、洗槽、灶台等设备布置，应遵照炊事行为的秩序，以满足使用要求。

（2）流动模式

流动模式就是将人的流动行为的空间轨迹模式化。这种轨迹不仅表现出人的空间状态的移动，而且反映了行为过程中的时间变化。这种模式主要用于对购物行为、观展行为、疏散避难行为、通勤行为以及与其相关的人流量和经过途径等的研究。如人在商店里的购物行为，如图9-14所示。从图中不仅可以看出顾客购物行为的流动分布状况，流动轨迹长度，还可以统计出顾客在1、2、3、4各区的流量和停留时间。从而分析该商店的商品陈列是否合理，吸引顾客的因素，以便改善室内环境设计。

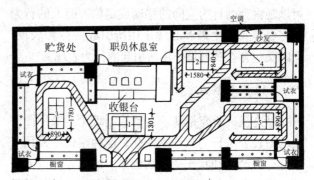

图9-14 某专卖店顾客流动分析图

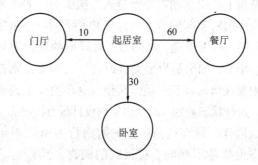

图9-15 户内空间流动行为

又如人在户内的流动行为，如图9-15所示。身处起居室的人，向哪个房间移动？对此做100次观察，结果发现，去餐厅的次数最多，占60%。它表示了人在两个空间之间的流动模式。有人称之为移动便捷度。它也反映了两个空间之间密切程度，这为我们室内设计提供了理论依据，人的流动行为告诉我们做户内设计时，应将餐厅与起居室靠近设置。

（3）分布模式

分布模式是指按时间顺序连续观察人在环境中的行为，并画出一个时间断面，将人们所在的二维空间位置坐标进行模式化。这种模式主要用来研究人在某一时空中的行为密集度，进而科学地确定空间尺度。观察的方法主要有两种：一是摄像法，即在观察点用摄像机或照相机记录人们的活动情况，并将观察点按2m画成直角坐标网，然后统计某一时刻各个方格网里的人数。二是计数法，即将观察点绘成 2m 的方格网，然后记下不同时间内在方格网中的人数。记录时分清移动和静态的人流，并根据分布特性进行数据处理。第一种方法主要用于研究室外广场上的人流分布，如校园内学生的空间定位。第二种方法主要用于研究室内公共空间里的人流分布。如商场、展览馆内顾客和观众的空间定位。

以上几种行为模式所记述的行为，都是客观的可以观察到的行为空间的移动或定位。但人的行为状态会涉及人生理和心理作用所引起的行为表现，同时又包含客观环境作用所引起的行为表现。

(4) 状态模式

状态模式研究是基于自动控制理论。采用图解法的图表表示行为状态的变化。这种模式主要用于研究行为动机和状态变化的因素。比如人们进入餐馆可能是饿了要吃东西，也可能受餐馆食品的诱导或是为了社交活动需要而进入。这些不同的生理和心理作用所引起的行为状态变化是不同的。饿了去吃东西，行为迅速，时间短，对环境的选择要求不高。相反，如果是为了美食或者社交需要，则进餐行为表现出时间长，动作缓慢，对环境要求高的特点。这种状态差别，对从事室内设计很有指导意义。

同样，顾客在商店里的购物行为所表现出来的状态也是各不相同。有目的的购物，其行为状态是寻找有关商品，购物时间长，状态变化慢。于是商店室内设计采用不同的方法来吸引顾客。除了用橱窗直接展示商品外，还在入口处标明商品的分布情况，供有目的的购物者选购。另外，条件许可时，则在店内增加休闲环境，方便其他顾客逗留，吸引潜在购物者前来购物。

9.6.3 幽闭恐惧

幽闭恐惧心理在人们的日常生活中较常见，只是轻重不同。如乘电梯、坐在飞机狭窄的机舱里，会莫名其妙地担心万一发生问题跑不出去怎么办？人们对自己的生命抱有危机感，这些并非是胡思乱想，而是有他的道理，因为这几个空间形式断绝了人们与外界的直接联系。

现代建筑空间日趋复杂庞大，这种相对隔绝与封闭的空间日益增多。如何避免人们产生危机感？有人发现窗户对人的影响并不仅仅在于采光、通风，因为这些都可以通过其他的人工方式解决，窗户最重要的功能是使在封闭空间里的人与外界发生了联系。由此可见加强与外界联系，是排除幽闭恐惧心理的最好途径。因此在这类封闭空间中采取了安装电话、设置透明玻璃窗等措施。

9.6.4 恐高心理

恐高心理又称恐高症。据国外调查资料显示，现代都市人中有 91% 的人出现过恐高症状。其中 10% 属临床性恐高。他们每时每刻都得想方设法避免恐高症"突发"，他们不敢乘透明电梯，更不敢站在阳台上，他们连 4 楼的高度也受不了，更不用说坐飞机了。恐高的基本症状就是眩晕、恶心、食欲不振。眩晕会使身体失去平衡，这时站在高处的人就变得非常危险。不少迹象显示，现代人的恐高症状与当今社会发展有关。科学家指出，现代人的生活方式和生活环境，使人们的定向障碍越来越严重，眩晕也变得更普遍。

我们的城市每分每秒都对人的视觉和空间感觉提出挑战：大型购物中心、超级市场和摩天大楼随处可见。近几年来，城市中的高楼越来越多，无论白昼都强烈反光的建筑物玻璃幕墙……现代化都市氛围越来越浓，随之而来的恐高症患者越来越多。在设计中，人的这种心理应该引起建筑设计者、家具设计者的高度重视，以便在建筑和家具设计中，添加必要的安全措施。

● 复习思考题

1. 试述影响空气环境的因素。
2. 简述光度量的常用指标及其含义。
3. 噪声对人体生理和心理有哪些不良影响？
4. 室内声环境设计中应注意哪些问题？
5. 试述人的心理空间及其影响因素。
6. 简述个人空间与个人领域的特点。
7. 试述人的行为习性及其对室内设计的影响。
8. 试以秩序模式分析人在大型超市里的购物行为。

第 10 章

居住空间设计

> **本章提要**
>
> 本章主要从公共空间、私密空间、操作空间三方面详细介绍了居住空间设计与人体工程学,分析了起居室、餐厅、卧室和厨房等各个功能空间的尺度、家具布置、人体活动空间和环境设计要素,给出了相关家具和典型活动空间的参考尺寸。对于居住空间的设计,需要考虑家庭人口的构成、民族和地区的传统、职业特点、生活方式、经济水平等许多因素。围绕这些方面,本章配合相关图表对居住空间进行了详细的分析。

10.1 概述
10.2 公共空间
10.3 私密空间
10.4 操作空间

10.1 概述

居住空间设计需在掌握人与空间相互作用的基础上进行。人在居住空间中的行为可以分为基本的生理行为和个体特殊行为。人的行为从与生理要求相对的内容到与高层次要求相对应的内容

室内设计案例展示

有多种多样的形式,首先要考虑人在空间的基本生理需求,再次要考虑居住者所具有的各种特性和生活目的,设想其生活状态,去规划与其对应的空间。在居住空间中划分的功能区域就是为满足人在此空间的生活行为。

居住空间功能设计重在空间功能与人的行为特征之间较好的匹配关系,以及各个功能空间之间科学合理的逻辑关系,强调关系学与整体把握。生活在空间里的人每天根据自己的不同需要而穿梭于各个空间,因此空间功能的划分必须强调以人为主体、强调人的参与和体验性。居住空间按功能性可划分为以下几种空间。

(1) 客厅

客厅空间从狭义上讲是指专门接待客人用的房间。广义上讲是指具有多功能的综合空间,根据不同家庭构成及使用需求,客厅空间主要包括娱乐休闲、招待、就餐、阅读、家务、休息等功能。现代客厅主要承担家庭成员间家庭聚会、休闲娱乐、对外接待等生活行为。其功能构成包括座谈、视听、休息、劳作、娱乐、展示、就餐、连接空间等,其中座谈、视听、展示为主要功能。另外,对客厅的使用者从人的年龄方面分析,主要有成年人、老年人及小孩等。不同人群,在客厅的行为习惯存在差异,如成年人和老年人多以坐姿行为进行交谈、休息或娱乐活动,而儿童在客厅多以坐姿或站立动态的行为,由此可以看出不同类型人群对客厅的功能提出相应的要求。舒适美观是基本需求,另外当家中有老人和小孩时,要特别注意安全性,包括使用材料的绿色环保、造型上尽量使用圆滑过渡等。可见,不同的使用者,行为不同,对客厅使用场景差异较为明显,客厅功能设计应尽可能地满足不用使用者的需求。

(2) 餐厅

"民以食为天"这个放之四海而皆准的人类自然法则,随生活品质的提高,人们对餐厅的需求不仅仅是解决生理上饱腹感,而是附加更多功能或寓意,如有融入中国饮食文化;营造化、多元化、科技化、艺术化的进餐环境;有助于家人或与亲朋好友的交流,增进彼此之间感情交流;体验休闲娱乐等。就餐厅区域人的活动行为而言,主要有上菜、就餐、交谈等活动行为。这就要求一方面餐厅区域空间布局流畅性和合理性;另一方面,餐桌、餐椅、餐柜、酒柜等在餐厅区域摆放的合理性,另外,餐厅区域整体环境的设计注意营造舒适、满足个性化、艺术化的就餐氛围,以此满足人对餐厅区域的生理和心理需求。

(3) 家庭活动中心

随住宅空间变大和室内布局合理化,居住空间不仅仅是原先固定功能分区,越来越多的人在设定室内空间中划分出家庭活动室,该区域设计一般基于个人爱好、生活习惯或个人需求等分别设计出不同功能活动中心,如有茶室、棋牌室、健身房、画室、小孩活动区域、影视间等,不同功能区域,人的活动行为存在差异,或趋于安静、或趋于动态行为。可见,家庭活动中心的设计,需要依据空间功能性和个人需求等作出合理空间布局和环境设计。

(4) 卧室

卧室是家庭的私密空间,是为住户提供睡眠和休息的场所。以睡觉为主的卧室私密空间,需要有安静、舒适的空间氛围。卧室主要以人的"睡"为主要生活行为,对于私密性要求较高,要避免受到其他房间与外界的视线、活动的干扰。同时,也需要考虑多功能的需求,如工作、学习、休闲等生活行为。可见,人在卧室的活动有动态和静态行为,不过多数情况是静态为主。为满足这些生活行为,需要保证卧室布局合理性和私密性;使用的方便性;室内热环境适宜性等,要充分体现以人为本的人性化设计理念,满足使用者对安全、愉悦、舒适和健康的需要。

(5) 书房

书房,顾名思义,是读书写字、陶冶情操、修身养性的地方。在家居内设立独立或兼用的书

房,是当前"文化装演"的新潮流,特别是从事文教、科技、艺术工作者必备的活动空间。书房是为个人而设的私人天地,是最能体现居住者习惯、个性、爱好、品位和专长的场所。要求创造静态空间,以幽雅、宁静为原则。同时要满足主人书写、阅读、创作、研究、书刊资料贮存以及兼有会客交流等工作行为。同时,当今社会已是信息时代,一些必要的辅助设备如计算机、传真机等也应容纳在书房中,这就要求书房家具配置、线路布局等满足人们使用要求。

(6) 卫生间

住宅的卫生间根据形式可分为半开放式、开放式和封闭式,目前比较流行的是干湿分区的半开放式。卫生间是家庭成员进行个人卫生工作的重要场所,其功能多而且使用频繁。人们不再满足于将洗脸池、坐便器、浴盆三大件摆出来就完成了卫生间的设计使命,而是要求卫生间是一个集实用化、功能细致化的场所。从更细化的角度,现代卫生间需要满足人体清洁、排泄、护理保健、家庭清洁等生活行为,而这些生活行为涉及卫生间相关家居产品、光环境、热环境等整体布局与设计,以此满足人的各种生活行为,达到人性化设计。

(7) 厨房

随着现代人对厨房休闲娱乐、社交沟通功能的迫切需求,厨房成为家庭活动中心是厨房设计发展的必然趋势。厨房在中国家庭活动中的地位越来越凸显,其展现的社交沟通以及互动的功能越来越受到中国人的重视。通过对厨房交互性设计之间的关系分析,有助于我们对社交厨房的整体设计。在现代的厨房交互系统中,我们可以将交互系统划分为物与物的交互、人与物的交互、人与人的交互三大组成部分。

①物与物的交互。随着现今科技的发展和先进技术在厨房中的普遍应用,厨房中的功能设施已不再是独立的个体,而是相互影响、相互作用的有机整体。物与物之间的交互是随着科技的发展而推动的,特别是随着"三网合一"及智能家居的普及,使得厨房中的物与物之间的交互变得越来越智能化。

②人与物的交互。作为有着繁重家务活动的厨房空间,如何将其设计得更加舒适、简单、人性化,减少人们的枯燥乏味感一直是厨房设计的重点,而其中人与物的交互也就成了厨房设计的

重中之重。因而现代厨房的人机交互由之前的理性高效开始越来越多地向感性交互转移,关注用户在使用厨房产品时产品与人的内心情感的互动。为消费者塑造一种全新的生活体验,使厨房产品的设计更人性化,满足人的情感需求。感性互动不需要理性的成熟思考,它是一种下意识的推理,是完全符合人们认知常识的判断,是一种让人感到舒适的,最有效率的交互。将烦琐的家务生活变为一种对使用者富有人情味的关怀,让其乐在厨房,真正做厨房的主人。交互过程的娱乐有趣性是为了让用户在轻松娱乐的操作中完成整个厨房空间的使用,并在此过程中从心里对趣味化设计的厨房产生喜爱,满足人们对厨房的情感需求。娱乐趣味化的厨房设计可以让用户与厨房之间的关系更融洽,使人与物的情感互动更为舒适愉快。

③人与人的交互。厨房中人与人的交互是随着人们需求层次的提高而发展的,尤其是现今人们对"第三生活"的需求越来越大,厨房作为家居生活的中心需要满足人与人之间交流互动的功能需求。通过对厨房空间以及厨房工作三角区域的合理设计,使得用户在厨房操作过程中可以与他人进行无障碍的交流互动。厨房的开放式设计使得厨房将整个家居空间联系在一起,厨房就真正成了人们放松、娱乐、交流、互动的首选之地。

(8) 家庭实用空间

家庭实用空间是为满足人做清洁、洗衣等活动而设的空间,重点确保家庭整洁,为家人健康考虑。该空间中人的行为是一个动态过程,从事各种身体活动,如站、蹲、走、拿、举等行为,身体容易疲劳。从人体舒适性角度分析,家庭实用空间,不仅需要留有足够空间保证人的各种活动行为,而且需要放置一些多功能产品来代替部分人体活动,这样可以减少人体一些活动行为,确保人的整体舒适性。

10.2 公共空间

10.2.1 起居室

10.2.1.1 起居室的功能分析

起居室内可以开展如下活动:交谈、读书、看报、看电视等。如图 10-1 至图 10-4 所示。

起居室家具布置形成与对应使用场景

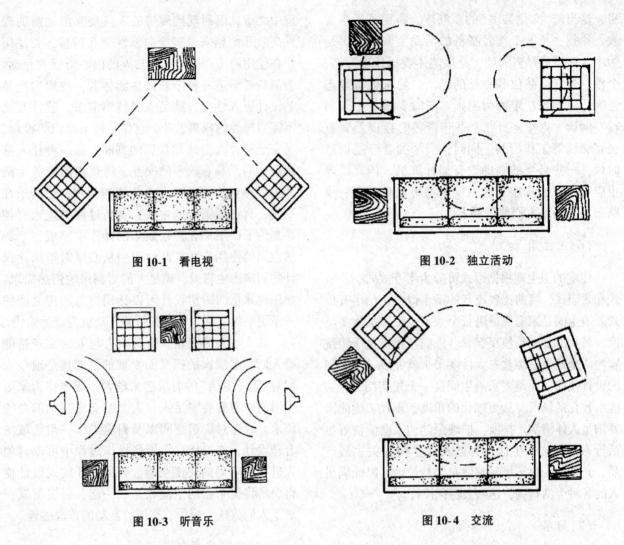

图 10-1 看电视
图 10-2 独立活动
图 10-3 听音乐
图 10-4 交流

首先，起居室空间尺度设计从功能上一定要把这些活动考虑进去，对于家庭成员，起居室是一个公共空间。在确定尺度范围时，与活动有关的空间设计和家具设计应充分考虑到人的个体因素，选择最佳的百分位，充分体现"以人为本"的设计思想；其次，由于起居室大小面积不同、使用者经济状况不同、生活方式不同以及起居室与居室内其他区域空间的关系不同，会导致起居室大小和内部家具布置发生很大变化，至于起居室豪华程度很少有限制；最后，根据人在起居室中活动的需要，可以适当考虑一些环境因素，如合理的照明设计、良好的隔声处理、适宜的温度、充分利用自然光等。在视觉设计上，保证起居室具有一个较为理想的光环境，并尽可能选择景观较好的位置，这样可以从室外"借"景。

10.2.1.2 起居室活动空间尺度

人的活动空间尺度也决定了居室家具位置的摆放。起居室中人的活动空间尺度包含两个方面：平面活动空间尺度和立面活动空间尺度，如图 10-5、图 10-6 所示。

从上面的图示可以看出，影响起居室活动空间的人体尺寸有：

①人的肩宽，它影响到居室中通道的最小宽度，决定了沙发之间的通行距离。

②上肢的活动范围，它影响到上肢周围空间的尺度大小。

③坐姿脚部活动空间，它影响到沙发与茶几、沙发与搁脚凳之间的距离。

④视距，它影响到人与人、人与物之间的舒适视距。

从平面看，家具摆放要疏密得当，给人以一定的活动余地，不能摆放得满满当当。当购置家具时，家具的数量和大小，要根据房间大小和实际需要考虑，使家具布置和人体的活动空间更协调。

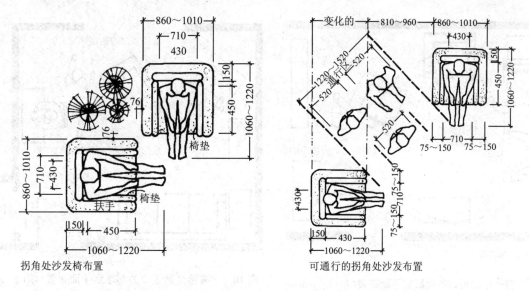

图 10-5　人体的平面活动空间尺寸（单位：mm）

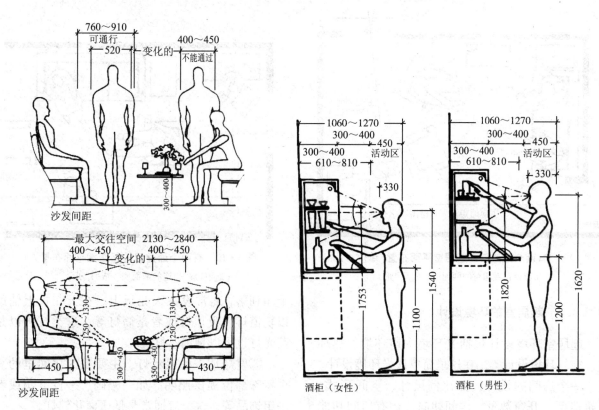

图 10-6　人体的立面活动空间尺度（单位：mm）

10.2.1.3　起居室的家具布置与流线

为了保持起居室的流线畅通，可以对家具布置提供如下几点建议：

① 为家具布置保留足够的地板与墙壁空间，与活动中心相独立的通道易于接近家具和窗户。

② 在社交活动中，人们更倾向于较小型的聚会。而适当的谈话距离也相对较小，直径约为 3m。

如图 10-7 至图 10-10 所示方式进行居室布置时，需要指出，尽量把家具布置在居室角落，以不影响正常行走、方便人顺利走向厨房、餐厅和卧室为原则。

③ 起居室的流线尽可能为直线，以便不影响家具的布置。理想的状况是，房间不为交通流线穿越。若此穿越无法避免时，应将交通走道设在起居室一端，而房间内其余部分应成为"死角"。

要遵循以上原则，把死角尽量利用起来布置一些非活动的家具，家具的布置不影响交通走道，同时留下足够的通行空间。

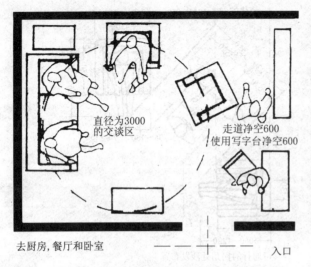

图 10-7 有一个通道口的起居室平面布置（单位：mm）

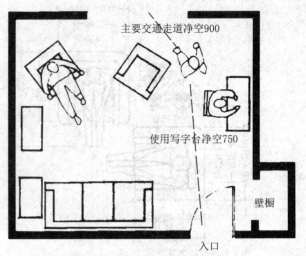

图 10-8 有两个通道口的起居室平面布置（单位：mm）
（通道口在相对的两面墙，成"一"形）

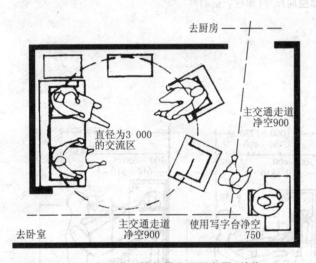

图 10-9 有两个通道口的起居室平面布置（单位：mm）
（通道口在相对的两面墙，成"L"形）

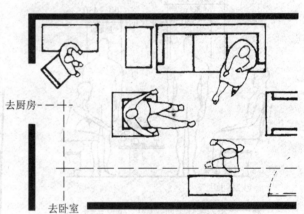

图 10-10 有两个通道口的起居室平面布置
（通道口在相连的两面墙，成"L"形）

10.2.1.4 起居室的环境设计

起居室环境设计包括光环境、声环境、热环境、空气环境设计等。在这里简单谈光环境设计。

一个房间的设计，如比例尺寸、空间形式、建筑造型、开窗数量、房间朝向，还有房间功能类型等都是在设计房间照明时要考虑的因素。绝大多数家庭的起居室是一个多功能空间，发生的活动较多，照明一般用落地灯、台灯、吊灯和射灯等来提供。

①落地灯用来强化照明。一般放在不妨碍人走动的地方，如沙发背左右或墙角，它和茶几等组成高雅、宁静的小天地，再与冷色调壁灯光配合，更能显现出优美情调，它们是为完成某项具体任务提供照明，如阅读报纸等，这类落地灯基本上是普通的钨丝灯。

②吊灯用来辅助背景照明。吊灯要求简洁、干净利落，通常设在天花板上。在天花板上辅助以轨道灯、吸顶灯或者是筒灯等，这类灯可以是荧光灯也可以是钨丝灯。

③射灯是一种展示灯，主要是为房间里的某个特殊部位提供照明。如一幅画、一件雕塑或者一组饰品等，这类灯通常是低压卤化钨灯。

总的来说起居室的灯具应该配合起来使用，吊灯和枝形灯应当使用节能灯泡。一间小面积的起居室，最起码也要有四盏台灯或落地灯。每一面墙需要大约60W的照明，这样才能为房间创造一个良好的背景光，在背景照明和重点照明之间，不会出现刺眼的对比和深重的阴影。如果一盏灯被用于照明整个角落，它至少需要有200W的功率。

起居室的色调宜中性暖色调，在涂料涂饰时应该注意选择一些暖色涂料。在灯具的选择时也要考虑起居室的颜色搭配，如图10-11、图10-12所示。

在建筑设计阶段应充分利用自然光，然后对

图 10-11 起居室案例 1

图 10-12 起居室案例 2

居室的一般照明、任务照明、重点装饰照明进行精心策划。室内设计阶段应根据功能分区对照明布线进行调整。

10.2.2 餐厅

10.2.2.1 餐厅的功能分析

现代家居中，餐厅正日益成为重要的活动场所，布置好餐厅，既能创造一个舒适的就餐环境，还会使居室增色不少。餐厅的位置有三种：对于独立式餐厅，布置餐桌和餐椅方便人的就座，餐桌与餐椅以及餐椅与墙形成的过道之间的尺度要把握好；厨房与餐厅合并的，餐区除了具有就餐功能，还要有烹饪功能，两者关系要把握好，使烹饪活动和就餐互不影响，要尽量使厨房和餐区有自然隔断或使餐桌布置远离厨具，餐桌上方应设照明灯具；餐厅和起居室合并使用时，餐区的位置以邻接厨房最为合适，它可以缩短膳食供应和就座进餐的走动线路，同时也可避免菜汤、食物弄脏地板。餐区的活动和起居室的活动应该互不影响，这些在设计时都要重点考虑。

餐厅结合起居室的家具布置形式

10.2.2.2 餐厅的活动尺度及家具布置

（1）餐厅的活动尺度

在为餐厅布置家具之前，必须了解餐厅家具即餐台、餐椅、餐桌的基本尺寸以及它们的净空尺寸。（对于厨房包含餐区的情况不作单独讨论，只对独立式餐厅进行分析，当然也可以据此把独立餐厅作为一个整体搬进厨房或起居室当中，根据起居室和厨房的家具布置对餐区家具做细微的调整。）

家具尺寸、居室中的空间尺寸及居室活动空间的尺寸彼此相互影响，在建筑设计时应该考虑居室的家具布置情况，所以这里讲家具基本尺寸和人体活动尺寸是非常有必要的，也可以为建筑设计提供依据。

单人餐厅椅的净空准则：

如图 10-13 和图 10-14 所示，两图说明了有无扶手的两种座椅的净空准则。

对于图 10-13 而言：

500mm 为椅子垂直投影的尺寸和人坐在椅子上餐桌下的最大伸腿空间尺寸。

800mm 为餐椅尺寸加（起身和离座的尺寸）通路宽度。

900mm 为餐椅尺寸加（起身和离座的尺寸）通路宽度加（椅子后面可通行的尺寸）走道宽度，在这个尺寸下，人能够在椅子后面侧身通行。

1050mm 为人在餐椅后面能正面通行的净空，在这个尺寸下，椅子后面的通道能够提供上菜服务。

比较上述两图，应当指出的是图 10-14 比图 10-13 的净空尺寸多了 50mm，这是由于净空度与椅子的深度尺寸有关系，因此，净空度应根据最后所选用椅子的尺寸加以调整。

一般来说影响净空度的因素主要有人的个体差异和家具差异两个方面。

表 10-1 至表 10-3 是各类餐桌的尺寸、它们的适合座席数以及能容纳该餐桌的最小房间尺寸。

有了餐桌和餐椅的尺寸和相应的净空准则，就可以据此对整个餐厅空间进行布置，不管餐厅的形状、大小如何，都可以据此进行灵活布置，如图 10-15、图 10-16 所示。

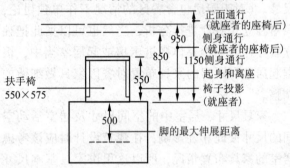

图 10-13　无扶手餐厅椅的净空准则（单位：mm）

图 10-14　有扶手餐厅椅的净空准则（单位：mm）

(2)餐厅的家具布置

布置餐厅家具时，在通道方面主要考虑三个问题：

①餐椅后面的走道空间不用于过道行走，只考虑人起身离座时的情况，参考尺寸为椅子的进深+300mm（人起身把椅子后挪的距离）以上。

②餐椅后面的走道空间用于过道行走，参考尺寸为椅子的进深+400mm 以上。

③餐椅后面的走道空间用于上菜服务，参考尺寸为椅子的进深+550mm 以上。

如图 10-17 所示，该餐厅的位置在起居室和厨房之间，考虑到厨房的位置在上，所以把配餐台位置设在靠近厨房。椅子的进深是 500mm，且椅子后面留下足够的上菜服务空间，根据前面的参考数据我们把尺寸至少定为 1050mm，考虑到图右半部分的椅子不需要有通行功能，只需要人起身离座的空间，所以把尺寸至少定为 800mm，图左半部分的椅子由于处在厨房和椅子的流线之间，具有行走通道的功能，所以尺寸定为 950mm 以上。当然正如前面所述，椅子后净空尺寸还与椅子本身的尺寸有关系，我们讨论的只是基于椅子的进深是 500mm 的情况。除此之外，建筑设计也影响了家具的布置，在这里不做讨论，我们都是以合理的居室尺寸为讨论对象的，如图 10-18 至图 10-21 所示。

表 10-1　圆桌

直径(mm)	周长(mm)	近似座席数(个)	最小房间尺寸(mm×mm)
3000	9425	12~15	6000 × 6000
2700	8450	11~14	5700 × 5700
2400	7525	10~12	5457 × 5457
2100	6600	9~11	4800 × 4800
1800	5650	8~9	4350 × 4350
1500	4725	7~8	3900 × 3900
1200	3850	5~6	3450 × 3450
1050	3300	4~5	3150 × 3150
900	2700	3~4	2750 × 2750

表 10-2　方桌

宽(mm)	长(mm)	近似座席数(个)	最小房间尺寸(mm×mm)
1500	1500	8~12	3900×3900
1350	1350	4~8	3600×3600
1200	1200	4~8	3450×3450
1050	1050	4	3150×3150
900	900	4	2700×2700

表 10-3　矩形桌

宽(mm)	长(mm)	近似座席数(个)	最小房间尺寸(mm×mm)
1800	8400	28~30	5400×12 000
1800	7800	26~28	5400×11 400
1800	7200	24~26	5400×10 800
1500	6600	22~24	4500×9600
1500	6600	20~22	4500×9000
1350	5400	18~20	3900×8100
1350	4800	16~18	3900×7500
1350	4200	14~16	3900×6900
1200	3900	12~14	3600×6300
1200	3600	12~14	3600×6000
1200	3300	10~12	3600×5700
1200	3000	10~12	3600×5100
1200	2700	8~10	3600×4800
1050	2700	8~10	5000×4800
1050	2500	8~10	3000×4500
1050	2400	8~10	3000×4500
1050	2250	6~8	3000×4200
1050	2100	6~8	3000×4200
1050	1950	6~8	3000×3900
1050	1800	6~8	3000×3900
750	1650	4~6	2700×3600
750	1500	4~6	2700×3600

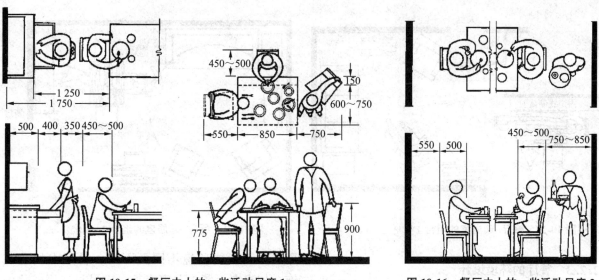

图 10-15　餐厅中人的一些活动尺度 1
（单位：mm）

图 10-16　餐厅中人的一些活动尺度 2
（单位：mm）

图 10-17　6 人餐厅（单位：mm）

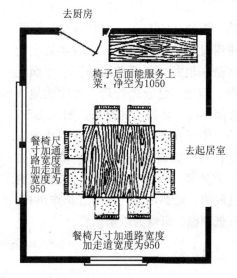

图 10-18　8 人餐厅（单位：mm）

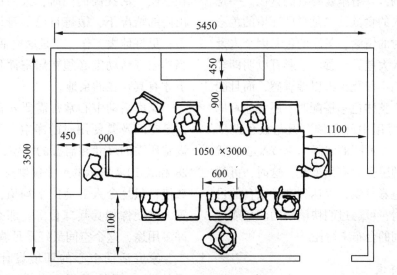

图 10-19　12 人餐厅（单位：mm）

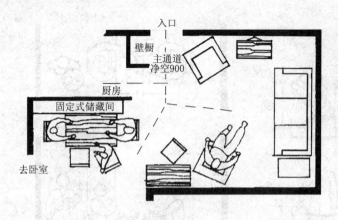
图 10-20　餐厅–起居室的组合 1（单位：mm）

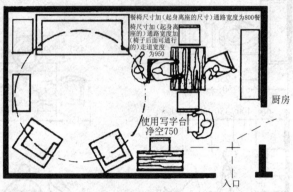
图 10-21　餐厅–起居室的组合 2（单位：mm）

10.2.2.3　餐厅的环境设计

(1) 餐厅空间布局

餐厅不是一个独立的空间，而与厨房、起居室相共用，使用设计手法使两种不同的功能空间分隔开，通常是在地面、侧面和顶棚三个界面上做材料的品种、质地、色彩的处理，餐厅的地面一般应选择表面光洁、易清洁的材料，如大理石、花岗岩、地砖。墙面在齐腰位置要考虑用些耐碰撞、耐磨损的材料，如选择一些木饰、墙砖、做局部装饰、护墙处理。顶棚宜以素雅、洁净材料做装饰，如乳胶漆、局部木饰，并用灯具作烘托，有时可适当降低顶棚，可给人以亲切感。

(2) 餐厅空间色彩

整个餐厅空间，也需强调色彩的配置，营造一种清新、优雅的氛围，以增添就餐者的食欲。一是食物的色彩能影响人的食欲，二是餐厅环境的色彩也能影响人们就餐时的情绪。餐厅的色彩因个人爱好和性格不同而有较大差异。餐厅色彩宜以明朗轻快的色调为主，它们不仅能给人以温馨感，而且能提高进餐者的兴致。整体色彩搭配时，还应注意地面色调宜深，墙面可用中间色调，天花板色调则浅，以增加稳重感。在不同的时间、季节及心理状态下，人们对色彩的感受会有所变化，这时，可利用灯光来调节室内色彩气氛，以达到利于饮食的目的。家具颜色较深时，可通过明快清新的淡色或蓝白、绿白、红白相间的台布来衬托。

(3) 餐厅空间陈设

餐厅的陈设既要美观，又要实用。各类装饰用品因其就餐环境不同而不同。餐厅中的软装饰，如桌布、餐巾及窗帘等，应尽量选用较薄的化纤类材料，因厚实的棉纺类织物，极易吸附食物气味且不易散去，不利于餐厅环境卫生；花卉能起到调节心理、美化环境的作用，但切忌花花绿绿，使人烦躁而影响食欲。例如，在暗淡灯光下晚宴，若采用红、蓝、紫等深色花瓶，会令人感到稳重。餐厅的空间也宜用垂直绿化形式，在竖向空间上，以垂吊或挂毯等形式点缀以绿色植物。灯具造型不要太烦琐，以方便实用的上下拉动式灯具为宜，有时也可运用发光孔，通过柔和光线，既限定空间，又可获得亲切的光感。其他的软装饰品，如字画、瓷盘、壁挂等，可根据餐厅的具体情况灵活安排，用以点缀环境。

10.2.3　家庭活动中心

随着现代社会的发展，居室的功能不断完善，在物质生活提高的同时，人们也想在空闲时间不出门的情况下，锻炼自己的身体，缓解生活的压力，更好地去工作。于是家庭活动中心应运而生，当然家庭活动室必须在居室面积足够大的情况之下才有其存在的余地。

家庭活动中心常常需要安置活动娱乐设施的固定空间及其使用时的净空。下面提供一些活动设施所需的尺寸和需要的净空，图 10-22 至图 10-28 和表 10-4 所示的尺寸仅供参考，并非绝对的数值，只是令人舒适的平均值，如果室内打算放置大的硬件如乒乓球台等，那么为了满足其他的许多用途，这个空间最好是足够大的。

家庭活动中心的环境设计方面最重要的是要注意房间的通风和为安全方面所做的设计考虑。

第 10 章 居住空间设计 193

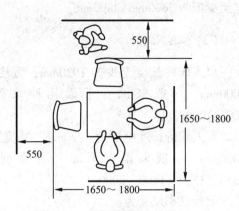

图 10-22 打桥牌净空(单位：mm)

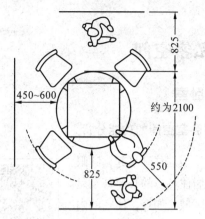

图 10-23 打扑克净空(单位：mm)

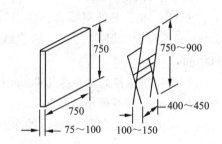

图 10-24 折叠式桥牌桌椅(单位：mm)

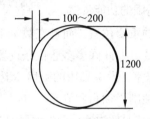

图 10-25 折叠式扑克椅(单位：mm)

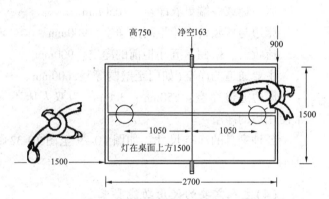

图 10-26 打乒乓球(单位：mm)
(标准乒乓桌尺寸：900×1800mm，1050×2100mm，1200×2400mm，1400×2500mm，1500×2750mm，1650×3050mm，2000×3800mm)

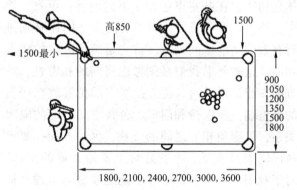

图 10-27 打台球(单位：mm)

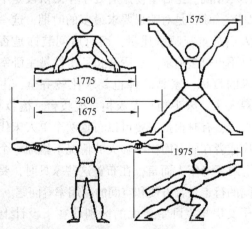

图 10-28 体操运动的净空(单位：mm)

表 10-4 台球桌尺寸　　　mm

台球桌尺寸(mm)	使用场合
900×1800	家庭
1050×2100	家庭
1200×2400	家庭
	南美墨西哥和西班牙商业标准
1350×2700	普通美国商业标准
1500×3000	美国专业标准
1800×3600	加拿大和英国商业标准

10.3 私密空间

10.3.1 卧室

10.3.1.1 卧室空间的功能分析

从人类形成居住环境起,睡眠区域始终是居住环境的必要甚至是主要的功能区域,如今,住宅的内涵和功能在不断地扩大和更新,增加了娱乐、休闲、健身、工作等性质活动的比重,但睡眠的功能依然

卧室家具
布置方案

占据着居室空间中的重要位置,而且在数量上也占有相当的比重。在城市中许许多多居住条件紧张的家庭,可以没有起居室,没有私用的厨房、卫生间,但睡眠空间的完整性则必须得到满足,可以看出一个住宅最基本的功能应是解决使用者的睡眠问题。

时代发展到今天,卧室的功能不仅仅局限于休息功能,在卧室里还发生下列活动:更衣、看书、聊天、看电视等,所以对卧室空间还必须进行有效的功能区间划分。首先是满足卧室的睡眠功能,这就要求我们必须考虑房间的私密性,一方面在建筑设计时,优先把卧室的位置放在居室的最里端,要保持和门口、公共空间一定的隔离关系,以避免相互之间的干扰;另一方面,要求在房间家具布置、声音处理上要做大量的工作。对于看书、工作、娱乐等功能也要整体考虑,局部刻画、卧室灯光布置特别重要,这一点在后面的内容中将会讨论到。

10.3.1.2 卧室的家具布置

为了满足卧室的一些使用功能,就需要布置一些相应的卧室家具:如床、床头柜、梳妆台、梳妆椅、座椅、电视柜、大衣柜、壁橱等。卧室家具的布置受到四个方面因素的影响:

(1)卧室尺度

卧室的主要功能是保证人们休息,首先是卧室面积应能满足基本布局的需求,如单人床或双人床的摆放以及适当的配套家具,如衣柜、梳妆台等。在理想状态下,不包括壁橱,最小的卧室面积应为3000mm×3600mm;如果考虑到卧室的其他辅助功能,如看书、娱乐等,这些稍大些的卧室至少应为3600mm×4800mm。

(2)家具尺寸

单人床的长度至少为1920mm,宽度在800~1000mm,一般来说有下面几种系列:800、900、1000。

双人床的长度至少为1920mm,宽度在1200~2000mm,一般来说有下面几种系列:1200、1350、1500、1800、2000。

壁橱最小尺寸为:

深度:净深600mm。

长度:对于主卧室而言,净直线长度1500~2500mm;对于次卧室而言,净直线长度至少为900mm。

高度:净悬挂高度至少1600mm;最低搁板与房间地板的距离不得小于1850mm;一套搁板和挂杆与下面的搁板最少有300mm的净距离。

(3)家具的净空尺寸

床一边或一端更衣净空:1050mm。

床边与梳妆台或箱柜间的净空:900mm。

梳妆台、壁橱、五斗柜前的净空:900mm。

主要通道的净空(如门至壁橱等):600mm。

床边通道净空:550mm;300mm为双人床不常使用边的净空。

各种家具的净空尺寸:如图10-29至图10-32所示。

(4)主人需要的使用功能要求

卧室使用者的年龄不同,他们所要求的使用功能也不尽相同。主卧室使用者处于年龄阶段是中老年,"中老年期"是对睡眠要求最多的时期,这一阶段的人们最重视睡眠质量,而对房间装饰是否时尚,已不再过多追求。舒适度和私密性是主卧室主要追求的目标,家具品种也要求比较齐全,主有:双人床、床头柜、大衣柜、梳妆台、梳妆凳、小书桌等,有时根据需要可以布置两个单人床代替双人床或者在居室面积不够大的情况下增加一个儿童床。对于老年人而言,在布置这些家具时,要考虑房间的行走是否方便和空间的利用率等问题。

子女房与主卧室最大的区别就在于设计上要保持相当程度的灵活性。子女房只要在区域上为他们做一个大体的界定,分出大致的休息区、阅读区及衣物储藏区就足够了。布置的家具要求色

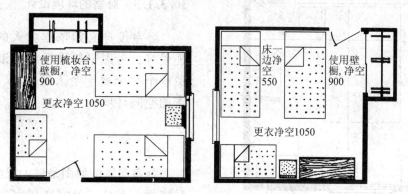

图 10-29　各种家具的净空尺寸（单位：mm）

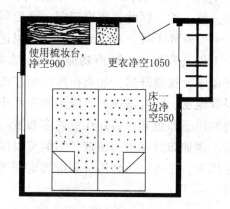

图 10-30　有关床的空间 1（单位：mm）

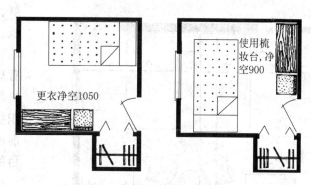

图 10-31　有关床的空间 2（单位：mm）

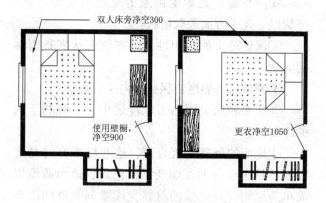

图 10-32　有关床的空间 3（单位：mm）

彩鲜艳，材料上打破沉闷，可以用一些塑料家具代替传统家具，也可以选用一些实木家具或者板式家具，选购家具时要注意避免棱角。子女房使用的家具品种主要有：床、床头柜、衣柜、书桌、书柜、书桌椅等。

对于主卧室而言，要包括几乎所有的功能：至少应容纳一张 1350mm×1950mm 的双人床或两张各为 975mm×1950mm 的单人床，一张根据需要而设的 700mm×450mm 的儿童床（睡眠休息功能），一张 1050mm×1550mm 梳妆台，两张各为 450mm×450mm 的椅子（更衣化妆功能），两个床头柜（储藏功能），或再加上一张 450mm×900mm 的小书柜或桌子（看书、写字、读报功能）。

图 10-33 至图 10-35 列举了卧室的三种布置组合方式及所需家具的净空和房间大小。

对于次卧室而言，只要满足最基本的睡眠功能就可以了，在卧室面积允许的情况下，可以根据其他功能要求适当再布置一些其他家具。

（5）门和窗的位置

①床头不宜直对房门，睡觉时最讲求安全、安静和稳定，房门是进出房间必经之所，因此房门不可正对床头。否则睡床上的人容易缺乏安全感，并且有损健康。

②床头不可紧靠窗户，窗户为空气进出之所，床头贴近窗户睡眠时容易受风寒侵扰而致病，另外，容易缺乏安全感，造成精神紧张，影响健康。

③床头不可在横梁下，天花板宜平坦，最好

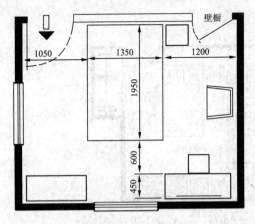

图 10-33　双人床加一个壁橱（单位：mm）
（房间面积：3080mm×3600mm）

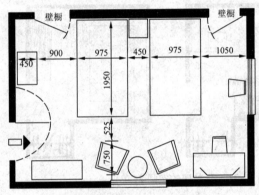

图 10-34　分离式对床（单位：mm）
（房间面积：3300mm×4800mm）

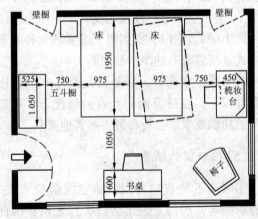

图 10-35　对床加两个壁橱（单位：mm）
（房间面积：3700mm×4660mm）

不要有横梁。横梁在心理上容易产生重体的感觉，尤其人睡在横梁之下会感受到很大的压力，造成精神上的压迫，影响睡眠。床头最好靠墙、避免露空而减少安全感。

10.3.1.3　卧室的环境设计

卧室设计必须依据主人的年龄、性格、志趣爱好，考虑宁静稳重或是浪漫舒适，努力创造一个完全属于个人的温馨、宁静、舒适、私密的空间环境。

（1）安全与私密性

卧室布置的原则是最大限度地提高舒适性和私密性。首先，卧室在居室的位置应该比较僻静，远离公共性的空间如起居室等，最好设在整个居室的一端；其次，卧室的突出特点是清爽、隔音、软、柔，因此，要求门窗、墙壁隔音效果好，不受外界干扰，对于地面材料可以选用木地板，不仅具有保温、隔声功能，而且富有弹性、软硬适中，视觉舒适，如果在木地面基础上再配置局部地毯，则可增加地面的柔和度并丰富地面材料的质感和色彩；另外在室内多布置一些软的织物，例如布置厚密的窗帘，不但可以隔音而且能够挡光，还可以达到消音和增加房间饱和度的目的。

（2）舒适度

安静与温度是影响卧室舒适度的主要因素，可从以下几个方面采取措施：

①保证卧室的封闭性，以方便人从事私密性的活动。

②调节室内温度，保持室内空气流通。

③床垫和床上用品柔软度适中，要有利于人的睡眠休息。

④地面的处理是否合理，这些标准有时是要根据年龄来区分的，如老年人色弱，地面造型以简单为原则，反光强的材料，或雕刻太过的图形处理都是不必要的。

⑤家具布置是否有利于人的行走。

⑥电器开关设置是否合理，是否方便人夜晚下床时随手触及。

（3）照明

卧室中的各种活动：如读书，写作，看电视，着装，都需要特殊的照明。如果两个人共同居住一间卧室，就要求照明有同时满足两种活动需求的功能。假如一个人睡觉的时候另一个人要阅读，他就要尽量不影响那个睡眠者，这种情况下所用的灯具就应该有特殊的调节器来满足这种要求。在生活中将顶灯安在房顶中间的做法是不合适的，因为人的室内活动往往在房间周边而不是在中间区域。床一般靠墙安置而不是安在卧室的中间，读书空间通常是在和床头结合在一起的灯光下，或在由休闲椅和落地灯围合出来的小空间里。梳妆台和大衣柜也是靠墙放置的。可以看出，照明与房间的家具布局和使用者的要求是紧密联系的。这一点不单单是在卧室的照明设计中体现出来，如果卧室用的是半透明窗帘，吸顶灯的均匀照明也降低了空间的私密性。

基于卧室的特殊性和作为休息睡眠空间的功能特点，在给卧室配备灯具时，尽量选用带有调光器的灯具，以便根据需要随时调整光的强弱。作为阅读照明，除了常见的床头灯外，还可以选择壁灯、带有夹子的聚光灯或射灯，另外，不要忘记安装两个控制整个房间照明的开关：一个靠近门口，一个靠近床头，因为快要睡着的时候再起来关灯实在是非常不方便。

（4）卧室的色调

卧室的色调应以宁静、和谐为主，同时伴以素装淡抹，这对发挥卧室功能会带来理想的效果。面积较大的卧室，选择墙面装饰材料的范围比较广，任何色彩、图案、冷暖色调的涂料、墙纸、壁布均可使用；而面积较小的卧室，选择的范围相对小一些，小花、偏暖色调、浅淡的图案较为适宜，如图10-36和图10-37。

在选择卧室墙面装饰材料时，应充分考虑房间大小、光线、家具式样与色调等因素，使所选的装饰材料在花色、图案上与室内的环境和格调相协调。一般来说，老年人的卧室宜选用偏蓝、偏绿的冷色系，图案花纹也应细巧雅致；儿童房间的颜色宜新奇、鲜艳一些，花纹图案也应活泼生动一点，如图10-38所示；年轻人的卧室则应选择新颖别致富有欢快、轻松感的图案，如房间偏暗、光线不足，最好选用浅暖色调。总的来说，卧室墙壁装饰材料的色彩宜淡雅一些，太浓的色彩一般难以取得较满意的装饰效果，选用时应予以注意。在选择卧室墙面装饰材料及修饰时，要充分考虑到它们的搭配效果，只有使它们之间协调一致，才能创造卧室的整体美，使你拥有一个温馨、舒适的休息环境。

图10-36　卧室案例1

图10-37　卧室案例2

图10-38　儿童卧室

10.3.2　书房

书房是人们结束一天工作之后再次回到办公环境的一个场所。它既是办公室的延伸，又是家居生活的一部分，书房的双重性使其在家庭环境中处于一种独特的地位。由于书房的特殊功能，它需要一种较为严肃的气氛。

书房设计
案例展示

图 10-39　书房案例 1

图 10-40　书房案例 2

但书房同时又是家庭环境的一部分，它要与其他居室融为一体，透露出浓浓的生活书香气息。所以书房作为家庭办公室，就要求在凸显个性的同时融入办公环境的特性，让人在轻松自如的气氛中更加投入地工作，更自由地休息，如图 10-39、图 10-40 所示。

10.3.2.1　书房的功能分析、书房大小及其在居室中的位置

随着时代发展，现代人早已放弃了在书房中正襟危坐的读书方式。读书如今已成为一种休闲方式。书房担负着读书和休闲的双重功能，所以在设计书房时，除了合理划分出书写、计算机操作、藏书等功能区域外，还必须设有小憩区域。总的来说，书房是为个人而设的私人空间，是最能表现居住者习性、爱好、品位和专长的场所。

书房的规模与投资，一般根据房间大小和主人职业、身份、藏书多少来考虑，如果房间面积有限，可以向空间上空延伸。一般情况下，书房追求的是实用、简洁，不一定要投资昂贵，装饰豪华。

书房在居室中是一个要求安静的场所，所以书房位置尽可能不要离起居室、厨房太近，如果实在没有其他办法，可以通过装饰等方法降低外界的干扰度，如用较厚的窗帘阻隔窗外的噪声等。书房和卧室一样，尽量占有居室中好的位置（好的朝向等），以利于通风、采光。

10.3.2.2　书房的家具布置

书房家具以书桌、椅子、书橱为主，这是为了满足读书、藏书的基本功能需要。书桌、书橱的摆放有三种形式："一"字型、L型和U型。柜架类家具的配置，也尽可能围绕着一个固定的工作点，以便与桌子构成整体，减少无功效动作。在特定环境里，还常根据不同的工作内容，采用高低相接、前后交错、主次有别的布置形式，使家具布置既合理又富于变化，以达到提高效率的目的。

（1）"一"字型布置

"一"字型布置，是将写字桌、书柜与墙面平行布置，这种方法使书房显得十分简洁素雅，造成一种宁静的学习气氛，如图 10-41 所示。

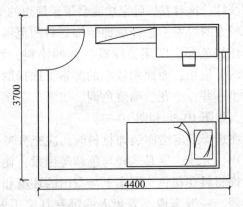

图 10-41　"一"字型布置（单位：mm）

（2）L型布置

L型布置是指靠墙角布置，将书柜与写字桌布置成直角，这种方法占地面积小，如图 10-42 所示。

（3）U型布置

U型布置是将书桌布置在居室中间，以人为中心，两侧布置书柜、书架和小柜，这种布置使用较方便，但占地面积大，只适合于面积较大的书房，如图 10-43 所示。

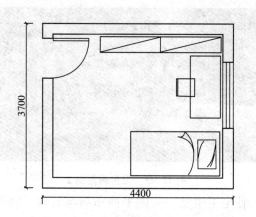

图 10-42　L 型布置(单位：mm)

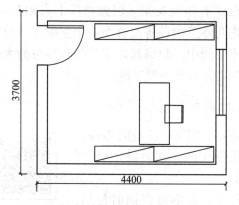

图 10-43　U 型布置(单位：mm)

在书房摆放书桌时，人们通常会紧靠窗户，认为这样可以采光充足。对此，一些设计师提出新的想法。他们认为，特别是朝南的房间，如果让书桌正对窗户，虽然能保证光线充足，但正对太阳，光线太强，如果拉上窗帘，又会影响采光。所以不妨将书桌向后移，不必正对，可以侧放，与窗户保持一定距离，这样既能得到充裕的光线，又不会刺激眼睛，当工作疲倦时，还可以打开窗户呼吸新鲜空气，并在窗前活动一下身体。

10.3.2.3　书房的环境设计

(1) 色彩

书房环境的颜色和家具颜色，使用冷色调者居多，这有助于人的心境平稳、气血通畅。由于书房是长时间使用的场所，应避免强烈刺激，宜多用明亮的无彩色或灰棕色等中性颜色。为了得到一个统一的情调。家具和摆设的本色，可以与四壁的颜色使用同一个基调，在其中点缀一些和谐的色彩。如书柜里的小工艺品，墙上的装饰画(在购买装饰画时，要注意其在色彩上是为点缀用，在形式上要与整体布局协调)。这样就可打破略显单调的环境。一般而言，地面颜色较深，所以地毯也应选择一些亮度较低、彩度较高的色彩。天花板的处理应考虑室内的照明效果，一般常用白色，以便通过反光使四壁明亮。门窗的色彩要在室内调和色彩的基础上稍加突出，作为室内的"重音点"。

(2) 照明

任何空间照明应该尽最大可能利用自然光，书房应该占据朝向好的房间，相比于卧室，它的自然采光更重要。在考虑自然光的方向时，一定要考虑书桌的摆放位置，主要是考虑光线的角度问题，避免人们在看书或用计算机时产生眩光。

书房照明要把握明亮、均匀、自然、柔和的原则，不要加任何色彩，这样读书不易疲劳。重点部位要有局部照明，书房的环境照明可选用乳白色罩的白炽吊灯，安装在书房工作区的中央。然后再考虑其他功能活动区域。书桌上可以设置一盏悬臂可调式的聚光灯作为局部照明，以供阅读和写作之用。

书房中的照明高度和灯光亮度也非常重要，一般台灯宜用白炽灯，功率最好在 60 W 左右。太暗有损眼睛健康，太亮刺眼同样对眼睛不利。另外，写字台、桌子台面大小高度也非常重要。台面大小可根据手的活动范围以及配置的灯具和书籍决定。因此，在选购书房灯具时，不但要考虑装饰效果，还要考虑灯光的功能性与合理性。为了营造温馨、安静、舒适的读书环境，在书房布置上，一定要考虑灯具的功能性，只有认真考虑光的局部照明功能，才能使书房的特性显现出来。任何别出心裁的光照明，以及多余、累赘的辅助光照明，其效果都会适得其反。

(3) 书房陈设

书房布置得舒适合宜，有利于人聚精会神地读书。将鲜花、竹筒或其他花器挂在书房墙壁上，可形成幽雅的读书环境；书柜上摆一两盆小盆景，能增加书房的宁静感。盆景宜选用松柏、铁树等一类矮小、短枝、常绿、不易凋谢及容易栽种的植物。此外，书桌上可放置小型观叶植物，或放置小花瓶，插上几朵时花，随季节而更换，如玫瑰、剑兰、菊花等。花色以白色，黄色为宜。红色太浓，会扰乱读书者的情绪。其实，书房中的书籍本身就是最具代表性的陈设，它最能表现主人的习性、爱好、品味和专长，是真正的、个性化的陈列品。在书房中适当运用一些书画艺术品和盆栽绿化，可以点缀环境，调节人的心情，将室内环境与室外环境融为一体，使人感到生机盎然，从而激发人们奋发向上的学习热情。

10.3.3 卫生间

10.3.3.1 卫生间的功能分析

随着人们生活水平和生活质量的不断提高，家庭装饰设计也将提高到一个新的层次。卫生间作为家庭的洗理中心，是每个人生活中不可缺少的一部分。它是一个极具实用功能的地方，也是家庭设计中的重点。

一个完整的卫生间，应具备入厕、洗漱、沐浴、更衣、洗衣、干衣、化妆，以及洗理用品的储藏等功能。具体需要的功能，可根据实际使用面积与主人的生活习惯而定。但一个卫生间至少必须安装一个盥洗盆、一个冲洗式坐便器和一个浴缸。除非采用拉门，否则卫生设备的布置应能保证门的摆幅不低于90°。

10.3.3.2 卫生间的空间布置

卫生间为了满足上述功能所需要设置的洁具有：浴缸、淋浴喷头、洗脸盆、小便池、抽水马桶等；配套设施如镜子、毛巾架、浴巾环、皂碟、浴缸扶手、化妆橱和抽屉等，如图10-44、图10-45所示。

除此之外，一个舒适的卫生间还应该包括：
①浴缸附近安全抓杆和皂碟。
②坐便器附近的手纸盒。
③盥洗盆附近的皂碟。
④毛巾杆。
⑤镜子和药箱或类似的封闭搁板空间。
⑥在安装淋浴器的情况下，设置淋浴杆或者淋浴门。

图10-45 卫生间案例2

住宅卫生间空间的平面布局与气候、经济条件、文化、生活习惯、家庭人员构成、设备大小、设施形式有很大关系。因此布局上有多种形式，例如把几件卫生设备组合在一个空间中或分置在几个小空间中。归结起来卫生间布局可分为兼用型、独立型和折中型三种形式。

（1）独立型

浴室、厕所、洗脸间等各自独立的卫生间，称为独立型（图10-46）。

优点：各室可以同时使用，特别是在如厕高峰期可以减少互相干扰，各室功能明确，使用起来方便、舒适。

独立性卫生间设计案例展示

缺点：空间面积占用多，建造成本高。

（2）兼用型

把浴盆、洗脸池、坐便器等洁具集中在一个空间中，称为兼用型（图10-47）。单独设立洗衣间，可使家务工作简便、高效。

兼用型卫生间设计案例展示

优点：节省空间、经济、管线布置简单等。

图10-44 卫生间案例1

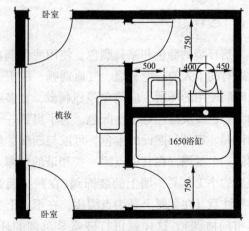

图10-46 独立型卫生间（单位：mm）

缺点：一个人占用卫生间时，影响其他人的使用；此外，面积较小时，储藏等空间很难设置，不适合人口多的家庭。兼用型中一般不适合放洗衣机，因为入浴等湿气会影响洗衣机的寿命。

(3) 折中型

卫生间中的基本设备，独立部分放到一处的情况称为折中型。

优点：相对节省一些空间，组合比较自由。

缺点：部分卫生设施设置于一室时，仍有互相干扰的现象。有开放式布置和间隔式布置两种。所谓开放式布置就是将浴室、坐便器、洗脸盆等卫生设备都安排在同一个空间里，是一种普遍采用的方式，与兼用型有相似之处；而间隔式布置一般是将浴室、坐便器纳入一个空间而让洗漱独立出来，这不失为一种不错的选择，条件允许的情况下可以采用这种方式。

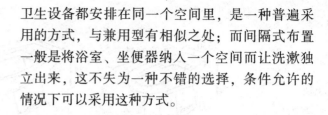

折中型卫生间设计案例展示

10.3.3.3 卫生间的活动空间尺寸和洁具尺寸

卫生间的家具布置和洁具尺寸以及洁具的净空与人在卫生间的活动尺寸有关。

图 10-48 至图 10-51 是一些洁具的尺寸参考图。

图 10-52 为与人体在卫生间活动有关的尺寸。图中字母代表的尺寸见表 10-5。

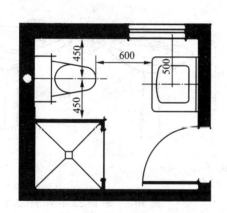 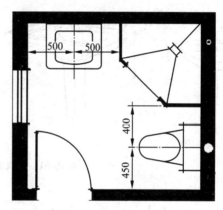

图 10-47　兼用型卫生间（单位：mm）

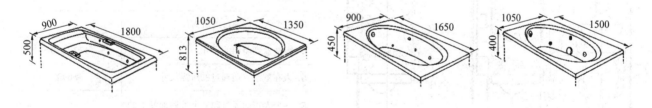

图 10-48　浴缸（单位：mm）

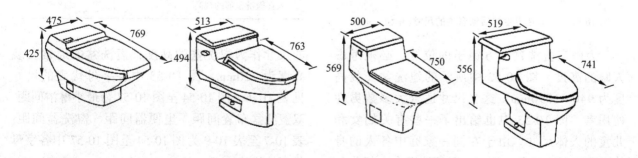

图 10-49　冲水式坐便器（单位：mm）

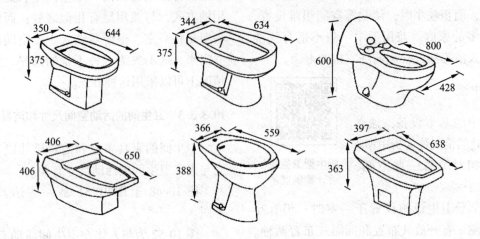

图 10-50 坐浴盆(单位：mm)

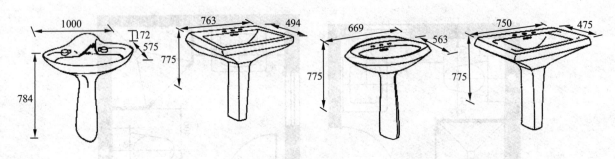

图 10-51 盥洗盆(单位：mm)

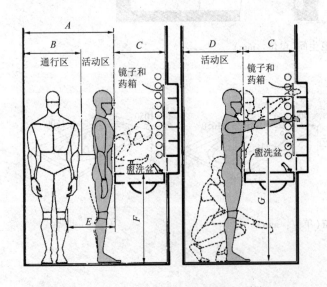

图 10-52 人体在卫生间活动有关的尺寸(单位：mm)

表 10-5 图 10-52 中字母代表的尺寸　　mm

字　　母	尺　寸
A. 一个人正面通过 + 一个人侧面的所需尺寸	1220
B. 一个人正面通过的所需尺寸	760
C. 盥洗盆到墙面的尺寸	480~610
D. 人在盥洗盆前通过的所需尺寸	≥690
E. 一个人正面通过和一个人侧面站立的腿之间的尺寸	460
F. 盥洗盆面的高度	940~1090
G. 人在盥洗盆前的视高	≤1830

为确定盥洗盆上方镜子的位置，必须考虑人眼的高度。图 10-52 中所示的盥洗盆安装高度为 940~1090mm，这个尺寸适合大多数男性使用者。图 10-53 中也给出了一些有关妇女和儿童的人体尺寸。由于在同一家庭中各人的身体高度有很大变化，所以，只能取适合大部分人的尺寸作为盥洗盆的高度，盥洗盆的通常安装高度为 720mm，图 10-53 中各字母代表的尺寸见表 10-6。图 10-54 至图 10-57 为最小淋浴间距、双盥洗盆布置间距、坐便器间距、盥洗盆间距；表 10-7 至表 10-9 为图 10-54 至图 10-57 中各字母代表的尺寸。

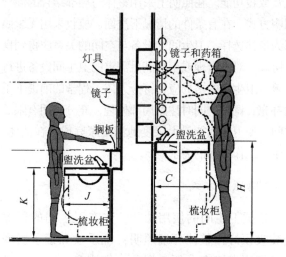

图 10-53 盥洗盆安装高度

表 10-6　图 10-53 中各字母代表的尺寸　　mm

字　母	尺　寸
C. 成年人的盥洗盆到墙面的尺寸	480~610
H. 成年人的盥洗盆面的高度	810~910
I. 人在盥洗盆前的视高	1750 最大
J. 儿童的盥洗盆到墙面的尺寸	410~460
K. 儿童的盥洗盆面的高度	660~810

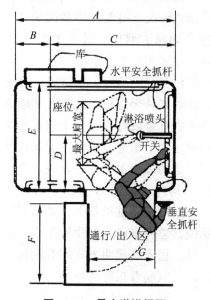

图 10-54 最小淋浴间距

表 10-7　图 10-54 中各字母代表尺寸　　mm

字　母	尺　寸
A	1370
B	300
C	≥1070
D	460
E	≥910
F	760

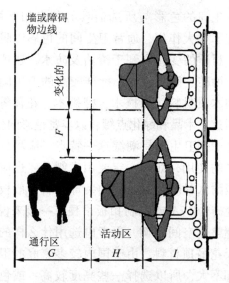

图 10-55 双盥洗盆布置间距

表 10-8　图 10-55 各字母代表尺寸　　mm

字　母	尺　寸
F	360~410
G	760
H	460
I	530~660

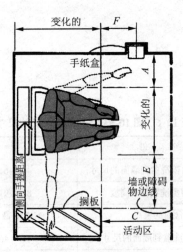

图 10-56　坐便器间距

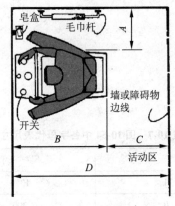

图 10-57　盥洗盆

表 10-9　图 10-56 和图 10-57 中各字母代表的尺寸

mm

字　母	尺　寸
A	≥310
B	≥710
C	≥610
D	≥1320
E	310~460
F	310
G	1020
H	460
I	760

10.3.3.4　卫生间环境设计

卫生间是家居的附设单元，面积往往较小，其采光、通风质量也常常被牺牲，以换取总体布局的平衡。

从环境角度考虑，浴室应具备良好的通风、采光及取暖功能。在照明上采用整体与局部结合的混合照明方式。在有条件的情况下洗面、梳妆采用无影照明为最佳选择。卫生间的设备与空间的关系应得到良好协调，对不合理或不能满足需求的卫生间设备进行改善。卫生间的格局应在符合人体工程学的前提下予以补充、调整，同时注意局部处理，充分利用有限的空间，使卫生间能最大限度地满足家庭成员在洁体、卫生、工作方面的需求。

(1) 照明方式

依据卫生间的使用功能，先在卫生间的顶部安装吸顶灯作整体环境照明；洗手盆和镜子周围的灯要明亮清爽，便于剃须、洗刷和化妆，它必须能照亮脸的前面和侧面，而不能照到镜子上。磨砂或格栅式细荧光灯管、磨砂白炽灯，可以有效达到这一要求。然而，过亮的灯或许会太刺眼。一盏安在镜柜正上方的灯，有时会将阴影投射到下面的台面上。这时，把灯隐藏在突出的镜子后面，让灯光从天花板、化妆台和墙面上反射过来，或者将灯管或灯泡一个个连接起来，安装在镜子两侧。为了制造卫生间的温馨气氛，还可以在浴缸旁边的墙壁上装上一盏嵌入式的下射暖色霓虹灯，其灯光的明暗可以使用调节开关控制，调亮可以躺在浴缸里看书，调暗则可以增加室内的氛围。总的来说，卫生间虽小，但光源设置却很丰富，色光及照明方式综合利用，可以对形成不同的气氛起着很好的作用。

(2) 卫生间的色彩

卫生间的色彩与所选洁具的色彩相互协调，材质起了很大作用，通常卫生间的色彩以暖色调为主，材质的变化要利于清洁及防水，建议选用石材、面砖、防火板等。标准较高的卫生间也可以使用木质材料，如枫木、樱桃木、花樟等。还可以通过艺术品和绿化点缀，以丰富色彩的变化。

考虑到卫生间易潮湿这一特点，应尽量减少木制品的使用，如果一定要用木制品，也应采用防火板耐水材料。卫生间的装饰材料一般较多采用墙地砖、PVA 或铝制扣板吊顶。一般来说，应先把握整体空间色调，再考虑选用什么样的墙地砖及天花吊顶材料。由于国内较多家庭的卫生间面积都不大，所以选择一些亮度较高，或色彩亮丽的墙砖会使得空间感觉大一些。地砖应具有耐脏及防滑的特性，天花板无论是用 PVC 或铝扣板，都应选择简洁大方色调轻盈的材质，这样才不至于产生"头重脚轻"的感觉。3者之间应协调一致，与洁具也应相和谐。

卫生间也许是最小的空间，但它的功能也是最多的。在装饰设计上必须做到全面考虑、合理安排，既要符合美观与实用相结合的原则，又要充分表达出个人情趣和个性特点。必要时寻求设计师的帮助，将会得到一个较好的效果，让你能在清洁身体的同时得以全身心的放松。

（3）安全性

安全是浴室环境设计时的一大主题，许多设施在设计时都要考虑水的因素。一般来说，应避免使用独立式射灯、吊灯以及可调节灯具；普通插座、开关和电线也不适宜安装在卫生间；夜里灯光的亮度应能方便进出；地砖应具有耐脏及防滑特性。

10.4 操作空间

10.4.1 厨房

10.4.1.1 厨房的功能分析

厨房的功能应该遵循"三角"原则，一般人的习惯是按取材、洗净、备膳、调理、烹煮、盛装、上桌的顺序。主要工作大致应集中在水槽、炉灶、储藏3个基本点上，合理的空间布置应顺着食品的储存、准备和清洗、烹调这一操作过程安排，沿这3项主要设备即冰箱、洗涤池、炉灶组成一个三角，工作主要遵循顺手、省力、省时的原则。

10.4.1.2 厨房空间的活动尺寸

厨房案台的高度、厨柜或者设备间适宜的通行距离、头顶或者案台下储藏柜的高低、以及合适的视界都是在厨房设计中要考虑的主要问题。所有这些必须涉及人体尺度才能保证使用者和厨房内各设备间有合适的关系。在确定案台之间的净空时，应考虑高个子的最大人体高度和厚度以及设备的突出部分；电冰箱门、橱柜抽屉、洗碟机门和柜门等开启时或多或少都要占有一定的通行空间。

厨房活动尺寸规划

成批生产的标准厨房案台高度为860mm，但这个高度不适合所有使用者以及满足所有的操作要求。例如，有些厨房操作虽然要站着进行，但案台高度要求小于860 mm。通常，吊柜上面的搁板对矮个子人来说可能够不到，而低处的搁板又使大多数人弯腰或者蹲下才能拿到东西。解决方法是厨房柜橱系列化，使之具有可调性，以满足不同使用者的要求。这种系列化不仅能适应高个子或矮个子，而且也能适用于老年人和残疾人。

图10-58 表示在确定柜橱基本高度时与其相关的一些常用人体尺寸。

图10-59至图10-66为一些厨房装置的尺寸。

（1）冰箱尺寸

冰箱门开启及其净空尺寸是很重要的尺寸。当冰箱门开启90°时能为人们提供足够的空间察看冰箱内的物品；当开启180°时，可以清理冰箱和移动储存斗，这对双门冰箱尤为理想。此外，冰箱侧面和顶面与任何家具间都应有适当的净空。

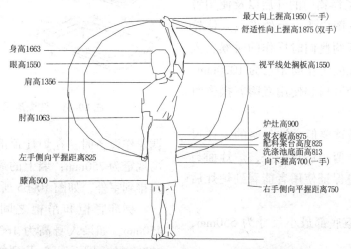

图10-58 在确定柜橱基本高度时与其相关的一些常用人体尺寸（单位：mm）

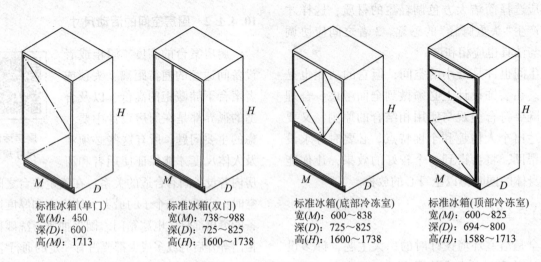

图 10-59　冰箱尺寸（单位：mm）

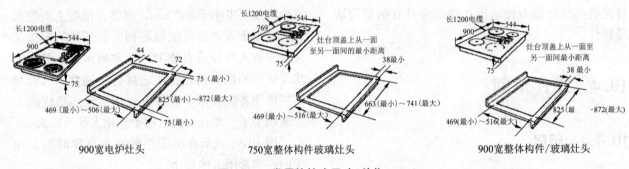

图 10-60　常用的灶头尺寸（单位：mm）

(2) 活动空间尺寸

如图 10-62、图 10-63 和表 10-10、表 10-11 所示为厨房空间的一些尺寸。图 10-62 给出了设备之间的最小距离为1220mm。与之相关的人体尺寸如图 10-63 所示。壁式烤箱的工作间距为 1020mm，它同时考虑了烤箱门的开启以及使用者人体的最大厚度。但从图中所表示的虚线人体轮廓可以看出，当炉灶区两侧同时操作的时候，人将不能自如通行。炉灶的工作间距定为 1020mm，它同时考虑了炉灶门的开启和使用者蹲着操作时的人体尺寸。

在厨房设计中，最重要但常被忽略的人体尺寸是人的眼高。对此，值得注意的是，炉灶面与排气罩底面间的距离应保证使用者能看到炉灶后部的火眼。

洗涤池上方至吊柜底部最小尺寸为 550mm，如图 10-64 所示。

当使用大锅、烤饼自动翻转器以及类似的烹

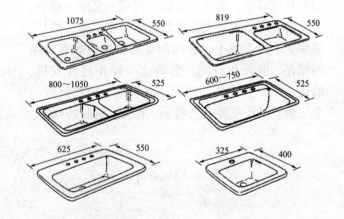

图 10-61　洗涤池尺寸（单位：mm）

调操作设备时，在炉灶顶部和吊柜底部之间的距离规定为 750mm；墙上的通风器用于将烹调的烟雾排到室外，如图 10-65 所示。

标准底柜和吊柜之间合适的距离为 375～450mm，如果人身高为 1600mm 或略矮，可选择 375mm 的间距。可触及到的最高搁板距地面的高度为 1800mm，如图 10-66 所示。

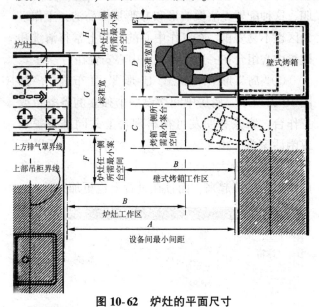

图 10-62 炉灶的平面尺寸

表 10-10　图 10-62 中各字母代表的尺寸　　mm

字母含义	尺　寸
A	≥1220
B	1020
C	≥380
D	530~760
E	25~76
F	≥380
G	500~1170
H	≥310

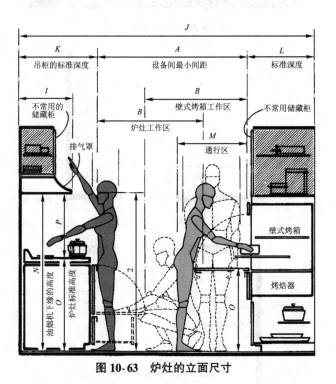

图 10-63 炉灶的立面尺寸

表 10-11　图 10-63 中各字母代表的尺寸　　mm

字母含义	尺　寸
A	≥1220
B	1020
I	≤450
J	2438~2580
K	610~700
L	610~660
M	760
N	≥1524
O	900~920
P	≥610
Q	≤900

图 10-64　洗涤池上方尺寸（单位：mm）　　图 10-65　炉灶上方尺寸（单位：mm）　　图 10-66　底柜上方尺寸（单位：mm）

10.4.1.3 厨房的空间布置

(1) 厨房应提供的设备

①一侧带有吊柜和底柜的炉灶区,用于备餐以及储存厨房用具和原料。

②用于餐具清洗的洗涤池及其两侧的案台底柜,以及用于储存用餐器皿的吊柜。

③冰箱区,在冰箱开启一侧设置案台。

④配料案台以及存放电器和用具的底柜,存放原料的吊柜。

(2) 厨房工作区的设计

应根据厨房大小、形状进行工作区设计,工作区主要有以下5种形式:

①"一"字形,如图10-67所示。所有工作区沿一面墙"一"字形布置,给人以简洁明快的感觉。这是在走廊不够宽、不能容纳平行式设计的情况下经常采用的方法。

几种厨房布置形式

适合空间:面积不大,走廊不够宽。

建议:由于空间不大,工作区的组合要最简单,但必须保证有通畅的通道。

②"L"形,如图10-68所示。工作区沿墙作90°双向展开成L形,可方便各工序连续操作。L形平面设计是最理想的,如果L形不间断,则有可能同时进行几种操作。它所产生的视觉变化,令人有舒适感。烹饪者在工作时,有更广阔的空间,是最节省空间的一种设计。如果有较大的空间,在对角空出的地方可安放餐桌。要避免L形的一边过长,那样会降低工作效率。如果是开放式的L形,可将短的一边设计成隔断的工作台,或直接设计成小餐桌。

③"U"形,如图10-69所示。这种配置的工作区有两个转角,它的功能与L形功能大致相同,甚至更方便。U形配置时,工作线可与其他空间的交通线完全分开,不受干扰。最好将水槽置于U形的底部,就是将图中的洗涤池和炉灶换个位置。将配餐区和烹调区分设在两翼,使三角形工作区(水槽、炉灶和储藏区这3个点组成的三角形)成为正三角形工作区。U形两边的间距应在1200~1500mm之间。

④走廊形,如图10-70所示。将工作区沿两边墙平行布置,前台后柜两端为开放式的,各司其职。这种配置无法像L形和U形那样简洁,工作三角区也不易安排,在工作中心的分配上常将清洗和配餐中心组合在一边,将烹调中心安置在另一边。

⑤"岛"形(间断式U形平面布置),如图10-71所示。厨房中间摆设一个独立的备餐台或工作台,家人和朋友可在料理台上共同准备餐点或闲话家常,由于厨房多了一个料理台,所以岛形厨房需要较大的空间。目前,这种岛形厨房在广州逐渐多了起来,而且在设置上也更加完善。

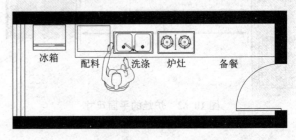

图10-67 "一"字形布置

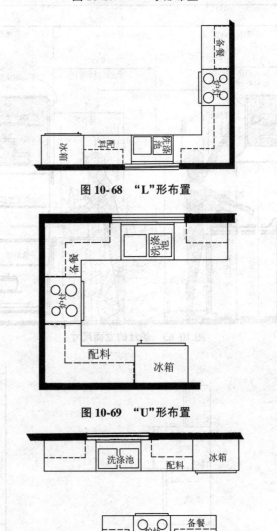

图10-68 "L"形布置

图10-69 "U"形布置

图10-70 走廊形平面布置

以上是现代厨房的各种布置,可以看出布置厨房时首先要考虑人的活动,按照人在厨房中炊事操作流程作出安排,人在厨房操作时,在厨房的3个设备,即水池、炉灶和冰箱中间的活动最多,这三者构成了工作的三角区。经研究发现,其三边之和以不超过6600mm为原则,超过此限制将使厨房的作业效率降低,总长在2500~6000mm最有效。

图10-72至图10-75为几种厨房的典型布置,我们对它的三个工作区域进行了三角形的统计测量,用图式办法为读者提供一种衡量比较厨房工作效率的办法。可以看出这几种布置是合理有效的,只有"L"形稍微超出了6600mm周长。

10.4.1.4 厨房的环境设计

(1) 通风

厨房的功能决定了必须要解决厨房的通风问题,通风是厨房设计的起码要求,是保证户内卫生的重要条件,也是保持人体健康、安全的必要措施。由于在厨房工作时,会产生大量油、汽、烟等对人体健康有害的气体,所以,保持厨房通风,配置相应的抽油烟设备,是现代厨房的必备条件。

首先是利用厨房的窗、门等条件,通过自然力作用保证厨房通风,其次是利用抽油烟设备通风,现在的抽油烟设备一般有排风扇、抽油烟机两大类。排风扇的优势是:构造简单,易于随时清洗,安装拆卸方便,风力也不小。一般分为单向式排风扇和双向式排风扇两种。就厨房排烟而言,最好安装两个双向式的排风扇比较理想,由于体积小,不占位置,不需要专门安装弯管,受到用户的青睐;抽油烟机是动力型排烟设备,它的优势在于风力强大,排烟效果好,而且在抽油烟机上可以安装照明设施,为下方的炊事活动提供照明,抽油烟机一般安装在煤气灶上方700mm左右,选择抽油烟机的造型、色彩应与橱柜的造型色彩统一考虑,以免造成不和谐,抽油烟机一般具有自动启动、报警、盛油、照明等多种功能。缺点是由于构造复杂,清洗困难,需专业安装、专业清洗。采用哪一种排烟机械,要依据厨房灶具位置和安装位置、主人爱好、房屋结构而定。

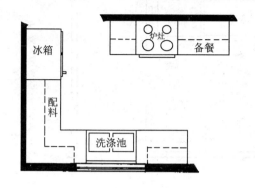

图10-71 间断式U形平面布置

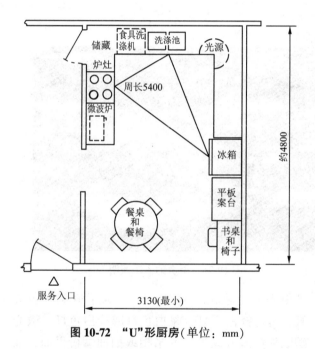

图10-72 "U"形厨房(单位:mm)

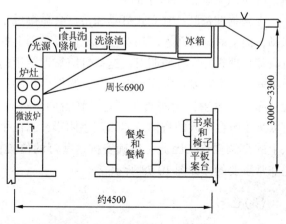

图10-73 "L"形厨房(单位:mm)

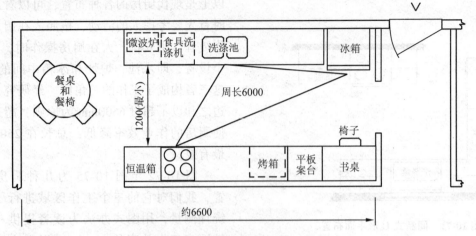

图 10-74　走廊式厨房（单位：mm）

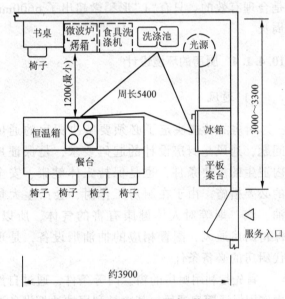

图 10-75　间断式 U 形厨房（单位：mm）

图 10-76　厨房的人工照明

（2）照明方式

对大多数家庭来说，最辛苦的工作区就是厨房，人们日复一日地在那里储藏、准备和烹饪。另外，那里常常是家庭成员进餐的地方。因此，厨房的照明就要包括任务照明和环境照明两个方面。

在天花板中央设置一个吸顶灯提供环境照明，用它照亮空间的每个角落，但这只是一个模糊照明，是不够的，还需要在厨房操作区设置任务照明，任务照明可以减少操作的危险性，也易于辨别由于搅拌而产生的色彩变化等；另外也可以在橱柜或格架的顶部，设置一连串的灯具，这些灯的光线会通过天花板反射下来，产生舒适的环境照明光线，如图 10-76 所示。

对于炉灶区，照明装置的最好位置是在吊柜或抽油烟机下部（当你站在厨房中间时，可用一个挡板来避免眩光）（图 10-77）。为了避免颜色失真，可选择白炽灯、暖白色灯或冷白色灯。散光型吸顶灯嵌入或半嵌入吊柜或抽油烟机里面，嵌入口罩以透明玻璃或透明塑料，这样可使顶棚简洁，减少灰尘、油污带来的麻烦。

在食物准备区，独立式灯具和吊灯会显得过于张扬，而下射灯、凹入灯和安在橱柜低矮台面上的灯具却是理想的任务照明灯。这些灯应靠近橱柜的前缘安装，不要安在后面，因为靠近橱柜后背的灯光只靠墙面反射，无法真正到达工作台面。然而，灯太远了也会使人的身体或胳膊产生阴影，遮住手头上的烹调操作，因此，正确安排这些灯的位置，是非常重要的，如图 10-78 所示。

（3）色彩

厨房空间色彩主要由三部分组成：家具（室内用品）、墙壁以及灯光。灯光色彩前面已介绍，下

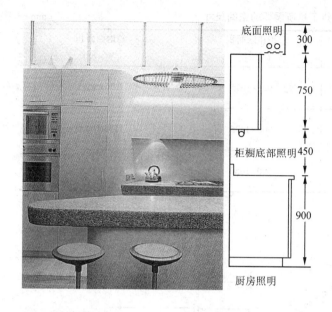

图 10-77　厨房的自然光和人工光的综合照明(单位：mm)

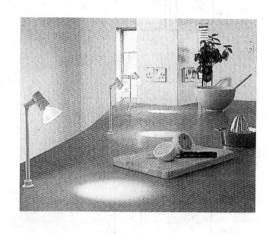

图 10-78　局部照明在食物准备区的应用

面介绍家具和墙壁的色彩选择。

在选择厨房家具时，除了功能、款式外，色彩也是重点考虑的内容。由于家具色彩在任何空间里所占的比例都比较大，因此，家具色彩要具有能表现出干净、刺激食欲和使人愉悦的功能。近年，在家具设计中广为流行的简约风格已逐渐蔓延到厨房设计中，创造清新、明快的厨房空间，消除杂乱色彩和线条，是当今厨房设计的主导趋向。于是白色、灰色成为最流行的色彩，橱柜门板、台面和把手的设计变得非常简约，以直线条为主。纯白色与原木配合，使厨房蕴藏着一股冷暖相融的独特格调。黑色厨柜配上柚木地板，显得高贵典雅。此外，金属材料的应用给厨房设计吹来一股现代化气息，有的进口橱柜用上金属铝箔面，给人以极强的视觉冲击。甚至仿金属的瓷砖也成为新时尚。

厨房墙面装饰也要配合灯光色彩，因厨房操作时，相对温度较高，一般以冷色为宜，如白色、浅黄色，给人以明亮、洁净、清爽的感觉。有时，也可将厨具的边缝配以其他颜色，如奶棕色、黄色或红色，目的在于调剂色彩，特别是在厨餐合一的厨房环境中，配以一些暖色调的颜色，与洁净的冷色相配，有利于促进食欲。另外，空间大、采光足的厨房，可选用吸光性强的色彩，这类低明度的色彩给人以沉静之感，也较为耐脏；反之，空间狭小、采光不足的厨房，则相对适应于明度和纯度较高、反光性较强的色彩，因为这类色彩具有空间扩张感，在视觉上可弥补空间小和采光不足的缺陷。

10.4.2　家庭实用空间

10.4.2.1　家庭实用空间的功能分析

人们随着生活质量的不断提高，居住面积也在不断增大，家庭空间的细分越来越明显。比如原来可以在卫生间或在阳台上洗衣服，现在可以把洗衣服、烘衣服、熨衣服、缝衣服等活动放在一个空间里按操作流程进行，这样既节约了时间又提高了效率。下面，对家庭实用空间细分及各细分空间的位置、尺寸、家具布置作详细介绍。

10.4.2.2　家庭实用空间设备尺寸及其布置时所需净空

表 10-12，图 10-79 至图 10-84 为家庭设备占用家庭空间的尺寸。

如果其前面的空间为走廊，图示尺寸应增加到至少为 1200mm，这样，当某一人正在洗衣服的时候，上述尺寸可以允许另一人通过。当洗衣机和烘干机相对安置时，则此尺寸也应为 1200mm。

10.4.2.3　家庭实用空间的位置和器具布置

家庭实用空间位置和器具布置要考虑以下 3 点：一是实用空间在居室中的位置；二是实用空间的一些特殊性，如洗衣区需要用水，要考虑接水、排水方便；三是实用空间与卫生间、杂用空间或走廊连接。家庭实用空间的不同位置各有利弊，具体分析如下。

(1) 独立洗衣区的利弊

优点：独立的洗衣区如果足够大，除洗衣外还可以用作其他活动；衣服可以在该洗衣区自然晾干而不受或不影响其他家务活动；洗衣设备发出的声音不会影响室内的其他活动；临时存放一

表 10-12　安置洗衣机和烘干机所需要的空间尺寸　　　　　　　　　　　　mm

设备的类型和尺寸		辅助工具	工作区面积（宽×长）	总地面面积（宽×长）
叠层布置	洗衣机：775×650 烘干机：775×650	筐直径 475	925×1075	1075×1575
角形布置	洗衣机：650×650 烘干机：775×650	筐直径 475	900×1475	1550×1900
直线布置	洗衣机：650×650 烘干机：775×650	筐直径 475	900×1650	1550×1650

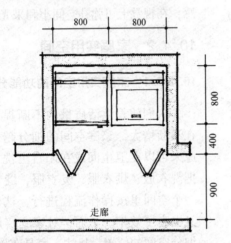

图 10-79　洗衣机布置在阳台上需要的尺寸（单位：mm）

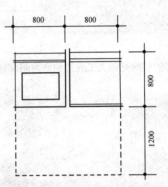

图 10-80　自动洗衣机和烘干机前的净空尺寸（单位：mm）

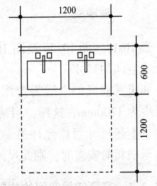

图 10-81　洗衣盆前的净空尺寸（单位：mm）

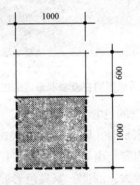

图 10-82　分类案板和分类桌子前的净空尺寸（单位：mm）

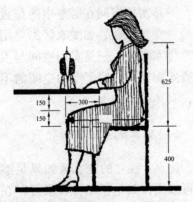

图 10-83　缝纫机操作时的平均高度和净空尺寸（单位：mm）

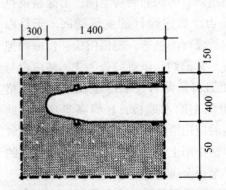

图 10-84　熨衣板四周的尺寸（单位：mm）

些即将清洗或熨烫的衣服很方便。

缺点：要单独提供这样一个房间会增加住宅成本。

(2) 洗衣区与卫生间结合的利弊

优点：如果浴室靠近卫生间，洗衣机和干燥机就可以方便排放污水，便于收集脏衣服和取走干净衣服；如果洗衣区占浴室的一半并且接近厨房，就具备了独立式洗衣区的众多优点；卫生间的盥洗盆可作为手工搓洗衣服的工具；机械通风装置可用于洗衣烘干以及洗澡通风两种功能。

缺点：一间卫生间通常只可容纳洗衣机和干燥机，而其他相关操作如熨衣服不得不移到其他地方。当正在洗衣服或烘干时而有人要使用卫生间，会造成不便。

(3) 洗衣区与厨房结合的利弊

优点：适用于年轻人的家庭，因为主人在干其他工作和照顾小孩时，可兼顾洗衣服；通常厨房洗涤池的大小适合于洗衣服。

缺点：在准备做饭时，洗脏衣服会污染食品，油烟和菜味会遗留在干净的衣服上；洗衣设备产生的噪声会影响其他居室。

(4) 洗衣区与走廊结合的利弊

优点：充分利用居室空间；洗衣设备上部空间可用于设置存放物品的吊柜；洗衣设备不用隐藏，如嵌入门内或用门挡住。

缺点：洗衣设备产生的噪声会影响其他的居室；走廊的凹入口仅能容纳最小的洗衣区，其他相关操作如熨烫等只能移到室内其他地方。

以上分析的是实用空间的位置问题，设计时可以根据具体情况进行选择和调整。

(5) 家庭实用空间设计应遵循的原则

洗衣空间设计应遵循的原则：

- 一般按专业的洗衣工序进行空间布置。
- 在衣服预清洗和喷水时要做好防水保护。
- 在各种气候条件下，烘干区要方便使用。
- 为了控制室内温度，烘干机应放在通风较好的地方。
- 洗衣设备以及洗涤材料要提前准备，并置于最先使用的地方。
- 要配备用于挂衣服时滴干水分的工具。
- 在安放洗衣设备时，要考虑到是否方便相关的家务活动，留有脏衣服存放地点与烘干区的距离，要避免杂乱无章。

图 10-85 表示的是洗衣设备的布置，图中详细说明了使用者处在设备前或在两个设备中间所需的空间。总的面积根据所选择设备的型号和大小而有所变化。但所有尺寸中未计入设备背面与墙之间的电源插座、上下水管道口以及烘干机通风口所占空间，其所需距离要依据所选用的安装方法而定。

缝纫室空间设计应遵循的原则：

- 缝纫区域要方便从事其他活动。
- 要有存放缝纫机和缝纫材料的存储空间。存储数量和种类应根据缝纫的质量和使用频率决定。
- 最小的缝纫区也要包括缝纫机、辅助工作面以及允许活动自如的椅子和储物空间。用于服装设计和裁剪的工作区域可以在缝纫机操作区以外，并可用于其他操作。
- 工作台面的高度适于从事各种缝纫操作。
- 光线要充足。

缝纫室空间设计如图 10-86、图 10-87 所示。家庭实用空间的平面布置如图 10-88 所示。

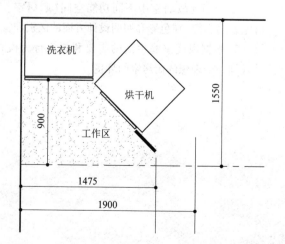
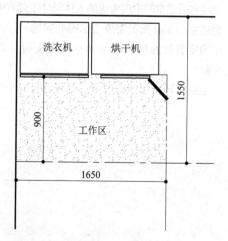

图 10-85　洗衣设备的布置(单位：mm)

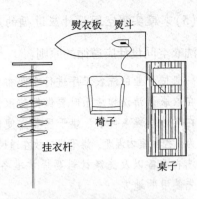
图 10-86 根据流程布置的熨衣设备

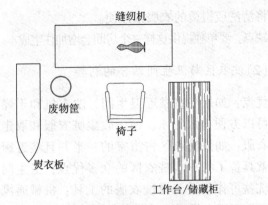
图 10-87 根据工作流程布置的缝纫设备

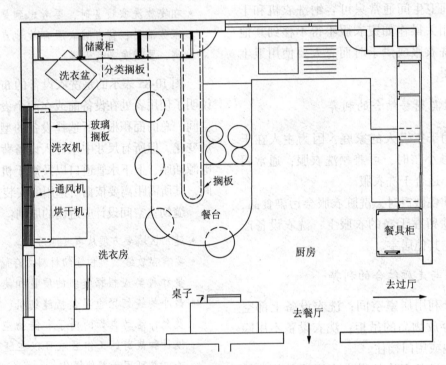
图 10-88 家庭实用空间的平面布置

● **复习思考题**

1. 试述现代居住空间的构成及其功能。
2. 起居室活动空间中应考虑的人体尺寸主要有哪些？
3. 起居室的家具配置需要考虑哪些问题？
4. 在确定餐厅座椅后侧活动空间尺度时，需要考虑哪些因素？
5. 卧室空间环境设计中应考虑哪些方面的问题？
6. 试分析卫浴空间的布置形式、活动空间尺度及其对使用者的影响。
7. 分析比较居室中不同功能空间（起居室、餐厅、卧室、书房等）在色彩和照明设计方面的区别和特点。
8. 根据现代家庭生活的需要和炊事行为模式，设计规划一个理想的厨房空间环境。

第 11 章

办公空间设计

❯ 本章提要

本章从普通办公空间、个人办公空间和会议室三方面介绍了办公空间设计与人体工程学,分别从空间布置和环境设计两方面进行设计分析,结合图例展现不同办公空间在功能要求、空间尺度、家具配置和环境设计上的差异和特点。对于普通办公空间,在环境设计上需要满足人的本能需求。对于个人办公室,需要同时考虑办公、接待、休闲等功能。而对于会议室的布置和环境设计,则需要根据不同的使用功能和不同的面积来确定。

11.1 概述
11.2 普通办公空间
11.3 个人办公室
11.4 会议室

11.1 概述

在上班族的一生中，大概三分之一的时间是在办公室度过的。对于现代企业来说，办公环境的硬件设置，成为办公环境空间规划的重点。在强调"以人为本"理念的今天，能否搞好办公空间设计，是企业能否吸引人才的关键。

办公空间由两个部分组成：办公区域和非办公区域。办公区域包括普通员工办公室、高层管理人员办公室、会议室、资料档案室、复印室等。非办公区域包括生活及福利设施、公共流线(如门厅、走廊、电梯、楼梯等)、公用空间(洗手间、开水间等)。

工作场合中的人体工程学

办公空间的面积和公司的组织规模有直接关系，较小的公司可能只需要几十平方米的空间，较大的公司可能占半层、多层甚至整个楼层。对于大公司而言，在底层门厅就可以看到整个接待区，这将有利于做好客户的接待咨询工作，使客户能够直接前往自己要去的目的地，出了电梯就可以来到办公区域，无须经过公共走廊。会议区一般稍离开工作区，避免干扰公司正常的业务，也有利于商业保密；资料室等辅助性的非办公区域大多布置在自然采光较差的位置；而靠窗区域由于视野开阔、采光通风条件较好，通常留给一般管理人员使用；转角区由于视野最为开阔，用作公司一级领导的办公室。

办公家具品牌介绍

办公空间的设计需在掌握空间功能和人的行为特征的基础上进行，这两者是人与空间关系的核心，既紧密相连、又相互作用。因此，在进行办公空间的设计时，需要将空间的功能作用与人的生理心理习惯、行为特性进行综合考虑。办公空间按功能性可划分为普通办公空间、个人办公空间、会议室3种。

(1) 普通办公空间

普通办公空间是最常见的办公空间类型，通常也是公司员工最多、最集聚的空间。这一类空间的特点是办公人数较多、公共办公区域较大、个人区域较小。普通办公空间主要以开敞式空间为主，这一类空间是将若干个部门置于一个大空间中，每个工作台用矮挡板进行分隔。既保证了各个区域的连通性，又可以相互监督。开敞式办公空间的特点是工作区域集中，省去了隔墙和通道的位置，节约了空间；空调、照明、网络系统和相关管线集中安装，降低了施工难度和相应费用；同时大量选用模块化的办公家具，方便搬运和安装。

除了常规性的工位，普通办公空间还包含一部分公共办公区域。在企业、公司内部，公共办公区域的功能也很复杂，具有打印、复印、茶歇、讨论等多种功能。因此在设计普通办公空间内的公共办公区域时，要考虑到二者的有机组合，尽量使空间分布安排科学合理、功能到位。

普通办公空间员工之间的沟通较多，需要较为开放的工作环境。从普通办公空间内员工的作业行为习惯来看，他们的工作较为基础重复、工作量大、工作时间也相对较长。在生理上，很容易因为身体局部(如脊椎、腰椎、手腕等关节)长时间受力而产生职业疾病。此外对普通办公空间进行设计布置时不仅要充分考虑空间的功能性，还需考虑到办公环境对员工生理和心理健康的影响。

(2) 个人办公室

个人办公室是公司、企业管理者的办公场所。个人办公室的优点在于面积较大、个人使用空间较多，空间布局灵活；各个空间独立、不互相干扰，私密性较好；同时灯光、空调等控制系统可以独立控制，舒适性较好。单间办公室可以根据需求使用不同的间隔材料，成为全封闭、半开放、全开放式的办公空间。

个人办公室除了常规的办公区域外，还可按需设置一定面积的会客空间和茶歇空间。个人办公室的规模、功能空间的布置根据职位高低有严格的等级区分。此外，职务的不同，个人办公室内的功能也不同。财会、HR主管的办公室更偏重于满足其工作需求。比如部署打印设备、纸质文件处理台和录音系统等；而总经理、高管的办公室则更重于豪华、舒适的办公体验，根据需求布置不同的装饰元素，如绿植景观等；也可设置专门的休息区域、如卧室、淋浴房、更衣室等。

相对于普通职员，因为工作性质的不同，企业管理者们更侧重决策、管理类的工作。管理者除了面临更多的决策考验、商业博弈外，还需要承担相应后果，其心理压力要远远高于普通职员，如何有助于降低他们的心理压力,也是个人办公室设计时特别需要考虑的问题。

(3) 会议室

会议室是公司内部开会,进行讨论的主要场所。会议室在现代办公空间中具备举足轻重的地位。在现代公务或商务活动中,召开各种会议是必不可少的。从某种意义上说,会议室是公司形象与实力的集中体现。对于公司内部来讲,则是管理层之间交流的场所之一,会议室的设计上首要从功能出发,满足人们视觉、听觉及舒适度要求。

会议室必须满足各类会议需求,如讨论、汇报、演示等。除了需要考虑会议室办公家具的舒适性、灯光系统的合理性等因素以外,会议室需要具备一定的多媒体展示能力并且可以兼容不同的展示形式,以便提高会议效率。

11.2 普通办公空间

11.2.1 普通办公空间的布置

普通办公空间主要是指公司普通员工所占有的工作环境,通常是一个大的空间,然后用隔板作空间的虚实分隔。比较简单的平面布置方法是确定某一工作单元,然后对这一单元进行重复组合,再根据空间特点做细微调整。一般而言,普通的工作内容以及要求可以描述如下:

①对根据工作流程传递出来的文件进行处理,然后继续传递或操作或分类存储。
②储存永久性文件和参考资料。
③储存经常取存的资料。
④工作面上需要储存少量备用的资料。
⑤满足同事间可视听交流的要求。
⑥工作集中处理时需要屏蔽。

根据以上对工作内容的要求,可以对工作区的家具进行相应配置:

办公家具:办公桌、办公椅、文件柜等。
配套家具:屏风、隔断、讨论桌等。

在办公家具品种确定后,要对办公家具进行空间布置,布置的过程中容易受到如下一些因素的影响:

①内部员工交流与协作的便捷性。
②内部员工与外部信息交流的便捷性。
③家具本身尺寸。
④空间的大小和形状。
⑤门、窗的位置和人的生活习性(左拐右看)。
⑥人体在空间进行各种行为的活动尺寸。
⑦工作的程序。

平面布置可以先从一个面积单元开始,然后进行重复布置。最后根据职员的工作性质、习惯做适当局部调整。如图11-1所示为L形办公空间,是在普通办公室的规划和设计中应用人体工程学的基本标准单元,工作任务区必须满足文书(档案)工作及办公设备要求,图中的工作、活动区尺寸是由使用键盘时滑架回位所需空间大小确定的(表11-1)。由于椅子的净空区需要有足够的空间,所以工作、活动区进深不得小于760mm;来访者就座区进深应该为760~1060mm,这需要设计者根据较高的人体尺寸(臀部-膝盖长度和臀部-足尖长度)设定。假如桌子是悬挂式的或桌子的支撑板是凹进去的,那么由于提供了额外的容膝和容足空间,这个区域进深可适当降低。如果椅子的类型或尺寸很特殊(如旋转椅或装有小脚轮的椅子),则也会影响工作、活动区的这些尺寸。

图11-2所示为扩展成U形的办公空间。由于考虑到打开文件柜时抽屉应占的空间。所以工作/活动区的进深为1160~1470mm。文件柜的高度一般与办公桌相同,它不仅能提供更多的储存空间,而且还时常被用作辅助工作面。文件柜和办公桌之间的距离以不影响椅子的移动和旋转为准(表11-2)。

图11-3、图11-4为办公室立面尺寸图,图11-5至图11-11为办公室平面布置图。分析办公空间的空间处理,有开放式、半开放式和全封闭式三种情况。三种空间处理的情况不同,与时代、企业文化、运作模式、工作性质等有关系,对大公司而言,普通员工的办公室很少是开放式和全封闭式的,自从20世纪60年代在德国施耐尔公司产生空间大面积敞开、用低矮隔断分隔办公桌的办公模式后,一直到今天仍然盛行这种模式。

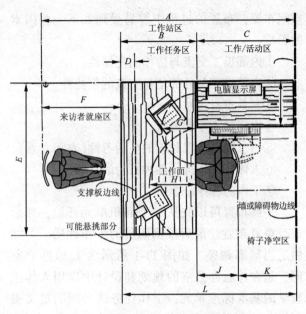

图 11-1 L 形办公空间

表 11-1 图 11-1 中字母代表的尺寸 mm

字 母	尺 寸
A	2280～3200
B	760～910
C	760～1290
D	150～300
E	1520～1820
F	760～1060
G	350～450
H	400～500
I	450～550
J	450～610
K	150～610
L	1520～2130

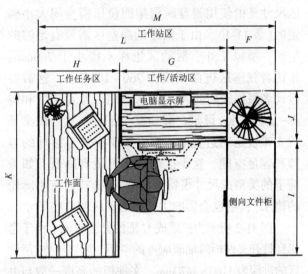

图 11-2 U 形办公空间

表 11-2 图 11-2 中的字母代表的尺寸 mm

字 母	尺 寸
F	450～610
G	1160～1470
H	760～910
I	1060～1270
J	450～559
K	1520～1820
L	1930～2380
M	2380～2990

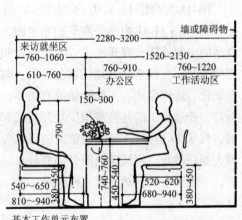
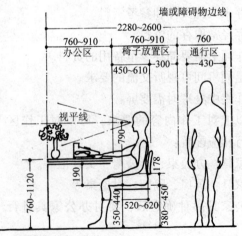

图 11-3 办公室立面尺寸 1(单位：mm)

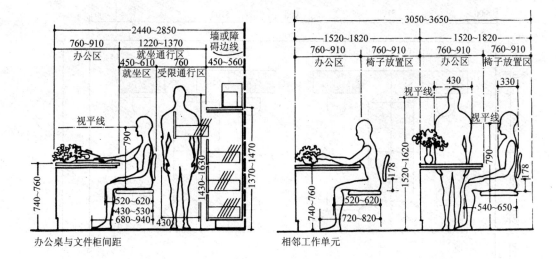

图 11-4　办公室立面尺寸 2（单位：mm）

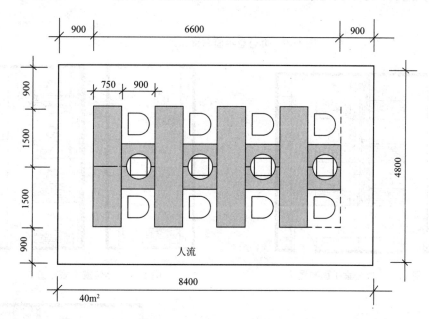

图 11-5　办公室平面布置 1（单位：mm）

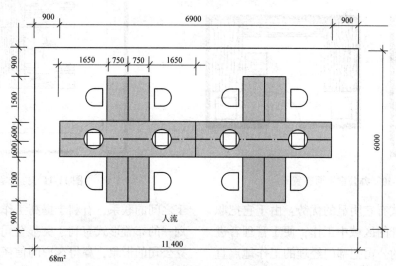

图 11-6　办公室平面布置 2（单位：mm）

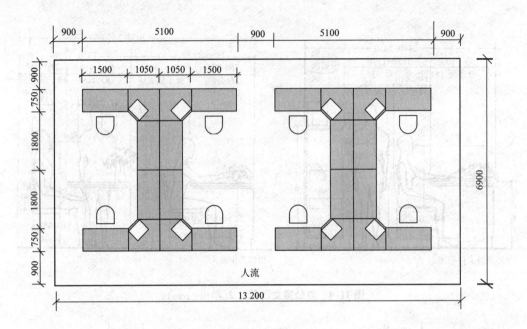

图 11-7 办公室平面布置 3（单位：mm）

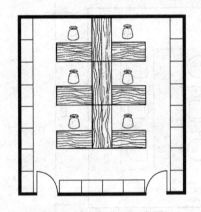

图 11-8 办公室平面布置 4

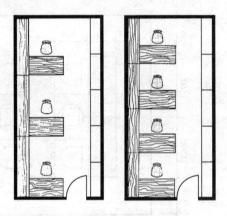

图 11-9 办公室平面布置 5

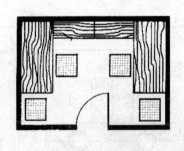

图 11-10 办公室平面布置 6

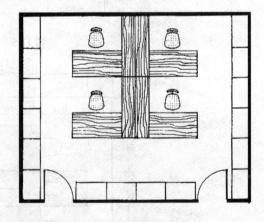

图 11-11 办公室平面布置 7

开敞式办公模式有它明显的优势：由于它把职员都集中在一个公开的区域中工作，便于管理者进行直接的管理，有的公司把部门经理的工作地点直接设在这个大空间的中间，方便了解员工的工作情况；另外把所有员工集中到一个大环境，有利于员工之间的联系，有利于提高工作效率；大空间整齐划一的布置形式有利于突显公司的实力、有助于树立公司的形象，赢得客户的信任。公司管理者十分赞成这一工作模式。从客观需要分析，由于许多房地产商都修建塔楼，而塔楼多为 1000m² 左右，这种办公室内部空间大、但采光有限,如果分成许多独立的封闭空间,必然出现大量无采光区域,只好增加人工照明,导致费用开支增加,员工健康也受到影响。如果采用开敞式空间,这个问题则可以迎刃而解。

时代发展到今天,尽管当初人们对开敞式的办公环境赞声一片,但随着实践深入,问题也不少,从使用者角度分析,主要有以下一些问题:

①办公环境单调,私密性较差,员工难以进行私密性谈话。

②噪声和视觉干扰大,分散注意力。

共享办公
拓展阅读

③通信设施的走线比较困难。

在这种办公环境里,时间长了会带来人的紧张、压抑等消极情绪,甚至会引发头痛、乏力、恶心等症状。总的来说,这种空间布置忽略了人的主动性,没有处理好人和环境关系,让使用者只是被动地去接受。

以上是开敞式办公空间的一些缺点,我们可以从多个角度研究解决这个问题。

首先,空间应该满足使用者对领域性和私密性的要求。人有渴望与社会交往的一面,也有渴望自己支配的空间、不被打扰的一面。我们可以在普通员工办公空间的内外划分出一些交谈室、休息间等一些较小的空间,让有不同需求的员工处于一种相对宽松自由的环境,在这里可以私下交谈、放松休息等。现在办公环境设计的一个趋势是向家居设计方向发展,如果条件许可,还可以在空间里设置一些小型的酒吧等,仿造家居设计时对空间的一些处理手法,让人感觉到异样的放松,有一种到家的感觉。

其次,办公家具的选择和布置上应该满足使用者对方便性、舒适性、灵活性的要求。高效、舒适、方便、灵活的办公家具及其组合能使员工保持良好的精神状态,有利于提高工作的效率。办公桌的"L"形和"U"形非常方便员工用计算机看文字、写文件。员工可以根据自己的喜好、工作的需要和实际要求在不影响空间的整体性的情况下,创造出合作工作区、管理工作区、个人工作区等融合在一个开放的大办公空间。

最后,办公环境应满足使用者对人性化、个性化、情趣化的要求,可以在办公环境中布置一些绿色植物、花卉,布置一些假山盆景,满足员工希望自然环境优美的心理需求。

11.2.2 普通办公空间的环境设计

环境设计面对的主体是人,要搞好办公空间的环境设计,必须了解人与环境的关系。人可以被动地适应环境,可以根据自己的需要主动改造环境。我们所要进行的办公空间的环境设计就是

职员办公
空间案例

强调人对空间的主动改造性。建筑学家费莱切(Fletcher)通过对人类本能以及人对建筑的要求分析,探讨了环境与人的深层关系,对建筑的实质做了精辟论述。在这里可以借用费莱切对人类本能的分析理论探讨对办公环境的设计和要求。

从表11-3中看到,人的生理活动可以带来人的本能活动。在对办公空间设计时,可以对人的本能进行进一步的分析,让环境来满足人的本能。

从表11-3的分析中可以得到人对空间的要求,具体有以下几个方面。

表11-3 费莱切的人类本能分析表

生理活动	本　　能
呼吸	呼吸
胃壁收缩	饥饿
各生理薄膜的干涸	口渴
生理平衡机制	保持舒适的温度
疲劳	睡眠、娱乐
觉醒	睡醒
皮肤感觉器官	注意皮肤表面舒适
肾上腺素流动	害怕
消化过程	排泄
内分泌活动	寻求一般性刺激、玩耍、好奇 1. 性活动 2. 建立家庭 3. 维持家庭
综合官能活动	1. 高兴—痛苦 2. 合群—孤独 3. 积极的—消极的

(1)对温度、湿度的要求

要求办公空间能调节气候,避免烟雾、异味、粉尘的侵入。办公空间要通风、加强大环境里的空气流通,必要时可以对室内的温度、湿度进行调节。

(2)对满足食欲的要求

曾经有一家美国独资的网络公司,在办公区内设有食品栏,放着巧克力,在冰箱里放着可乐。这是为解决员工饥饿和口渴采取的措施。

(3) 对休息的要求

在办公大空间设置一些小的休息室，可以让人放松，有利于更好的工作。

(4) 对秘密性、舒适性、保护性的要求

人对空间私密性、舒适性、保护性有着明确的要求。在办公空间设计中一定要予以充分考虑。

另外，空间尺度、色彩、光、声等又对环境提出了要求：

①空间尺度在设计中非常重要，办公空间的大小和形状、办公设施的位置、甚至办公环境的氛围都需要合理地运用空间尺度和人体空间尺度，只有合理的空间设计才会使人感到惬意和舒适。

②光和色彩是办公空间设计的重要元素。办公空间应该尽可能多的利用自然光，在需要的时候辅助以人工照明。在人工办公照明设计中要以灵活多变的灯光照明为工作者提供明亮、灵活、舒适的办公光环境。办公空间应该采取背景照明和局部重点照明相结合的方法，背景照明可为办公环境提供柔和、均匀的背景灯光，以保证办公空间尤其是走廊、通道、楼梯等公共区域的最低照明水平，一般背景照明多采用栅格式多管荧光灯或者普通的吊灯、壁灯、吸顶灯；局部重点照明即在员工的工作区安置照明灯具，在安置灯具时要注意对灯光角度和光亮度强弱的控制，要避免照明灯光或窗外的日光直接映在计算机屏幕上，最好在天花板上安置下射灯或者台灯，使用可调节方向和光亮度的调光灯控制光的强度和光束的投射方向。

办公空间的色彩主要受办公家具、墙壁、灯光的影响。普通员工的办公桌和文件柜以浅灰色为主。墙壁色彩和家具色彩统一，要注意简洁明快。室内顶棚要慎用深色，深色会使人心情压抑，对人的心理健康产生不利影响。

③声环境设计要考虑以下消除和降低噪声措施：一是要努力降低和消除计算机、打印机、传真机、复印机等办公设备工作时产生的噪声及电话铃、风扇带来的噪声；二是千方百计防止外面的交通噪声比如加强外墙的气密性，将办公空间远离交通要道。在办公室周围安装良好的隔音设施，在空调器和其他设备上配置消音装置，以及选择优质隔音材料。

11.3 个人办公室

11.3.1 个人办公室的布置

个人办公室一般是企业管理者（如董事长、总经理、副总经理、主管人员等）的办公空间，具有个人办公、接待等功能。其平面布置应以办公空间少受干扰为原则。针对私人办公空间的这些功能，在进行平面布置时，要仔细研究个人办公的性质、特点，切不可套用一个设计模式。

针对个人办公空间具有的办公、接待、休闲等功能，相应的家具配置如下：

办公区域：办公桌（大班台）、大班椅、文件柜、书柜、保险柜等。

接待区域：沙发、茶几、衣帽架（衣橱）、简式吧台等。

休闲区域：健身设施、棋室、书画室等。

个人办公室的家具与普通员工办公室的家具有所不同。普通办公家具强调的是经济性、简洁性、统一性、整体性，而个人办公室的家具则追求是一种个性，无论从造型、尺寸，还是材质、颜色都是与管理者的身份相一致的。根据各工作部门及各员工的办公设备、资料架及挂衣架的占用面积和不同部门之间的走道、活动的面积及偶尔来访客人和咨询所需的面积，可以将如下面积指标作为设计时的参考。最高级主管人员 37~58m²/人，中层管理人员 9~19m²/人，一般管理人员 7~9m²/人；使用 1.5m 办公桌的工作人员 5m²/人，使用 1.4m² 办公桌的人员 4.6m²/人，使用 1.3m² 办公桌的工作人员 4.2mm²/人。另外当工作人员的办公桌并排排列，每排两桌，如有需要可能增加档案柜和桌边椅的数量时，使用 L 形办公桌可比标准办公桌有更多的工作面积，但占有面积以桌宽为计算标准。

个人办公室的家具与普通员工办公室的家具有所不同。普通办公家具强调的是经济型、简洁性、统一性、整体性，而个人办公家具则体现一种个性，无论是从造型、尺寸，还是材质、颜色都与管理者的身份相一致。图 11-12 和表 11-4 为个人办公桌椅尺寸以及相应的净空范围。

圆桌的最小尺寸为 1200mm，这一尺寸由人数决定。如图 11-13、表 11-5 和图 11-14、表 11-6 所示。

图 11-14 所示为个人办公室中典型的圆形休息椅

组合。在组合中要提供适当的腿净空，一般为310~460mm。同时，还必须考虑臀部到膝盖的长度。

(1) 中层管理人员的办公房间布置

个人办公室的功能受空间面积大小的影响，办公、会客等功能有主次关系，办公空间最基本的功能是办公，在面积有限的情况下，只能布置一些办公家具，如办公桌、办公椅、文件柜等。通常面积在14m²以内的个人办公室就不设置接待会客区域。这种小面积的房间通常是中层管理人员使用，典型的布置如图11-15、图11-16所示。

当办公室的面积在14m²以上的时候，可以适当考虑空间的会客接待功能，布置的家具可以增多，但接待功能不是很强。典型的布置如图11-17、图11-18所示。

(2) 高层管理人员的办公房间布置

图11-19至图11-24的办公室平面布置基本上反映了管理人员随身份地位升迁所带来的房间布置不同。在办公室进行布置时必须征询办公室房间主人的意见，确保所有设计都能满足高层管理人员的工作要求。

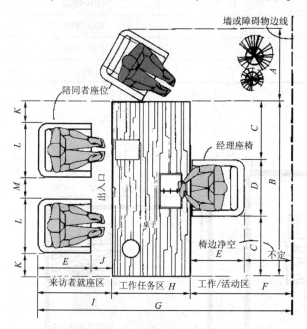

图11-12 个人办公桌椅尺寸以及相应的净空范围

表11-4 图11-12中字母代表的尺寸

字　母	尺　寸(mm)
A	762~991
B	1676~2134
C	533~711
D	610~711
E	584~737
F	最小1067
G	2667~3302
H	762~1143
I	838~1092
J	254~356
K	152~406
L	508~660

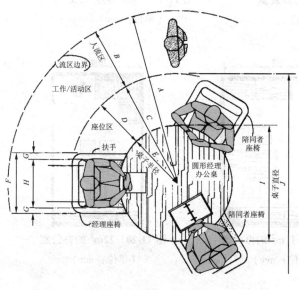

图11-13 圆形办公桌

表11-5 图11-13中的字母代表的尺寸

字　母	尺　寸(mm)
A	1950~2230
B	760
C	1160~1470
D	550~770
E	610~910
F	610~710
G	50~60
H	500~550
I	1210~1520
J	2330~2940

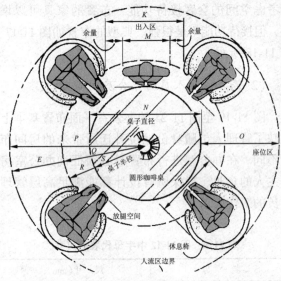

图 11-14 个人办公室中典型的圆形休息椅组合

表 11-6 图 11-14 中的字母代表的尺寸

字 母	尺 寸(mm)
E	610~910
K	910~1060
L	150~220
M	610
N	1060~1520
O	910~1210
P	1440~1980
Q	830~1210
R	300~450
S	530~760
T	610~810

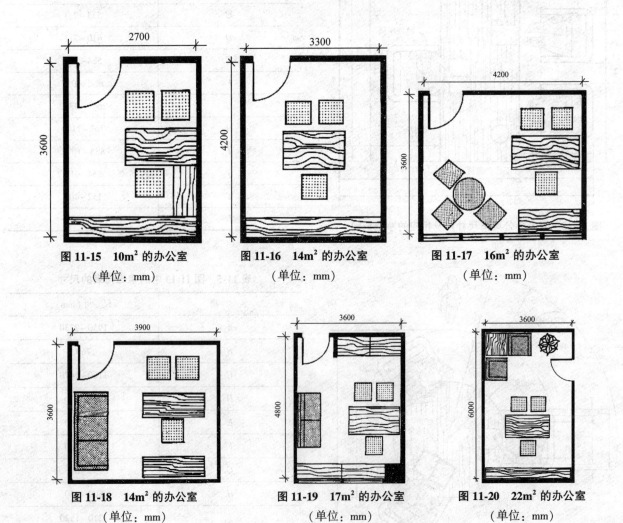

图 11-15　10m² 的办公室
（单位：mm）

图 11-16　14m² 的办公室
（单位：mm）

图 11-17　16m² 的办公室
（单位：mm）

图 11-18　14m² 的办公室
（单位：mm）

图 11-19　17m² 的办公室
（单位：mm）

图 11-20　22m² 的办公室
（单位：mm）

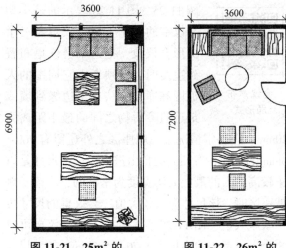

图 11-21　25m² 的办公室（单位：mm）　　图 11-22　26m² 的办公室（单位：mm）

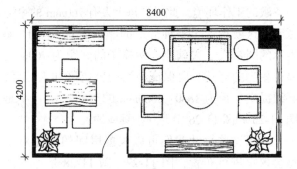

图 11-23　35m² 的办公室（单位：mm）

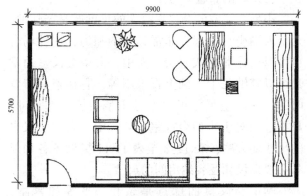

图 11-24　57m² 的办公室（单位：mm）

11.3.2　个人办公室的环境设计

个人办公室
设计案例

对普通员工办公室进行环境设计的时候，主要从人自身的角度来分析的，普通员工办公空间是个大环境，在设计中讲究的是在大环境中如何保持个人生活的习惯，让员工觉得舒适，适应于环境，并且在尽量满足个人个性的同时，又使空间显得整齐划一，具有统一协调感，这就是普通员工办公环境的设计的一个主导思想。而个人办公环境则与普通员工的办公环境有很大的不同，最主要的一点就是个人办公室是"一个人"使用的办公室，比普通员工更加强调个人的领域感，所以个人办公空间是一个个性十足的空间，它的环境的布置与企业的性质、管理者的个人喜好等有很大关系。主要的不同有以下几点：

①更加注重空间的私密性。个人办公室接待的都是一些重要来访者，谈话内容有相当部分涉及商业机密。

②家具的配置和室内的陈设更加注重凸显个性化以此强调个人与众不同的身份。

③房间的功能进一步加强，拓展到接待会客等功能，其空间也作了相应的功能区域的划分。

④空间和家具的尺度感更加明显，衬托管理者的威严和魄力。

从环境行为学分析，个人领域性与行为有着密切关系，而领域性又随民族的文化背景不同而有差别。个人办公室是一个领域感很强的空间，比普通员工办公环境更具私密性，如果进入个人办公室都要经过秘书的传唤才能进来，它的位置应该处于视角开阔的位置，管理者办公后可以远眺，放松自己的心情。在办公时要做好通风和遮光。墙面可以做夹板面层辅以实木压条，或以软包做墙面面层装饰（需经过阻燃处理），以改善室内空间谈话效果。

个人办公室的办公桌的颜色一般以暗红色为主色调（现在有逐步转为红色成分较少的深胡桃木色的趋势），以此来显示个人的身份。接待空间的沙发、茶几应以简练、舒适、大气为主。管理者本人使用的座椅，除方便工作的功能外，椅背最好有仰躺式设计。同时，家具周边可以摆设几样花品、草木，以增添办公环境的人文气息。整个室内色彩主要是通过家具和墙壁的颜色来表现的，当确定了家具的色彩，也就确定了整个室内色彩的风格，整个空间的色彩必须统一或相近。

光处理在个人办公室的设计中也是一个很重要的环节。可以参考普通办公环境，采用背景照明与重点功能区域照明的方法。在顶棚上安置栅格式多管荧光灯或者普通吊灯作背景照明，在办公区域用可调强度和方向的台灯或聚光灯来做工作照明，会客区域的照明可以参考家居起居室灯光的处理方法，为办公环境营造一份家的氛围。

个人办公空间对声的处理上可以参考普通办

公环境的方法。

11.4 会议室

11.4.1 会议室的分类

（1）按会议室空间尺寸划分

会议室按空间尺寸划分，分为小会议室、中大型会议室。

小会议室：小会议室的规模一般在十几人以下，因空间较小，人员布置方式多为面对面或围聚方式，便于人们之间的交流，故在空间营造上倾向于具有亲和力的氛围，空间各界面处理较简单，主要通过灯光及局部吊顶造型突出会谈区域、烘托气氛。

中、大型会议室：中、大型会议室规模一般在十几人至百人之间。在功能上，人员的流线安排要清晰、简单，便于快速聚集及疏散。在空间形态上，中、大型会议室有完整的空间围合界面。空间各界面的处理根据实际情况要有主次之分，突出重点，在中、大型会议室空间中，会谈区域是空间处理的重点，而这一区域的主要组成元素是会议家具，各界面要围绕它展开。

（2）按会议室功能要求划分

会议室按不同功能要求划分，分为普通（功能）会议室和多功能会议室两类。

普通功能会议室：一般多为中、小型会议室，这类会议室在功能上满足会议的一般要求，有适宜的温度、足够的采光，较好的隔声与吸声处理。会议室家具及设施主要有会议桌、会议椅、茶水柜、讲台、黑白板等。

多功能会议室：从狭义角度讲，这类会议室较普通功能会议室的会议辅助设备更多更先进，如使用电视（投影）系统通过网络为不同类型会议服务；从广义角度讲，这类会议室除了满足会议功能之外，还能兼作其他空间使用。

11.4.2 会议室的活动尺寸及布置

会议室空间面积大小影响功能的发挥，大的空间为空间功能的齐备提供了可能。

小型会议室功能比较单一，一般容纳十几人，

会议室布局形式

图 11-25、图 11-26 表示的是小型会议室的一个方形会议桌和一个圆形会议桌，把这个会议桌布置到室内时，必须考虑它周围的人流区和净空，从桌子边缘到墙或最近的障碍物之间的最小距离为 1220mm。在通常情况下，就座区之外还留有 760~920mm 的空间，方便人的自由进出，这个尺寸是以个子较高的人的最大人体宽度为基准的，当椅子挪出就座区时，该尺寸应取较大值。会议桌的尺寸决定了就座人数，图 11-25 表示的正方形会议桌可以坐 8 个人，桌子的边长为 1370~1540mm。较大尺寸更适合于个子高大的人使用，且能为每个人提供更为宽敞的工作环境。此时，每个人有 760mm 的桌边宽度，这就构成了一种舒适的座位配置。图 11-26 表示的圆桌供 5 人就座，两椅子的间距为 760mm，显得相当的舒适。要保证适当的就座区和人流区，必须提供半径为 1830~2060mm 的空间。表 11-7 是图 11-25 和图 11-26 中的一些具体的尺寸。

有了这些尺寸我们可以根据房间的尺寸对小型会议室进行布置，图 11-27、图 11-28 是不同面积小会议室的布置参考图。

小型会议室的会议桌给人的尺度感是亲切的，几个人围坐在一起，非常具有亲和力，这种场合也可以用作非正式聚会。而中、大型会议室通常是可以容纳几十人到上百人不等，它在家具布置时的一些净空尺寸可以参考小型会议室的尺寸，只不过相对于小型会议室而言，中、大型会议桌的尺寸要大些，表 11-8 至表 11-11 提供了各种形状会议桌尺寸及容纳房间的尺寸。

圆形会议桌的优点是亲和、平等和紧凑，但如果要在会议桌中表现出地位，或者房间中的一面墙作为多媒体的放映墙，那么这种桌子就不大适合了，而且摆放圆桌对房间形状是有要求的。在地位等级比较重要的场合，比较正式的是用矩形和船形会议桌，还有船形演化而成的椭圆形会议桌。船形和椭圆形会议桌能为其他就座者提供更好的可视性，也便于会议桌周围人的流动。总之，每一种桌子的总座位数，必须由椅子尺寸、椅子的净空以及所从事的各项事务三者间关系而定。图 11-29 至图 11-32 为中、大型会议室内各种形状的会议桌尺寸及容纳房间的尺寸。

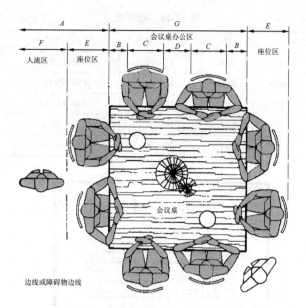

图 11-25　小型会议室的一个方形会议桌

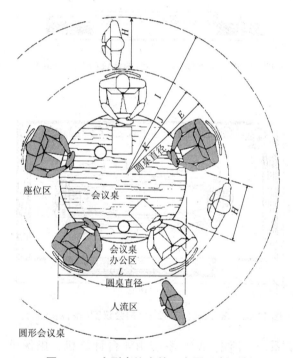

图 11-26　小型会议室的一个圆形会议桌

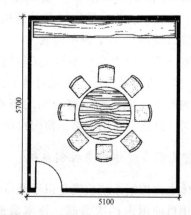

图 11-27　8 人座（29.07m²）的会议室（单位：mm）

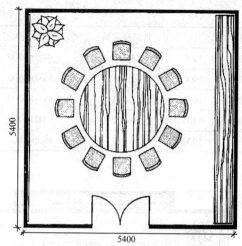

图 11-28　12 人座（33.12m²）的会议室（单位：mm）

表 11-7　图 11-25 和图 11-26 中的字母代表的尺寸　mm

字母	尺寸
A	1210~1520
B	100~150
C	500~610
D	150~250
E	450~610
F	760~910
G	1370~1520
H	760
I	1820~2050
J	1060~1290
K	610~680
L	1210~1370

表 11-8　圆桌　mm

直径	周长	近似座席数	最小房间尺寸
3000	9425	12~15	6000×6000
2700	8450	11~14	5700×5700
2400	7525	10~12	5457×5457
2100	6600	9~11	4800×4800

表 11-9　方桌　mm

宽	长	近似座席数	最小房间尺寸
1500	1500	8~12	3900×3900

表 11-10　矩形桌　mm

宽	长	近似座席数	最小房间尺寸
1800	8400	28~30	5400×12 000
1800	7800	26~28	5400×11 400
1800	7200	24~26	5400×10 800
1500	6600	22~24	4500×9600
1500	6600	20~22	4500×9000
1350	5400	18~20	3900×8100
1350	4800	16~18	3900×7500

(续)

宽	长	近似座席数	最小房间尺寸
1350	4200	14~16	3900×6900
1200	3900	12~14	3600×6300
1200	3600	12~14	3600×6000
1200	3300	10~12	3600×5700
1200	3000	10~12	3600×5100

表 11-11　船型桌　　　　　mm

宽	长	近似座席数	最小房间尺寸
1375	3600	12~14	4200×6300
1475	4200	14~16	4500×6900
1575	4800	16~18	4800×7800
1675	5400	20~22	5100×8700
1800	6000	20~24	5400×8700

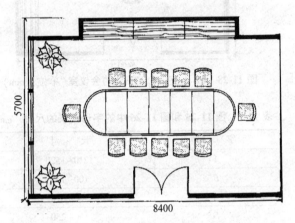

图 11-29　12 人座($47.88m^2$)的会议室(单位：mm)

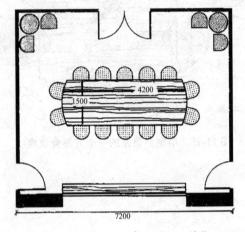

图 11-30　14 人座($43.2m^2$)的会议(单位：mm)

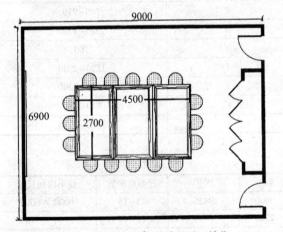

图 11-31　16 人座($62.1m^2$)的会议室(单位：mm)

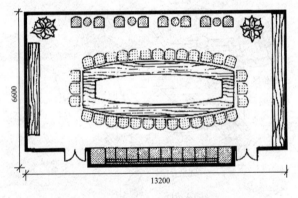

图 11-32　50 人座($87.12m^2$)的会议室(单位：mm)

11.4.3　会议室的环境布置

根据前面的分析，会议室有小会议室和大会议室之分，下面谈谈它们的环境布置：

大会议室主要是用于接待外来团队组织的洽谈和召开公司内部的董事会议，它是公司内部运作执行的中枢，也是整个公司本体的具体象征，很大程度上显示出公司地位。大会议室中可以再分出一个小型接待室，以作为交谈或进行非正式会晤空间，从接待室主要入口处能直达大会议室。相对于小会议室，大会议室具有多种功能，可以兼作教学、培训、学术讨论。根据使用者的需要大会议室还可以设置多媒体会议室显示系统和 A/V 系统。[注：A/V 系统由 4 台计算机、摄像机、DVD、VCR(录像机)、MD 机、实物展台、调音台、话筒、功放、音箱、数字硬盘录像机、音频、视频输入接口设备等 A/V 设备构成。]

会议室环境系统由会议室灯光(包括白炽灯、日光灯)、窗帘等设备组成；完成对整个会议室环境、气氛的改变，以自动适应当前的需要；譬如播放视频时，灯光会自动变暗，窗帘自动关闭。

(1)智能型多媒体中央控制系统

多媒体中央控制系统应满足以下几点要求：

①采用目前国内档次最高、技术最成熟、功能最齐全，用途最广的 SVS(迅控)中央控制系统，

实现多功能会议室各种电子设备的集中控制。

②要求操作简单、人性化、智能化。

③要求整个系统可靠性高。

④尽量多地体现出各种设备的卓越功能,让所有设备处于最佳状态,发挥设备的最大功效。

⑤能够控制音频、视频的播放(如PC、DVD、录像机、MD进行播放、停止、暂停等功能)。

⑥能够控制投影机,进行开/关机、输入切换等功能,并能够控制电动吊架、屏幕,实现上升、停止、下降等功能。

⑦能够控制实物展台放大、缩小等功能。

(2)会议室的色彩和灯光处理

会议室的灯光具有双重功能。第一,它能提供所需的照明。第二,它还可利用光和影进行室内空间的二次创造,灯光的形式可以从小针点到漫无边际的无定形式,应该采用各种照明装置,在恰当的部位,以主动的光影效果来丰富室内空间。

其他办公区域

①会议室色彩主要运用色彩构图的基本原则——统一与变化进行设计。

②会议室色彩应有主调、冷调或暖调,要通过色彩变化来体现是安静还是活跃,纯朴还是奢华。

③主调确定以后,就应考虑色彩的施色部位及其比例分配,作为主色调,一般应占有较大比例,而次色调作为与主色调相协调的色调,只占小的比例。例如,在一个浅灰色调的会议室内,深色的会议桌就成为视觉的焦点。

- **复习思考题**

steelcase办公空间设计视频简介

1. 办公空间中家具的布置主要受哪些因素影响?

2. 开敞式办公有什么优缺点?应当如何处理相关问题?

3. 个人办公室与普通员工办公室在室内布置和环境要求方面有何区别?

4. 试分析人在办公空间的行为特征、功能尺寸和空间需求。

5. 小型会议室和大型会议室在空间环境设计和家具及装备方面有何区别和特点?

6. 办公空间设计:根据人体工程学理论和环境心理需求,规划设计一个商务洽谈室(或经理办公室)。

第 12 章

公共空间设计

≫ 本章提要

本章介绍了商业空间、餐饮空间、展示空间和休闲健身空间四类公共空间的类型、功能和环境设计。结合商业空间介绍了便利店、大型百货商店、超级市场等五种类型商业空间的功能特点、空间布置与环境要求,围绕商业空间的环境设计介绍了动线设计、视觉诱导、商品展示、空间色彩和照明设计。结合餐饮空间介绍了快餐厅、风味餐厅、酒吧和餐吧的功能特点和空间要求,围绕餐饮空间的环境设计重点介绍了座席、餐桌和通行空间的设计。结合展示空间重点介绍了动线设计、空间布局、展示陈列和展示照明。对于休闲健身空间的设计则需要考虑相关运动项目的动作空间、健身设施以及各个功能空间的布局。

12.1 概述
12.2 商业空间
12.3 餐饮空间
12.4 展示空间
12.5 休闲健身空间

12.1 概述

公共空间内设施的安全性、便利性和合理性集中反映了一个城市建设水平、人性化程度的高低。处理好人体工程学与公共空间的设计关系，不仅影响到使用者的舒适度，而且关系到公共场所中人们的安全。公共空间中关键的一些设计尺度，都需要以人体测量尺寸为依据，并且公共空间中还需要充分考虑到老年人、残疾人的需要，实现公共空间更好的包容性。

公共空间功能设计重在具体空间类型与人的行为活动之间的关系，不同的公共空间类型中人们所进行的活动类型、人数对空间的便利性、安全性和人性化设计要求都有所不同。因此，公共空间设计首先要理解具体场所和场景的特点，理解人们在具体场所和场景中的活动特点和要求，依据场景、活动来推导具体的人体工程学设计要求。

（1）商业空间

商业空间从广义上说是指人们发生购买和消费行为的场所，根据商业空间的大小不同，商业空间可以分为小型、中型、大型商业空间。在尺度的维度下商业空间又分为不同的经营种类，具体经营的类型与尺度这两个要素决定了具体商业空间在空间布局、空间尺度、人体工程学设计要求和关键点的不同，其中商品陈列方式与人们的视线高度、取拿物品的高度直接相关，商业空间中通过空间的宽度与购买行为的方式直接相关。抛开具体的经营商品类型，商业空间与人体工程学的关系还涉及一些与人体感官直接相关的普遍规律，例如照明的照度、显色性，色彩对人们的感觉影响。

（2）餐饮空间

餐饮空间主要指所有经营类的餐饮空间类型，不同类型的餐饮空间背后是不同的餐饮文化以及由此引发的不同的用餐行为，人们在不同餐饮空间中自然地遵循这个餐饮空间的用餐习惯。与设计和人体工程学直接相关的是该餐饮空间中食物是如何提供的，人们以什么形式用餐，食物和餐具的类型，这些决定了这个餐饮空间中家具的形式、家具的尺度、通过空间的尺度。除了由不同类型的餐饮空间而引发的设计尺度的要求不同，餐饮空间设计与色彩、照明之间的关系也是需要在设计中掌握的基本规律和基本知识。

（3）展示空间

展示空间是指所有以展览为核心的空间类型，其中商业型展示空间与文化展示空间在展示设计的手法上有较大差别，但在设计中这两类展示空间都必须要注意的三个核心内容是动线设计、空间布局、展示陈列。动线设计与人们观展过程中获得展览信息的过程直接相关，空间布局主要需要考虑展览和通道之间的空间分配比例关系，展示陈列则主要需要掌握人们站姿情况下的视线高度、展品和视野的高度。展示空间中涉及具体的展品类型，对空间照度、色温、显色性都有具体要求，同时还需要关注明暗照明交替可能产生的明适应、暗适应的问题。

（4）休闲健身空间

健身空间主要涉及更衣行为、健身器材和健身动作与空间布局的关系，掌握基本的人体更衣活动尺度、不同类型的器械设备尺度以及人们在具体器械上进行健身活动的尺度，与健身空间的合理空间布局直接相关。除此之外，健身空间作为公共的活动场所，还需要考虑个体活动之间相互保持的恰当距离。

12.2 商业空间

随着城市尺度的扩大，人们活动的范围由步行和自行车能达到的距离扩大到了必须借助汽车和地铁才能到达，随着活动范围的扩大我们可以发现，近年来大型综合的百货商场和超市也逐渐增多。观察我们周围的环境，以最普通的日用品超市为例，一般离我们住宅最近的 1km 以内的是规模最小的日用品小卖部，3km 以内的是规模中型的超市，距离在 3km 以上的则是大型综合的连锁超级市场，同样，百货店、服装店等商业空间也存在类似的小型、中型、大型的逐级扩大的层次关系，不同类型的商业空间在平面布局和设计要求上各有不同，我们在做设计的时候需要充分考虑到不同规模的商业空间的设计要求。

与商业空间直接有关的是消费行为的发展，当下消费行为的概念与我们过去简单意义上的买东西有根本的区别，消费行为可以大致分为三个阶段：第一个阶段是消费者对商品的认识阶段，这个阶段主要是由商品的展示、广告等因素引起消费者对于商品进行了解的兴趣；消费行为的第二个阶段是情绪过程阶段，指消费者在进入商品的购物空间后，消费者受购物空间环境、商品包装、导购的介绍等一系列近距离接触的方式酝酿购物情绪；消费行为的第三个阶段是消费者的意识过程阶段，当人们仅仅处于温饱阶段的时候，现实的使用需要是购买商品的动机，当人们生活已经进入小康水平，消费动机就由满足温饱的生理需要转变成更高层次的满足追求时尚、美、健康等心理需要。因此商业空间的设计不仅要满足最基本的照明、温度环境，还需要考虑材质、尺度、色彩等一系列环境因素，最大程度地让消费者感觉到舒适，调动消费者的消费欲望，达到放松身心、促进消费的作用。

12.2.1 商业空间的类型

12.2.1.1 便利店

便利店，英文简称 CVS（convenience store），是一种用以满足顾客应急性、便利性需求的零售类型，这种零售方式最早起源于美国。便利店的类型分为连锁和非连锁两种。第一种是连锁型的

无人零售
（MBA百科）

便利店，例如 SEVEN-ELEVEN、好邻居、屈臣氏等，这类便利店的特点是选址临近地铁口、公共汽车站、密集住宅区、集中商务区，顾客步行 5~10min 就能到达，经营项目可谓是小而全。对于这类便利店的设计，主要是要求合理利用空间，并且要考虑到最顺畅的人流路线，因为在营业的高峰期，有限空间内的顾客会很多，因此快速地选购和结账对于经营者相当重要。连锁品牌的小型超市自身都有一套自己的平面布置的模式。第二种是非连锁型的便利店，这类便利店的特点是由私人个体经营，经营地点多样，与前者不同的是这类便利店的布置有很大的随意性，根据室内空间自由布置。由于这类便利店在平面布置上缺乏系统性和可借鉴性，我们在此不做阐述。

便利店的卖场面积小，商品种类少，而且商品陈列简单明了，货架比超市的要低，顾客能在最短的时间内找到所需的商品。据统计，顾客从进入便利店到付款结束平均只需 3min 的时间。

便利店商品的陈列有一定规律，便利店的主打商品是速冻食品、饮料、杂志及日常用品，根据不同商店的经营特点还会有不同，例如著名的便利连锁店 SEVEN-ELEVEN 店内特色就是经营一些固定品种的中式快餐，因此在店内还要设计陈列食品和用来加热食品的柜台，有的店还为顾客设计了用来快速用餐的小型吧台和吧凳。但尽管不同品牌的陈列各有不同，我们设计便利店的原则是最大限度提高陈列空间的利用率，在有限的空间内陈列尽量多的商品品种。

便利店平面及店内环境如图 12-1。

12.2.1.2 中小型商店

中小型商店是指经营各种商品的独立零售店面，经营的范围包含了我们日常生活所需的各种商品。如糕点店、眼镜店、服装店等，这类中小型商店的面积一般都不大，与前面所讲的自选式便利店的不同是商品的储存问题。自选式商店的商品陈列同时也是商品储存的地方，而对于一些鞋店、服装店等商店，商品的展示只能展示一个型号的商品，更多其他其他型号的商品需要在店内合适的地方储存，因此在设计的时候要充分考虑到利用货柜底部进行储存或者在店铺后面设计小仓库，不同的商店根据所经营商品的类型，商店的平面布置都有自己的特点。

（1）糕点店

糕点店的陈列特点是要通过展示出来的精

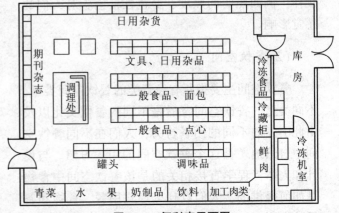

图 12-1 便利店平面图

美糕点以及糕点的香味吸引顾客的注意和购买。首先在糕点店的入口应该放置有自选糕点所用的托盘，托盘一般放置在消毒柜内。自选式糕点店第一部分是陈列各种类型面包；第二部分是陈列各种烤制的饼干；第三部分是蛋糕的陈列，一般店内蛋糕的陈列是采用封闭的透明保险展示柜，由售货员给顾客拿取，蛋糕的透明展示柜与结账的柜台一般是连在一起的，这样方便售货员在给顾客取拿蛋糕后还可以同时给顾客结账，结账柜台后面一般还会有少量的饮料可供顾客一并选购，例如牛奶、咖啡、矿泉水等；第四部分是蛋糕制作过程的展示，蛋糕制作过程同样可以刺激顾客的购买欲，因此许多的蛋糕店都把蛋糕制作间设计成透明的，以促进蛋糕的销售。

蛋糕店的设计要点是要考虑到人在手拿托盘的情况下通行空间要大于普通的一个人的通行空间，因此在两侧都有蛋糕展柜的情况下，要尽量保证合理的双人并行通过空间，避免拥挤的情况出现，如图12-2。蛋糕店的结账台要尽量设计得大一些，这样便于排队结账的顾客可以先将托盘放置在柜台上。

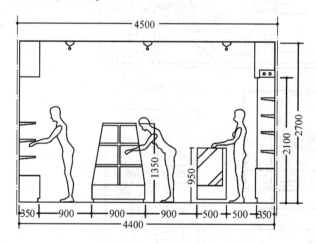

图12-2　自选柜台立面图(单位：mm)

某些外来品牌的蛋糕店继承了欧洲的下午茶传统，因此在经营面积允许的情况下会设计少量的座位，便于顾客选购完糕点和饮品后可以在店内进餐。这种带有座位的糕点店非常适合在大商场内或者是在密集的商务区内需要短时间完成进餐的顾客。

(2) 服装店

服装店又分为女士服装店、男士服装店和儿童服装店。服装店的展示一般分四个层次：第一个层次也是最重要的一个部分就是橱窗的展示，服装店的门口一般是放置着店内新款服装的模特，这种模特展示的方法最直接，也最吸引顾客眼球，为了营造气氛也可在橱窗内展示一些与服装配套的围巾、包等配饰，形成整体效果；服装店的第二个层次是服装的正面展示，将服装的上衣和裤子或者裙子根据流行趋势或者该品牌主打的配套形式正面展示出来；正面展示的优点是让顾客能直观看到颜色、款式及搭配效果，缺点是在面积有限的服装店内，正面展示比较占用面积，并且只能展示少部分的服装，因此任何服装店都必须有第三个层次的展示就是竖向展示部分，竖向展示是指将服装并排竖向挂在衣架上，供顾客一件件挑选，竖向展示的优点是陈列量大，但是展示效果不佳，目前许多服装店为了提高竖向展示对顾客的吸引，也有采取按色系竖向展示的，通过大片的颜色划分来提高展示效果；第四个层次是服装的叠放展示，服装店内的叠放展示一般是展示一些衬衫、简单款式的T恤，或者是叠放一些店内已经有挂件的不同尺码的服装，既美观又解决了库存的问题，如图12-3。

有些服装店为了提高服饰的整体展示效果，还会在店内摆放一些小件的配饰，如腰带、钱包、围巾、首饰等，这些小件物品的展示一般是在店内中部设置透明展示柜，或者与店内的收款柜台结合，让顾客在选购完服装后在结账时顺便选购配套的配饰。

另外，服装店内的更衣间和休息区也是设计的重点。更衣间一定要尽量大而且舒适，让顾客能够在舒适干净的环境下放松试衣，更衣间内需要有一面镜子，同时在更衣间外还应该放置一面整体的大镜子。因为许多顾客选购衣物都有家人朋友陪伴，试衣过程中要询问家人和朋友的意见，因此服装店内的休息区也非常重要。休息区可以是简单的椅子也可以是舒适的沙发，目的是让陪同的人能够坐下来安心等待，这样也是从另一个角度让购买衣服的人放松下来安心选购。

其店内环境及更衣室尺度如图12-4。

(3) 鞋店

鞋店的设计最常见的形式是店内四周是层板展架，中间是高度较低的展示台和试鞋用的座椅。店门口摆放的鞋子一般是向外摆放，以吸引过往

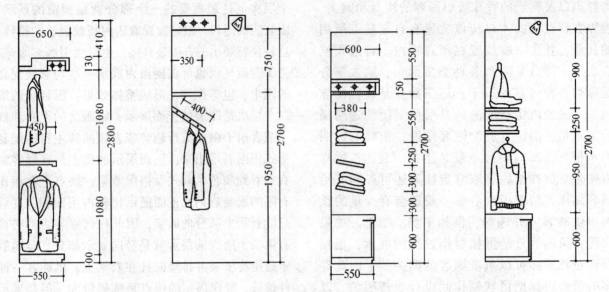

图 12-3 服装不同展示方式(单位：mm)

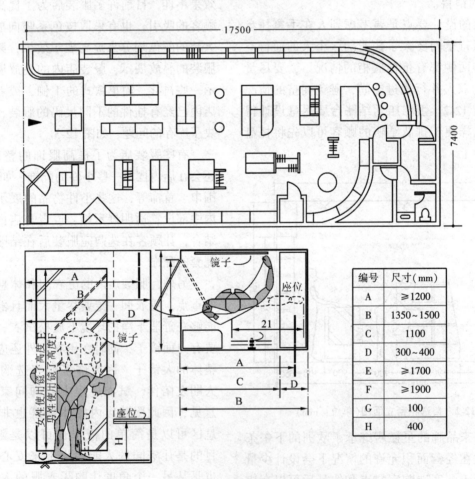

图 12-4 服装店平面及更衣室尺寸图(单位：mm)

行人的注意。

不同风格和定位的鞋店在卖场的设计上也应有所不同。女士鞋的卖场布局应给人轻松、浪漫的感觉，背景色彩宜轻快明亮，突出女鞋的多种色彩，直棱直角的线条不宜过多；而男士鞋的卖场则应给人沉着、稳重的感觉，直线条可以多用，适合采用相对重一些的颜色；另外，运动类鞋子的卖场则适合采用大片明亮色彩，在远处给人运动的整体感觉，运动类鞋子的摆放一般是采取整墙的平行摆放，突出鞋子的侧面线条，也便于顾客进行形状和颜色的对比。

鞋店内的设计主要考虑试穿鞋子的凳子与通道的关系,如果凳子位于通道的一侧,则有必要加宽通过空间,避免通行的顾客妨碍试鞋的顾客。店内除了专门用来照脚部的小镜子以外,还应该设有能够照到全身的大镜子,让顾客能看到鞋子穿上的整体效果。

其平面及店内环境如图12-5。

鞋子的展示分为三种形式:第一种是倾斜式的展示,如图12-6;第二种是水平竖向放置的形式,如图12-7;第三种是单只鞋子横向贴墙展示的方式,主要用在运动类鞋子的展示墙面上,如图12-8。鞋店试鞋区的尺度不仅需要满足顾客试鞋的空间,还需要满足售货员蹲下为顾客服务的空间,这个距离应该在1500~1700mm。在两侧都有鞋子展架的情况下,一条长凳上同时试鞋的顾客可能会背靠背面朝两个方向试鞋,这种情况下最好保证试鞋长凳两侧的顾客都能够舒适地试鞋。男鞋和女鞋展架的高度可根据男性和女性不同的站姿摸高来确定最高一层的搁板高度,如图12-9。

(4)眼镜店

眼镜店的展示主要由玻璃柜台展示和墙面展示组成,玻璃柜台内主要展示的是各种近视眼镜的镜框,为了突出镜框的造型,玻璃柜台的展示

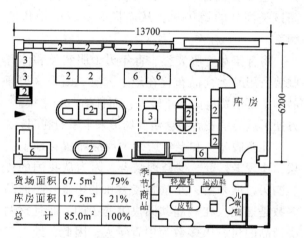

图12-5 鞋店平面图(单位:mm)

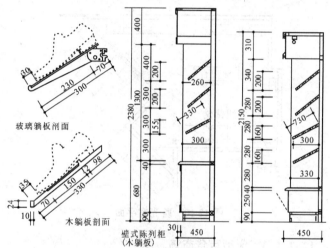

图12-6 展示方式1(单位:mm)

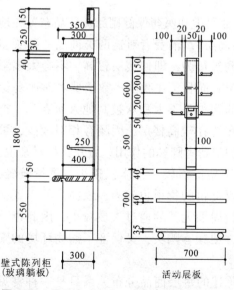

图12-7 展示方式2
(单位:mm)

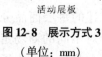

图12-8 展示方式3
(单位:mm)

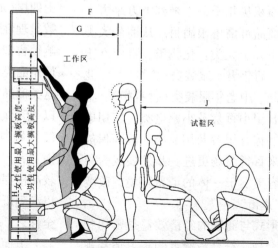

图12-9 试鞋区立面图

编号	尺寸(mm)
F	1200
G	≥910
H	1700
I	1800
J	1500~1700

台面一般采用底部背光的磨砂玻璃，墙面上展示的主要是太阳眼镜的款式，墙面展示的背景同样也是采用背光的展示墙。每面展示墙的两侧一般都设有带镜面的墙面，方便客人在试戴眼镜的时候查看效果。眼镜这种商品的特点是体积小款式多，并且顾客选购眼镜的目的就是想看东西的时候尽量清晰明确，因此眼镜店内展示环境的设计应该尽量简洁明了。

眼镜店相对于其他商店的不同是涉及一些设备和仪器的摆放。验光仪器最好是有一个独立的小房间，眼镜的制作也需要有一个专门的工作室来完成。店内要设有洗手的水池和镜子，方便客人在试戴隐形眼镜的时候使用，验光室平面如图12-10。

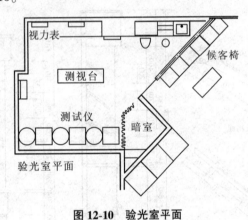

图 12-10　验光室平面

12.2.1.3　大型百货商场

百货商场是一种综合性的消费环境，顾名思义，是综合了不同类型的产品，并且每个类型的产品都有多个品牌供顾客选择的场所。大型百货零售商场的营业面积从几千平方米到上万平方米不等，其经营的商品可谓琳琅满目。从商品大类来分，主要有以下几个大类：化妆类、青年女士服装类（含鞋帽）、青年男士服装类（含鞋帽）、儿童服装类（含鞋帽）、中老年服装类（含鞋帽）、金银首饰珠宝类、日用小百货及小家电类、家用电器类、IT数码类、体育服装及用品类、医药保健用品类等。近年来百货商场更进一步发展成为集购物、餐饮、美容美发于一体的消费环境，改变了传统意义上的"逛街"。

商场的布局形式与商场的经济效益是密切相关的。布局科学合理，符合消费者购买习惯和规律，就会提高商场经济效益，反之，效益就低下。

将家用电器类和日用小百货及小家电类商品布置在地下一层。这样可以很好地兼顾方便顾客购买和商品销售。日用品超市也适合放在地下一层，因为日用品超市相对于化妆品和服装珠宝这类商品来说，展示效果比较凌乱，对于进入百货商场的顾客来说，日用品往往是其他购物完成后才进行的购买活动，而地下一层对于许多开车来的顾客来说，刚好从地下一层出来就可以到达大厦的地下停车场，从这几个角度来说，超市放在地下一层都是最合理的。

商场选址之动线考量

将美容化妆类和金银首饰珠宝类商品布置在地上一层，美容化妆品和珠宝首饰的展示柜台效果精致典雅，容易从远处吸引顾客的注意，并且这两类商品价格比较高，放在一层容易提高该类商品的销售额，从而提高商场的销售利润率。

将青年女士服装类、青年男士服装类和体育服装及用品类商品布置在地上二层。因为这类商品的主要消费群体是年轻人，而且消费频率很高，方便了这类消费者将会给商场带来丰厚的利润。

儿童服装类和老年服装类商品布置在地上三层，体现老、青、少合理结合。因为从我国的传统购买习惯来看，儿童服装类和老年服装类商品多数是三代人在一起共同决策购买的，而且这两类商品的付款人多数为中青年人，因此，地上三层不高不低，可以较好地兼顾老、青、少三个层面顾客的需要。

将IT数码类和医药保健用品类商品布置在地上四层（最高层）。消费者对这两类商品的购买多数是理性购买行为，即使楼层较高，不会太多影响销售情况。而且，在我国多数消费者对医药保健用品类的购买是不太喜欢被其他人所看到，把这类商品布置在较高楼层，因顾客相对较少，可以起到保护消费者隐私的作用。另外，相对来说，IT数码类商品价格较高，体积较小、重量较轻，消费者需要支付的货币也较多，该类商品布置在较高楼层，周围无关的通过人员较少，因此也可以起到既方便顾客购买，又保证了购物环境的安全性。

上面陈述的每层商品分布关系只是一种常见的方式，针对不同的商场定位和具体情况还要作一定的调整，目的都是为了让百货商场能达到最好的销售业绩。例如，顾客最多的青年女士服装一般商场是放在二层，而有的商场为了提高二层以上的商品销售，将原来放在二层的青年女士服装放在了五层，这样顾客要到五层选购商品必然要经过二层、三层和四层，也就带动了这几层商品的销售和客流量。

对于同一大类内的商品区域布置，也要遵循一定的规律。一般而言，除金银首饰珠宝类和医药保健用品类商品外，其他大类商品的布置，应将最知名的品牌，特别是能起到显示消费者身份或具有炫耀目的的品牌商品布置在该楼层的最显眼位置，比如楼梯或电梯的正对面或附近顾客流量大的地方，使顾客在购买该商品的时候，实现自我满足、炫耀的心理；而对于相对不知名的甚至是没有知名度的商品最好布置在该楼层的偏僻之处。对于金银首饰珠宝类和医药保健用品类商品的布置，应该是将价格昂贵的和消费量大的商品，布置在该楼层的隐蔽之处，以保护消费者的隐私，方便顾客购买。

其各层商品分布构成如图 12-11。

12.2.1.4 超级市场

超级市场是大型的自选式的商业空间，其平面布局示例如图 12-12。商品采用条码式的计算机管理，全部采用开架式展示。超市的入口和出口一般设计在两个不同的位置，这是为了让消费者进入超市后必须走完一定的路线才能到达结账的柜台，

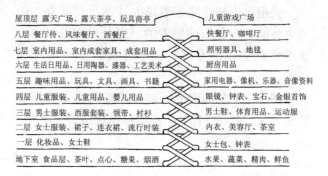

图 12-11　各层商品分布构成

在这个路线中展示了多种多样的商品。超市入口都有手推车，消费者在推着手推车购物的过程中，往往购买的商品要比原来自己计划中的要多，这是因为一方面手推车减轻了购物过程中的体力负担，另外自选式的购物模式往往让顾客在选择商品的时候缺乏直接的价格概念。自选式的大型超市的缺点是从入口进入超市后有一定的路线必须走完，因此对于一些少量购物或者时间比较紧张的顾客来说，花费的时间过长；优点是超市的日用品和食品可谓应有尽有，能够一次性将需要买的东西买全，从另一个角度来说也节省了平时日常的购物时间，并且自选式的购物方式让人感到放松和自由，开敞式的货架与传统的柜台式货架相比能起到让人放松心情的作用，如图 12-13。

商店布局怎样让你花更多钱

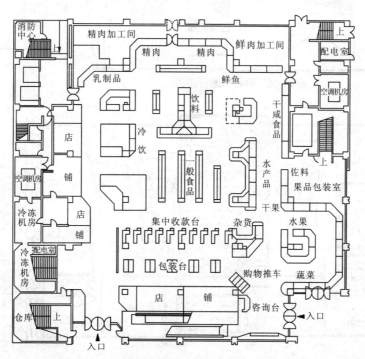

图 12-12　超市平面图

大型自选超市除了考虑人体通行尺度外,还需要将购物车作为购物者的一部分考虑进去,除了考虑购物车的宽度外,还需要考虑购物车的长度。

图 12-14 左侧表示了顾客推着购物车所需要的总长度,约为 1100mm;图右侧给出的是男性、女性和儿童一家三口并行通过的空间。

图 12-15 中给出的是围绕自选岛台的综合平面,我们可以看到在大型自选商店内,当岛台两侧都有大型货架的情况下,通道两侧互不干扰选择商品,并且中间还具备能让顾客推着购物车通过的通道宽度要求。

图 12-13 超市开敞货架(单位:mm)

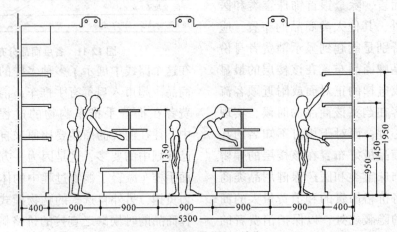

图 12-14 购物车通行间距

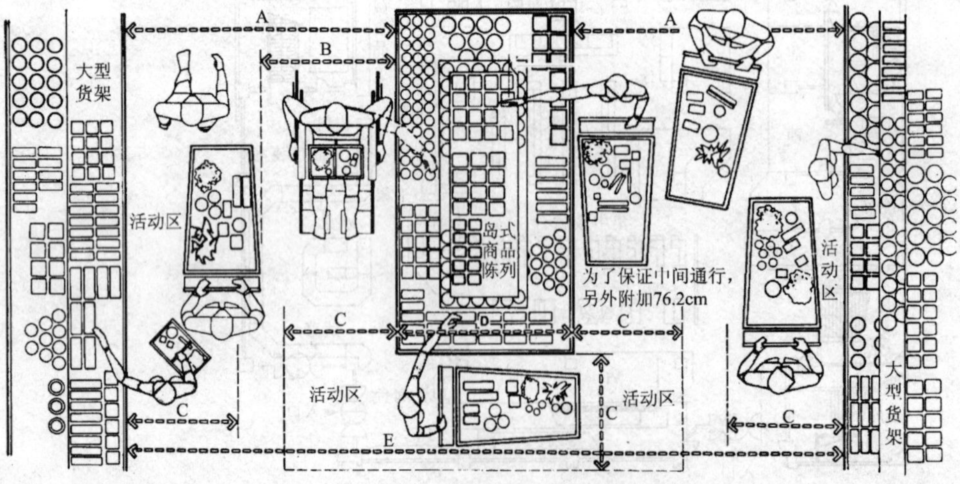

编号	尺寸(mm)
A	1100
B	1500
C	450

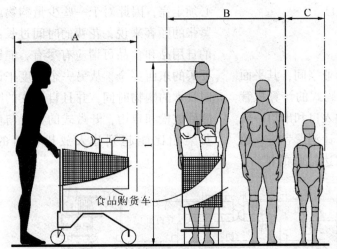

编号	尺寸(mm)
A	≥1800
B	910
C	≥760
D	1220
E	4900

图 12-15 超市购物环境中购物车与货架的尺度关系

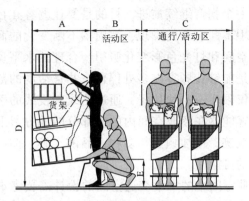
图 12-16　大型货架旁的通行/活动区通道宽度

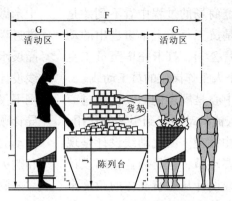
图 12-17　岛式商品陈列通道宽度

编号	尺寸(mm)
A	810
B	≥910
C	1500
D	≤1600
E	≤380
F	2800
G	760
H	1200
I	≤1200
J	760~810

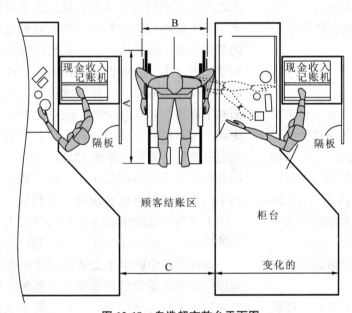

编号	尺寸(mm)
A	1100
B	650
C	≥910

图 12-18　自选超市款台平面图

图 12-16 和图 12-17 中表示的是自选超市的货架前面需要留出的通道宽度以及岛台式货架两侧需要保留的通道宽度。

自选超市的结账台之间的距离也是需要重点关注的，图 12-18 中给出了两个标准结账台之间的距离至少应为 910mm。在保证购物车能够通过的情况下，有一侧还能让人侧身通过，这个宽度不仅适用于普通顾客的通过距离，而且适用于坐轮椅的残障顾客。

12.2.1.5　大型购物中心

Shopping Mall，意为大型购物中心，采用复合型商业地产运营方式，是目前世界零售业发展中最综合、最大型的商业形态。Mall 在英文中的原意指的是购物林荫道，它提供给顾客闲庭信步的购物乐趣。Shopping Mall 特指规模巨大，在一个毗邻的建筑群中或一个大型建筑物中，由一个管理机构组织、协调和规划，把一系列的零售商店、服务机构组织在一起，提供购物、休闲、娱乐、饮食、康体、文化、商住等各种服务的一站式、体验式消费中心。

12.2.2　商业空间的环境设计

12.2.2.1　动线设计

百货商场的动线分三种。第一种是给顾客使用的卖场动线。第二种是从停车卸货开始经过商品管理，接着上升降货梯，到进入卖场仓库的这个过程是后勤补给动线，后勤补给动线的特点是要够宽敞，至少 1800mm 以上才足够人员和推车通过；通道两侧壁面要做耐撞处

宜家的
动线设计

家具专卖店
的设计因素

理，地坪要平顺耐磨使推车不受阻碍，并且这条动线一般要让客人在逛商场的过程中看不到才是合理的设计。第三种是员工每天上下班进出的动线，从经过警卫到百货公司，打卡完毕至员工更衣间换制服、再进到个人工作岗位的员工动线。

商业空间设计的中心是顾客的活动，通过商品展示和路线规划对人流的动向起到引导的作用，激发顾客的好奇和购物欲望。因此动线设计是现代商业空间设计的重要环节，也是商业空间设计能否成功的关键。动线设计从建筑立体的角度来分，可以分为水平方向的平面动线和垂直方向的上下动线两部分，我们一般更加关注的是水平方向的动线是否合理，但事实上垂直方向的上下动线对于一些大型的百货商场、超市或者购物中心来说一样重要。

（1）水平动线设计

大型卖场以电动扶梯为中心来引导顾客行走的通道称为水平动线，商场水平动线分为主要动线和次要动线两种，通常主动线宽2100~2400mm，次动线宽1500~1800mm。主动线常见的是环绕全场呈一个回字形，这会使消费者回游在全场各处，可以同时看到两侧和位于中心位置的商品。次动线是指除主动线外的销售岛台和岛台之间的通道，由于次动线的通道宽度较窄，因此商家容易与顾客之间形成互动，因此也要充分利用这种优势。

顾客在商业空间中的路线选择大多是无意识的根据当时眼睛或者耳朵收到的视觉和听觉上的刺激前往，因此水平动线设计的重点是要求有一定的变化，而不是一眼望去一览无余，过于简单的直线型的商业空间的动线设计往往不可取，过于规整的商品陈设也不太可取。针对卖场中的长通道应避免做"一"字形设计，而应该考虑隔三四十米做一个拐弯继续前进，目的是要让顾客在行进过程中不断有新的发现，被周围不断变化的商品展示空间和灯光色彩变化吸引。合理的水平动线设计是能够让顾客在多处停留，并且活动的范围不仅仅限于一小块位置，通过路线和视线的引导让顾客能够在商业空间内的大部分的地方留下活动的轨迹，增加顾客与多种商品的了解、询问和购买的可能性。

商业空间中的水平交通空间的设计需要考虑的是单位时间内一定宽度上通过的人数，涉及服务台、款台等需要排队的时候还需要考虑到人与人之间的距离间隔和队列长度。这类设计一般需要交通工程师或者步行设计专家协助完成，设计的基础是要了解人体测量的数据以及生理学和心理学知识。步行活动空间要以男性第95个百分位的人体尺度为基础，人体尺度包括正立面、侧立面和平面三个方向的尺寸，如图12-19。并且要考虑到冬季衣物的厚度以及购物活动中人提着购物袋通过需要的宽度，如图12-20。图12-21中提出的是队列中个人不同大小的活动半径，人体在队列中的活动空间可以看成是一个圆形，在队列中一个人较为舒适的能够保证与周围的人没有身体上的接触并且通行自由的个人空间直径为610mm。

商业空间中的水平交通空间的尺度设计虽然是以保证顾客的舒适和安全为前提的，但是尺度过大的水平交通空间对于商业空间来说并不一定有利，一方面是浪费了空间的利用率；另一方面是通道尺度过大会让客人觉得店内没有人气很冷清，因此商业空间内通道宽度的设计应该是保证高峰客流量能正常通过的情况下让每个客人的个人空间感觉基本舒适为宜（图12-22）。确定通道的

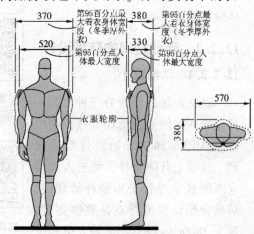

图 12-19　三个面的人体尺度（单位：mm）

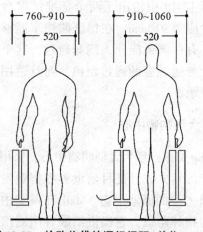

图 12-20　拎购物袋的通行间距（单位：mm）

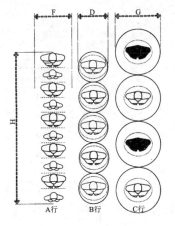

图 12-21　队列个人活动半径比较

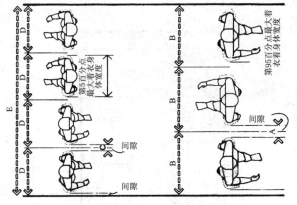

图 12-22　合理的通道宽度

编号	单位(mm)
A	100
B	810
C	40
D	610
E	2440
F	760
G	910
H	3000

宽度要考虑通道两侧顾客在柜台前选购商品的宽度，这个宽度为 400mm，然后根据通道中人流量的股数来计算合理的通道宽度。根据前文提出的个人自由通行的空间为 610mm，假设两侧都有柜台的情况下，中间通过的人流股数为 2 股，那么合理的通道宽度为 400mm×2+610mm×2 = 2020mm。

（2）垂直动线设计

从地面层借助电动扶梯、直行电梯、步行楼梯来运送消费者上下到每一个营业楼层的过程称作垂直动线。一般而言，百分之七八十的客人多是利用电动扶梯来上下商场的各个楼层，因此在大型的商业空间中通常是采用交叉式的电动扶梯，即能让客人右转上楼左转下楼，很顺利地到达每一层卖场。也有许多商场是采用平行并排式的电动扶梯，其缺点是当人流量很大的时候可能会造成上下楼的客人在同一个平台处挤成一团，并且必须多绕半个卖场，看似多一点商机，实际上可能会让顾客产生反感厌倦情绪。对于狭长形的商业空间来说，自动扶梯应该设置在商场的两侧，避免顾客对一层商品没有任何了解就上楼了。传统商场的垂直人流引导一般从一层开始从下向上分配人流，把好卖的商品分布在低楼层，高层是一些小众的的商品，这对于整体商业空间的平米效益来说当然是有一定损失的，因此近年来许多商家开始调整这种传统的布局方式，例如将物美价廉的打折促销商品放在高层，顾客们会在打折促销商品的刺激下直奔高层，然后再意犹未尽地向下逛其他楼层卖场，或者是当空间允许的情况下将客流通过连跨多层的长扶梯将顾客直接引导至顶层后再使顾客逐层向下到各个店铺。我们通常把这种将顾客由上至下引导的动线设计称为"花洒型"垂直动线。

相对于水平动线来说，垂直动线中合理的尺度设计对于人流的安全性来说更加重要，例如步行楼梯的高度和宽度，扶手的形状等。并且，垂直动线对于高层公共空间的使用率来说具有重要的意义，一套合理的垂直交通系统能够大大提高高层商业建筑的使用率。

自动扶梯尺度：自动扶梯的结构是一个上大下小的倒梯形剖面结构，如图 12-23。扶梯上部宽度与底部宽度差距约为 100mm，公共场所中人们一般在自动扶梯靠右站立，左侧留出的是需要加速通过的顾客通行道路，根据前文推导的双人通行楼梯的尺度计算，双人通行自动扶梯下部净宽度应大于 1190mm。

步行楼梯尺度：步行楼梯宽度应考虑两个以上的人并排通行情况下的合理宽度，这个合理宽度应该是男子第 95 个百分位的肩部宽度加上衣物的厚度以及人与人之间需要保持的活动余量，避免在上楼梯的时候身体触碰导致的安全事故。男子第 95 个百分位的最大肩宽为 469mm，两人之间身体摩擦余量应大于 100mm，保证双人通行，两侧都有扶手的楼梯宽度应大于等于 1100mm，如图 12-24。推荐使用的双人楼梯通行宽度为 1700mm。步行楼梯的扶手与踏步尺寸与人体测量数据中男子第 95 个百分位的手和脚的尺寸有关，为保证手部抓握的饱满度，常见的圆形扶手直径 40mm，扶手边缘距离墙面应保证不小于 50mm 的距离，如图 12-25，其中楼梯踏步的宽度则应与脚部穿上鞋以后的尺寸为参考数据，按 GB/T10000—1998 给出的成年人手足尺寸，男子第 95 个百分位的男子

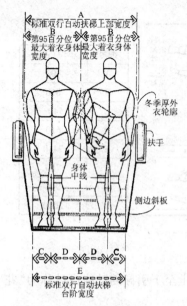 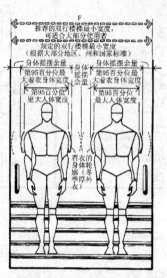 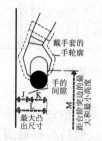

编号	尺寸(mm)
A	1200
B	660
C	180
D	330
E	1020
F	1700
G	1100
J	≥50
K	40
L	≥90
M	760~860

图 12-23　自动扶梯尺度　　图 12-24　双人通行楼梯宽度　　图 12-25　楼梯扶手尺度

脚部尺寸是 264mm，穿上冬天较厚鞋子的最大长度为 356mm，建筑设计规范中规定的楼梯踏步的最小宽度为 241mm，因此 280mm 宽的楼梯踏步宽度较为舒适，适当增大脚步与楼梯的接触面积有利于减少攀爬楼梯的用力，对于老年人来说也更加安全，踏步高度应小于 200mm，一般高度在 150~170mm 比较合理，扶手距离地面高度约为 760~860mm。楼梯常用尺寸如图 12-26。

电梯尺度：电梯不仅是身体健康的人士使用的上下工具，更重要的是，电梯还是老年人及身体残障人士最经常使用的设施，因此电梯的设计不仅要考虑普通人的使用，还需要考虑到残疾人、老年人的使用。电梯设计时应考虑到电梯入口的宽度、按钮的高度以及轿箱内部的空间大小，同时应该注意电梯厅的大小等。为了保证乘轮椅者能进入电梯，电梯开门的宽度应大于 800mm；为保证乘轮椅者坐在轮椅上能够到按钮，轿厢内操作按钮最上面的高度不得高于 1400mm，电梯内的紧急按钮应设置在 900~1000mm，操作面板上应有盲文标识；为了保证轿厢内轮椅能够进行回转，电梯内部空间应大于 2.09m²，同样，电梯厅内为了保证乘轮椅者的方便，电梯厅的走廊宽度应大于 1500mm。电梯常用尺寸如图 12-27。

坡道也是建筑垂直交通的一部分，坡道主要是服务于残疾人，为保证乘坐轮椅的残疾人活动的安全，坡道的最大斜率为 1:12，最大水平长度为 9m(不包括坡道尽端 1100mm 的水平长度)，坡道的出入口和转弯处都应有一定量的水平段，开门处的水平段应有 1100mm，转弯处的水平段的长度应有 600mm。坡道常用尺寸如图 12-28。

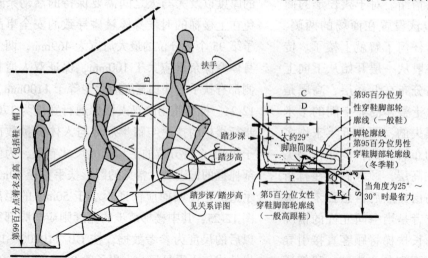

编号	尺寸(mm)
A	760~860
B	≥2130
C	360
D	330
F	230
J	13
K	3
O	190
P	290
R	86
S	170

图 12-26　楼梯及踏步尺寸

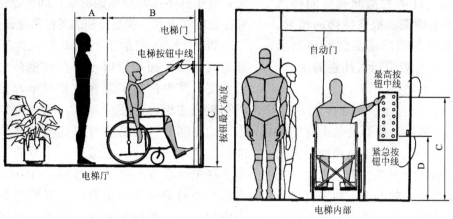

图 12-27 电梯尺度

编号	尺寸(mm)
A	450
B	≥1200
C	≤1400
D	760

图 12-28 坡道尺度

编号	尺寸(mm)
A	1100
B	≥1800
C	300~450
D	450~500
E	830~860

动线设计的原则不仅仅是用在大型的百货商场和超市，在小型和中小型的零售商店也一样适用。仔细观察不同类型的零售店可以发现这些商店都运用了视线的引导和动线的设计来吸引顾客进入并且让顾客在商店内停留。例如，小型超市连锁屈臣氏，在商店的入口位置永远都是摆放近期特价的商品或者是最近上架的新品，特价的商品或者是换购赠送的礼品往往能够第一时间吸引过往行人的注意，人们会抱着好奇的心态进入店内；最靠近门口位置陈列的商品是女士美容护肤用品，抓住了女性爱美的心理，女性在购买这类商品的时候往往需要精挑细选，慢慢比较试用，也就开始在屈臣氏的购物旅程；为了避免顾客仅仅在入口处活动，屈臣氏的结账的柜台一般是设置在店内的中间位置，让顾客即使是站在中间结账的时候也会对另一边未光顾的商品产生好奇，在中间排队等候的顾客也会很自然地环顾周围的商品，如果发现有兴趣的商品还可继续进行购物。

12.2.2.2 视觉引导与过渡

(1) 视觉引导

商业空间的内部自然是五光十色，色彩缤纷，但这些多姿多彩的内部如何能让顾客感受到，怎样能让过往的行人感觉到商业建筑与其他公共建筑的不同，并让顾客产生好奇进去一探究竟呢，这就需要通过对临街商业建筑外立面和橱窗的视觉引导的设计，大型商业建筑的外立面可以通过几个层次吸引顾客注意。当行人在200m以外的地方注意到该商业建筑的时候大多是被建筑外立面大型的广告牌吸引，这些广告牌尺度非常大，并且色彩艳丽，根据本季的新品不断更换户外广告，大型广告的作用是让过往行人知道该商业建筑的存在，是一种地标性质的作用，这是商业建筑视觉引导的第一个层次；商业建筑一般会将许多知名品牌的店面灯箱标志放在一层和二层，借助各种品牌的号召力，顾客会对该商业建筑的定位、所销售的商品有一个基本的了解，这是视觉引导的第二个层次；视觉引导的第三个层次是商业建筑一层的橱窗设计，行人在街上行走的运动行为一般是连续性的，只有看到让自己感兴趣的事物才会放慢脚步，当行人感觉该商店的橱窗设计得非常有特色，或者是店内陈设的商品非常有吸引力，行人就会改变路线，开始在该商业空间中的购物活动。许多大型商业空间都选择将一些世界顶级的名牌商品放在临街的位置，就是因为但凡世界顶级的名牌商品的橱窗展示效果总是最佳的，也是最吸引行人注意的。

(2) 视觉过渡

当顾客进入商场内部后，并不是马上就能够进入购物的状态，顾客的眼睛、耳朵和神经末梢还没有对商场中的环境作出反映，刚进入商场的顾客往往处于一种猎奇观光的心态，如果商场入口处展示的商品过于平淡，没有特点，那么顾客很快就会失去继续逛下去的冲动，因此在商场入口处需要有一定的过渡区，这个过渡区可能不是为了大量销售商品，而是为了调动顾客的购物和逛街欲望。因此，有的商场就将入口处的通道两侧或者商场中庭做一系列的季节性的商业展示，可能是以某个品牌为主，也可能是将多种品牌的商品结合起来展示，目的就是为了通过精美展示的商品或者精心营造的场景来引发顾客的想象，从而调动顾客的购物欲望。

视觉过渡区除了适用于卖场入口处还可扩展到整个卖场的各个楼层。在卖场的各个楼层。在电梯口和商品之间保持一些距离可以让顾客在走近这个商品之前产生一些视觉预期。

12.2.2.3　商品展示与陈列

商品的展示与陈列的方式从大类上可以分为封闭式和开敞式。

商品陈列与消费心理学

封闭式商品展示是将商品放在玻璃柜台内，柜台将售货员与顾客隔离开，商品需要通过售货员转交给顾客，封闭式商品展示的方法有利于商品的管理，售货员在取拿商品的时候也可以跟客户之间进行一对一的交流和服务，但封闭式柜台不利于顾客随心所欲地挑选商品，因此封闭式商品展示的方式一般适用于小而贵的商品，例如珠宝、首饰、高档文具等。

如图12-29表示了人的观察距离与展柜尺度之间的关系，根据人体工程学中视距与视野的原理，当人距离展柜越近的时候所能观察到的展柜展品高度越低，反之，距离越远的时候能观察到的展柜展品高度越高，例如在展柜上部设计成商品的标识和广告，让顾客在很远的地方能够看到，走近后在具体选购商品的时候，即使是最上层的商品也能够取到，就是合理的展柜高度设计。

如图12-30表示了当两个柜台位于商场主通道两侧面对面布置时，柜台和柜台之间的通道宽度，其中包括了顾客站着和坐着买东西的两种封闭式柜台的服务形式，除去顾客本身所占用的空间外，还需要考虑到与顾客陪同前来的亲友所站的位置，通道中两个方向通行的人流，这个通道宽度建议取2950~3050mm，商店内的次要通道可以在主要通道宽度的基础上减去中间一个人的通行宽度，只保证中间有一个人的通过空间即可，次主要通道的宽度建议取1750~2300mm。

一些珠宝、首饰、眼镜等需要长时间精心挑选的商品，柜台前面还会设有让顾客坐下选购的椅子，这类柜台的高度有高有低，根据柜台高度的不同配以不同高度的椅子。图12-31表示的就是这种供顾客坐着选购的低柜台。柜台的高度为760mm，跟我们平时使用的桌子高度非常接近，因此对于顾客来说这个高度是最舒服的高度，但对于站着服务的售货员来说，最佳的柜台操作高度应该是低于站立时肘部高度50~76mm，男子第50个百分位的肘部高度为1000mm，则较为舒适的柜台高度应为890~970mm，这与我们前面给出的760mm是互相矛盾的，因此有些商场的柜台会选择让顾客坐在高度较高的吧椅上。这种柜台高度应为1000~1100mm，吧椅高度为650~710mm，如图12-32。过高的柜台对于顾客和店员来说使用起来都是一件很累的事情，因为柜台高度过高会让店员服务起来腰部和颈部过于劳累，配套的高吧凳也会让顾客坐在上面和上下吧凳的时候总是缺乏一定的安全感并且会觉得不自在。在一侧是开敞式展柜、一侧是封闭式柜台的情况下，由于封闭式柜台高度较低，顾客会与柜台的距离较近，因此通道宽度可以选择在760~1200mm之间。

开敞式商品展示是目前许多商家广泛采用的展示方式，它拉近了商品与顾客之间的距离，便于顾客自由挑选商品，最大限度增加了顾客与商品之间的接触，具有强烈的采购诱惑力。开敞式商品展示运用到不同类型的商品卖场的时候需要考虑的人体工程学的因素不同，例如书店和服装店同样采用开敞式货架的形式，但是商品的尺度和展示的方式都不太一样。

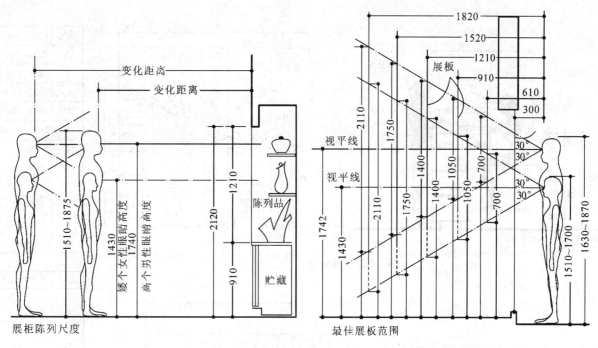

图 12-29　观察距离与展柜的关系（单位：mm）

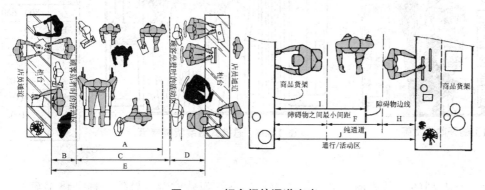

图 12-30　柜台间的通道宽度

编号	尺寸(mm)
A	≥1700
B	450
C	1800
D	660~760
E	2950~3050
F	760~910
H	≥450
I	≥1300
J	1750~2300

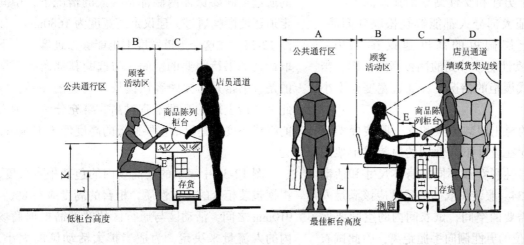

图 12-31　低柜台

编号	尺寸(mm)
A	910
B	660~760
C	450~610
D	≥760
E	250
F	530~560
G	130
H	580~640
I	100~150
J	860~910
K	760
L	400~430

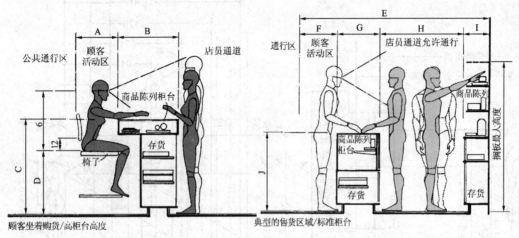

图 12-32 高柜台

编号	尺寸(mm)
A	660~760
B	460~610
C	1000~1100
D	650~710
E	2100~2800
F	460
G	460~610
H	760~1200
I	460~560
J	890~970
K	1800

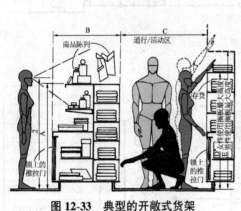

图 12-33 典型的开敞式货架

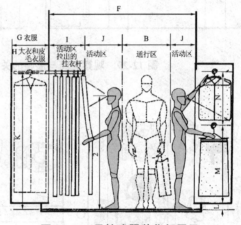

图 12-34 悬挂式服装货架展示

编号	尺寸(mm)
A	≤1200
B	760~910
C	≥1300
D	1700
E	1800
F	2100~2400
G	500~660
H	710~760
I	460~610
J	≥460
K	≤1800
L	100
M	1100
N	≥660

如图 12-33 表示的是典型的开敞式商品货架与通过空间的尺度，开敞式货架不仅要考虑到人眼睛的视线高度，同时还需要配合人手能够到的抓握高度，由于男性和女性站立的抓握高度有一定差距，为保证大部分人都能够轻松取到商品，因此展柜最上层搁板的高度建议在 1750~1820mm，这是女性能够够到的搁板高度范围，当两侧都有开敞式展柜的情况下，通道宽度应不小于 1300mm。

服装店内的男士服装展架和女士服装展架都是分开的，因此在设计不同性别的服装展示架的时候可以参照男性和女性不同的身体尺寸和活动尺寸，如图 12-34。服装试衣间的尺度应该满足人在穿、脱衣服需要的空间，试衣间内的空间要保证第 95 个百分位的男性侧向手握距离，因此试衣间的尺寸应该在 1300mm×910 mm 以上。

书籍的开敞展示一般有两种形式，一种是将书籍的书脊朝外放置，另外一种是将书籍的封面朝外放置，人们在选购书籍的时候往往会在书架前站立很长时间翻阅比较，因此书店的展架中间的通过空间要保证两侧都站有人的情况下，中间走道还能顺畅通过，建议走道宽度为 1680mm，如图 12-35。在这个走道宽度下也能够保证客人蹲下取低处的书籍需要的空间。与选购其他商品不同的是，书籍是需要顾客认读较多文字的商品，因此书架最上层的高度不宜过高，要充分考虑到人的视线高度，建议最上层搁板的高度低于 1750mm 为宜。

图 12-36 中表示的是商场内的包装柜台尺度，根据包装柜台的工作性质，柜台的高度应在 890~910mm 之间，活动区与通行区的宽度需根据商场内的人流量来决定，为适当扩大活动区的大小，可将通行区与活动区结合，例如将包装柜台设置在较宽的通道两侧。

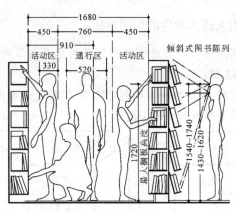
图 12-35　书籍展示(单位：mm)

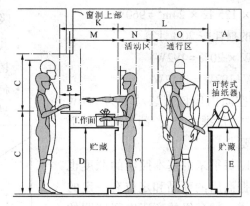
图 12-36　包装柜台

12.2.2.4　商业空间色彩设计

商业空间内的色彩设计与所销售的商品有很大的关系，为了突出所销售的商品，我们应该选择突出商品颜色的环境色彩。突出商品色彩并不一定要选择强烈对比色，大部分商业空间还是倾向于选择让人视觉上感觉舒适的中性色，特别是对于一些商业空间内商品本身色彩是色彩缤纷的情况，中性的米色、灰色能衬托出商品本身。

商业空间的色彩设计与居住空间、办公空间的主要区别是，商业空间的色彩要更加大胆和鲜艳，这是为了在一定距离内能对人产生吸引力，但在色彩组合规律上仍然要注意色彩的配色与调和，配色给人愉快的叫做调和，相反，配色给人感觉不愉快的就是不调和。为了作好设计，选择合适的配色，可以对周围好的配色实例进行分析和研究，例如室外环境中的风景、动物、植物等等，或者是一些抽象派的名画中采用的色系，对这些已有的配色进行搜集、整理和分析，最后运用到设计中。

12.2.2.5　商业空间照明设计

(1) 照明效果和照明种类

商店以及展位树立自身的品牌形象，吸引顾客注意力的有效手段之一就是照明的设计与变化。好的商店照明设计能让顾客在远处就被吸引，进入店内照明设计能够对店内气氛起到烘托的作用，创造迷人的购物气氛，最后达到销售的目的。

商业照明的设计可以从两个方面进行评价：一方面是从人体工程学的角度对照明质量的分析，涉及照度、色温、显色性等项指标；另一方面是从视觉效果出发的，分析商店内的照明效果是否能衬托商品的品质，营造吸引人的环境气氛，促进销售。商店空间的照明可以分为空间照明、局部照明和作业照明三种。空间照明是用来照亮大范围的环境照明，局部照明是用来重点照亮商品的装饰性照明，作业照明是对柜台、收银台或者仓库、工作间用的照明。

商业照明中最难解决的问题是空间照明和局部照明之间的关系，从商业照明的视觉效果来说，商品的局部照明与空间环境照明的照度适当加大能够有效吸引顾客的注意力。照明对比过大会让顾客频繁在明适应和暗适应之间转换，会造成顾客眼部的疲劳；照明过于均匀会让商品看起来缺乏吸引力，并且还有可能会造成能源的浪费；因此，有些国家规定了商业照明最高照度和最低照度之间的差距不能小于 0.7，英国和法国规定的是不能小于 0.5。尽管许多商业空间环境的照明注重以高低照明之间的对比来衬托商品的销售环境，但是任何商业空间都要保证一定的照明亮度，因此在照明设计的最初阶段，可以采用"单位容量法"进行估算，单位容量法就是计算商业空间内每平方米的被照面积上产生 1 lx 的照度值所需的瓦数。计算平米照明的容量是为了进一步求出所需灯具的数目和功率，其计算公式为：照明总容量(W) = 单位容量值×平均照度值×房间面积。如果采用间接照明，光通量的损失会比较大，所以计算时候就应该比实际需要多计算 20%～50% 的输入容量。

例如，某商店平面面积6m×4m，高4m，柜台及工作面距离地面85cm的照度为125 lx，采用间接照明的白炽灯，试求房间所需照明总容量和灯具数目。

$$N = 0.32W \times 125 \text{ lx} \times 24m^2 = 960W$$

采用间接照明的损耗按20%计算

$$960W \times 20\% = 192W$$
$$960W + 192W = 1152W$$

这样可以确定空间内应该安装功率为200W的白炽灯6个（两排，每排3个），即可满足每平方米125 lx的照度要求。

但是这个125 lx每平米的基本照明的照度也不是绝对的，可根据商店的商品和定位有一定的调整空间，一般来说，越高级的商店空间照明的照度可以设计得低一些，每平方米100 lx，但不能低于75 lx。但是必须在相对暗的空间照明的基础上，对于商店内重点的商品有局部或者点状的照明，也就是照明系数较高的局部照明，重点照明最亮的照明系数与最暗照明系数的比值也不能高于本文给出的最高比值，应该在合理比值的明暗对比下创造好的照明效果。

橱窗照明同样也是需要采用照明系数高的照明，特别要强调的是，如果商店是临街的，那么橱窗的照明设计建议采用两套照明系统，一套是针对晚上或者夜晚的，一般用卤钨灯就可以；另一套是针对白天的，橱窗的照明要和日光形成反差，可采用反射型的金卤灯，区别于普通的卤钨灯。

在商店投资预算允许的情况下，应尽量采用显色性较高的光源产品，这样能够保证商店的色彩能够完全饱满地展示出来。

（2）照明设计技巧

照明设计技巧主要是提出一些对于不同情况的商业照明可以采用的照明手段和方法，通过这些方法可以起到很好的吸引顾客的作用。

引人注目的照明方法：

- 从临近商店把店面装修部分照得很明亮；
- 利用彩色灯光；
- 以开关或者调光器使照明变化；
- 设置有特征的电气标志或招牌灯。

使过路人停留浏览商品的照明方法：

- 依靠强光使商品显眼；
- 强调商品的立体感、光泽感、材料质感和色彩感；

- 利用装饰的灯具引人注目；
- 使照明状态变化；
- 利用彩色灯光，使商品和展示显眼。

吸引人进入商店的照明方法：

- 从商店的入口看进去的正面采用明亮的照明如图12-37；
- 把深处正面的墙面陈列作为第二橱窗来考虑，照得要明亮如图12-38；

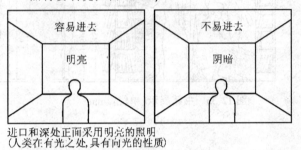

进口和深处正面采用明亮的照明
（人类在有光之处，具有向光的性质）

图12-37 商店照明手法

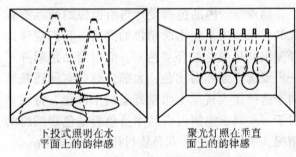

下投式照明在水平面上的韵律感　　聚光灯照在垂直面上的韵律感

图12-38 商店照明手法

- 在主要通道的地面做成明暗相间的图案，突出韵律感；
- 沿着主要道路的墙面要均匀而特别明亮；
- 在重要的地方设置醒目的和装饰用的灯具。

眼睛不疲劳的照明方法：

- 采用眩光少的照明灯具；
- 重点照明要考虑照射方向和角度、还要考虑到灯具的反射光是否刺眼；
- 为了重点照明，用强光向商品照射时，光源要充分遮挡以防止眩光；
- 装饰用灯具建议配以照度足够的环境照明；
- 提高墙面照明、使商店有明亮的感觉。

商业空间照明设计的趋势：

- 更加注重重点照明和明暗对比；
- 注重光源的显色性；
- 增加对环保的考虑，选择节能的灯具；
- 强调照明的灵活性，在不同情况下可以对照明进行调整；

- 减少光源对商品褪色的影响。

12.3 餐饮空间

饮食文化是"指食物原料开发利用、食品制作和饮食消费过程中的技术、科学、艺术,以及饮食为基础的习俗、传统、思想和哲学,即由人们饮食生产、饮食生活的方式、过程、功能等结构组合而成的全部饮食事物的总和"。针对餐厅所做的设计都建立在饮食文化的基础上。人们在餐饮行为中不同层次的要求就衍生出了不同类型的餐饮空间,据联合国世界观光组织的分类方式,将餐饮业详细分为餐饮文化业、快餐文化业、小吃店文化业、饮料店文化业、餐盒文化业、其他饮料文化业。

12.3.1 餐饮空间的类型

12.3.1.1 快餐厅

快餐一词是一个外来词,在英语中叫做"fast-food",在香港和台湾一带也被叫做"即食"或者"速食",意为即来即食的意思。最早的连锁快餐起源于美国,也就是今天到处都能见到的"麦当劳"。1987年4月美国"肯德基"快餐在中国落户,将美式的现代快餐理念引入中国,随着人们生活节奏的加快,快餐逐渐成为上班族用餐的主要方式。经过20年的发展,我国的快餐业呈现了中式与西式并存的市场现状,知名的中式快餐如"永和大王""真功夫"等。

选择快餐厅的用餐者较注重服务场所的位置和服务方式的便利,这类顾客希望在用餐时能方便、迅速、快捷,并讲求一定的质量;大多时间观念强,具有时间的紧迫感,最怕的是排队、等候或售货员漫不经心、不讲效率。快餐厅在餐厅经营中要处处以方便顾客为宗旨,提供便利、快捷、高效,因此在快餐厅的设计中,提倡简洁明快的室内设计风格,空间的分隔上不要求有过多的层次,只需要有简单的各种座位的区分即可,保证店内空间流线的顺畅。有很多顾客甚至没有时间坐下来在店内用餐而是需要打包带走,因此柜台应设置在一进入口就能看到并且最好能够直线到达的位置。图12-39中表示的是快餐厅的功能布局。快餐厅的柜台与厨房、配餐一般是放在一起的,这样方便服务员与后厨之间沟通,加快服务和上菜的速度。在国外有些餐厅,为了加快客人的流动、节省营业的面积,甚至会将店内的座椅取消,只设置一些仅供站着用餐的小型高桌子或者吧台,也有座席和站席结合起来布置的,但站着用餐不太适合我们中国人吃饭的习惯。快餐厅的座位布局需要根据快餐厅的面积和人流量来定,例如面积小而人流量大的快餐厅,需要尽量保证通道的宽度,座椅也采用简洁小巧的快餐座椅。如果快餐厅的面积较大,可以考虑设置一些有情调的火车座或者沙发座,提升餐厅的用餐环境。

中式快餐与西式快餐的不同是,西式快餐的食品品种和加工方法都较为简单,加工速度比较快,配餐的时间很短,因此西式快餐如麦当劳、肯德基等,都是顾客在柜台付完钱就可以马上取到食物,但是中式快餐的米饭、面条等食品加工时间较长,事先配好餐不好保温,因此中式快餐往往是点完餐后还需要客人等待几分钟或者十几分钟。针对中式快餐的这种情况,有两种服务的方式,一种是在付款台旁边设置一个取餐台,这样顾客付完款后不会耽误后面顾客付款,到一旁的取餐台等候取餐即可,这种方式的缺点是,当人流量很大的时候,过多的客人拥挤在取餐台前面也会造成混乱,并且顾客在取餐过程中也会感觉到麻烦和费事,因此目前许多中式快餐店采用

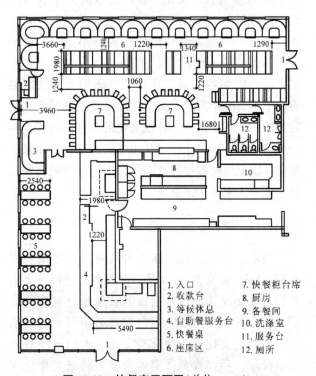

图12-39 快餐店平面图(单位:mm)

1.入口　　7.快餐柜台席
2.收款台　8.厨房
3.等候休息　9.备餐间
4.自助餐服务台　10.洗涤室
5.快餐桌　11.服务台
6.座席区　12.厕所

的是领取桌号的方法,就是在顾客付款后发给顾客一个餐桌号,服务员会对号将点的餐送到相应的餐桌。快餐厅的柜台前面要保证足够的排队等候的空间和距离,考虑到顾客付完款后需要端着食物托盘通行,因此建议在前文给出的610mm的单人通行基础上乘以2即1220mm,保证足够的取餐通过空间。

12.3.1.2 风味餐厅

风味餐厅是指有明确的菜系或者口味,装修有一定的档次的舒适型餐厅。人们选择环境较好的风味餐厅用餐,一方面是可以吃到不同菜系的美味,一方面是能在餐厅内感受到优雅舒适的文化环境和服务。也因此对环境的要求就相对高一些,例如同样是四人用餐的空间,就要比快餐厅的四人用餐空间要大一些,为保证每桌客人相对私密的谈话空间,每个餐桌之间的用餐距离要保证两桌之间说话互不干扰,餐桌周围要留出足够的通过空间,这样餐厅服务员上菜和通过的客人之间不会互相影响。

风味餐厅的室内设计注重的是餐厅的菜系口味与该菜系所在的地域文化特征的结合,我国是一个幅员辽阔的多民族国家,因此在菜系上也可以分为多种菜系,从大的菜系来说,可以分为四大餐饮文化、即:珠江流域的粤菜餐饮文化、长江中上游的川菜餐饮文化、黄河流域的鲁菜餐饮文化、长江下游地区的淮阳餐饮文化,除这四大菜系外,还有一些具备自身特色的地方菜,例如云南菜、新疆菜等。当下,国外的许多饮食文化也进入了中国,例如泰国菜、日本菜、韩国菜、法国菜等,中国自身丰富的饮食文化加上外来的餐饮文化使得中国成为了世界上餐饮文化最丰富的国家,同时也意味着各种风味餐厅互相之间的竞争也越来越激烈,因此风味餐厅就更需要突出自身的风格和特色才能让大家留下印象。

12.3.1.3 酒吧

酒吧文化在欧洲大陆上由简陋的小酒馆发展而来,"吧"英文为:"Bar",它的本义是指一个由木材、金属或其他材料制成的长度超过宽度的台子,因此在任何酒吧中吧台都是必不可少的元素之一。酒吧文化是一种反叛文化,人们希望在酒吧中释放自我、找到真实的自我。酒吧文化进入我国已有30多年的历史,在这个过程中酒吧的类型也慢慢细化,出现了不同服务类型的酒吧,如立式酒吧、迪斯科舞厅吧、运动型娱乐酒吧、小吃型酒吧,酒吧的不同服务类型决定了酒吧的室内环境设计。

12.3.1.4 餐吧

餐吧是介于餐厅和酒吧之间的餐饮空间类型,也是近年来餐厅发展的一个方向,过去人们与朋友约会或者见面习惯于先在餐厅吃饭,由于餐厅环境一般比较吵闹,因此饭后大家会再选择到某个酒吧聊聊天放松一下,餐吧则是让客人能够在类似酒吧的环境气氛下用餐的餐饮空间。餐吧与餐厅的不同是,餐吧更加注重环境气氛的营造,餐吧内座席之间注意保持一定的距离,保证用餐者的私密性,让客人在吃饭的同时还能够相对安静地与朋友聊天。由于环境气氛比较好,音乐相对安静,灯光相对柔和,因此很多客人都会在用餐后让服务员撤掉菜品换成酒水继续闲聊,餐吧室内设施的布置需要具备酒吧的一些特点又要兼顾客人用餐。在经营面积允许的情况下,可考虑将室内划分成不同区域,例如用餐是一个区域,酒吧是一个区域;在面积不允许的情况下,则需要将这两者的共同点很好地结合起来,突出餐吧的优势。

12.3.2 餐饮空间的环境设计

12.3.2.1 餐饮空间的座席设计

对于餐厅的经营者来说,最直接面临的问题是如何在有限的餐厅内,坐下最多的客人,达到最大的经济利润。另外,餐饮业有一个专业名词叫做"翻台率",就是指在一定的用餐时间内,平

餐馆布局设计

均一个餐桌先后有几拨客人用餐,翻台越多说明餐厅经营得越火爆。因此,餐厅的座席设计和布置涉及到餐厅室内设计与定位、人体工程学、环境心理学一系列问题。

吧台是酒吧中必不可少的设施之一,除了在酒吧中的运用外,在许多餐厅中也经常会设置吧台座席,这是因为吧台座席非常适合单独前来的客人,由于吧台座席之间的距离比较近,因此起到了很好的拉近人与人之间距离的作用。这种方式比面对面谈话感觉彼此之间距离更近。

酒吧的饮酒吧台一般是由两部分组成:一部

分是客人凭坐倚靠的窄而长的服务台面；另一部分是服务台后面的酒柜。服务台与酒柜之间的距离最好保证有 900mm，这样当一个服务员在操作的时候，其他服务员还能从他身后走过。这个尺度是根据人体最大厚度和人体最大宽度来计算的，如果空间有限，可以将这个距离缩小到 750mm，可以两人侧身通过。

吧台座席之间的距离应保证男子第 95 百分位的身体厚度能正常侧身进入和离开，并且身体不会碰到身边的客人，参照 GB/T 10000—1988 中男子第 95 百分位的胸厚为 245mm，加上冬季最厚的衣服厚度修正量为 76mm，则吧椅之间的距离应保证在 321mm 以上。但正如前文所说，吧台座席的特点就是能够拉近人与人之间的距离，加强彼此的交流，如果椅子之间距离过远，则起不到相应的作用。如图 12-40 为例，当吧凳宽度为 300mm 时，吧凳之间的中心距离如果是 610mm，吧凳之间的净空间为 310mm，这是一个相对合适的能保证大部分人进出时候不碰到旁边人的尺度，并且能保证社交距离的尺度。如果希望保证所有人进出都不会影响旁边的人，那么座椅之间的中心距离最大可以扩大到 750mm，即座椅之间的净空间为 450mm。距离扩大的优点是能保证人们进出及坐在吧凳上活动不互相影响，缺点则是同样长度的吧台减少了座席的数量，并且一定程度上无益于人与人之间的交流。吧台的高度要平衡站立服务的服务员与坐在高吧凳上的客人两者之间的舒适度问题，一般来说吧台的高度在 1060~1140mm 之间，吧台的总体厚度在 710~960mm 之间，其中包括了服务台面下部服务台的厚度。

吧台前面除了布置高型吧椅以外，还需要留出一定的活动空间，例如有的顾客喜欢站着喝点东西，或者服务员需要取饮品送到店内其他桌上等等，吧椅后面要留出足够的通过空间，通过空间的宽度至少应为 760mm。根据需要，如果吧台前面的座椅不够，为了节省空间，还可以在店内设置一条专供顾客站着饮酒的搁板，搁板的宽度可选择在 250~305mm 之间，顾客站立饮酒的姿势需要与搁板间的距离至少为 450mm，如图 12-41。

吧台作为座席布置的一种形式，不仅仅用在酒吧，有许多餐厅为了节省空间或者是为了适应一些独自用餐的顾客，也会采用吧台作为座席布置。用餐的吧台与酒吧的吧台在设计上略有一些不同，首先是高度的范围，酒吧的吧台高度在

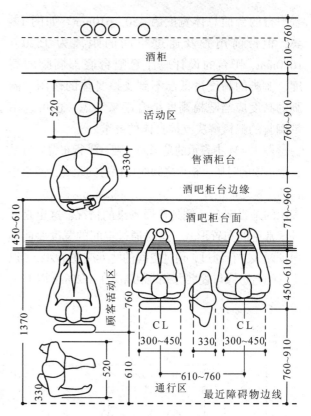

图 12-40 吧台布置和通行区（单位：mm）

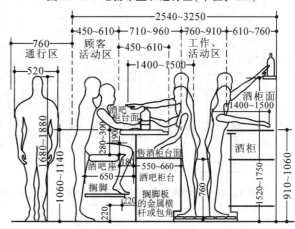

图 12-41 吧台侧立面活动空间（单位：mm）

1060~1140mm 之间，这是因为饮酒的行为相对于用餐的行为要简单很多，并且杯子和酒瓶的高度相对于盘子和碗都要高，因此视线的高度不会是问题。但是用餐的动作，是需要顾客坐着要能够看到吧台上的菜，如果是西餐，还需要客人肘部端起向下用力，如果配套的吧椅过高则会让客人感觉身体不稳缺乏安全感。从这几个因素考虑用餐的吧台高度不能过高，过高会让进餐过程非常费力、紧张和不舒服，因此建议用餐吧台的高度最好在 900~1060mm 之间，如图 12-42。吧台挑出部分的宽度要能够保证能容下人的大腿、膝盖部分，不能让顾客需要保持身体前倾才能用餐，建议吧台挑出部分的宽度最好在 250mm 以上，用

餐吧台的台面总体宽度为450~610mm。如图12-43，柜台前用餐及通过空间的距离为1520~1670mm，吧台的设计应注意吧台底部搁脚的高度，搁脚的高度过低起不到支撑身体的作用，搁脚的高度应与吧椅高度结合起来考虑，也可选用带搁脚的吧椅解决支撑身体的要求。

图12-44中表示的是当两个吧台平行布置或者是U型布置的时候，柜台之间应该保持的距离，两个柜台的边缘之间的距离应为1520~1820mm。图12-45中表示的是当吧台一侧是普通餐桌的情况，这也是一种很常见的布置形式，这时通过空间的宽度要能够保证两人并行通过，通过空间的宽度应在1220mm以上，吧台边缘与餐桌边缘的距离应在1520mm以上。

图12-46中表示的是冷饮柜台的剖面图。冷饮柜台主要需要控制的是冷冻设备的边缘与服务吧台边缘之间的距离，这个距离一般为1000~1100mm，这个距离能保证能让服务员手臂能够够到吧台进行服务。影响这个距离的因素主要是冷冻设备的厚度，一般冷冻设备的厚度是在760~810mm之间，吧台宽度一般约为460mm。

图12-47中表示的是自助餐厅内使用的选餐柜台的尺度。选餐柜台一般为一字型或者U型，顾客从一端排队缓慢走向另一端用托盘逐步拿取食物，自选柜台的通道不能小于760mm，食物不能放在太靠内侧，应该让客人伸手可及，托盘滑道高度不能高于900mm。

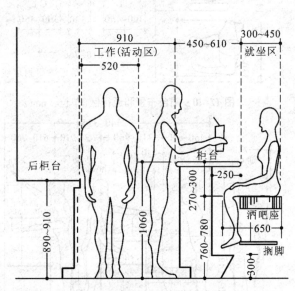

图12-42 吧台席及柜台内的尺度分析（单位：mm）

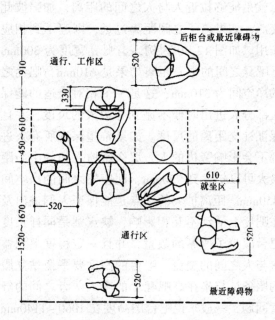

图12-43 用餐吧台尺度分析（单位：mm）

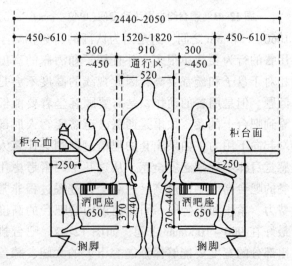

图12-44 用餐吧台间距尺度（单位：mm）

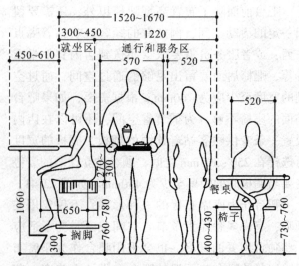

图12-45 吧台与餐桌尺度（单位：mm）

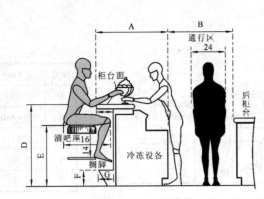

图 12-46 冷饮柜台尺度

编号	尺寸(mm)
A	1000~1100
B	760~910
C	250
D	1100
E	780~810
F	300~330
G	230

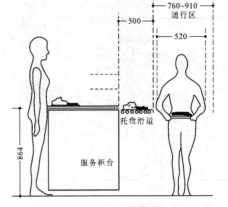

图 12-47 自助进餐柜台尺度(单位：mm)

12.3.2.2 餐桌

餐厅的餐桌样式、尺寸及布置方式有许多种可能性，应根据每个餐厅的空间特点和需要选择适当形状尺寸的餐桌。餐桌尺度确定的要点有三点：第一是椅子的宽度；第二是男子第95百分位的人体最大宽度加上两肘伸展的空间；第三是桌上放置餐具的面积。

我们首先需要了解最基本的用餐空间大小，然后根据这个最小值并考虑餐桌样式的不同，以及环境是否允许，来适当增加用餐面积增加舒适性。图 12-48 中由上至下的 3 个图中给出的是两人用餐的理论最小尺寸、可取最小尺寸以及最佳的两人用餐尺寸，理论上单人用餐的最小尺寸为 610mm×360mm，当两人面对面用餐时，餐桌中间要留出一定宽度用于上菜或者摆放鲜花和调料，

人们在用餐过程中，餐具的摆放方式会根据个人的使用习惯挪动位置，因此实际上单人用餐的最小尺寸并不能满足实际需要，因此可考虑适当加大餐桌的深度，实际可取的两人用餐的餐桌深度 910mm，最佳的两人用餐的餐桌深度为 1000mm。图 12-49 中对两人用餐的餐桌宽度提出了尺寸加大的建议，建议将餐桌宽度增加到 760mm，因为 610mm 宽的餐桌可能会让有些身材比较高大的人的胳膊肘伸出餐桌边缘，被通过的人碰到影响进餐，760mm 的宽度能够保证人在进餐过程中的身体最大宽度不会超出餐桌边缘。

餐桌的高度与座椅的高度要互相配合如图 12-50，餐桌的高度一般在 730~760mm，餐椅的高度一般在 400~430mm，为保证轮椅使用者能够在餐桌前用餐，建议餐桌底面距地的净空间为 740mm，如图 12-51。

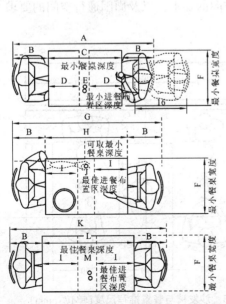

图 12-48 两人用餐最小餐桌宽度尺度分析

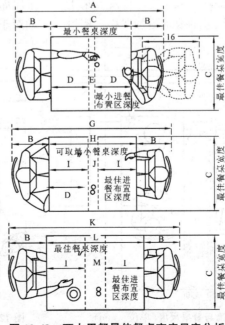

图 12-49 两人用餐最佳餐桌宽度尺度分析

编号	尺寸(mm)
A	1700~2000
B	460~610
C	760
D	360
E	50
F	610
G	1800~2100
H	910
I	400
J	100
K	1900~2200
L	1000
M	200

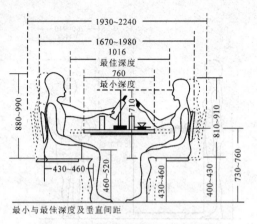

图 12-50　餐桌椅尺度(单位：mm)

编号	尺寸(mm)
D	760
G	450~610
H	780
I	≥760
J	≥740

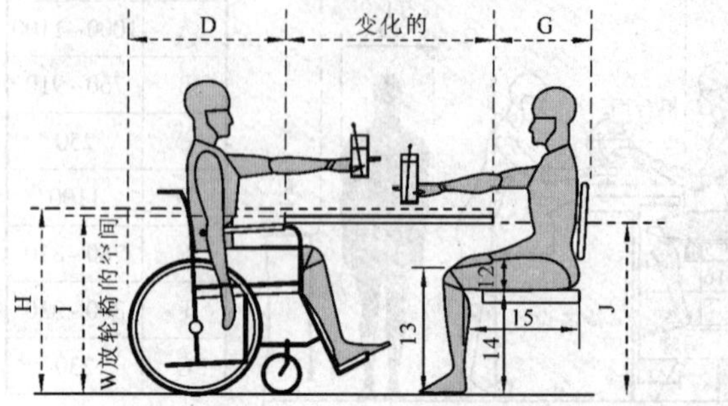

图 12-51　餐桌下净空尺度

图 12-52 中的餐桌椅布置形式是餐厅中常见的一种形式，即一侧用通长的沙发座椅，另一侧用单独的座椅，这种布置形式的优点是灵活性比较大，不仅适用于两人用餐，由于餐桌之间可以互相拼接，因此还适用于四人及多人用餐。这种长靠背椅布置方式需要注意的是餐桌与餐桌之间的通过空间，图中给出的是根据人体厚度计算出的餐桌与餐桌之间的距离，建议在 300~350mm 之间，但这个距离仅能够保证人侧身通过，因此图 12-53 中建议餐桌之间的距离为 610mm，这样顾客可以直接进入不需要侧身通过，并且餐桌之间的距离稍远可以保证互相不被干扰。

图 12-54 中的火车座是采用高靠背沙发座椅的餐桌布置形式，这种布置形式的优点是私密性较强，高靠背的座椅对于声音和视线都起到了一定的遮挡作用，并且人的头部和颈部能得到支撑，因此舒适性也较普通的餐椅要好。火车座的沙发和桌子都是固定的，因此对于尺寸的要求更加严格，座椅高度要适合膝腘高度，座椅的深度要适合臀部-膝腘的长度，座椅表面与餐桌底面的间距要适合大腿厚度，座椅高度与餐桌高度的配合要考虑到沙发座椅的下沉量，桌子上方如果有吊灯的话要保证吊灯的高度不能低于人的视线，如图 12-55。

圆桌的使用在中式餐厅中比较常见，在中国人的文化里，圆桌比较适合于多人用餐时候的互相交流，因为坐在其中的每个人都可以从各个角度看到桌上的其他人，而长方形的餐桌则不同，长方形的餐桌人数达到一定的时候，坐在其中的人往往只能与坐在对面的和坐在旁边的人有交流。圆桌的特点是座席数量的弹性很大，没有方向性，因此直径为 1200mm 的桌子可以安排坐下两个人或者五个人。圆桌的缺点是对周围空间的要求比较高，要求四周都有走道，因此占用的空间也相对较大。图 12-56 中表示的是直径为 1200mm 的圆桌座席的布置，其中能看出圆桌布置中椅子的移动对于空间的要求，以及周围通行空间的要求。

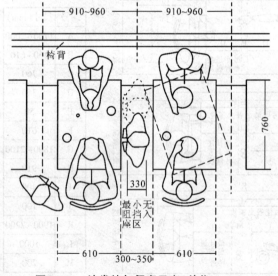

图 12-52　沙发椅与餐桌尺度(单位：mm)

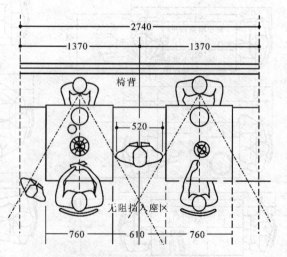

图 12-53　沙发椅与餐桌推荐尺度(单位：mm)

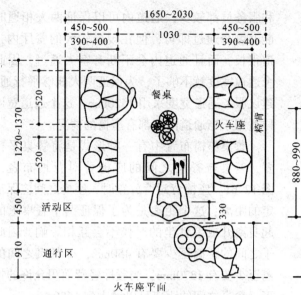

图 12-54 火车座餐桌椅尺度(单位：mm)

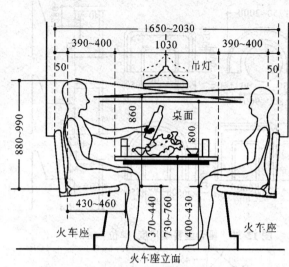

图 12-55 火车座餐桌椅尺度(单位：mm)

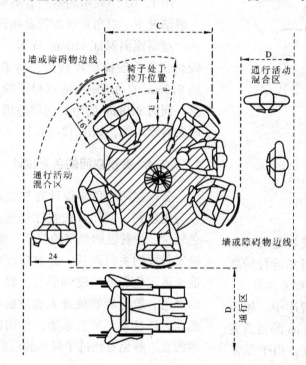

图 12-56 圆桌用餐尺度

编号	尺寸(mm)
C	1200
D	910
E	450~610
F	760~910

圆桌的大小可根据预计的座席数量来确定，不同直径大小的圆形餐桌可容纳下不同数量的座席，如图 12-57。圆桌也可采用沙发座的布置形式，即圆桌的一周是弧形的沙发围合。这种圆形沙发座的优点是既保证了一定的私密性，又保留了一面的开敞，便于客人在用餐的同时与环境中的活动进行互动，如图 12-58。

在酒吧中常见到的是尺度较小的圆桌，称为鸡尾酒桌，如图 12-59。这种鸡尾酒座一般配以高型的吧椅或者是不配座椅让客人站立，除了节省空间外，在一些音乐较强的酒吧内，站立饮酒的姿势也让客人容易跟随音乐节奏舞动，鸡尾酒桌的直径最小为 450mm。

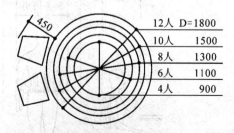

图 12-57 圆桌直径与用餐人数(单位：mm)

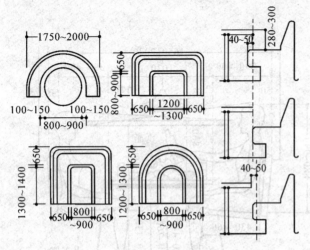

图 12-58 围合型餐桌尺度(单位：mm)

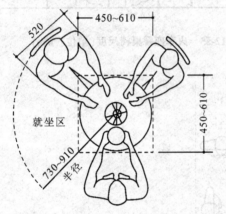

图 12-59 鸡尾酒桌尺度(单位：mm)

12.3.2.3 通行空间

餐厅内服务员往往是手托菜品或者是餐具在餐厅中往来穿行，为保证不碰到用餐和通行的顾客，餐厅内的座席布置应留出足够的服务通道。

图 12-60 表示的是在小规模的餐厅中，服务与通行结合的通道的最小间距，1220mm 的通道宽度仅适用于规模和面积都较小的餐厅。由于顾客和服务员都较少，通道内可以保证两人相遇时候能够侧身通过即可，但在规模较大的餐厅内，通道很长，而且通道内会不断有客人通过，因此这个通道宽度就不够了，为保证两人能够平行通过，建议服务通道宽度采用 1520mm，这个通道宽度同样适用于当通道两侧都有座椅的情况。

餐桌座椅布置中有一种形式是将餐桌平行布置，餐桌与餐桌之间的座椅背对背地布置，如图 12-61。座椅背对背放置时，座椅之间应保证一定的距离，这个距离是为了保证两个餐桌上的人起身离开或者就坐的时候不会互相影响，因此椅子之间的距离至少要有 450mm，即餐桌之间的距离至少要有 1370mm，当餐厅经营面积允许的情况下，餐桌之间的距离可以增大到 1680mm。

图 12-62 中表示的是当餐桌对角布置的情况，一般情况下，对角布置的餐桌座椅不会超出桌角，因此通道距离保证 910mm 即可，但如果由于桌子较小或者是餐椅尺度较大，椅子超出桌角的话，则 910mm 的通道距离应以椅子的边缘为准进行测量，同时 910mm 的距离同样适用于餐桌平行布置时的通道距离，如图 12-60。

12.3.2.4 餐饮空间的色彩设计

餐饮空间的色彩设计首先是要确定餐厅的定位与主色调，例如日式餐厅偏重素雅，鲜艳的颜色较少，中餐强调热闹的气氛，颜色较为浓重等。确定餐厅的主色调后，针对餐厅内不同空间的功能来确定色彩的明度和彩度。餐厅内大面积采用的颜色一般是能够促进人食欲的暖色系，例如黄色系，红色系，米色系等，色调以大面积相对调和为宜，避免对比过于强烈的色彩。

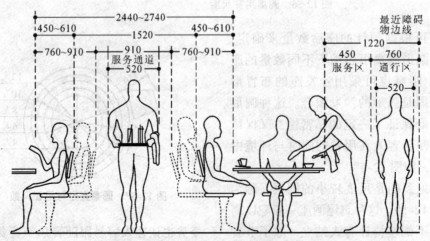

图 12-60 餐厅通道推荐宽度(单位：mm)

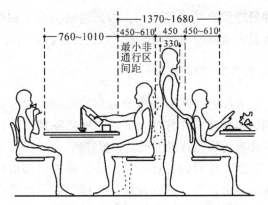

图 12-61　餐桌与餐桌之间的最小通道宽度（单位：mm）

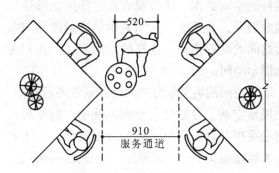

图 12-62　餐厅通道宽度（单位：mm）

餐厅的入口和接待区可以采用相对明亮的高明度的色彩以吸引人的注意，在用餐区和包房内，应采用纯度较低的淡色调，让人感觉到一种清新、柔和、舒适的气氛。根据餐厅内自然光线的不同，自然光照不够的地方，可以采用温暖的暖色系来调和环境气氛，阳光充足的地方可以采用淡雅的颜色或者采用偏冷一些的色相。在餐厅的卫生间、接待区或者开敞性的吧台，适合采用高明度的颜色，让顾客感觉到光彩夺目、整洁卫生的环境感受。

咖啡厅、酒吧应采用低明度的色彩和较暗的灯光，因为咖啡厅和酒吧是人们放松神经的地方，过亮的色彩和灯光会让人感觉神经松弛不下来，并且这些环境中人们都希望保持一定的私密感，较暗的色彩和灯光能让人感觉相对不被关注。

餐饮空间的色彩搭配同样不适宜采用过多的颜色，整个环境中的主要颜色应控制在三个颜色，色彩之间的关系应采用大面积调和小面积对比的手法。

12.3.2.5　餐饮空间的照明设计

餐饮空间的照明方式主要有一般照明、混合照明和局部照明三种。一般照明是对餐厅室内整体进行照明，使餐饮空间和餐桌面的照度大致均匀的照明方式，是相对大众化的餐厅经常采用的照明方式。混合照明是由照度均匀的一般照明和针对就餐桌面的局部照明组合而成的照明方式，混合照明方式层次感强，并形成一个只属于该桌客人的光照空间，常用于中高档餐厅的照明设计中。局部照明一般用在酒吧、咖啡厅，局部照明是一种为了强调特定的目标而采用的照明方式，通过局部照明将人们的视线集中在自己面前的区域，强调局部的空间感，适合营造私密性较强的光线较暗的空间。

国际照明委员会《室内工作场所照明》S008/E—2001中建议，餐桌面照度以200 lx为宜。我国《建筑照明设计标准》中则规定中餐厅0.75m水平面处照度不可低于200 lx，西餐厅不可低于100 lx。快餐厅的照明要充足，突出其明亮、简洁的空间特征。风味餐厅的照明要求要有一定层次，照度过高会让人感到缺乏私密感；照度过低又不能满足人们的就餐需要，因此最好的办法就是按照功能区域，照度拉开梯度，餐桌面和展示空间照度可以高些，相反交通空间和过度空间照度可以低些。酒吧环境由于其特殊的环境氛围，追求神秘感，因此有关照度的要求可以适当降低些。

餐厅内的光源适合选用偏暖的光源，这是因为人们白天在偏冷的光照条件下紧张工作，到了晚上人们习惯于围坐在温暖的灯光下交流、休息。暖光源会让人们放松身体和神经，选用暖色光源不仅在室内会形成温馨愉快的气氛，对于室外的人们来说，暖色光形成的温馨的用餐画面也会更加吸引人们进入。

除了光源的光色外，其显色性又是室内照明设计的另一个重要指标。为了使食品和饮料的颜色逼真，应该选用显色指数较高的光源。根据《建筑照明设计标准》，餐饮类建筑室内照明光源的显色指数Ra应不小于80。因此，在餐桌附近的局部照明，多选用显色性较高的三基色荧光灯（包括节能灯）。在Ra值较高的暖色照明环境，食品（如肉、菜）显得比在日光照射下更加新鲜诱人。

12.4　展示空间

12.4.1　展示空间的类型

展示空间是通过一定的艺术设计语言，通过

对展示空间与展示路线的设计与规划，使空间产生独特的空间氛围，让参观者在空间中能够更好地理解展品，甚至能够参与其中，达到展品与参观者之间的良好沟通，这样的空间形式，我们称之为展示空间。

展示空间的类型分为三大类：商业展示空间、文化展示空间、专题展会空间。其中，商业展示空间主要指各种商店与卖场的展示设计，由于此部分内容在前文中已详细阐述，在此就不再复述。文化展示空间指的是以博物馆为代表的保存文物和艺术品的展览空间，与商业展示空间的不同是，商业展示空间的目的是为了促进商品的销售，而文化展示空间注重的是文化的交流和对文物、艺术品的保存，文化展示空间的性质是长期和永久性的。专题展会空间是指在现代社会，人们为了促进在文化、科技、工业等方面的全面交流，实现不同地区不同国家之间的交流而开展的各种类型和规模的展会，展会的性质是临时性的，展会根据其主体邀请参展方，参展的个人、团体、企业在其中展现自我，也从中获取更多的信息。

12.4.2 展示空间的环境设计

12.4.2.1 动线设计

展览空间的动线一般是采用单线式动线设计，即观众的行走路线基本固定，在设计好的展览动线上，能够保证观众在参观的过程中不会因为路线多样的选择性而导致观众错过或者漏看某些展厅或者展品，特别是对于一些以时间作为展览大纲的展示空间，或者是顺序性较强的展示空间，更加有必要设计成单线式的动线。如果展览的内容非常庞大，可将每个时间段或者主题的内容分成若干个独立的展厅，在展厅与展厅的衔接处可设置一些休息设施，给观众一种从容观看的动线感受。对于一些时间逻辑和顺序性不强的展示空间，例如艺术品的展示或者是产品的展示空间，则可采用开放自由式的动线设计，这样一方面可以让参观者能够在展厅内根据自己的兴趣和喜好选择自己欣赏的展品，也有助于参观者能够在短时间内迅速了解展览的内容和信息。大型的展会空间的动线设计强调强烈的逻辑性，一般是以平行直线的展位排列来组成展厅内的动线，每个展位都如同电影院的座位一样整齐排列，并且都有一个自己的编号，展会空间是需要人们大量接受和处理信息的展览空间，因此简洁、明了和保证大量人流量的通行速度是动线设计的首要目标。

12.4.2.2 空间布局

展厅的空间布局可分为袋式陈列、通过式陈列、单线连续性陈列、灵活布局式陈列以及以可拆装板为展览背景的灵活布置陈列。

袋式陈列的特点是采取展厅的入口和出口都在同一个位置，观众在展厅内按照展示路线参观完展览仍然回到这个位置，袋式陈列的展厅适合某一单独主题的展览，展览面积相对较小，也可作为一组展厅内的一个主题展厅，当作为大型展览中的一部分时，需要充分考虑到与整体展览空间的动线衔接问题。

通过式陈列的特点是以展厅的两端作为入口和出口，观众从一端进入展厅，参观完后从另一端出去，由于通过式陈列的展示动线不是单一式的，观众有可能在展厅内漏看某些展位或者展品，因此这种布局方式不太适合时间逻辑性很强的展览主题。

单线连续式的空间布局方式是典型的大型展会常用的布局方式，但这种布局方式在博物馆展厅内需要谨慎采用，因为这种布局方式需要参观者在展厅内不断重复这种U型的动线，因此容易给人造成枯燥感和疲劳感。

灵活布局的展示方式适合时间逻辑性不强的展览，例如艺术品的展览或者是产品的展览，参观者在展厅内能感觉到与前几种布局方式不同的乐趣，是一种自我探索的过程。

可拆装式展板的布置方式灵活多样，比较适合临时性的展览主题，由于展板的形式是模块式的，因此可根据展览所提供的空间环境进行设计，并且可根据展览的主题和展品的特点进行布局设计，有很强的适应性。

展厅内通道面积所占的比例可根据展览类型的不同进行调整，一般情况下展品及展柜面积与通道面积的比例约为1：3，艺术品的展览可将通道面积适当加大，加大观赏的距离有利于突出艺术品的效果和气氛。

12.4.2.3 展示陈列

任何主题的展览都是以突出展览内的展品、文字、图片作为设计的前提，展示陈列设计的重点则是通过合理安排展品、文字、图片放置的高度、位置、距离让所有的参观者都能够轻松观看展览，并且能够清晰地获取所有的信息，为达到这一目的，就需要充分考虑展厅内的展柜、展板和观看距离与人体尺度的关系，人眼观看展示物的时候，需要一个适应的过程，才能在需要的距离上自动地把目光集中到展示物上。前提下可将展厅内通道面积适当缩小，针对一些展示精致的小件展品的展览中，也可将通道面积相对缩小。

眼睛到展示物的最小距离为330~410mm，最佳距离为460~560mm，最大距离为720~740mm。此外，随着年龄的增长，人眼的最近聚焦点会越来越远，例如人在16岁时，最近聚焦点约为100mm，但到了40岁，这个距离就扩大到200mm以上，然而人眼的最远聚焦点却不会随着年龄的增长而变化。图12-63中表示的是男性与女性第95个百分位和第5个百分位站立时的眼睛视线高度，理想的展示物的高度应该是展示物的顶边高度与人眼视线高度相对应，但由于人的身高不同，以及有限展示空间的利用率问题，展示物的高度仍然需要结合设计的实际情况进行调整。

图12-64和图12-65中表示的是展品及展板的陈列与观众水平及垂直方向视野的关系，展品及展板的陈列位置，以及展厅通道的观看距离需根据对观众视野的分析合理布置。

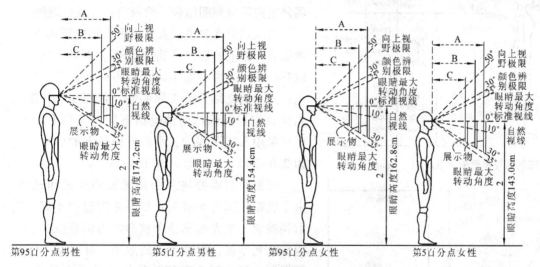

图12-63　男性与女性站立时的视线高度

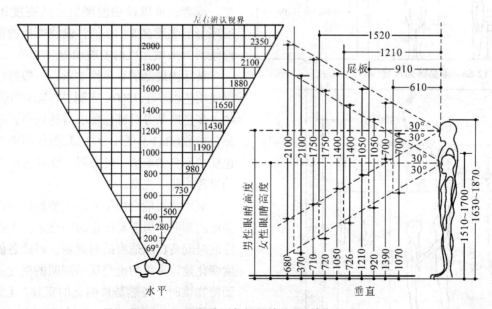

图12-64　展品陈列与视野的关系（单位：mm）

墙面上陈列的展品位置以距离地面800mm的位置作为最低点，如图12-66。最高点一般在1700mm，高于2500mm的位置一般适用于布置一些大型的美术作品，如巨幅绘画或者是图片。小件的展品应布置在观众的视平线上，高度为1400mm左右，如图12-67。

12.4.2.4 展厅照明

展厅内的采光与照明是展厅环境设计的重点，一般来说，展厅照明的方法有三种：一是以天然采光为主，人工照明为辅；二是天然采光和人工照明相结合；三是全部采用人工照明。理论上来说，为了防止紫外线对展品的损害，以及保证稳定的展示效果，人工照明是理想的展厅照明方式，随着社会和科学技术的进步，人工照明将成为未来展厅照明的主要形式。

天然采光的方式有四种：一是高侧窗采光；二是侧窗采光；三是高侧窗和侧窗并存；四是天窗采光。人工照明的方式有五种：一是一般照明；二是区域照明结合一般照明；三是定向区域照明；四是定向区域照明结合一般照明；五是展柜照明。

以天然采光为主、人工照明为辅的照明方式，画面或展品上的照度高达1900 lx，而且随展室的位置、气候条件和展示时间的不同而有很大的变化；天然采光结合人工照明的，其照明水平随采光窗的位置和遮挡的情况而不同，变化也较大；全部采用人工照明的，画面或展品上的照度最高为200~300 lx，最低为40 lx左右。

展柜照明需要注意的是光源的位置和遮挡，由于展柜一周都是玻璃，如果光源遮挡不好，反射到玻璃上的光源则会干扰参观者的视线，甚至造成眩光残像，影响参观的效果。针对这个问题可根据光源、观众和展品的位置关系布置光源，就可以避免柜中或柜外光源对观众产生的直接眩光，或者也可以设法使展柜中的亮度比展柜外周围环境的亮度高5~10倍，或使展柜的正面玻璃向前倾斜，采用无反射的玻璃等。

展厅内展品的显色性要求，一般博物馆照明建议使用色温小于3300K光源，在陈列绘画、彩色织物、多色展品等对辨色要求高的场所，应采用一般显色指数（Ra）不低于90的光源作照明光源。对辨色要求不高的场所，可采用一般显色指数不低于60的光源作照明光源。

展厅内可能会由于展品类型的区别而设计不同亮度的照明，但需要注意的一点是，人眼对于明适应的时间要比暗适应的时间短，因此各陈列室的亮度变化建议采用的也是从暗到明的变化过渡。观众到博物馆时，必然是从明亮的室外（其水平照度可能高达100 000 lx）进到相对较暗的展室（其照度只有50~300 lx），因此这中间就需要有一个帮助观众完成明暗适应的过渡的环境，可以在走廊或者门厅

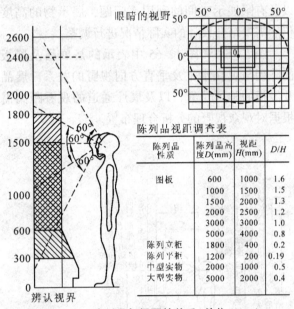

图12-65 陈列品与视野的关系（单位：mm）

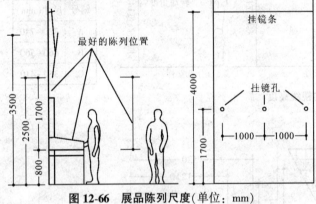

图12-66 展品陈列尺度（单位：mm）

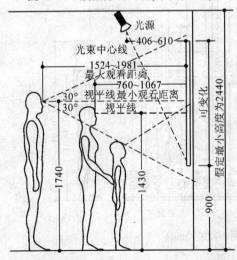

图12-67 展板陈列尺度（单位：mm）

内采用介于外部照度和展厅照度之间的一个照度值作为明暗适应的过渡。在发生火灾意外事故或断电的情况下，启用应急照明，这对及时疏散观众、保证观众人身安全和抢救、保护展品至关重要。

由于紫外线辐射是引起展品变褪色的主要原因，红外辐射可能使展品的温度上升，从而使展品产生干化、变形、裂纹等。针对这一问题，展厅内可采用能吸收紫外线的材料，或者可以采用红外辐射少的光源(如荧光灯)或采用冷光束卤钨灯等，也可以在灯前面安装能吸收红外辐射的滤光器。由于光对展品损害作用的大小与展品曝光量(照度与时间的乘积)成正比。所以，对于那些敏感材料的文物，可采用文物的复制品进行展出等手段，以减少文物被光照的时间。尽管自然光照明存在许多缺陷，但是自然光的一大优点是能让人感受到与外界的联系与交流，并且自然光的显色性也要明显优于人工照明，因此在一些对光照不敏感的展品展厅，也可采用自然光的展厅照明。在我国的大部分地区，当采光系数为 1.0%，室内的最低照度为 50 lx，但其最高照度仍然可能超过 300 lx。因此，在规定采光系数之后，仍然要采取措施降低天然光照度。直射的阳光进入陈列室，不仅会引起陈列室温度上升，还会产生直接眩光和光斑，照度分布不均匀、不稳定的问题。直射阳光中的紫外线含量很高，会使展品受到损害，因此可利用百叶窗、格栅、窗帘或别的遮挡物阻止阳光直射进入陈列室。并且可在窗玻璃上涂一层吸收紫外线的涂料或贴一层吸收紫外线的薄膜，或直接采用吸收紫外线的玻璃都可以达到减少天然光中的紫外线的目的。由于天窗采光在避免直接眩光和反射眩光方面以及在不

苏州博物馆的自然光应用

占用墙面等方面比侧窗采光优越，因此，在建筑室内环境允许的前提下宜采用天窗采光。由于自然光的照明环境会随着季节和气候的原因发生变化，为保证展厅照明环境的稳定性，即使是采用自然采光的展厅内也需要有人工照明作为补充。

12.5 休闲健身空间

随着生活水平的提高，人们的健康意识也在逐渐加强，由于电脑化办公的发展，生活节奏和工作节奏的加快，城市居住密度的加大，人们锻炼身体由过去的户外健身渐渐转入了室内健身。近年来，在城市内的居住区、商务区、酒店内，健身房成为了必备的配套设施。

健身房的室内空间布局主要需要考虑的是各组成功能之间的连接是否顺畅，其中关键的就是更衣室的位置与其他健身空间的衔接问题，一般来说，健身房内的更衣室(图 12-68)、淋浴、蒸汽浴(图 12-69)、厕所包括美容美发和按摩，这几个功能之间是一体的。如果健身房内有游泳池，则需要首先考虑到游泳池与健身房之间也是连通的，客人可以从泳池直接进入到更衣室洗浴更衣。并且更衣室所选择的位置也最好是从入口处进来后能够很快到达的位置。健身房的面积很大，并且更衣室的位置距离运动的区域较远，则需要考虑在运动区内设置独立的洗手间。健身房内的入口处需要设置可刷卡认证的接待台，接待台手边会设置一些谈话用的座椅或者是隔间，用于接待前来咨询的客人。

健身空间是一个人们摆脱繁忙工作，放松运动的地方，因此室内空间的布置应尽量给人开阔的感觉，各空间之间尽量保证顺畅的联通，这样也方便人们能够更多地参与多种运动，对于一些需要背景音

健身房设计案例

乐配合的运动项目，如动感单车，舞蹈等运动，可设置一定的隔断，起到隔音和避免干扰的作用。

室内健身房常常出现的问题是窗户位置的分配问题，因为人们在靠窗的位置进行运动会感觉到与外部环境的交流，视野更加开阔(如跑步)，不会感觉到过于封闭，完全封闭的健身空间容易给人造成压抑、局促的感觉，因此室内空间的分配可根据运动项目的需要进行分配，例如舞蹈、体操类的房间内一般会有大面积的镜面，因此在靠窗空间有限的健身空间内，可将舞蹈和体操的房间放置在没有窗户的位置。

健身房内的运动项目可分为非器械类和器械类两种，非器械类的运动项目包括仰卧起坐、俯卧撑、体操、舞蹈等，器械类所用的器械包括：跑步机、健身用自行车、举重器械、举重练习高低架等。健身房内的器械布置和空间分配需要根据这两类运动中各个项目的动作空间来设计，如图 12-70 至图 12-75，需要注意的是，器械与器械之间的空间除了考虑运动时的动作空间外，还需要考虑到通过以及教练在一边指导的空间，才能保证每个人在运动时都能够保证不受到干扰。

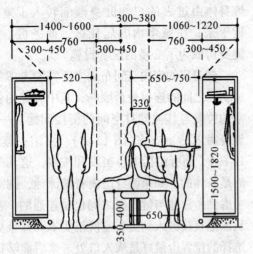

图 12-68 更衣室剖面尺度（单位：mm）

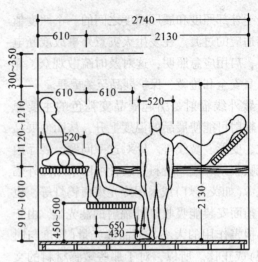

图 12-69 蒸汽浴室剖面尺度（单位：mm）

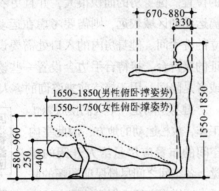

图 12-70 俯卧撑运动（单位：mm）

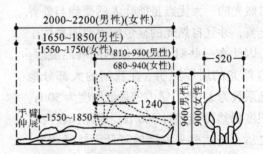

图 12-71 仰卧起坐运动（单位：mm）

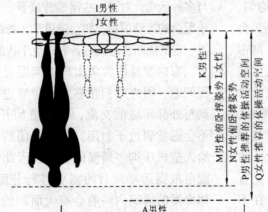

编号	尺寸(mm)
I	1500~1700
J	1400~1700
K	750~890
L	680~800
M	1650~1850
N	1550~1750
P	2000~2320
Q	1850~2050

编号	尺寸(mm)
A	1650~2230
B	1550~2000
C	780~1050
D	730~940
E	75~150

图 12-72 体操所需最小间距

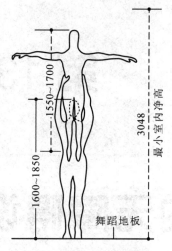

图 12-73　舞蹈与体操练习所需空间高度（单位：mm）

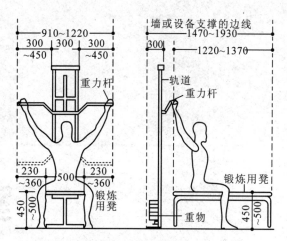

图 12-74　靠墙的举重器械尺度（单位：mm）

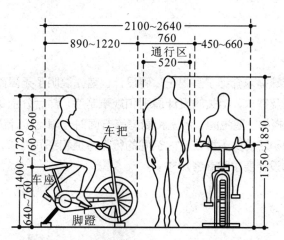

图 12-75　健身用脚踏车尺度（单位：mm）

• **复习思考题**

1. 公共空间的垂直动线和水平动线设计中，需要考虑的人体尺寸有哪些？

2. 试述商业空间照明设计中，可以运用什么照明手法吸引人进入商店？

TED-公共空间
怎样让城市
生动起来

3. 封闭式和开敞式的商品展示各有什么特点？在柜台和货架设计上有何要求？

4. 餐饮空间有哪些类型？在其空间环境设计上应注意哪些问题？

5. 展示空间有哪些类型？在展示陈列设计中如何考虑人与展品之间的关系？

6. 试对某一中小型商店的商品展示与陈列进行实地调研和分析评价。

第 13 章

室内无障碍设计

≫ **本章提要**

　　本章结合老年人和残疾人的特殊需求介绍了室内无障碍设计。首先说明了无障碍设计的概念、服务人群的生理特点及需求、相关的设计原则和规章制度。然后分别从出入口大厅、坡道、门厅和走道、楼梯、卫生间、浴室和厨房等方面对无障碍设计进行了详细的阐述。结合许多图例说明了特殊人群在室内空间的行为特征和空间需求，给出了各个功能空间及典型设施的设计要求和参考尺寸。

　　13.1　概述
　　13.2　出口及入口大厅
　　13.3　坡道、休息平台、门厅和走道
　　13.4　楼梯、扶手
　　13.5　卫生间
　　13.6　浴室
　　13.7　厨房

13.1 概述

无障碍设计(barrier free design)这个名称始见于1974年,是联合国组织提出的设计新主张。无障碍设计强调,在科学技术高度发展的现代社会,一切有关于人类衣食住行的公共空间环境以及各类建筑设施、设备的规划设计,都必须充分考虑具有不同程度生理伤残缺陷者和正常活动能力衰退者(如老年人)的使用需求,配备能够应答、满足这些需求的服务功能与装置,营造一个充满爱与关怀,切实保障人类安全、方便、舒适的现代生活环境。

无障碍设计相关规范名录

无障碍设计的理想目标就是"无障碍"。基于对人类行为、意识与动作反应的细致研究,致力于优化一切为人所用的物与环境的设计,在使用操作界面上清除那些让使用者感到困惑、困难的"障碍",为使用者提供最大可能的方便。

(1) 老年人

科技进步、经济发展、人类生活水平和医疗保障措施的不断提高和完善,使得人类平均寿命大大提高,老年人在全体人口中的比例越来越大。随着我国人口老龄化的迅速发展,老年人的问题日益突出。其中老年人行动能力和视力的退化,直接影响了老年人自身的工作和生活质量。

老年人身体变化的特征为功能的衰退,几乎身体的所有组织的弹性降低,这导致腿的活动障碍增加;大脑对于环境的反应能力降低,记忆力衰退;视力衰退。

另外,疾病也随之而来,首先是伴随着骨骼肌肉损耗出现的风湿痛、手脚的关节炎,在所有体力活动中表现出乏力和敏捷程度降低;脊椎关节炎限制了背的活动;臀部和膝部关节的关节炎,使行走困难。由于这些原因在某种程度上,许多老年人也可算作身体残疾人。

由于生理上的变化,老年人的各项人体测量数据均比正常人减少许多。我国人体测量中并无这方面的资料,以英国BSI对少量老年妇女的测量为例可得:立姿身高比一般成年妇女减少30mm;坐姿眼高比一般成年妇女减少40mm;坐面至肘高度比一般成年妇女减少10mm。

图13-1及图13-2为一个老年妇女的平均活动空间。

(2) 残疾人

根据1990年12月颁布的《中华人民共和国残疾人保障法》第二条的规定:残疾人是指在心理、生理、人体结构上,某种组织、功能丧失或者不正常,全部或者部分丧失以正常方式从事某种活动能力的人。这个定义改变了以前单纯从身体上着眼的局限性,而是以社会功能障碍和身体功能障碍双重考量为特征,不仅有器官上的,而且也包括了精神和心智方面的残疾,比较全面地概括了残疾人的基本特征。

世界卫生组织(WHO)对残疾人使用以下定义:

损伤:"任何心理、生理、组织结构或功能的缺失或不正常。"

残疾:"任何以人类正常的方式或在正常范围内进行某种活动的能力受限或缺失(由损伤造成)。"

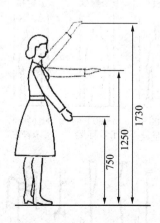

图13-1 老年妇女的平均活动空间1(单位:mm)

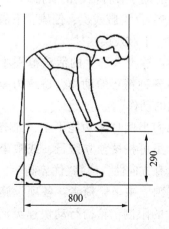

图13-2 老年妇女的平均活动空间2(单位:mm)

障碍："一个人由于损伤或残疾造成的不利条件，限制或妨碍这个人正常（取决于年龄、性别及社会和文化因素）完成某项任务。"

英国残疾人组织理事会（BCODP）认同下列定义：

损伤："缺少肢体的部分或全部，或人体的四肢、器官或机能有缺陷。"

残疾："由于当代社会组织不考虑或很少考虑身体有损伤的人，将之排斥在社会活动的主流之外，而引起活动不利或受限。"

这两组定义的差别很明显，残疾可以通过提高人与环境的互相作用而被排除。BCODP 的定义倾向于身体方面的损伤，但同样概念也适用于精神或心理方面的损伤。

根据 1987 年 4 月 1 日第一次全国残疾人抽样调查确定，我国将残疾人分为 5 类，分别为：视力残疾、肢体残疾、听力和言语残疾、智力残疾、精神残疾。各类残疾都按程度不同分为若干级。同时，又确定凡有两种或多种残疾的人，另列为综合残疾，并根据同一类的残疾者存在的生理或心理障碍的轻重程度进行程度的细化分级。

可见，残疾人的情况是比较复杂的，他们有各种各样的行动障碍。各类残疾人群的动作特点也是不同的：

①视力残疾者（盲人、低视力）。

盲人：他们不能利用视觉信息定向、定位地从事活动，而均需借助其他感官功能了解环境、定向、定位地从事活动；平时他们需借助盲杖行进，步速慢，在生疏环境中也易产生意外伤害。

低视力：形象大小、色彩对比及照度强弱都直接影响这类人群的视觉辨认，他们只有借助其他感官功能才有助于各种活动的安排。

②肢体残疾者（上肢残疾、偏瘫、下肢残疾独立乘坐轮椅者、下肢残疾挂杖者）。

上肢残疾：这类人群手的活动范围小于正常人，难以承担各种精巧的动作，持续力差；难以完成双手并用的动作。

偏瘫：他们半侧身体功能不全，兼有上、下肢残疾特点，虽可挂杖独立跛行，或乘坐特种轮椅，但动作总有方向性，依靠"优势侧"。

下肢残疾独立乘坐轮椅者：各项设施的高度均受轮椅尺寸的限制；轮椅行动快速灵活，但占用空间较大；使用卫生设备时需设支持物，以利移位和安全稳定。

下肢残疾挂杖者：他们攀登动作困难，水平推力差，行动缓慢，不适应常规的运行节奏；挂双杖者只有坐姿时，才能使用双手；挂双杖者行走时的幅度可达 950mm；要特别注意的是使用卫生设备时他们常需支持物。

③听力及语言残疾者。这类人群一般无行动困难，在与人交往时，常需借助增音设备，重听及聋者需借助视觉信号及振动信号。

④智力残疾者。这类人群的智力活动能力明显低于一般人的水平，并显示有适应性的障碍。

⑤精神残疾者。这类人群是指精神病人持续一年以上未痊愈，从而形成社交能力和在家、社会应尽职能上出现不同程度的紊乱和障碍。

⑥综合残疾者。兼有以上 5 类残疾中两类或两类以上的称为综合残疾。

由于各类残疾人的动作特点存在差异，导致他们所需要的助行器也不同，助行器可分为手杖、下臂杖、上臂杖、拐杖、多足杖、步行架、步行车和盲杖等八类。前面 7 种如图 13-3 所示。

除以上助行器外还有一件不可忽视的器械——轮椅。轮椅是解决老年人中行动不便者与下肢残疾者的主要辅助工具，使残疾人的生活自理和自尊成为可能。图 13-4 为轮椅的尺寸。

下面为轮椅使用者的主要人体参考尺寸，轮椅

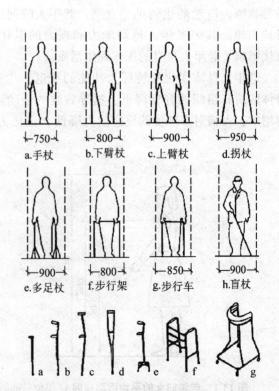

图 13-3　助行器类别及使用者水平行进尺寸（单位：mm）

使用者的基本人体尺寸是坐姿而非立姿的尺寸。图 13-5 为坐在轮椅上时的人体尺寸。图 13-6 为坐在轮椅上时对空间的要求。如果要接触到搁板的深处，那么上部搁板的高度应改为 1300mm，下部搁板的高度为 400mm。图 13-7 为坐在轮椅上时的可及尺寸，这个尺寸是刚摸到搁板的外缘。图 13-8 是手柄、开关、插座、工作面等的适宜高度。

对于使用轮椅者，在进行无障碍设计时需要遵循以下原则：

①建筑物内应预留轮椅入口和停放轮椅的场所，这意味着建筑物至少有一个入口处不设踏步和其他障碍物。这个入口应有专供轮椅使用者使

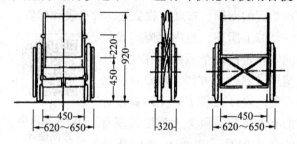

图 13-4　轮椅各部分的尺寸(单位：mm)

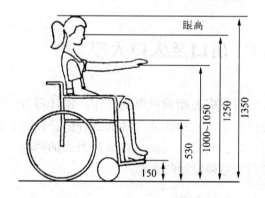

图 13-5　坐在轮椅上时的人体尺寸(单位：mm)

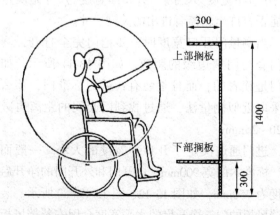

图 13-6　坐在轮椅上时对空间的尺寸要求(单位：mm)

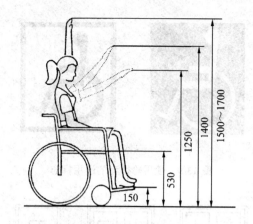

图 13-7　坐在轮椅上时的可及尺寸(单位：mm)

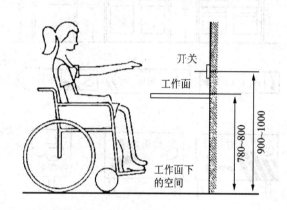

图 13-8　手柄、开关、插座和工作面的适宜高度(单位：mm)

用的标示。此外，通道的表面应该适合轮椅的行动。

②使用轮椅者的基本人体尺寸是坐高而非立高，故应按此来考虑日常生活中各项活动的尺寸，如开门、挂衣或从书架上取书等。

③由于腿的功能丧失或严重损害，坐轮椅者在举、推、拉等施力时受到限制，故手柄、横杆等可用做手臂的支撑。

④轮椅需要较大的面积才能调头，有时还需要身边护理的面积，因此在门厅、厕所、电话厅、电梯等处均需考虑。

⑤轮椅使用者的标志。坐轮椅残疾人可以通行的地方，或可以使用的设施，均应该用标志加以标明。残疾人国际通用标志为 100~450mm 正方形的黑白轮椅图案(图 13-9)。标志牌位置要显著醒目，高度要适中，它告知残疾人可以通行、进入和使用有关设施，在标志牌上加文字或指引方向时，也应鲜明醒目。图 13-10 为建筑入口及服务设施的标志牌安装部位示意以及为使用轮椅者指示方向的标志牌。

图 13-9 使用轮椅者的通用标志

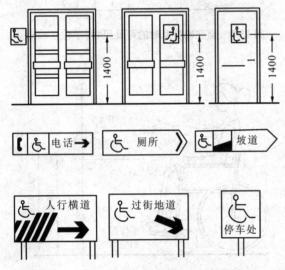

图 13-10 建筑入口及服务设施的标志牌及带指向和停车车位标志牌的一般形式（单位：mm）

以上即为老年人与残疾人的一些生理和需求分析，针对这些需求，现在有专门的建筑残疾人通道审查，残疾人通道审查是根据原先拟定的、用来衡量一幢建筑物对于残疾人可用性标准来检验这幢建筑。根据衡量标准，评估检验有多少面积设施可供残疾人独立使用。全面审查不仅适用于衡量身体灵活性有残疾的人，还将检验感官残疾及精神残疾人士可使用的设施。建筑物本身应测评的区域包括：

①有形通道。运输通道、停车场、入口、入口表面、弯道；自动门和人工门；灯的水平照度、位置、光线及控制开关位置；低梯阶的电梯平台位置、尺寸、操作、按钮和报警器；载轮椅电梯的位置、型号、控制和尺寸；升降式电梯的尺寸、声音反馈、按钮、灯和报警电话；地板的厚度、颜色、防滑及粗糙度；楼梯突缘的装饰、扶手、整体装饰、灯的水平照度；接待处、订票处；音响效果及音响的空间处理。

②装修。墙、地板、天花板的颜色及其他方面；对比图和效果图；用颜色区分及标注不同区域。

③卫生设施。卫生间的位置、尺寸、报警器及报警程序、配置（颜色、型号、位置和维修）、水龙头或水槽、水温、门（尺寸、门上装饰、标志及自动操纵）、废物处理及灯的明暗度；淋浴器的尺寸、型号、配置、样式、地面、温度、水压和灯；改造区域的位置、设施、地面及灯的明暗度。

④路标。指示标志，即尺寸、字面、突出的字面配置、高度、颜色、文字及书写、位置、样式、箭头及灯的明暗度；楼层分布图及指南，即可触摸的和可轻拍的门或楼层标志及其他标记等。

⑤休闲或娱乐设施。饭店、酒吧、茶社、休息室、厨房和自动售货区域（售货机等）；商店和购物区的面积、布局、收款处、价目表和标签。

综上所述，室内无障碍设计的宗旨是使每个残疾人在建筑环境里做到行动方便。本章旨在帮助室内设计人员了解无障碍设计的基本思想、服务人群以及现有的规章制度，以便在他们所承建、设计或改造的室内空间中，更好地为弱势群体提供服务。

IKEA 无障碍产品设计

13.2 出口及入口大厅

门对残疾人起着重要的作用。设计得好，它既能供残疾人自由出入又能起各种防护作用；设计得不好，它将给残疾人构成相当大的障碍。以下是门无障碍设计的要素。

（1）开口宽度

门的结构尺寸包括门的开口尺寸、折页尺寸和"开口净宽度"尺寸。"开口净宽度"尺寸是决定门能否容许坐轮椅者进出的关键尺寸。

当测量门开口宽度时，要把门完全打开，测量门套与门扇边缘的距离，如图 13-11 所示。如果门是锁着的，而且是装有铰链的标准门，那么可采取近似测量法，通过找到门套间的距离再减去 20~25mm。

进门通道决定了开口净宽度的大小。一般而言，标准木门宽 900mm，内开门和外开门的净开启宽度为 750mm，如图 13-12、图 13-13（a）所示。装有挡风板的门，净开启的水平宽度会因安装挡风板而减小。宽 1000mm 的门，挡风板突出有 50mm，因此，净开启宽度是 800mm，而没有挡风板时的净开启宽度是 850mm，如图 13-13(b)所示。

1999 年《建筑规范》(M 部分)批准文件建议采用净开启宽度最小值为 750mm 的内开门，净开启宽度最小值为 800mm 的入户门。而通过弹簧门时，大部分坐轮椅者或推轮椅者需要旁人的帮助，如图 13-14、图 13-15 所示。

在新建建筑中或对现有建筑出入口进行改造时，可开设图 13-16 所示的偏分门。开向小房间的门可采用图 13-17 所示的能减小门开启时所占用回旋面积的门。图 13-18 所示的是轮椅、电动助力车和推车使用者所需的直接转弯空间。图中所示为通过宽 775mm 或 875mm 的门洞口时所需的空间尺寸。

转门对于推车使用者和乘轮椅者不方便，对于有步行能力但行动不便者使用很困难。应在相邻处设旁门，最好是设自动门，如图 13-19 所示。

轮椅及电动三轮车的使用者认为最易"迎面"通过门，但是，在使用者需要转弯和从侧面通过门时，门应有足够的宽度以使使用者顺利通过。使用者能否"迎面"通过门，主要看门所在走廊是否达到或超过 1200mm，该尺寸使使用者自由行动，这样便可以有效地"迎面"通过门。

在不到 1200mm 宽的走廊里，如果没有足够的行动空间让坐轮椅者"迎面"接近门，房间的门口应设一个最少为 810mm 宽的无阻挡开口(数据根据 1000mm 单扇门得出，实际开口净宽度为 850mm)。如果坐轮椅者接近宽度大于 1200mm 的走廊通过时，完全开口宽度减至 760mm(数据根据 900mm 的单扇门得出，实际开口净宽度为 700mm)。

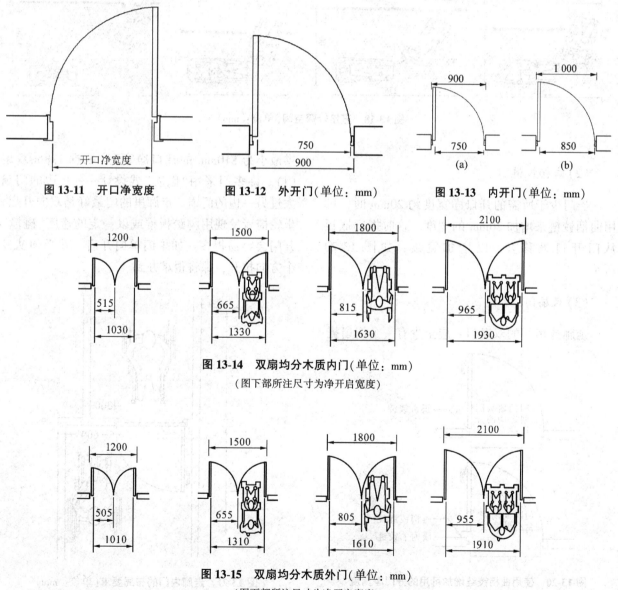

图 13-11　开口净宽度　　图 13-12　外开门(单位：mm)　　图 13-13　内开门(单位：mm)

图 13-14　双扇均分木质内门(单位：mm)
(图下部所注尺寸为净开启宽度)

图 13-15　双扇均分木质外门(单位：mm)
(图下部所注尺寸为净开启宽度)

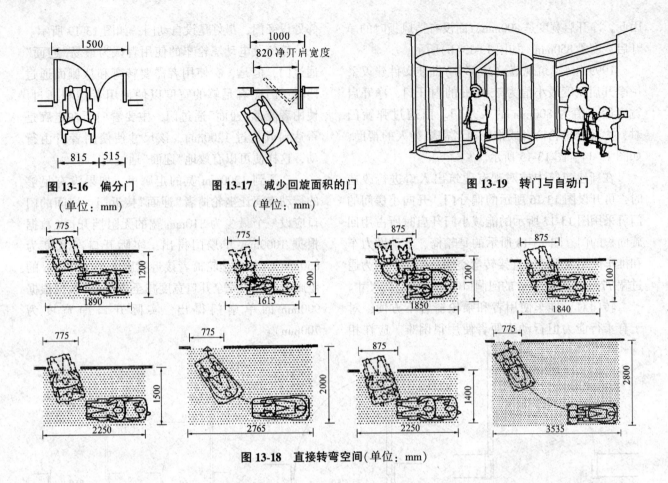

图 13-16 偏分门（单位：mm）　　图 13-17 减少回旋面积的门（单位：mm）　　图 13-19 转门与自动门

图 13-18 直接转弯空间（单位：mm）

(2) 曲柄铰链

当门少于所需的开口净宽度约 20mm 时，可用曲柄铰链来增加 20mm 的宽度。这时把门嵌板从门开口处移开，以增加宽度，如图 13-20 所示。

(3) 双扇门

走廊或房间的双扇门，应至少有一个门扇提供最小为 810mm 的开口净宽度（根据 1.8m 双扇门）。许多门采用"医院"式设计——一边的门扇大过另一边的门扇。走廊里的门最好是双向开启，坐轮椅者发现用脚踏板推或以一定的速度"碰撞"开门会容易得多。如果门单向开启，就必须从一个方向拉开，那将很难办到。

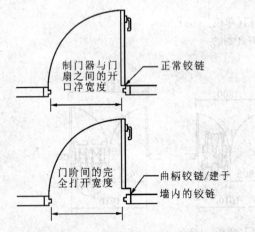

图 13-20 使用曲柄铰链增加可用的开门净宽度

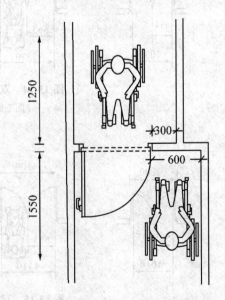

图 13-21 走廊内门的布局要求（单位：mm）

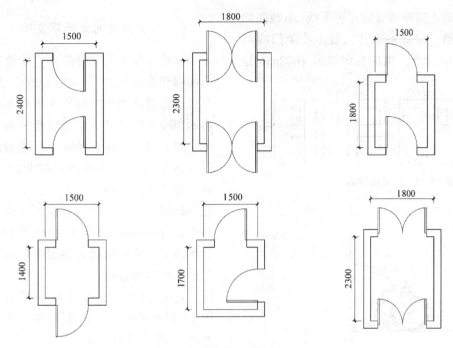

图 13-22 内门厅的最小尺寸(单位：mm)

(4) 门厅

门厅的大小变化由门的数目和门开的方向决定。要考虑到坐轮椅者在试图通过第二道门之前能够通过第一道门。另外，厅堂的门的关键部分是门把手所在位置，为了使坐轮椅者够到门柄，门把手与墙间要有 300mm 的距离(图 13-21)。这样从轮椅上够到门把手开门更容易，这样要比门把手紧挨着墙自由度更大。图 13-22 所示为内门厅的最小尺寸，图 13-23 所示为入口门厅的最小尺寸。

(5) 可视窗

可视窗最初用于安全防火门上，是为了方便人们通过防火门看到火和烟而选择正确的逃生路线。但是，人们发现它可以帮助人们在快速穿过门时避免碰撞，这是它的更大优点。但是，安装高位视窗会让人在穿过门时忽略处于低位的人，从而导致后者受伤。双视窗和全身单视窗可使人们在通过门的时候看见处于另一端低位的坐轮椅者和小孩。人们更喜欢位于把手一侧中间的可视窗，而不是位于门中间的"舷窗"型的视窗，前者增加了看到另一侧人的可能性。图 13-24 为可视窗的类型。若只将可视窗安在门的上部，则底端与地面的距离至少为 900mm。

(6) 推拉标志

门上应贴"推"或"拉"标志，标志上的字体(大、小写)高度最小为 20mm。字体颜色应与其背景色形成对比，而背景色又应与门的颜色形成对比。

玻璃门的透明材料会对视残者造成模糊感从

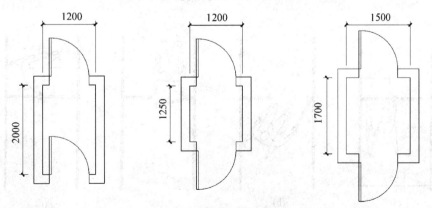

图 13-23 入口门厅的最小尺寸(单位：mm)

而产生危险。高度耀眼部分应在视平线(距地面约1600mm)处标清,以提示来往人群。玻璃门应与其邻近耀眼处区分开,也应在距地面 1600mm 处贴上警示条。

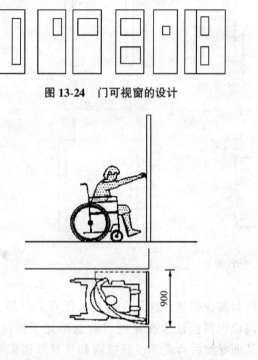

图 13-24　门可视窗的设计

图 13-25　独立乘轮椅者向前够门把手的情形(单位：mm)

(7) 门开启边的无障碍空间

尽管一位上肢完好的独立乘轮椅者能够径直向前够到面前的把手(图 13-25),但是如果在门开启边留着适当的空间则是再好不过了。门开启边所留净空间尺寸通常建议至少为 300mm。

图 13-26 表明了 300mm 门边空间在乘轮椅者通过这扇门,之前必须先拉开门,并且必须倒退。对他来讲,转过身把门关上,以及找到一个能够转回轮椅关门的地方也不是件容易的事。当门边留有 600mm 的净空间时(图 13-27),行动就容易多了;乘轮椅者无须倒退就可以打开门,进门后还可以转过身关上门。可见,对乘轮椅者来说,通过图 13-26 所示的一扇弹簧门比通过图 13-27 所示的门要困难得多,因为他在拉门时不得不倒退回来,而后者却有足够的空间避免后退。

需要他人推动的轮椅常常是向前推的。但是当要转进家里的一扇门或者通过前方门的门槛时,通常的情形是推轮椅者把轮椅朝后拉,以避免向前推动轮椅通过门槛时使轮椅的小脚轮歪斜。同样,在一个狭窄的空间里转弯进门时,对

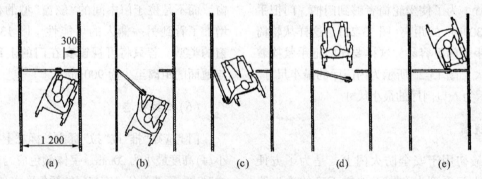

图 13-26　独立乘轮椅者在 1200mm 宽的走廊通过一扇 900mm 宽的门,
门边留有 300mm 宽的净空间的情形

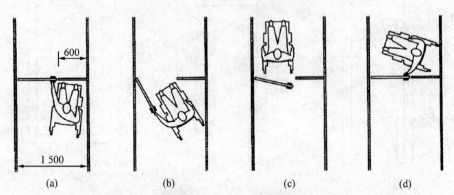

图 13-27　独立乘轮椅者在 1500mm 宽的走廊通过一扇 900mm 宽的门,
门边留有 600mm 宽的净空间的情形

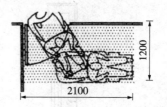

(a) 由他人推行的乘轮椅者在900mm宽的走廊里通过门口

(b) 由他人推行的乘轮椅者在1200mm宽的走廊里通过门口

(c) 由他人推行的乘轮椅者在1200mm宽的走廊里转弯进门口

图 13-28　由他人推行的乘轮椅者向后倒行通过门口的情形（单位：mm）

于推轮椅者来说向后拉比向前推更容易准确省力地控制轮椅。如图 13-28 所示，向后倒退着在 900mm 宽的走廊里通过宽为 900mm，净宽为 775mm 的门洞口。在 1200mm 宽的走廊里这样做则更容易些[图 13-28（b）]，在 1200mm 宽而不是 1050mm 或 900mm 宽的走廊里向后倒退呈直角转弯更容易些。

13.3　坡道、休息平台、门厅和走道

13.3.1　坡道

设置坡道是协助有轮交通工具应付水平面变化必不可少的方法。需要指出的是，仅仅是按照建筑规则及有关方针政策建造的坡道，可能无法满足所有坐轮椅者的要求。

因此，所有建筑物的入口都要有轮椅通道，因为不是所有的坐轮椅者都能凭自己的力量和技巧爬上陡坡（此时 1：12 的坡度被认为是陡坡），包括控制速度、方向或在下坡时停下来。一些残疾人（或他们的助手）需要不时地在坡道上停下来，歇一下，喘口气。这就需要有足够的地方供轮椅使用者停在楼梯过渡平台，而不至于沿着坡道下

滑。要留有足够的地方使迎面来的人走过去，尤其是在长坡道上。有些残疾人身体的一侧虚弱，这就需要坡道的两侧都有扶手。坐轮椅者由于肌肉不灵活，控制能力差，会有把脚插入护栏底部或缝隙的危险。在设计坡道护栏时，要把这种危险降到最低水平。视力受损的人通常需要高亮度的灯光来发现环境的变化，如方向、水平面、坡度等。坡道结构要稳固，与周围结构成一体。

设计坡道的方法有很多种，重要的是要使坐轮椅者从"前门"进来。图 13-29 显示建筑物入口的直坡道，它把坐轮椅者的入口和行人的入口分开来。图 13-30 是一个可选择的入口，它使坡道的入口在建筑物的前面。图 13-31 也使坡道的入口在建筑物的前面，但需要额外的平台，占用了太多的地方。图 13-32 是一个好的设计，使用者可以在前面走最短的距离。

为了让使用轮椅者能方便地进入建筑物内，至少在一个入口设有坡道。表 13-1 为每段坡道的坡度、坡段高度和水平长度的允许值。图 13-33 表示坡道休息平台的最小深度。

图 13-34（a）所示为正对出入口的坡道，它表明了对于由他人协助推行的乘轮椅者来说，1500mm 的平台长度要比 1200mm 的长度更舒适。

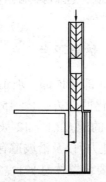

图 13-29　轮椅使用者在最简易的坡道上要经过很长的路进入建筑物

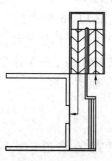

图 13-30　轮椅使用者用折回式坡道与行走者在相同点进入建筑物

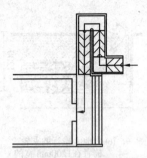
图 13-31 双折回坡道使轮椅使用者
与行走者同方向进入

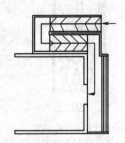
图 13-32 简易折回坡道使轮椅使用者与
行走者同方向进入

表 13-1 每段坡道的坡度、坡段高度和水平长度的最大容许值　　　　　　　　　　　mm

坡度	1:20	1:16	1:12	1:10	1:8	1:6
坡段最大高度	1500	1000	750	500	350	200
坡段水平长度	30 000	16 000	9000	5000	2800	1200

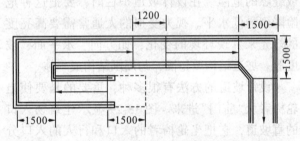

图 13-33 坡道休息平台的最小深度（单位：mm）

图 13-34(b)所示为乘轮椅者转向进入出入口的情形，1200mm 的坡道净宽勉强够用，而 1000mm 的净宽就会使这样的操作非常困难。图 13-34(c)有一扇外开门，表明了在 1500mm 宽的平台上转弯会很方便。图 13-34(d)表明了在邻近坡道一段安装门轴时需要留一定的回转空间。

进行坡道设计时，应从以下几个角度考虑：

（1）坡度

最好把坡度设计为 1:20，最多不要超过 1:15。这样坡度能保证大多数自己推动轮椅的残疾人使用坡道。图 13-35 给出了 1:12、1:15、1:20 的坡道比较。图 13-36 显示了按规定在 1:12 的坡道上每隔 5m 加上一个休息平台，在 1:15 和 1:20 的坡道上每隔 10m 加上一个休息平台后，为达到规定要求延长了坡道长度。

（2）宽度

对很短、经常用的坡道（即不超过 5.0m 长），或坡道的空间有限时，可以不强求人们在坡道上能够顺利通过。然而，对于长坡道或在公众经常光顾的地方建坡道，则需使人们能在坡道

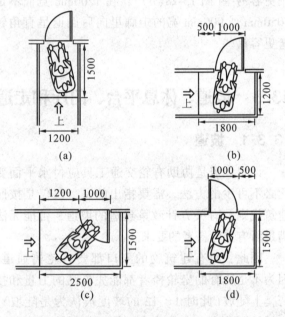

图 13-34 通向建筑入口平台的坡道（单位：mm）

上通过迎面走来的人。无障碍宽度达到 1800mm（表面宽度 2000mm）可以使坐轮椅者与其他人同时通过坡道，包括其他坐轮椅者，如图 13-37、图 13-38。

13.3.2 休息平台

坡道底部和顶部、坡道上方向发生变化的地方、1:15 坡道每隔 10m 的地方（1:12 坡道每隔 5m 的地方）以及沿坡道有门的地方都需要设置休息平台。这些休息平台供使用坡道的人歇息或停下来以便别人通过。休息平台至少要与坡道等宽，长度至少 1200mm。

北京大兴国际
机场无障碍通道

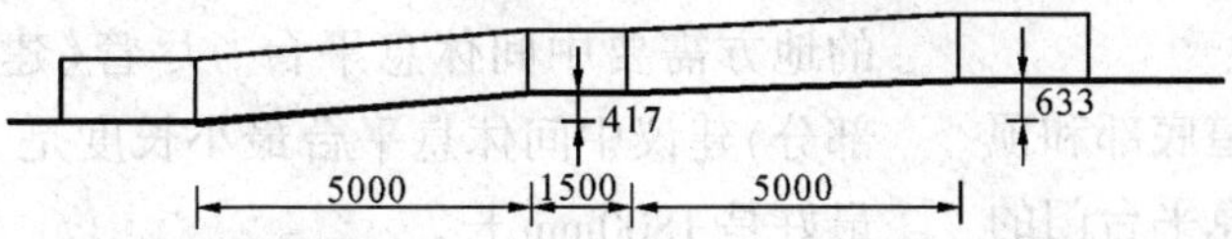

（a）符合（建筑规范M部分）采用1：12坡度、有栏杆和中间休息平台的坡道

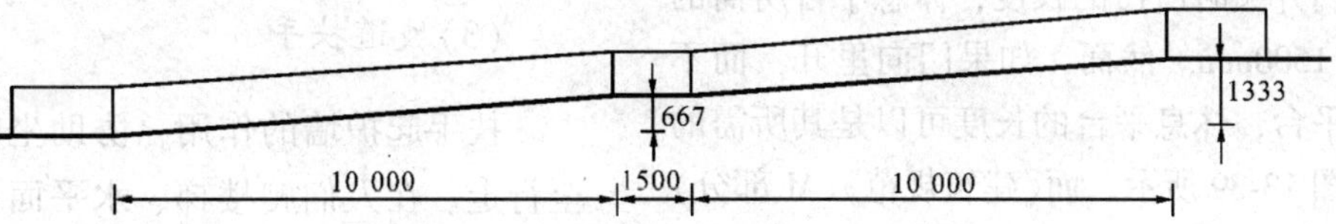

（b）符合（建筑规范M部分）采用1：15坡度、有栏杆和中间休息平台的坡道

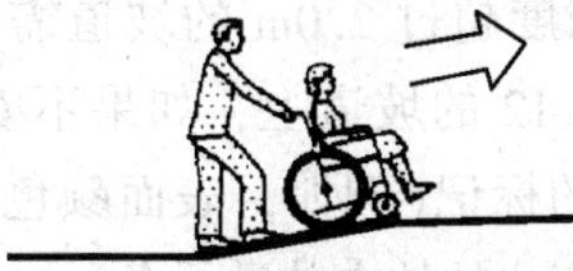

（c）1：6坡度的坡道（由他人推行的乘轮椅者上坡）

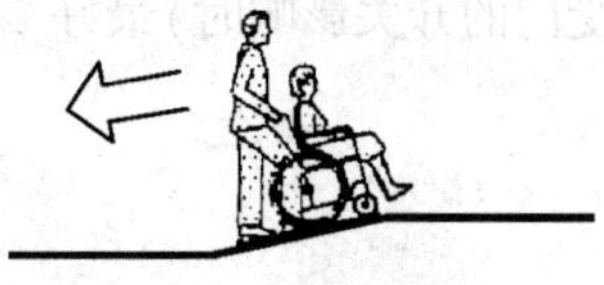

（d）1：6坡度的坡道（由他人推行的乘轮椅者倒退下坡）

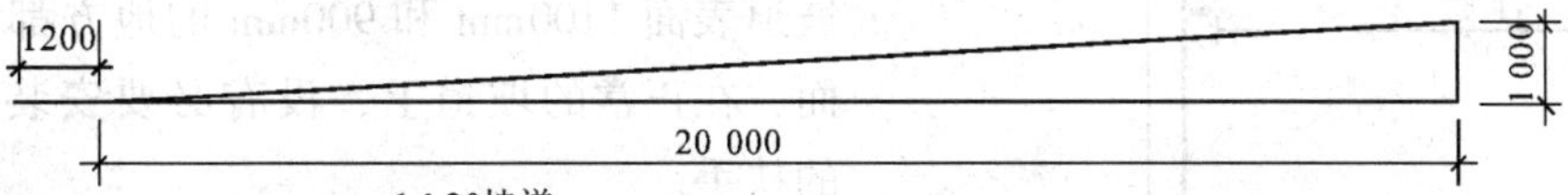

1：20坡道

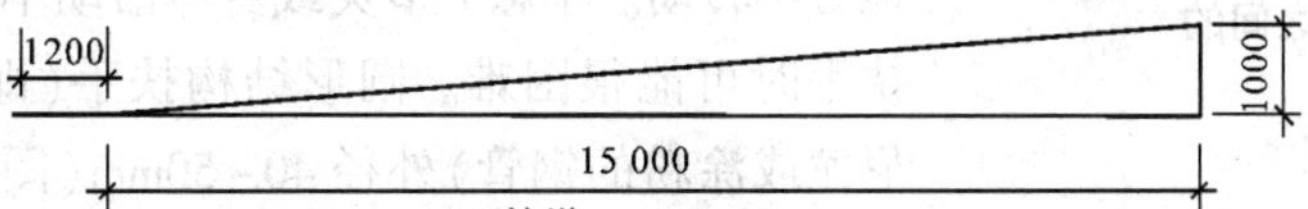

1：15坡道

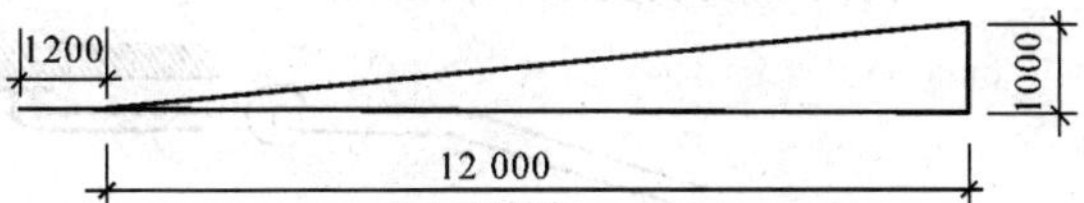

1：12坡道

图 13-35　简单坡度与距离的关系（单位：mm）

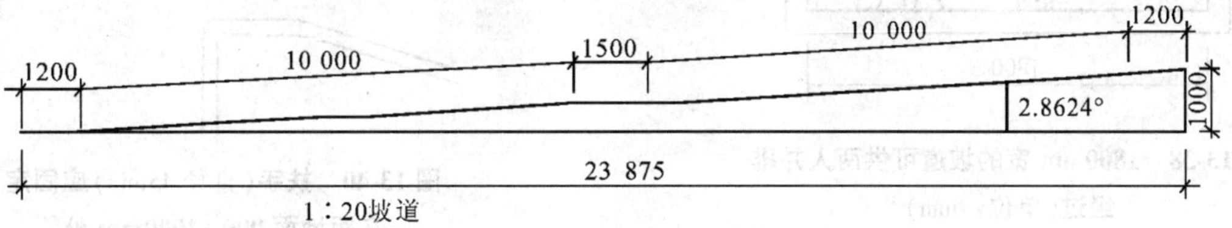

1：20坡道

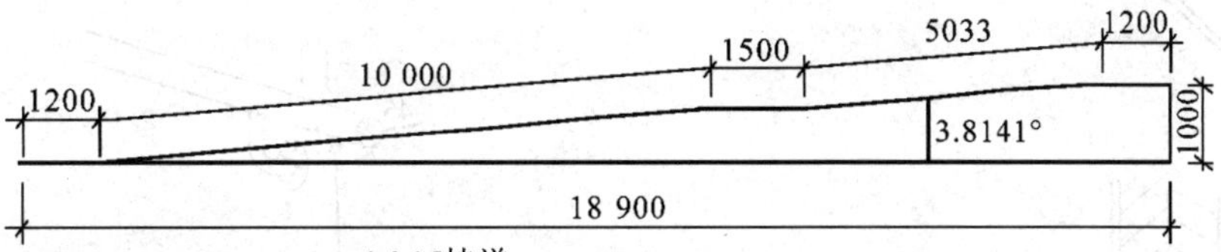

1：15坡道

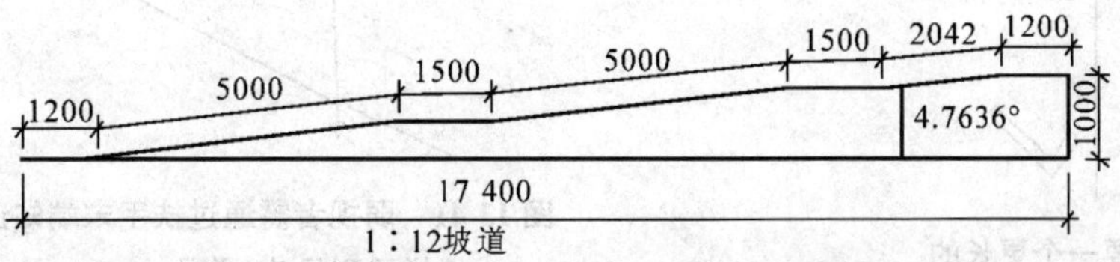

1：12坡道

图 13-36　若包括平台 1：12 和 1：15 的坡道坡度差别不大（单位：mm）

(1) 坡道底部和顶部的休息平台

由于受开向休息平台门的影响,坡道底部和顶部的休息平台需要再加长。在有开向休息平台门的地方,加上门开关时所占的长度,休息平台所需的最小长度是1500mm。然而,如果门向里开,而不是开向休息平台,休息平台的长度可以是其所需的最小值,如图13-39所示。而《建筑规范》(M部分)所建议的平台最小长度是1200mm,在坡道底部和顶部的休息平台长度(在不受门的开关影响时)最好是1500~1800mm。

(2) 中间休息平台

坡道上方向发生变化的地方或在1:15直行坡道每隔10m的地方(或1:12直行坡道每隔5m)的地方需要中间休息平台。尽管《建筑规范》(M部分)建议中间休息平台最小长度是1500mm,但最好是1800mm长。

(3) 坡道扶手

扶手起护墙的作用,协助坐轮椅者和行人安全行走。在人们爬楼梯、水平面或坡度发生变化时,扶手可帮助人们保持平稳。《建筑规范》(M部分)建议长度超过2.0m的坡道需要安装扶手。尤其是在1:12的坡道上,如果不安装扶手,要有显示斜坡的标记(例如,表面颜色或材质变化,或在坡度有变化的地方放警示条)。

在沿坡道需要护墙的地方,即在一个危险地方的上方或在有掉下去危险的高处,建议在高出坡道表面1100mm和900mm的地方都设扶手。然而,在正常的坡道上,没有必要安装1100mm高的扶手。

扶手要方便抓握,安装坚固且保证在安装它的地方不转动。手患关节炎或身体活动不便的人在抓扶手时可能很困难。圆形结构扶手(即坚硬木质、尼龙或涂粉的钢管)外径40~50mm(图13-40),会更容易抓住。扶手两端终止处应很好处理,即平滑转向墙或改变形状,如图13-41。

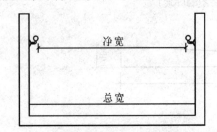

图13-37 坡道宽度指在任何障碍物之间的可使用的净宽度

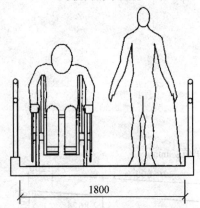

图13-38 1800mm宽的坡道可供两人并排经过(单位:mm)

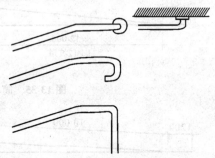

图13-40 扶手(直径45mm)应固定在距地面900~1000mm处

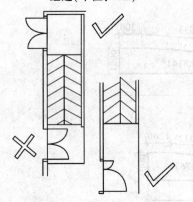

图13-39 开向平台的门需要一个更长的休息平台,门最好不开向平台

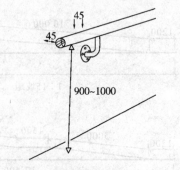

图13-41 弱视者需通过扶手末端知道楼梯已到尽头(单位:mm)

(4) 防护装置

防护装置和防护墙应设计得使坐轮椅者的脚卡入栏杆（即实心防护栏）的可能性降到最低。防护装置/防护墙上的嵌装玻璃应该是玻璃砖、钢化玻璃或夹层安全玻璃，不能用带铁丝围栏的玻璃。

(5) 安全挡台和底部栏杆

如果坡道两侧没有墙，就需要用安全挡台来防止坐轮椅者从边缘滚下，同时引导因视力不好而用拐杖者安全行走。安全挡台应为固体结构，至少100mm高。安全挡台可与混凝土坡道建为一体，在浇筑时被加在模壳里，立柱与坡道的下边部分结为一体，或者把强化栏杆浇筑进去。也可选用与建筑物相匹配的砖或工程用砖。在铺砖的人行道的侧边上，可有大约125mm高的安全挡台。

(6) 室内坡道表面

室内坡道可以用大量的防滑聚乙烯地板系统和橡胶地板，现在已有大量提供有迷人色彩的聚乙烯供货。

(7) 照明

坡道照明质量和数量都很重要，尤其是对那些视力不好的人。可通过低空方向灯（如护栏灯或隐藏式照明装置）和高空漫射灯达到最好的照明效果。

13.3.3 门厅、走道

由于门厅、走道中要通行轮椅，因此其尺寸会有所不同。图13-42(a)(b)是单扇门的门厅，所标尺寸为墙至墙的结构净尺寸。图13-42(c)为使用自动拉门的门厅，图13-42(d)为自动平开门。走道的宽度见图13-43所示。

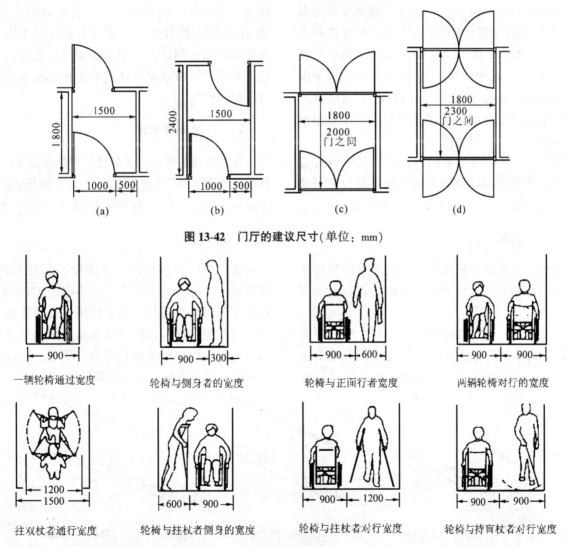

图 13-42 门厅的建议尺寸（单位：mm）

图 13-43 使用轮椅的走道宽度（单位：mm）

13.4 楼梯、扶手

楼梯是我们在一幢建筑物中上下楼的最基本方式，也是危险发生时的疏散通道。大多数残疾人也是楼梯的使用者。

以楼梯层高为2700mm为例，如图13-44所示。如果采用图(a)45°的直跑楼梯时，就有13级踏步。图(b)的楼梯是15级踏步，图(c)的楼梯是17级踏步，这两个楼梯的设置与普适设计的理念相近，对于老年人、步行行动不便者和孕妇，这样的楼梯容易行走，对于小孩来说，减少了摔伤的机会。图(c)中楼梯踏步宽度是400mm，可以让残疾人及老人在下楼梯时安全踩在上面。

图13-44(a)所示楼梯对于普适设计来说不是好设计，但是合乎规范要求。效果好一些的是图13-44(c)所示的楼梯，它增加了楼梯所占用面积。图13-44(c)所示楼梯的水平投影尺寸从起点到终点共4.91m；图13-44(b)所示楼梯的水平投影尺寸是3.71m；图13-44(a)所示楼梯的水平投影是2.51m。也就是说，图13-44(c)所示楼梯的水平投影比图13-44(a)所示楼梯的水平投影多占用了96%的水平投影面积。

另外，对所有使用者而言，特别是步行行动不便者，楼梯的设计原则是坡度越平缓，上下楼梯时感觉就越舒适，下楼梯时的危险性就越小。

13.4.1 楼梯

楼梯设计的目标是提供一个足够宽度的楼梯和适度的楼梯梯级，以方便行走困难者及儿童上下楼梯。

一般而言，建筑物内部的楼梯宽度至少为250mm，对于渐宽形的踏板，其较窄部分的宽度应为270mm。但是，人在下楼梯时比上楼梯更容易被绊倒摔下去。当上楼梯时，通常人会用脚的一部分踩在踏步上，然而下楼梯时会把双脚全踩在踏步上，或两脚的绝大部分踩在踏步上。一般来说，鞋的长度约300mm，步行行动不便者在下楼梯时需要把迈出的第一只脚安全地踩在每级踏步上。为了安全方便起见，踏步宽不应当小于300mm，最好是350mm或者更宽些。

(1) 楼梯前缘

理想的楼梯前缘应向外伸展或成圆形，半径至少为6mm，前缘上不要有突出物以避免将人绊倒。

(2) 楼梯前缘条状图案

对于视力残疾者，一段铺有一样的地毯或一样颜色的楼梯会让他们有一种分不清方向的感觉，如图13-45所示。楼梯前缘条状图案被用来突出每个楼梯边缘，便于视力残疾者辨认，如图13-46所示。楼梯前缘条状图案不一定非要制成条状，图13-47所示的就是一个更加大胆应用条形图案做楼梯装饰的例子。楼梯前缘要与地板表面在颜色或色度上形成反差，使其有防止地毯滑落或过度磨损的作用。

(3) 防滑楼梯前缘

在公共建筑内的大多数楼梯都是水泥面，在楼梯前缘表面画上反差较大的颜色。画出的条形图案至少应达到40mm宽，与楼梯前边的距离不超过10mm。

13.4.2 台阶

建筑物的外部台阶，高度应不超过150mm；建筑物的内部台阶，高度也应不超过170mm。楼梯的顶部和底部踢板，都应使用与楼梯装饰形成反差的颜色装饰，这样可以标示出楼梯顶部和底部的位置及楼梯间的休息平台的位置。可以使用涂料或容易辨别的台阶材料来标示。

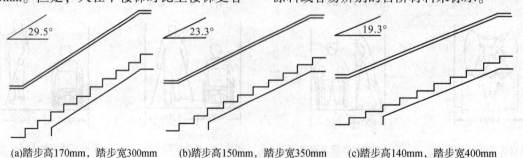

(a) 踏步高170mm，踏步宽300mm　　(b) 踏步高150mm，踏步宽350mm　　(c) 踏步高140mm，踏步宽400mm

图13-44 二层住宅楼里的楼梯(层高为2700 mm)

图 13-45 没有前缘的楼梯是危险的

图 13-46 对比鲜明的前缘有良好的视觉效果

图 13-47 好的前缘有装饰作用

13.4.3 楼梯扶手

对于行动困难或走路不稳的人来说扶手是必不可少的。同样，在上楼梯时，视力残疾者通常依靠扶手来确定自己的方位，即是否到了顶部、底部或休息平台，是否有方向变化，如图 13-48 所示。如果楼梯宽度超过 1.0m，那么两边都应有扶手；如果楼梯宽度低于 1.0m，至少一边有扶手。上楼梯时，残疾人向前伸手拉住扶手，如图 13-49(a)所示。如果楼梯端头扶手延伸出去，他们就会很方便地拉着扶手走完最后两级台阶。因此，从最后一级台阶算起，延伸出去的扶手水平投影尺寸最好为 600mm，如图 13-49(b)所示。图 13-50(b)所示的从最后一级踏步顺墙面延伸出去的扶手则不会像图 13-50(a)中所示的那样让残疾人在上楼梯时无处可扶。直径介于 30~50mm 之间的圆柱形剖面扶手用起来非常舒服。

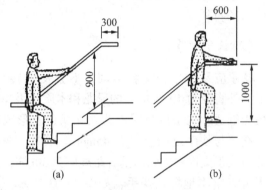
图 13-49 楼梯扶手(单位：mm)

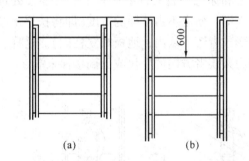
图 13-50 楼梯平面、扶手伸出(单位：mm)

对上楼梯时需要使用扶手的人来说，图 13-51 中所示剖面示例中图 13-51(a)最为适宜。如果按图 13-51(e)所示，扶手平坦的上表面宽度大于 60mm，而又没有凹槽协助抓握，使用起来就不方便了。

(1) 扶手高度

扶手应高于踏板水平线(连接踏板前端线) 900mm，高出休息平台 1000mm，这一尺度便于上楼梯，但是下楼梯就不方便了，正如前面所讲，对于残疾人以及其他人而言，下楼梯比上楼梯更具危险性。特别是当楼梯坡度很陡时，如果在楼

图 13-48 视力残疾者通过扶手来确定楼梯台阶

图 13-51　扶手剖面（单位：mm）

梯上再安装一个如图 13-52 所示那样高度为 1300mm 的扶手会很有助益。在栏杆上，底部栏杆空隙应能够防止直径为 100mm 的球形物体从踏板与护栏之间穿过。

（2）扶手细节

扶手应易握牢，安装牢固，不会发生转动。圆形、外直径为 40~50mm 的尼龙和木质扶手握起来最为舒适。扶手应与周围背景在颜色上形成反差。在墙与扶手之间至少有 45mm 的距离。扶手底部与扶手支撑点之间的垂直距离应为 50mm，这样手可以牢牢地握住扶手，如图 13-53 所示。在转折处和休息平台处都要有扶栏。要妥善处理好扶手末端，使之不占楼梯的宽度（即将扶手末端做成圆形或者镶入墙内、地板或立柱内）。这样会提示视力残疾者方向的变化或已到楼梯末端。

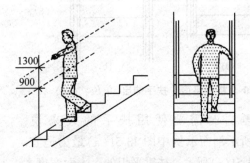

图 13-52　较陡楼梯的辅助性高扶手（单位：mm）　　轮椅用电梯平台

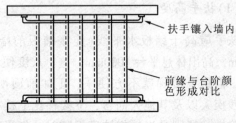

图 13-53　显示扶手和踏板布局的楼梯平面图

13.5　卫生间

建筑中无障碍卫生间非常重要，它决定着一座建筑是否真的适用于残疾人。

残疾人用卫生间应是指"残疾人可用"卫生间而非"残疾人"卫生间，因为前者指的是其特殊功能而不是指目标使用群体。《建筑规范》的 M 部分规定了此类卫生间的基本尺寸。在施工中，也有针对目标人群而建的部分。

1999 年《建筑规范》M 部分认可文件对两类"方便残疾人的"卫生间设计做了规定。一类是乘轮椅者使用的卫生间，如图 13-54 所示；另一类是为有行走能力的残疾人所设计的卫生间，如图 13-55 所示。在新建公共建筑中，1999 年《建筑规范》M 部分认可文件规定至少要设一个残疾人专用卫生间，它可以与普通卫生间分开设置。

（1）使用状况

残疾人可用厕所的使用决定了隔室的布局。《建筑规范》M 部分批准文件规定的厕所隔间平面尺寸为 2000mm×1500mm（图 13-56、图 13-57），并采用外开门，因为厕所隔间若用内开门的话，乘轮椅者进入并关上身后的门是不可能的。然而，这种外开门的平面布局所导致的结果是，独立乘轮椅者在进厕所隔间后转身关门也很困难的。并且通常坐便器安装在靠后的角部，这种平面布局难免会导致留给乘轮椅者的轮椅回转空间不够使用。在实践中发现这样做是弊大于利。调整厕所隔间中的设施布局会为乘轮椅者提供更多的回转空间。如图 13-58 所示，无

无障碍卫生间设计

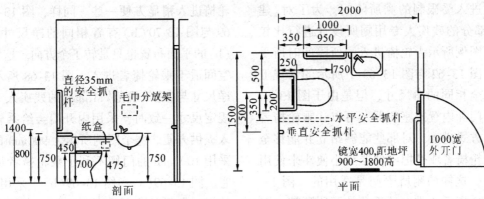

图 13-54 《建筑规范》M 部分中的残疾人专用厕所(单位：mm)

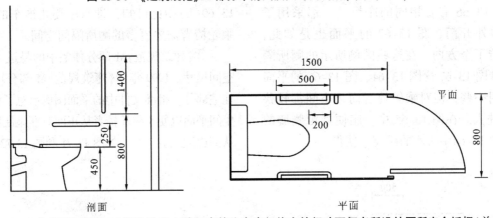

图 13-55 1999 年《建筑规范》M 部分批准文件示意的为有步行能力的行动不便者所设的厕所安全抓杆(单位：mm)

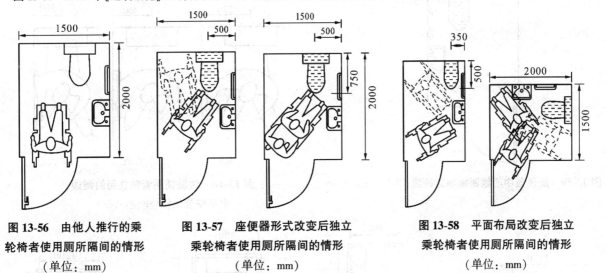

图 13-56 由他人推行的乘轮椅者使用厕所隔间的情形
(单位：mm)

图 13-57 座便器形式改变后独立乘轮椅者使用厕所隔间的情形
(单位：mm)

图 13-58 平面布局改变后独立乘轮椅者使用厕所隔间的情形
(单位：mm)

须改变整个隔间尺寸，只要采用这样的平面布局，转个方向就可以为轮椅转动提供更多更便于使用的空间，并且使乘轮椅者开门关门变得更容易。

(2) 布局

座便旁的空间和设备布局，应便于使用者无须从座便起来就可洗手，将手烘干。因此，洗手池应安装在离便池较近处(200~300mm)，且有手巾挂在旁边。此外，座便器中心线距侧墙边500mm，如图 13-59 所示。这样使得陪护人员在协助乘轮椅者时可以站在后面角部。这种设计的缺点是最重要的侧水平抓杆离座便器太远，起不到协助使用者站立起来的作用，如图 13-60 所示，相关距离宜采用 350mm。

①有利于从侧边完成移动转换的平面方案。残疾人专用厕所经常是只能允许从一侧进行由轮椅到座便器的移动转换。然而，大多数乘轮椅者使用座便器时不是从任何一侧都能将轮椅转移角度的。对按《建筑规范》M 部分设计的残疾人专用厕所进行改造后，采用了半岛状平面布局，如图 13-61 所示。

②轮椅进入受限制的厕所隔间。为了对《建筑规范》M部分的残疾人专用厕所设计进行比较说明，以下图例所示为轮椅进入厕所隔间时所受到的限制。图13-62与图13-63中所示的常规卫生间有着完全相同的净尺寸，但是由于图13-64采用了外开门和内置式座便器，可以让乘轮椅者通过限定的方式进入，对那些能够站立并能移至座便器的乘轮椅者或是把座便器当小便斗来使用的乘轮椅者，这样的厕所隔间是适用的。图13-63至图13-70所示为带有洗手盆的厕所隔间。图13-64、图13-66有着相同的净尺寸，都采用了1000mm的外开门，图13-67的平面也是如此，只是轮椅转了个方向。在这些图例所示的厕所隔间中，尽管图13-67比图13-64、图13-66的平面布局要好用一些，但对乘轮椅者而言空间都较狭窄而不易进入。在图13-65中，座便器距侧墙的距离小于图13-64中所示的距离，使得轮椅进入稍显方便一些。同样，图13-65、图13-69与图13-70（b）有着相同的净尺寸，图13-69（b）的平面布置也只是转了个方向。这些图例所示空间适于乘轮椅者进入。图13-68所示表明：当净尺寸与《建筑规范》M部分的残疾人专用卫生间规定尺寸一致时，采用内开门会给乘轮椅者的进入提供方便。这个图例所示为900mm的门；如果采用1000mm的门则不利于乘轮椅者从里边关上它。图13-69（a）和图13-69（b）中采用了1000mm的门，净开尺寸不少于875mm。与图13-67和图13-69（b）相比可知，推双座婴儿推车的人比独立乘轮椅者需要更多的厕所隔间空间。

③《建筑规范》M部分住宅中的易进入卫生间的空间尺寸。1999年的《建筑规范》M部分增加了新建住宅部分。批准文件中的平面图例示意了如何布置卫生间平面以便于乘轮椅者从正面对准座便器的方向或从侧边进入卫生间，如图13-71和图13-72所示。

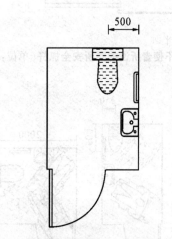

图13-59 座便器中心线距侧墙边距离（单位：mm）

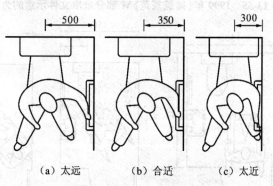

（a）太远　（b）合适　（c）太近

图13-60 协助使用者站立用的侧边
水平安全抓杆（单位：mm）

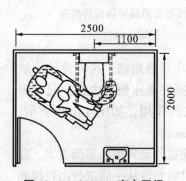

图13-61 900mm宽内开门
的半岛楼巢面布局卫生间

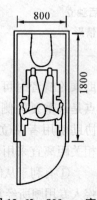

图13-62 800mm宽外
开门的卫生间隔间（单位：mm）

图13-63 男、女公共卫生间
隔间的尺寸参数

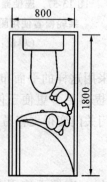

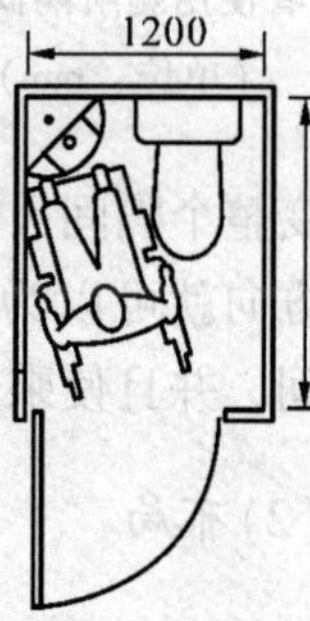

图13-64 1000mm宽外
开门的卫生间隔间
（单位：mm）

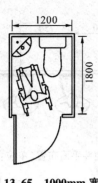
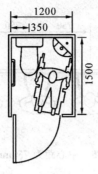
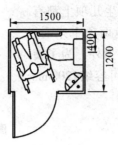
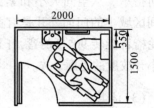

图 13-65　1000mm 宽外开门的卫生间隔间（单位：mm）

图 13-66　1000mm 宽外开门的卫生间隔间（单位：mm）

图 13-67　1000mm 宽外开门的卫生间隔间（单位：mm）

图 13-68　与《建筑规范》M 部分示意的残疾人专用卫生间内部净尺寸相同的卫生间隔间（单位：mm）

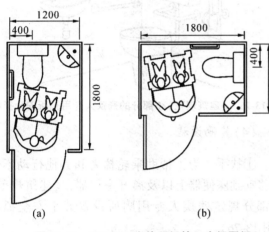
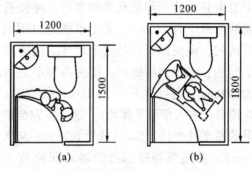

图 13-69　1000mm 宽外开门的卫生间隔间（单位：mm）

图 13-70　带洗手盆的常规卫生间隔间尺寸参数（单位：mm）

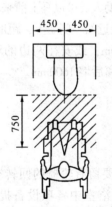
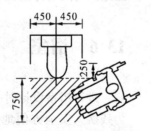
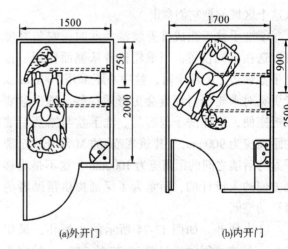

图 13-71　从座便器正面进入卫生间规定的净空尺寸（单位：mm）

图 13-72　从座便器侧面进入卫生间规定的净空尺寸（单位：mm）

图 13-73　900mm 宽内开门和外开门的半岛状平面布局（单位：mm）

④半岛状平面布局。《建筑规范》M 部分把座便器设在角部的"L"形平面布局并不适合所有乘轮椅者以及他们的陪护人员使用。那些严重残疾的乘轮椅者，特别是那些需要两名陪护人员协助他们使用座便器的人，通常更愿意使用半岛状平面布局，这种布局中座便器是不靠近任何一边侧墙的，如图 13-73 所示。

⑤厕所的门。门是残疾使用者通往洗手间的主要障碍。沉重的和弹性强的门需要推力，这是许多座轮椅的人无法办到的。滑动门虽然提供一

条宽而且无阻碍的过道，但滑轮需要经常养护。而门扇在防火、空间大小和紧急逃生几项上都有方向指示。从空间大小和紧急逃生两项上来看，单间区域中的门向外开是有益的。另外，为了使座轮椅者能转90°度的弯，门应向可容纳1200mm最小开放度的走廊开放。

(3) 洁具

卫生间的洁具主要有：座便器、洗手盆和小便斗。

①座便器。座便器要安装牢固，以承受一个人的全身重量。《建筑规范》修订版的M部分(1991年)的出版改变了座便从地面到瓷器顶部的最低高度，从425mm改为450mm。座便的位置对于整个卫生间的使用都是至关重要的。座便前缘与后墙的距离应为750mm。无论水槽是封闭的还是前开式的，座便都要保持这个尺寸。这个尺寸有利于向侧、斜及向前挪动。座便与侧墙直线距离应为500mm，其间留下一个300mm的空隙(便于座轮椅者在有人帮助下挪动)。这个空隙会被墙上扶手的厚度减少到215mm(扶手到墙的距离大约为85mm)。在座便和较远处的墙之间要有大约900mm的空间，这对于轮椅从侧面移动很重要。这个区域不要有箱类东西，否则使用者还得在进入这个区域前把它们拿走。

②洗手盆。在成排安装洗手盆时，安装高度可以选在不同位置。当乘轮椅者从侧面使用一排洗手盆最边上的那个时，盆中心距采用700mm或者更宽对乘轮椅者而言会更舒适一些。洗手盆要接近座便，这样洗手很容易。洗手盆与厕所后墙的距离应为900mm。《建筑规范》的M部分规定洗手盆与后墙之间的距离应为1000mm，这不是为移动方便的人设计的，而是为了保证提供帮助者的可移动空间。

③小便斗。如图13-74所示的小便斗，采用600mm的中心间距比起图13-75的750mm的中心间距来说，空间窄而且使用不便。

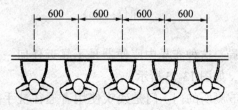

图13-74 中心距为600mm的小便斗平面布置(单位：mm)

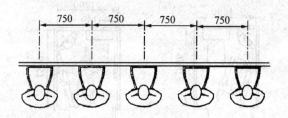

图13-75 中心距为750mm的小便斗平面布置(单位：mm)

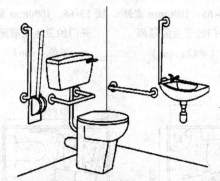

图13-76 《建筑规范》M部分的残疾人专用厕所安全抓杆

(4) 其他设施

①扶手。为了帮助乘轮椅者和其他行动不便者移动到座便器上以及离开座便器，《建筑规范》M部分规定残疾人专用厕所设置五个安全抓杆(图13-76)。

②卫生纸架。对卫生纸架的要求是：使用者用一只手即能使用，不需太大的灵活性。

③警报器。安装警报器的目的是：在残疾人从座便上或轮椅上滑下时，救助人员可以马上前来救援。警报器应安装在离座便器最近的一侧墙上，距地面高度为900mm，离后墙750mm；或安在两边的墙上，距地面的高度为200mm，离后墙1600mm。

13.6 浴室

进行浴室设计时一般要留有轮椅的回转空间，为残疾人安全方便地使用浴室中各项设备提供良好条件；下肢残疾人使用的普通浴缸，其上缘距地面高度不宜大于450mm，洗浴座台与浴缸上缘持平，以利乘轮椅者移位乘降。挂杖者使用时，其高度可提至500~550mm，浴缸背端宜设固定洗浴座台，如图13-77所示。非固定式座台要与浴缸配套设计，使其稳定和牢固；附设的安全抓杆应直接固定于建筑物上，位置适当，便于抓握，如图13-78所示；浴缸底要平，表面防滑；地面应选用遇水不滑的板材。

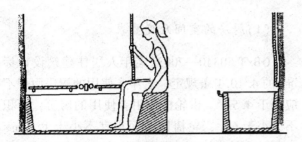

图 13-77 乘轮椅者使用的浴缸

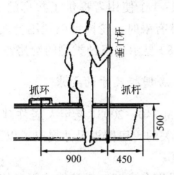

图 13-78 老年人和残疾人使用的安全抓杆（单位：mm）

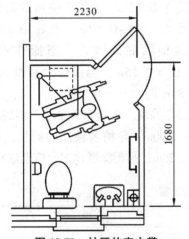

图 13-79 社区住宅中带淋浴喷头的卫生间（单位：mm）

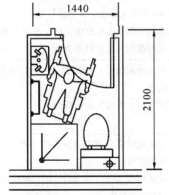

图 13-80 社区住宅中带淋浴喷头的卫生间（单位：mm）

（1）淋浴间

图 13-79 和图 13-80 所示为住宅首层的厕所/淋浴间示例。在两个图例的设计中，都认为淋浴区域的地面应该让乘轮椅者能驶进去。

淋浴间作为肢障者洗澡的另一种工具，需要注意的无障碍设计要点有：①淋浴房地面要防滑；②淋浴房内外须无高差，也最好没有门槛，如果由于防水原因，尽量降低门槛高度和缩小门槛宽度，这样可最大限度的减少下肢障碍者的困难；③在淋浴房内设计座的位置，且有凭靠的地方；④所有需要上肢操作的设备和设施都要考虑低位设计，使下肢障碍者座姿状态够得着。

（2）更衣间

图 13-81 所示的更衣间是按照 1999 年《建筑规范》M 部分批准文件建议标准设计的。

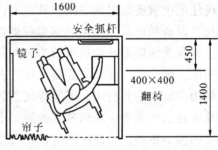

图 13-81 更衣间（单位：mm）

（3）装饰材料

残疾人行动不便，动作缓慢，事故发生率较高。为预防事故发生，装饰材料的选择尤为重要。残疾人使用的卫生间在较湿区域应有防滑地面，在地面上使用颜色对比鲜明的内压条有助于引导视残者。地板应形成一个凹陷，以更好地清洗及显示地板与墙之间的障碍。

由于卫生间有较多的水，所以地面应安装地漏；考虑到拐杖和轮椅的使用会对地面施加较大的压力和扭力，地面应尽量选择耐磨、耐压性能好的材料；避免使用黑色、深色或易造成视错觉的材料，影响残疾人行走或使他们造成不安的心理；在必须存在高差的地方，宜用鲜明的色差或标识做出提示；墙面要选择柔和光滑的材料，阳角和突出部分宜做成圆角、切角，宜在 1800 mm 高度以下用弹性材料做护角，避免造成肢障者身体或墙体的损伤。

（4）照明设计

对于残疾人，特别是视力有障碍的人来说，卫生间的照明设计要避免两个问题：一是避免光线不足或强烈反差；二是不要有眩光，光线尽量柔和均匀。因此，卫生间照明不宜选用强对比的彩灯，而应在设置一般照明的基础上增加局部照明，如选用磨砂白炽灯、柔光白炽灯或吸顶灯等光线柔和的漫反射性光源做卫生间的整体照明灯具，在洗手台、小便器和大便器上方使用多个点光源，既能保证照度的均匀性，又能确保具体操作地点的重点功能照明。

13.7 厨房

厨房是家庭工作量最大的地方，需要合理的设计来适合残障者或老年人的需要，特别是厨房也是现代住宅中重要的组成空间，其空间内设有各种管线、设备和电器，使用的密集程度高，耗能最大，含有受污染最重的炊事行为，与住宅其他部分相比，厨房不仅复杂程度高，还涉及操作流程、使用功能、空间利用、通风排气、管线综合安排及采光、照明等一系列技术问题。老年人使用厨房的频率更高，因此厨房的设计要特别注重便于老年人的使用。厨房设计的好坏，将直接影响到残障者和老年人的生活质量。表13-2显示了厨房中的常见障碍以及对策。

（1）厨房的空间尺度要求

GB/T 50340—2003《老年人居住建筑设计标准》的4.10.1条规定：老年人使用的厨房面积不应小于$4.5m^2$。供轮椅使用者使用的厨房，面积不应小于$6m^2$，轮椅回转面积宜不小于$1.50m \times 1.50m$。这么大的空间既为轮椅的活动提供了方便，又为2~3个使用者提供了共享的工作区域。在建造条件有限时，轮椅可以利用台面下空间回转。图13-82显示了三种类型的厨房空间。

（2）厨房橱柜尺寸的要求

GB/T 50340—2003《老年人居住建筑设计标准》中对相关的厨房橱柜尺寸提出了以下要求：

①高度。

H_1：操作台高度。供轮椅使用者使用的台面高度不宜高于0.75m；老年人使用的厨房操作台面高不宜小于0.75~0.80m，如图13-83所示。

H_2：地柜的底座高度。当操作台高度为0.9m时，$H_2 = 0.15m$；当操作台高度为0.75m、0.8m、0.85m时，$H_2 = 0.1m$。

H_3：吊柜高度。厨房宜设吊柜，柜底离地高度宜为1.40~1.50m；轮椅者使用的厨房，柜底离地高度宜为1.20m。吊柜深度比案台应退进0.25m。

表13-2 厨房中的常见障碍及设计对策

人员类别		动作特点	厨房中的常见障碍	设计对策
视力残疾者	盲人	1. 不能利用视觉信息从事活动，而均需借助其他感官功能 2. 需借助盲杖行进，易产生意外损伤	1. 有突出物 2. 旋转门、弹簧门、手动推拉门 3. 只有单侧扶手或扶手不连贯 4. 拉线式灯开关	1. 简化行动线，布局平直 2. 人行空间内无意外变动及突出物 3. 强化或辅助听觉、嗅觉和触觉信息环境，以利引导（如盲文标志、音响信号等） 4. 电气开关有安全措施，且易辨别，不得采用拉线 5. 已习惯的环境不轻易变动
	低视力	1. 形象大小、色彩反差及光照强弱直接影响视觉辨认 2. 借助其他感官功能有助于行为	1. 视觉标志尺寸偏小 2. 光照弱、色彩反差小	1. 加大标志图形，加强光照，有效利用反差，强化信息 2. 其余可参考盲人的设计对策
肢体残疾者	上肢残疾	1. 手活动范围小于普通人 2. 难以承担各种精巧动作、持续力差 3. 难以完成双手并用的动作	对球形门执手、对号锁、钥匙锁、门窗插销、拉线开关以及密排按键等均难以操作	1. 设施选择应有利于减缓操作节奏，减少程序，缩小操作半径 2. 采用肘式开关、长柄执手、大号按键，以简化操作
	偏瘫	半侧身体功能不全，兼有上下肢残疾特点，虽可拄杖独立跛行、或乘座特种轮椅，但动作总有方向性，依靠"优势侧"	1. 只设单侧扶手或不易抓握 2. 设备的安全抓杆等与优势侧不对应 3. 地面滑而不平	1. 安装双侧扶手并连贯始终 2. 抓杆等设备与优势侧相应，或双向设置 3. 采用平整不滑的地面做法

(续)

人员类别		动作特点	厨房中的常见障碍	设计对策
肢体残疾者	下肢残疾独立乘轮椅者	1. 各项设施的高度均受轮椅尺寸约束 2. 轮椅行动快速灵活，但占用空间较大 3. 设支持物，以利移位和安全、稳定	1. 台阶、高于500mm的门槛、过长的坡道 2. 旋转门、强力弹簧门，以及小于800净宽的门洞 3. 非残疾人专用的设备 4. 阻力较大的地面，如长绒地毯	1. 门、走道及所行动的空间按人体工程学中的取大值原则，均以轮椅通行为准 2. 按轮椅乘用者的需要设计残疾人专用设备以及有关设施 3. 地面平整，尽可能不选用长绒地毯
	下肢残疾拄杖者	1. 攀登动作困难，水平推力差，行动缓慢，不适应常规行动节奏 2. 拄双拐者，只有座姿才能使用双手 3. 拄双拐者行走时幅宽可达950mm 4. 使用设备常需支持物	1. 级差大的台阶，有直角突缘的踏步；较高较陡的坡道，宽度不足的门洞 2. 旋转门、强力弹簧门 3. 光滑、积水的地面；宽度>20mm的地面缝隙和>20mm×20mm的孔洞 4. 扶手不完备，设备缺支持物	1. 地面平坦、坚固、不滑、不积水、无缝隙及大孔洞 2. 尽量避免使用旋转门及弹簧门 3. 台阶、坡道平缓，设有适宜扶手 4. 安装支持物 5. 各项设施安装要考虑残疾人的行动特点和安全需要 6. 通行空间要满足拄双拐者所需宽度
听力及语言障碍		1. 很少影响厨房室内的设计，一般无行动困难，单纯语言障碍者困难更多 2. 重听及聋者需借助视觉及振动信号	安全报警设备、视觉信息不完善	1. 改善音响信息系统 2. 在安全方面，配备音响信号的同时，完善同步视觉和振动报警 3. 与听觉标识相同的视觉警示、警报器和其他标识

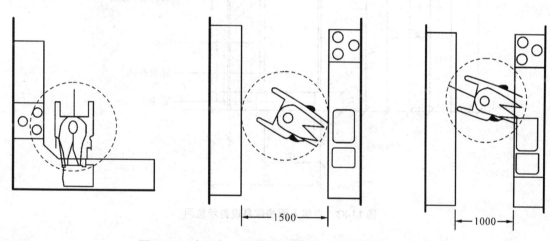

图 13-82　大、中、小厨房类型及空间尺度（单位：mm）

H_4：高柜、吊柜顶面的净高。推荐尺寸 2.1m，可直至天花板，以充分利用空间，减少清洁面，但需留出安装缝隙。老年人够不到的位置只需留着不用即可。

H_5：水平管线区高度。宜至操作台面板底。

H_6：操作台面板厚度及洗涤台盖板高度。推荐尺寸：30mm 或 40mm。

H_7：容腿空间的高度。下净空高度不应小于 0.60m。

H_8：吸油烟机的安装高度。因为一般吸油烟机的安装要求是距操作台面 650~750mm，因此 H_8 的最小值 = 750 + 650 = 1400mm，吸油烟机的开关按钮的高度将大于 1400mm，对于站姿老年人的操作没有什么问题，对于座姿老年人却几乎不可能进行操作。

②进深。

D_1：台面宽度。不小于 0.50m。

D_2：吊柜进深。不小于 0.3m。

D_3：踢脚凹口深度。不小于 50mm。

D_4：水平管线区深度。不小于 60mm。

D_5：容腿空间的深度。台下净空前后进深不小于 0.25m。

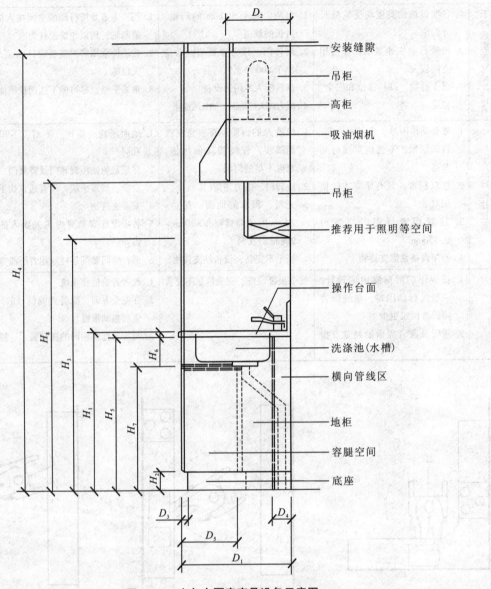

图 13-83　老年人厨房家具设备示意图

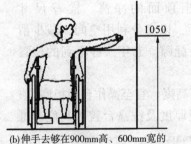

(b) 伸手去够在900mm高、600mm宽的橱柜上方的插座

可及在无障碍物的墙上的插座

图 13-84　轮椅使用者使用插座开关的情况（单位：mm）

产品无障碍设计

《城市1对1》
城市无障碍

(3) 电源开关和插座

电源开关应选用宽板防漏电式安全按键开关，以便于手指不灵活的老年人用其他部位进行操作，不可用小按钮式的开关。宜设一厨房电源总开关（需持续工作的厨用电器除外，如冰箱），与总照明一起置于出口的附近，在结束厨房工作时关掉。

电源插座应考虑老年人座轮椅时能够使用，因此设计高度应在450~1200mm，如图13-84所示。考虑到老年人在座姿（如轮椅）情况下，往往不能够到或较难够到厨房墙上的插座，宜将每个插座设开关，控制各需要插拔的小电器，如微波炉、电饭煲、电水壶等，并集中放在易够到的地方，如台面，但台面易被油、水等污染，不是十分理想，最好放在台面下的薄型抽屉里，既不占太多空间，使用又比较方便。

在厨房用电安全方面，要防止漏电，要安装漏电保护装置，选用有安全保护装置的电器。在所有电源插座上设置接地故障断流器（尤其在接近水管和水龙头的地方）。不可在洗涤盆、电炉或其他炉具旁铺设电线。

● **复习思考题**

1. 什么是无障碍设计？
2. 室内设计中哪些方面需要考虑无障碍设计？应如何进行无障碍设计？
3. 在出入口的设计方面，如何确保独立乘轮椅者能够方便进出门厅？
4. 在坡道、休息平台、门厅和走道设计方面，如何确保独立乘轮椅者能够方便通行？
5. 卫生间的无障碍设计包括哪些方面？需要考虑哪些问题？
6. 浴室的无障碍设计包括哪些方面？需要考虑哪些问题？
7. 厨房空间中有哪些常见障碍？可采用哪些设计对策？
8. 随着我国逐步进入老龄化社会，试为某老年公寓的室内与家具进行无障碍设计提出理想的方案。

参考文献

陈毅然，2005. 睡眠原理与床具系统设计[J]. 人类工效学，11(3)：68-71.

丁玉兰，等，2004. 人因工程学[M]. 上海：上海交通大学出版社.

何俊奇，2014. 基于交互性和跨界性的中国社交厨房设计研究[D]. 上海：华东理工大学.

胡景初，1992. 现代家具设计[M]. 北京：中国林业出版社.

贾祝军，申黎明，2012. 针对肢体障碍者的无障碍家具设计研究[J]. 家具与室内装饰(2)：44-45.

李赐生，2003. 床垫的演变与发展[J]. 家具与室内装饰(11)：42-43.

李文彬，朱守林，2002. 建筑室内与家具设计人体工程学[M]. 北京：中国林业出版社.

刘盛璜，1997. 人体工程学与室内设计[M]. 北京：中国建筑工业出版社.

刘雪梅，邓背阶，闫丹婷，2006. 我国床的分类探讨[J]. 家具与室内装饰(10)：21-22.

赛尔温·戈德史密斯，2003. 普遍适用性设计[M]. 北京：知识产权出版社，中国水利水电出版社.

王文瑜，郑建启，2015. 中国古代几案类家具设计发展研究[J]. 包装工程，36(12)：115-118.

徐磊青，2006. 人体工程学与环境行为学[M]. 北京：中国建筑工业出版社.

颜声远，许赕青，2003. 人机工程与产品设计[M]. 哈尔滨：哈尔滨工程大学出版社.

杨公侠，1999. 建筑·人体·效能建筑工效学. 天津：天津科学技术出版社.

詹姆斯·霍姆斯-西德尔，赛尔温·戈德史密斯，2002. 建筑设计师和建筑经理手册——无障碍设计[M]. 大连：大连理工大学出版社.

张建敏，2008. 老年人无障碍室内设计研究[D]. 重庆：重庆大学.

张履祥，葛明贵，2001. 基础心理学[M]. 合肥：安徽大学出版社.

张绮曼，郑曙旸，1991. 室内设计资料集[M]. 北京：中国建筑工业出版社.

张月，2012. 室内人体工程学[M]. 北京：中国建筑出版社.

钟振亚，申黎明，2008. 针对老年人的无障碍家具设计[J]. 家具与室内装饰(12)：32-33.

周美玉，2001. 工业设计应用人类工程学[M]. 北京：中国轻工业出版社.

周一鸣，毛恩荣，1999. 车辆人机工程学[M]. 北京：北京理工大学出版社.

周英，1994. 普通心理学[M]. 北京：教育出版社.

Bullinger, 1994. Ergomonie-Produkt-und Arbeitsplatzgestaltung[M]. B. G. Teubner Stuttgart.

Julius Panero, 1999. 人体尺度与室内空间[M]. 龚锦编译，曾坚校. 天津：天津科学技术出版社.

Karl Kroemer, Henrike Kroemer Katrin Kroemer-Elbert, 2001. Ergonomics-How to Design for Ease and Efficiency [M]. Prentice Hall.

Marchant R, 1972. Comparison of polyurethane and latex foams for furniture[J]. J Cell Plastics, 8(2): 85-89.

Mark S. Sanders, Ernest J. McCormick, 2002. Human Factors in Engineering and Design [M]. 北京：清华大学出版社.

Califano R., Naddeo A., Vink P, 2017. The effect of human-mattress interface's temperature on perceived thermal comfort [J]. Applied Ergonomics, 58: 334-341.